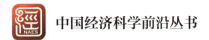 中国经济科学前沿丛书

# 中国金融
# 理论前沿
## （8）

THE THEORETICAL FRONTIER OF
CHINA'S FINANCE

何德旭　汪红驹　主　编
王振霞　冯　明　副主编

社会科学文献出版社
SOCIAL SCIENCES ACADEMIC PRESS (CHINA)

# 总　序

　　中国社会科学院财贸经济研究所（财贸所）自组建以来，一直重视学术前沿和基础理论研究。2011 年 12 月，按照中国社会科学院党组的统筹安排，在财贸所基础上组建了财经战略研究院（财经院）。这显然不是一个简单的更名，而是增加了更多的内涵，赋予了更多的职责，提出了更高的要求。自此，财经院便担负起坚强的马克思主义财经科学阵地、财经理论研究重镇和高端财经智库等多重功能。近些年，财经院在智库建设方面用的力气较多，也取得了较为明显的成效。但值得注意的是，财经院的战略定位，是学术型财经智库。更准确地讲，是以马克思主义理论和方法为指导、根植于中国国情、立足于全球视野、拥有丰厚学术积淀和坚实学术基础的财经智库。这意味着，在财经院的工作思路中，学术研究和智库建设是同等重要的。夯实学术研究、把握理论前沿，是搞好财经智库建设的重要前提和基础，是智库具有学术积淀和思想深度的"压舱石"。因此，财经院即便用相当多的力量从事财经智库建设，也从未放松过学术研究和理论探讨。财经院始终鼓励学者，特别是青年学者致力于财经理论前沿问题研究。

　　从 1999 年推出第一套"中国经济科学前沿丛书"至今，已经跨越了 22 个年度。按照当时每隔 3 年编撰一套前沿丛书并形成一个连续性系列成果的计划，从 2020 年夏天开始，财经院启动了"中国经济科学前沿丛书"的编撰工作。2021 年该是推出第九套前沿丛书的时候了。

　　第九套前沿丛书的编撰正值中国站在新的历史起点、全面深化供给侧结构性改革、推动新一轮对外开放和全面开启现代化国家建设新征程的关键时期。改革开放是实践层面的制度变迁，是经济社会发展的重要动力。改革开放也是一个复杂的系统工程，迫切需要科学的理论指导。作为理论工作者，特别是作为国家级学术型智库机构的理论工作者，理所当然要以天下为己任，始终奋进在时代前列，应不辱使命，在中国经济社会发展进程的每一个环节，竭力留下深深的理论和实践印记。经过40多年的发展，今天的财经院，已经成为拥有宏观经济、财政经济、贸易经济和服务经济等主干学科板块、覆盖多个经济学科领域的中国财经科学的学术重镇。在全面深化改革开放的大潮中，对近些年财经理论前沿进行梳理、总结和进一步研究，既挖掘学术研究前沿的重大理论问题，又以财经学术前沿知识支撑中国伟大改革事业的理论基础，这是一项极为重要的学科建设工程，也是智库建设的基础支撑。财经院以此为当仁不让的责任和使命，为社会、为国家做出财经科学理论工作者应有的贡献。

这次编撰出版的"中国经济科学前沿丛书"由六本理论文集构成。这就是《中国财政经济理论前沿》（两本）、《中国流通理论前沿》、《中国国际经贸理论前沿》、《中国服务经济理论前沿》和《中国金融理论前沿》。

做一件事也许不难，但20多年都坚持下来做好做精一件事，着实不易。20多年来，前沿丛书能连续出版，其中的艰辛和付出实在难以用言语表达。在这里，特别要感谢各位作者把最优秀的理论研究成果贡献出来，特别感谢各位主编、副主编的辛苦付出。同时，这部丛书能够连续出版，与广大读者的关注、鼓励和支持是分不开的，也必须表达对他们的感谢之意。随着时代的发展和研究的深化，这套前沿丛书的某些内容也许会逐渐变得不再前沿。这种动态的变化，只会激励我们攀登新的理论高峰。我们期待广大读者能够继续关注前沿丛书的发展与进步，对我们可能存在的不足和缺憾提出宝贵的意见。

让我们共同努力，把"中国经济科学前沿丛书"持续地做下去，做得更加完美、更具影响力！

中国社会科学院财经战略研究院

何德旭

2020 年 12 月 30 日

# 目 录
CONTENTS

## 金融风险与金融投资篇

## 数字货币与普惠金融篇

# CONTENTS

## Financial System and Financial Structure

## Central Bank and Monetary Policy

## Financial Risks and Investment

## Digital Currency and Financial Inclusion

金融体系与金融结构篇

# 新时代背景下中国金融体系
# 与国家治理体系现代化<sup>*</sup>

徐　忠<sup>**</sup>

**摘　要**　在新时代背景下，为了适应高质量发展、更好地服务实体经济的需求，金融体系要从关注"规模"转向关注"质量"，金融功能要由传统的"动员储蓄、便利交易、资源配置"拓展为"公司治理、信息揭示、风险管理"。金融治理要与国家治理体系的其他治理更加密切地融合，更好地发挥金融治理在国家治理体系和治理能力现代化中的作用，这包括财政与金融的关系、去杠杆与完善公司治理的关系、金融风险防范与治理机制完善的关系、人口老龄化和养老金可持续与资本市场的关系。要依据金融市场发展的一般规律建设我国现代金融体系，明确中央银行与金融监管不可分离，建立激励相容的监管体系。建设现代金融体系要以建设现代金融市场体系为纲，重点是破解市场分割和定价机制扭曲。

**关键词**　新时代　金融体系　国家治理体系　现代化

党的十八大以来，以习近平同志为核心的党中央坚持观大势、谋全局、干实事，成功驾驭中国经济发展大局，在实践中形成了以新发展理念为主

* 本文为国家自然科学基金重点项目"中国金融体系的演化规律和变革管理"（71733004）和国家社会科学基金专项项目"健全金融监管体系研究"（18VSJ074）的阶段性成果。本文仅代表笔者个人观点，与所在单位无关。原文发表于《经济研究》2018 年第 7 期。
** 徐忠，中国银行间市场交易商协会副会长、副秘书长。

要内容的习近平新时代中国特色社会主义经济思想：从提出经济发展新常态，到以新发展理念推动经济发展，到深入推进供给侧结构性改革，再到中国经济已由高速增长阶段转向高质量发展阶段。习近平新时代中国特色社会主义经济思想，既是中国经济发展实践的理论结晶，也是新时代做好中国经济工作的指导思想。

金融作为现代经济的血脉，是联结各经济部门的重要纽带，是现代国家治理体系的重要组成部分，新时代中国特色社会主义金融理论应置于新时代中国特色社会主义经济思想的整体框架下，以服务实体经济为出发点和落脚点，适应高质量发展的要求，贯彻新发展理念，更好地发挥在国家治理体系和治理能力现代化中的作用，深化金融体制改革，为实现"两步走"战略目标提供强有力的支持。做好新时代、新发展阶段的金融工作，改革是关键。既要坚持社会主义制度，又要坚持社会主义市场经济改革方向；既要加强金融服务实体经济的能力，又要尊重金融市场发展的一般规律；既要有针对性地解决国内经济金融运行存在的问题，又要充分认识到经济金融全球化环境下制度竞争的决定性；既要有顶层设计，维护全国统一市场，又要鼓励基层试点，地方制度适度竞争，优化趋同，将"自上而下"与"自下而上"结合起来；既要立足于我国改革开放的成功经验，又要充分吸取前期改革的教训。要改变前期改革中存在的系统性改革工程缺乏顶层设计、过度依赖短期行政手段、对改革"试错"容忍度低等问题，重在从完善体制机制、建立健全长效机制、形成良好的改革氛围等方面深化改革。

## 一　金融服务实体经济是践行新发展理念、适应高质量发展的要求

党的十九大报告指出，"中国特色社会主义进入新时代"，"社会主要矛盾已经转化为人民日益增长的美好生活需要和不平衡不充分的发展之间的矛盾"，"我国经济已由高速增长阶段转向高质量发展阶段"，因此，"必须坚持质量第一、效益优先，以供给侧结构性改革为主线，推动经济发展质量变革、效率变革、动力变革"。金融以服务实体经济为根本出发点和落脚点，金融体系对新发展阶段的适应性转变是高质量发展的必然要求。

在经济高速增长阶段，金融服务实体经济主要关注"规模"和"数量"。彼时，金融领域的主要矛盾是经济增长需求与资本存量有限的矛盾，因此金融工作的重点是动员储蓄，推动资本积累进而促进经济增长。从学术思想看，传统西方经济学指出金融对经济增长三大作用机制，均是以规模为着眼点。一是 Gurley 和 Shaw（1955）提出的金融机构利用信息优势，降低交易成本，避免流动性风险和个体风险，促进社会闲散储蓄资金向生产性资本的转化，从而扩大资本形成规模；二是戈德史密斯（Goldsmith）认为金融机构可降低信息获取成本和监督成本，优化资源配置，把储蓄分配给收益率高的投资项目，从而更有效地积累资本；三是麦金农（Mckinnon）和肖（Shaw）指出金融发展可以提高储蓄率促进经济增长。我国的金融学研究，如黄达先生提出的"财政信贷综合平衡"，也主要着眼于总量矛盾，强调总量平衡，使资金供给更好地服务于资金需求。从政策实践看，重视金融促进经济增长的"规模效应"，重视 M2、社会融资规模等金融服务的规模指标，并作为金融服务实体经济的重要测度，就这些指标设定年度目标。政府工作报告从每年设定 M2 和信贷增速目标，到 M2 增速目标（取消信贷增速目标），再到 2016 年和 2017 年的 M2 增速和社会融资规模增速双目标。2007～2017 年，M2 年均增长 15.3%，社会融资规模年均增长 17.7%。

随着经济进入高质量发展阶段，金融领域的主要矛盾也相应转变为经济高质量发展对金融服务的需求与金融有效供给不足、供给结构失衡的矛盾——资金面整体宽裕但有效承担风险的资本金少，短期投资多长期投资少，社会融资规模不小但有效引导资金流向的机制欠缺。资金往往倾向于大企业大项目，挤占了中小企业的融资。因此，与经济发展从规模扩张向质量变革、效率变革、动力变革相适应，金融发展应从关注"规模"转向关注"质量"，金融功能应由传统的"动员储蓄、便利交易、资源配置"拓展为"公司治理、信息揭示、风险管理"等。从学术思想发展看，麦金农（Mckinnon）和肖（Shaw）提出的"金融深化"理论指出，金融深化有三个层次：一是金融增长，即金融规模不断扩大；二是金融产品、金融机构的逐渐优化；三是金融市场（价格）机制的逐步完善，使金融资源在市场机制下得到优化配置。从第一层次向第二、三层次的过渡，即是从规模扩张向质量提升的功能演变。Levine（1997）、Merton（1992）等人提出的"金融功能"理论指出，早期金融功能主要体现在动员储蓄、便利交易、资源配置，随着经济发展对金融体系提出新的需求，金融体系功能相应拓展为公司治理、信息揭示和风险管理等。这些不断拓宽的金融功能进一步促进了经济增长，从而形成了经济和金融发展的良性循环。从政策实践看，2018年政府工作报告已经淡化了 GDP、M2、社会融资规模等数量增长目标："今年发展主要预期目标是：国内生产总值增长 6.5% 左右"，与 2017 年政府工作报告相比，删除了"在实际工作中争取更好结果"的表述；"保持广义货币 M2、信贷和社会融资规模合理增长"。

对标高质量发展，金融要高度关注资金流向。在经济发展初期，金融资源配置呈现总量宽松、结构粗放的典型特征，资金也更多地流向基建、房地产等资本密集型产业，甚至是产能过剩行业。而随着经济步入高质量发展阶段，服务业占比提升、技术进步、全要素生产率提高成为经济增长的重要动力，金融资源配置应逐步转变为总量稳健、结构优化，对于资金流向、资金配置效率的关注度需进一步提升。根据林毅夫提出并论证的"最优金融结构理论"，只有金融体系的结构与实体经济的最优产业结构相互匹配，才能有效发挥金融体系功能，促进实体经济的发展。随着供给侧结构性改革的不断深化，我国金融体系结构是否与转型升级中的经济结构相匹配？在日趋丰富和复杂的金融体系中，钱都去哪了？资金是否流向了实体经济？"小微""三农"等社会薄弱环节和民营企业的融资需求是否得到有效满足？绿色信贷是否足够支持绿色经济发展？实体经济的直接融资比重是否有所提高？在当前推进经济高质量增长的转型阶段，对于这些经济结构变化，以及金融体系与之适应的演进问题更值得关注。

高质量发展要求货币政策稳健中性，并加快从数量型调控为主向价格型调控为主转变。从货币政策取向看，高质量发展阶段，既要防止总需求短期过快下滑，也要防止"放水"固化结构性扭曲，推升债务和杠杆水平。去杠杆千招万招，管不住货币都是无用之招。只有坚持稳健中性的货币政策才能为供给侧结构性改革和高质量发展营造适宜的环境。只有淡化 M2、社会融资规模等数量指标，才能真正淡化 GDP 增长目标，从关注规模转向关注质量。从货币政策调控方式转型看，由于我国金融市场存在资金供求微观主体、金融监管制度、金融市场发展等方面的问题和挑战，在向价格型调控为主的转型过程中，货币政策仍不得不在一定程度上依靠数量调控手段，同时加强宏观审慎政策，以确保金融稳定和产出物价等平稳发展。但要充分认识到，过度依赖数量调控方式将降低利率传导效率和货币政策调控效果（马骏、王红林，2014），为适应经济高质量发展的政策要求，必须大力推动金融市场发展，加快推进货币政策向价格型调控为主转型。

从服务实体经济出发，必须发展金融市场支持创新发展。近几十年来全球科技创新的一个突出特征是"科技创新始于技术，成于资本"。在传统的竞争性行业中，技术稳定，投资者容易得到真实信息并达成共识，一家金融中介机构核实企业信息是有效的，因此金融中介机构优于资本市场；但在科技创新行业以及少数自然垄断的行业中，生产技术处于突变中，投资者之间分歧较大，众多投资者对企业信息的多重核实是必要的，因此资本市场优于金融中介机构。最近的经济学研究指出，股权融资是企业研发最重要的外源融资方式（Brown等，2012）；间接融资适合渐进的技术改良，而金融市场在支持根本性的技术创新上具有比较优势，因此德国、法国等间接融资主导的经济体的技术创新主要集中于成熟企业的技术改良，而美国涌现了大量以新技术为代表的创新企业（Hirsch-Kreinsen，2011）；Hsu等（2013）基于23个经济体31年数据的实证分析发现，对于依赖外部融资的技术密集型行业，一国股权融资越发达越能促进行业创新发展，而银行信贷繁荣则对行业创新存在抑制。近年来，我国金融体系不缺资金，缺资本。刚性兑付、明股实债等问题扭曲了金融市场，资金无法有效大量配置到真正创新的中小企业上。只有金融市场形成比较完备的资本投资机制以及相配套的中介服务体系，才有可能加速科技创新成果向现实生产力的转化，推动科技创新创业企业从无到有、从小到大，进而增强经济活力，形成新的经济增长点。

普惠金融要平衡好创新和监管的关系。以"政府引导和市场主导"相结合为基本经验，中国普惠金融在账户普及率、储蓄普及率、小额支付和信贷等方面都取得了明显成效，多层次广覆盖的普惠金融机构和普惠金融产品体系基本形成。近年来，我们把利用数字技术作为推动普惠金融发展的政策着力点。在中国政府的积极倡导和推动下，G20杭州峰会通过了《G20数字普惠金融高级原则》。未来，需要重视改善数字普惠金融可能带来的数字鸿沟问题，坚决打击披着数字普惠金融外衣的非法金融活动，加强大数据背景下的数据安全和个人隐私保护，建立负责任的投资者适当性管理的消费者保护制度，加强基础监管制度建设、补齐监管短板，平衡好创新和监管关系，引导普惠金融规范发展。同时，促进普惠金融的发展和金融扶贫，还要更好地处理金融和财政的关系，应关注金融的可持续发展，避免金融承担财政职能。近年来，普惠金融领域一些改革实践改革方案设计不科学不合理的问题突出，多重目标存在冲突、模糊重点，行政性抑制性措施导致监管套利，改革执行效果与初衷南辕北辙。比如，以加强金融服务小微企业为目标，要求金融机构既要加大小微企业信贷投放，又要防控风险，不良资产不得上升，还要不提高小微企业贷款利率。三大要求基本上无法同时满足，金融机构在这样的约束下，提供小微企业信贷的动力极低。相当一部分号称"低息"的小微企业信贷，只是借助政策支持的名义，以小微信贷为通道，资金实际流向了地方政府的融资平台和房地产市场。小微企业融资问题，主要矛盾是融资的可得性，要增加小微企业获得融资的机会，就必须提高对风险和贷款利率风险溢价的容忍度。当然，财政可以对小微企业直接补贴。

发展绿色金融。通过市场化的手段将生态环境影响的外部性内生化来达到降低污染性经济活动的目标，是发展绿色金融的基本逻辑和思路。2016年，我国发布了《关于构建绿色金融体系的指导意见》，提出了中国绿色金融政策框架的顶层设计。从政策角度讲，明确"绿色"标准是前提，推动可持续发展是关键，探索绿色金融创新是重点，顶层设计与基层探索相结合是方法，切实防范风险是底线。下一步，需要鼓励绿色信贷、绿色债券等绿色金融产品创新发展，开发碳金融等市场化产品，推动行业环境风险压力测试，为绿色投融资提供环境风险量化工具，鼓励和支持有条件的地方通过专业化绿色担保机制、设立绿色发展基金等手段撬动更多的社会资本投资于绿色产业。此外，要发展绿色指数及相关产品，推动强制性绿色保险制度以及建立强制性环境信息披露制度。应探索建立全国统一的碳配额交易市场，在这样的市场架构下，一些地区，如新疆，就可以发展清洁能源和碳汇产业并通过统一的碳配额交易市场转让碳配额，通过市场化的方式获得经济发展的资金。

## 二 金融体系及其功能应内嵌于国家治理体系现代化

### （一）经济金融全球化环境下的国际竞争本质上是制度的竞争

在经济金融全球化、开放程度不断扩大的环境下，资本和劳动力的流动性大幅提高，体制机制更完善的国家能更好地吸引资本和人才，实现生产要素的积聚，把握竞争优势。制度的竞争力体现在活力、效率和弹性。活力即能否最大限度调动和发挥微观主体的积极性；效率即社会资源能否得到科学合理的配置；弹性即抵御冲击、自我修复的能力。目前各国都在推动结构性改革，谁改革的步子走得更坚定更扎实、制度更有竞争力，谁就能在未来的国际竞争格局中脱颖而出。

金融是实体经济的血脉，金融制度的竞争力相当大程度上决定了经济制度的竞争力。金融治理是国家治理体系的重要组成部分，应包括以下几个方面：市场化的利率体系在资源配置中发挥决定性作用，同时市场化利率"放得开、形得成、调得了"；汇率具有充分弹性，有效维护国际收支平衡和货币政策自主性；多层次的金融市场体系规则统一、信息透明、具有广度和深度，有效满足多元化的投融资和风险管理需求；金融机构具有完善的公司治理和风险内控机制；金融调控体系专业稳健、传导有效，适应开放条件下现代市场经济发展要求；金融监管体系有力有效、适应现代金融市场和综合经营发展，守住不发生系统性金融风险的底线。

金融与实体经济互为镜像，我国当前实体经济存在的突出问题和挑战，比如僵尸企业、高杠杆、地方政府债务、房地产价格泡沫等，既是经济运行中长期内在矛盾的积累和暴露，也说明了金融体系在国家治理体系中的重要功能没有充分发挥。应坚持问题导向，针对我国重点领域存在的"灰犀牛"问题，充分发挥金融治理的作用，服务实体经济转型、全要素生产率和竞争力提升。更好发挥金融治理在国家治理体系和治理能力现代化中的作用，关键是处理好以下几对关系：政府与市场的关系；财政与金融的关系；去杠杆与完善公司治理的关系；金融风险防范与治理机制完善的关系；人口老龄化、养老金可持续与资本市场的关系。

（二）政府与市场的关系

近几年来，我国经济发展进入新常态，产能过剩、杠杆率高企等结构性矛盾日益显现。这些现象实际上是我国曾在一段时间过度迷信凯恩斯主义经济政策的结果：寄希望于通过积极的宏观调控刺激增长，通过增量扩张来消化存量矛盾，政府替代市场配置资源，阻碍了市场自主出清的过程，导致一些结构性矛盾固化并加剧。2008 年全球金融危机后，我国出台了"四万亿（元）"投资刺激计划，在全球范围内率先复苏。但过度依赖总需求管理维护宏观稳定，一方面破坏了市场机制在传递信息、形成激励、资源配置、收入分配等领域的基础性功能，另一方面也阻碍了政府在弥补市场失灵等方面更好地发挥作用，导致体制机制建设进展缓慢，结构性矛盾积小成大。

第一，杠杆率高企是过度刺激激化结构矛盾的综合反映。一是杠杆率上升速度较快，杠杆率上升速度与危机紧密关联。二是非金融企业部门杠杆率问题突出，风险集中体现在地方政府融资平台和国有企业。三是金融业的杠杆率攀升，存在风险隐患。杠杆率问题与短期刺激政策长期化密切相关，在过度追求 GDP 的大环境下，国有企业和地方政府融资平台一味扩张资产规模，没有及时补充资本金，甚至"明股实债"，过度透支政府信用，导致杠杆率不断攀升。

第二，"僵尸企业"是监管宽松和宏观调控软弱的必然结果。"僵尸企业"一词源于对日本经济增长长期停滞的研究。银行持续为高度低效、债务缠身的企业（僵尸企业）提供财务支持，是日本经济出现"失去的十年"的重要原因（Hoshi 和 Kashyap，2004；Ahearne 和 Shinada，2005；Jaskowski，2015）。宽松的货币政策是"僵尸企业"形成并维持生存的重要背景。在低利率的条件下，银行能够提供更多的利率优惠条件，使高负债企业能够较轻松地支付利息，掩盖其经营状况恶化的现实。金融监管宽松纵容银行从事"僵尸借贷"是"僵尸企业"大量存在的政策推手。"僵尸企业"维持生存主要依靠银行"僵尸借贷"输血，而银行在明知其不具备偿贷能力的情况下仍然供血，主要是希望通过续贷延迟不良资产的暴露，形成账面上的监管合规，金融监管宽松是重要的根源。近年来，这一概念被引入对我国产能过剩行业的研究分析。"僵尸企业"僵而不死、退而不出是产能持续过剩、市场难以出清、经济活力降低的直接原因（何帆、朱鹤，2016）。谭语嫣等（2017）指出，"僵尸企业"对其他企业，尤其是私有企业存在明显的挤出，可能是造成近年民间投资疲软的重要原因之一。

不仅企业部门没有市场出清，金融部门也没有实现市场出清。1998 年就已经倒闭的海南发展银行，至今仍未完成破产清算，资产缺口仍在不断扩大。这说明金融机构的市场化退出机制仍未建立，行政干预、行政管制的偏好仍然在很大程度上存在，金融生态主体"优胜劣汰"的自然规则还没有完全形成，影响了金融体系的市场化出清，进而不利于金融机构公司治理，其结果必然是金融体系效率不断下降。在存款保险制度已经建立的情况下，应尽快探索建立起优胜劣汰的金融机构市场退出机制，强化金融机构公司治理的外部约束，促使其审慎稳健经营。

第三，过度刺激政策在固化结构矛盾的同时，也带来了效率下降和贫富差距扩大的问题。刺激政策对国有企业投资扩张作用强，对民间投资更多是"挤出"而非"挤入"，由此形成投资回报率和投资增速明显错配的格局，降低了资源配置的效率。过度刺激政策的另一后果是资产价格上涨，它会进一步扩大贫富差距，这与全面实现小康的目标相违背。根据北京大学中国社会科学调查中心发布的《中国民生发展报告2015》，2012 年我国家庭净财产的基尼系数为 0.73，最顶端 1% 的家庭占有全国 1/3 以上的财产，最底端 25% 的家庭拥有的财产总量仅在 1% 左右。

### （三）财政与金融的关系

财政与金融关系的制度安排是现代经济体系的核心制度之一。我国处于完善社会主义市场经济的转型期，财政与金融关系的失衡仍然存在，具体表现如下。

第一，从资源配置实践看，政府在资源配置中比重上升与财政责任转嫁并存。我国地方政府融资模式从过去的"土地财政 + 平台贷款"模式向"土地财政 + 隐性负债"模式转变，通过明股实债的 PPP 项目融资、政府引导基金和专项建设基金等方式规避对地方融资平台融资功能的限制，地方政府债务风险攀升且高度不透明，财政风险可能直接转化为金融风险。截至 2017 年末，我国地方政府债务余额 16.47 万亿元，加上中央财政国债余额 13.48 万亿元，政府债务余额为 29.95 万亿元，政府负债率（债务余额除以 GDP）为 36.2%。地方政府利用财政等手段干预金融资源配置，通过财政存款、财政补贴、高管任免奖励等手段诱导金融机构加大对当地经济建设的资金支持。中央财政责任转嫁。在 1997 年国有商业银行剥离不良资产、1999 年金融资产管理公司对央行举债、2003 年以来对证券公司等金融企业重组注资过程中，中央银行提供大量金融稳定和金融改革再贷款，承担了本应由财政承担的责任。

第二，从政策层面看，财政政策与货币政策之间的冲突仍然较多。"财政政策缺位、货币政策被迫补位。"货币政策属于总量调控政策，侧重于短期总需求调节，结构调整并非强项。因此，经济结构调整应"以财政政策为主和货币政策为辅"。而我国的实践中，由于政府职能转变滞后，财政在"三农"、教育、医疗、社会保障、自主创新、节能减排、生态保护等领域的投入严重不足，历史欠账问题没有完全解决，资金缺口仍然较大，倒逼货币政策不得不承担部分结构调整的职能，影响了宏观调控的总体效果。国债的发行规模和期限，简单从财政功能出发，只考虑财政赤字、平衡预算以及降低发行成本的需要，忽略国债的金融属性及其在金融市场运行和货币政策调控的重要作用，导致国债收益率作为金融市场定价基准的作用无法充分发挥。

第三，从监管层面看，财政作为国有金融资产所有者越位和缺位并存。在现行国有金融资产管理体制中，财政部的首要身份应是国有出资人，作为股东参与金融机构公司治理实现国有资产保值增值；但又以公共管理者自居，国有金融资产的"委托－代理"关系更多地体现为行政性的上下级关系，容易出现身份定位上的冲突和混乱。

破解财政与金融失衡的体制根源，有必要从以下方面入手。一是划清政府和市场的边界，推动财政与金融双归位。"使市场在资源配置中起决定性作用，更好发挥政府作用"，政府应避免对经济活动的直接干预，减少对私人部门的挤出，将资源配置的主导权留给市场，并为市场更好地发挥资源配置功能创造条件。推动建设财政向公共财政转型，核心是财政尽量不直接参与经济建设和市场活动，主要为维护市场提供必要的公共物品和公共服务。要主动限制财政及其他广义政府经济活动，为市场的培养和发展拓展空间，使社会融资更多地流向企业和个人，把投资机会和风险让渡给市场，使市场参与主体在分散决策、试错与创新中发现新的经济增长点。

二是合理界定财政政策、货币政策各自边界，加强财政政策与货币政策的协调，形成政策合力。货币政策侧重于短期总需求调节，以保持价格稳定和经济总量平衡，为供给侧结构性改革提供适宜的货币金融环境。财政政策应更侧重于经济结构调整，发挥对定向调控的支持作用，服务于中长期经济发展战略。进一步理顺财政部和央行之间的关系，政府债券发行应充分考虑对金融市场的影响和作用。加强财政预算管理，提高财政预算的准确性和精细化，减少财政存款波动及国库现金管理对银行体系流动性管理的扰动。加快完善适应中央银行履职需要和业务发展的独立财务预算制度和会计标准，建立健全中央银行准备金提取、损失核销和资本补充等机制，落实中国人民银行财务亏损由中央财政弥补的法律规定。三是厘清财政的股东职责与金融监管的边界。财政作为国有出资人，应立足于股东身份，通过完善金融机构公司治理实现国有资产保值增值，不能定位为金融机构的管理部门，既当裁判又当运动员。

### （四）去杠杆与完善公司治理的关系

我国宏观杠杆率过高，表现为非金融企业部门债务率较高，尤其是地方政府融资平台和国有企业，实为政府隐性负债。其中国有企业高杠杆与国有企业公司治理不完善密切相关。多数企业虽然已经初步搭建了"三会一层"的治理架构，但公司治理在内容和质量上还存在明显的不足，"形似而神不至"。一是国有出资人实际缺位。在链条复杂的授权体系下，虽然国家或政府（财政）作为大股东客观存在，但全民对政府（财政）、政府（财政）对企业管理层的双重委托代理机制难以起到监督和制衡作用，国有股股东权利事实上缺乏有效保护。同时，中小股东权利被忽视。中小股东缺乏话语权，公司治理的积极性不高，"同股同权"语境下，小股东权益无法得到贯彻落实，使股东大会、董事会的作用下降，经营管理和决策也并非完全的市场行为。二是缺乏有效的制衡机制。一些企业"三会一层"之间的边界不清晰，董事长"一长独大"现象突出，变成了所谓的一、二、三把手排序，"三会"失去了相互制衡的作用。综合了英美法系与大陆法系公司治理结构特点的董事会、监事会设置，却因没有将审计等职责赋予监事会，而在客观上限制了后者的监督职能。三是信息披露不充分。我国公司治理实践中，部分企业涉及经营的重大事项，如薪酬、风险管理状况、公司治理、年度重大事项等信息，都没有得到及时、充分、有效披露，外部约束力量过于薄弱。

落后的国有资本管理模式是我国有效公司治理和现代企业制度无法建立的根本原因。我国部分政府部门和监管机构对于公司治理制度框架的认识，在很大程度上还停留在部门管辖、行业管理的较低层次，政策着力点更多地放在了如何管企业、如何用政府的力量推动企业做大做强。国资部门、金融监管部门等从各自利益出发，制定各自的原则，实际上还是在搞部门所有制和"封建式"监管，缺乏顶层设计和系统考量，走的依然是行业主管部门全面管企业的老路，由此产生的政资政企不分、发展和监管职能不分、企业经营行为和资源配置违背市场化原则等弊端也就不足为奇了。一个典型的现象就是混淆了资本和资产的差别。国有企业的管理者和相关管理部门将国有资本曲解为国有企业的资产，忽视了国有资本的真正含义是资产减去负债后的"净资产"所有权。"做大国有企业"被等同于"做大国有企业资产规模"，忽视了资本金补充，最终导致国有企业的高杠杆。

近年来，我国推行市场化债转股工作，本意是探索通过金融市场改善企业公司治理。"债转股"是指"当商业银行的贷款对象出现一定问题时，商业银行所采取的一种资产保全方式"（周小川，1999），是在常规的贷款回收手段难以奏效而直接破产清盘又可能损失偏大时采取的一种"比破产清盘可能合算一点"的选择，是债权回收的"倒数第二招"，而破产清算是最后一招。表面上看，"债转股"可以降低企业财务成本、避免企业直接破产、有利于商业银行保全资产，但从根本上讲，"债转股"只有实现了企业公司治理和经营状况的改善，才能实现真正优于直接破产清算的结果，达到债权人与债务人的双赢。在实践中，我国市场化债转股偏离了"债转股"的本质，改善企业公司治理的作用没有充分发挥。一是定位于降低财务成本而非改善公司治理。"债转股"企业中一部分其实是优质企业，只是因为杠杆率较高，缺乏补充资本金的途径，通过"债转股"调整会计账目、降低财务成本。另一部分企业确实经营困难、偿债能力不足，迫切需要改善公司治理和经营绩效，但这些企业一旦"债转股"，就如同进了政策托底、不会破产的保险箱。由于没有破产清算的压力，无论是企业还是银行，通过"债转股"改善企业治理和经营的动力不足，存在明显的道德风险。二是"明股实债"。一些企业"债转股"之后，股东与银行约定持股一定期限后对股权进行回购，并附加较高的收益率。名义上是股权，但实际上仍然是固定收益的债权，属于会计报表的就地调整，银行持有的企业资产属性并没有本质的改变。因此，银行仍然在企业公司治理中"置身事外"，既不派出董事，也不参与日常经营，只是静候股权清盘退出。这与"债转股"通过银行持股、改善公司治理、增强企业盈利能力的初衷南辕北辙。

彻底改善国有企业公司治理，必须充分发挥金融治理的作用。应当充分结合我国实际，从加强金融机构持股、鼓励职工持股、探索控股公司模式、通过"双层结构"加强党的领导以及实施市场化的激励约束机制等方面入手。

第一，鉴于我国间接融资主导的实际，短期内的可行选择是加强金融机构持股。金融机构持股，包括"债转股"之后的银行持股、社保基金在划拨国有资产之后持股等，是现阶段既有效补充国有企业资本金又加强企业内部制衡、完善公司治理的唯一选择。一是从补充资本金的需求看，金融机构的作用难有替代。私募股权等理论上更合适的"债转股"投资主体既无法提供如此大体量的资本金，同时自身存在发展不规范不健全的问题，企业去杠杆、补充资本仍需依靠银行、保险的资金支持。二是从改善公司治理看，金融机构能发挥积极的制衡作用。国有企业公司治理不完善的一个重要原因是行政干预较多，而制衡力量不足。金融机构作为独立经营主体，既有改善经营、回收资产的主观动力，又有相对较强的谈判筹码和博弈能力，能在一定程度上制衡行政干预，在"三会一层"的决策中充分反映利益相关方的声音。要实现改善公司治理的目标，银行、保险等金融机构必须借鉴产业投资基金做法，通过市场化的激励约束机制，遴选出合格适任的专业人才，而非简单直接参与。

金融机构持股的背后是金融模式选择的问题。从国际实践看，按照金融机构与企业关系的亲疏远近，大致有三种金融模式：以美国为代表的、保持距离（arm's length）的"盎格鲁－撒克逊"模式，以日韩为代表的、控制导向（control oriented）的日韩模式，以及以德国为代表的、介于日韩模式和"盎格鲁－撒克逊"模式之间的莱茵河模式。三种模式下，金融机构持股银行存在明显的差异，美国对金融机构持股企业施加严格限制；日本虽然也有对银行直接持股企业的比例限制，但大银行可通过其控股的小银行间接持有企业股权，从而突破直接持股企业的监管限制，此外还通过财团中的核心地位对财团旗下的实体企业享有较强的控制力；德国银行以资本金的一定比例为限持股企业，在企业监事会中扮演重要角色，从而施加对企业的影响。

我国目前金融模式较为模糊，既不像"盎格鲁－撒克逊"模式，也不像日韩模式和莱茵河模式。20 世纪 90 年代我国曾一度倾向于日韩模式，但由于日本泡沫经济破灭，又觉得日韩模式走不通，还是得走"盎格鲁－撒克逊"模式，实际操作中三心二意，作为"盎格鲁－撒克逊"模式前提的资本市场始终没有发展起来。金融体系的发展最终需要选择一种模式。"盎格鲁－撒克逊"模式可能是更好的选择，如果选择了就要坚持，不能一遇到挫折就叫停 IPO。而给定我国目前的实际情况，"盎格鲁－撒克逊"模式也不可能一蹴而就。现阶段要降低杠杆率、为企业补充资本金可能仍需参考日韩模式和莱茵河模式，允许银行适当持股并积极发挥股东作用。对银行持股企业的限制可基于审慎监管的考虑，银行持股比例与资本金挂钩，比如德国要求银行持有单一企业股份不能超过银行资本的 15%；银行持有企业股份总计不能超过银行资本的 60%。

第二，探索职工持股计划。职工是企业重要的利益相关方，也是企业治理的重要参与者。《中共中央、国务院关于深化国有企业改革的指导意见》明确要求"强化企业内部监督……健全以职工代表大会为基本形式的企业民主管理制度，加强企业职工民主监督"。职工持股是进一步维护职工在企业中的权益、强化职工参与企业管理的重要形式，有利于提供激励、吸引并留住人才、提升企业的核心竞争力。要充分汲取过去职工持股尝试的教训，要让职工以真金白银的方式购买并持有企业股权，而不是采取直接分配。可以探索股票期权的激励方式，并完善相关会计制度。通过锁定期和交易限制防止内幕交易和价格操纵。

第三，探索通过控股公司模式完善国有企业公司治理。建立"国资委－控股公司（国有资本投资运营公司）－国有企业"三层架构，取代"国资委－国有企业"两层管理结构，不仅符合以国有资本改革带动国企改革、政府仅以出资人身份管理国有资产的思路要求，而且将进一步明确国有资本的权属及以国资委为代表的相关政府机构的职能定位，有效消除由政府意志和利益干预甚至直接决定国有企业行为而造成的工作积极性降低、流程化管理低效等问题，有利于国有企业建立现代企业制度，确保"政企分开"。

在国有金融资本管理领域，2003 年成立中央汇金公司，就是实践了"国务院 – 金融控股公司（汇金公司）– 国有金融机构"三层次结构。其核心思想是组建一家金融控股公司，按照市场化、法制化和专业化的原则来管理国有金融资产。这种模式的最大优点在于能够比较彻底地切断国有金融资本和政府职能机构的行政性联系，在隶属关系上与其脱钩，阻断来自政府的行政干预。国有金融资产控股公司行使出资人职能，能保证"人格化"的所有者代表，这对于解决出资人自身的激励约束，增强对代理人的监督和考核，都具有积极的作用。但自 2007 年 9 月中投公司成立后，汇金公司成为中投公司的全资子公司。原本有关剥离政府职能机构出资人职能的改革尝试基本停滞，管理模式再次回到政府职能机构干预金融资产日常经营活动的老路子上，另外中投公司本身由于无法完全与汇金公司代表国家行使国有金融机构股东职能之间完全隔离，因而多为国际市场所诟病，自身开展投资业务的盈亏情况也经常被过分解读。

要正确认识"坚持公有制为主体"与控股公司模式的关系。目前的国有资本管理以"国家所有"代表"全民所有"，是沿袭了计划经济时代公有制的实现形式，并不是公有制的唯一实现形式。党的十五大就已突破了传统理论认为社会主义公有制只有国有和集体两种形式的论断，提出"公有制实现形式可以而且应当多样化"。控股公司模式就是探索"社会所有"或"基金（社保基金）所有"代表"全民所有"的公有制新模式。黄范章（2010）指出，公众（或"全民"）对于国有企业（或全民所有制企业）至少有三条渠道（或机制）来贯彻他们的意志和利益。一是作为劳动者通过政府的政策与计划以及企业负责人的经营决策来贯彻的，即"劳动者主权"；二是作为消费者通过自己在市场的购买来贯彻的，即"消费者主权"；三是作为投资者直接地通过有价证券或间接地通过"基金"来贯彻的，即"投资者主权"。一旦政府的政策或计划抑或企业决策有违公众的意志和利益，"劳动者主权"受到削弱，则公众不仅可运用"消费者主权"更可运用"投资者主权"进行"反馈"，给予制约。控股公司模式强化了公众的"投资者主权"，能够比国家所有更完满地贯彻与实现全民所有制。

第四，可通过"双层安排"实现加强党的领导和完善公司治理的统一。第一层，把国有资本出资人身份与董事会职权结合起来。党可代表多数股权支配董事会决议，既实现党管国企所有权，切实保护国资出资人利益、实现出资人控制力，又把管干部、国家战略目标和利益、收益权及分配、奖惩、纪律、对外协调等整合在一起，类似于过去讲的"人、财、物"综合管理，避免事无巨细、"一竿子插到底"。与此同时，切实落实"同股同权"原则，解决好支持非公有制成分、鼓励民营和外商投资的关系，提高企业重大经营决策过程中的透明度，保护中小股东参与公司决策和利益分配的权利。第二层，成立公司经营层面和面向基层干部、员工的党委。发挥党组织的政治核心作用，包括理想信念教育、组织保障、纪律检查、人员资格审查以及职工利益保障等方面的控制力。通过双层安排，既符合现代企业公司治理结构，又使董事会和经营层面的党组织作用划出层次。

### （五）金融风险防范与治理机制完善的关系

我国金融风险整体可控，但在一些重点领域，金融风险隐患较为突出，背后是金融治理机制的建设问题。

第一是地方政府债务。我国地方政府债务风险总体可控，但隐性债务风险突出，地方政府融资平台和部分国有企业存在隐性担保，一部分国有企业的负债实际上构成地方政府的隐性负债。2017 年末，我国规模以上工业企业资产负债率已降至有公开数据以来最低的 55.5%，但国有企业资产负债率仍稳定在 65% 左右，很大程度上源于民营企业去杠杆速度高于国有企业，表明地方政府隐性负债压力持续存在。随着地方政府融资约束硬化，其融资需求仍须有序释放，"开正门"，才能实现风险有序出清。

理顺中央和地方的财税关系，建立地方政府融资市场化约束机制是解决地方政府债务问题的根本出路。一是要理顺中央地方财政关系，稳定地方财力和财权，培育地方主体税种，推动房地产税改革试点。二是建立"一级政府、一级财政、一级预算、一级税收权、一级举债权"体系，各级政府的财政相对独立、自求平衡，放松中央政府对债务额度的行政性约束，发挥地方人大的约束作用，由地方人大自主决定发债的额度、期限和利率，提高地方政府举债额度，彻底打开地方政府规范融资的"正门"。完善治理体系，提高债务信息的透明度，更多发挥金融市场的约束作用。三是探索建立"地方政府破产机制"。地方政府破产机制是现代财政制度的重要组成部分，实行分级财政体制的国家广泛建立了地方政府破产机制。从国际经验看，政府破产指政府财政破产，不等于政府职能破产，破产政府仍承担公共服务的义务，不会出现无政府状态；破产后地方政府必须通过控制支出、增加收入以改善赤字和偿还债务，恢复财政可持续；为防范道德风险，中央政府不会无条件救助破产的地方政府，地方政府若接受中央救助，必须牺牲自主权利。在我国探索建立"地方政府财政破产"机制最大的意义在于明确政府决策责任的分级模式，让责任模式回归到"谁借谁还"的风险承担的范畴之内，倒逼各级政府在举债谋发展时量力而行，有多大财力制定多大的发展目标，推动城市化的可持续发展。我国探索地方政府破产制度，要明确以下几点：财政破产不等于无政府，政府对治安、教育、医疗、养老等公共服务事项继续提供服务和保障；金融市场要在债务监督中发挥重要作用，要打破刚性兑付，投资者承担地方政府破产的损失，形成投资者主动甄别地方政府融资能力和信用等级的正向激励，倒逼地方政府规范财政运行管理并提高透明度，切实发挥市场的约束作用；强化问责，在干部考核和选拔任用中加入财政管理绩效的指标，落实全国金融工作会议关于"严控地方政府债务增量，终身问责，倒查责任"的要求。

此外，还应落实同股同权，吸引民营资本参与垄断性行业。事实上，地方政府持有不少优质资产，但由于地方政府遵循类似企业经营的理念，在缺乏破产约束的背景下缺乏用优质资产市场化折现或融资的意愿。要真正落实简政放权，让民营资本参与到垄断性行业。目前我国一些垄断性行业的市场准入关卡仍然难以逾越，部分领域即使开了一道口子，但背后还有一道道的"玻璃门""弹簧门""旋转门"。应该抓紧制定出台大幅放宽电力、电信、交通、石油、天然气、市政公用等领域市场准入的方案和政策措施，制定出台支持民间资本发展养老、健康、家政、教育培训、文化教育等服务的具体办法。同时，实施更具包容性的财税政策、产业政策，营造公平竞争环境，创新垄断性行业与民间资本合作机制，避免"只让出钱、不让发言"的不平等合作方式，努力做到同股同权。既为地方政府提供融资、补充财力，又能实现资源优化配置，提高全要素生产率。

第二是居民部门杠杆。我国居民部门杠杆上升较快，且可能存在低估。2017年，我国住户部门杠杆率为55.1%，比上年高4个百分点。考虑到居民普遍存在通过借贷筹集首付的行为，且通过互联网金融（如蚂蚁"借呗"、腾讯"微粒贷"、京东"金条"等产品）的借贷未计入居民负债，我国居民杠杆率可能更高。

居民部门负债中相当大一部分借贷是用于满足购房需求，居民杠杆率快速增长也反映出我国房地产市场的明显扭曲。当前一、二线城市严格调控，三、四线城市政策相对缓和。一、二线城市市场供求矛盾并不直接反映在价格上，而是反映在量缩价稳、推迟网签、价格失真、库存虚高等方面；三、四线城市的棚改、货币化补偿消化了库存，市场热度高，但容易导致盲目乐观。如此一来，居民的资金流向三、四线城市买房，这是泡沫以另外一种方式在体现。

因此，应完善房地产市场健康发展的长效机制。一是建立全国城乡统一的土地当量市场，这是既保持18亿亩的耕地红线，又实现土地市场化供给、增强供给弹性、适应城市化和区域化发展、提高土地使用效率的唯一出路。随着土地市场化，进一步改革完善土地招拍挂制度，实现土地供给市场化。二是推进房地产税改革试点，应由人大授权，按照"宽税基、低税率、可负担、含存量、逐步实施、激励相容"的原则，选取部分城市和地区进行房地产税改革试点，形成可复制可推广的经验。同时也要鼓励各地探索适合本地的房地产长效机制。

### （六）人口老龄化、养老金可持续与资本市场的关系

人口老龄化是我国养老金可持续发展面临的一大挑战。2017年我国劳动年龄人口90199万人，2012年以来持续六年下降。生育政策放松对新增人口的利好作用并不显著，而随着收入水平提升，生育意愿和总生育率下降的趋势往往不可逆转。在此背景下，如何有效引导养老储蓄对接长期投资、为居民提供有力的养老保障是养老金可持续发展的关键。

然而近年来，我国养老金体系的缺陷不断暴露。一是个人账户空账。我国名义上采取"统账结合"的部分积累模式，但由于个人账户是空账，资金已被挪用于发放当期的养老金，实际上是"现收现付制"，在人口老龄化、劳动人口占比下降的背景下不可持续。哈佛大学教授马丁·费尔德斯坦（2005）认为，现收现付制不仅不能有效应对人口老龄化的挑战，还会"挤出"个人储蓄，降低投资和产出。二是养老体系"碎片化"，压力过度集中于第一支柱。我国养老金体系第一、二、三支柱（分别对应政府的基本养老保险、企业年金、个人商业养老保险）资金分布为79%、19%、9%。第二、三支柱占比极低，使养老压力集中于社保基金。2016年美国养

老金第一、二、三支柱分布为 22%、39%、39%。三是养老金投资范围受限，在引导资金投向和资源配置中的重要作用没有充分发挥。以往的养老金投资政策过度追求"安全性"，受限于投资品种太少，收益十分微薄。过去，我国社会保险基金结余，除了留足一定期限支付外，全部只能购买国债和存银行，年化收益率只有 3% 左右。相比之下，2007~2017 年，房地产的累计收益率高达 766%，黄金的收益率为 106%，沪深 300 指数收益率为 97%，企业债指数收益率为 78%，上证 50 指数收益率为 58%。过低的回报使大量储蓄不愿投入养老金，转而投向房地产进行短期投机。四是全国统筹，缴费的正向激励不足。全国统筹、以盈补缺会挫伤养老金盈余省份的缴费积极性，也会降低亏空省份弥补空额的动力，形成不缴或少缴亦享受养老、"养懒人"的负向激励。

改革完善养老金体制，应充分认识养老金具有社会保障和金融中介的双重属性，重视资本市场的长期投融资功能，养老金通过引导养老储蓄投向长期投资，既实现基金的收益性、提升养老金的吸引力，又能促进资本市场发展和企业公司治理的改善。

第一，做实个人养老账户。由现收现付转向基金累积，使账户产权更为清晰，实现"多缴多得"的正向激励。此举"一石三鸟"。一是强调个人养老责任，实现个人养老责任和收益的良性互动。二是将家庭部门的短期储蓄变成"长钱"，发展直接融资市场，有效支持"去杠杆"。据估算，2020 年我国 GDP 将达到 100 万亿元，家庭金融资产将达到 200 万亿元。按照家庭资产负债表的结构，30% 的家庭金融资产将用于养老，资金规模大概60 万亿元。其中第三支柱个人账户留存的资金余额 40 万亿元。如果交给专业机构运营，并假设 20% 配置在股权融资市场，资金约有 8 万亿元。只要科学、综合、审慎地配置在股权融资中，可以形成"长钱"，实现养老基金长钱与企业股权融资的期限匹配，是企业部门去杠杆的重要驱动力。三是发展机构投资者，增强金融市场的稳定性。长期以来，我国资本市场散户多、波动性大、炒作风气浓，削弱了资本市场的吸引力和服务实体经济的能力。机构投资者具有信息优势、规模优势，有着较为专业和科学化的投资决策模式，行为更接近于有效市场假说中的"理性经济人"，其市场地位的提高将有利于促进金融市场健康稳定的发展。此外，还应大力发展养老金的第二、三支柱，补齐短板。

第二，划拨国有资本补充社保基金。以国有资本补充社保基金，是偿还社保制度转轨的历史欠账。1997 年建立社会统筹与个人账户相结合（"统账结合"）的部分积累制度时，政府没有承担转制成本弥补老人未交费造成的缺口，而是按照"以支定收"的原则，通过提高养老金费率由企业和职工来承担。因此，通过国有资本补充社保，弥补当年视同缴费而造成的养老金历史欠账理所应当。另外，社保基金持股国有企业并行使出资人职责，可探索以"基金所有"代表"全民所有"的新型公有制形式，改善国有企业公司治理。一是养老金作为独立运营的市场主体，能相对独立地行使股东职责，避免行政部门的干预，避免政企不分、政资不分，彻底改变行政管理替代公司治理的问题。二是养老金管理者以股东利益最大化为主要目标，有利于国有企业不偏离市场化的运营方向，确保国有资本保值增值。

第三，继续实行地方统筹，并提高养老金的可携带性。短期看，全国统筹虽然可以增强调剂基金余缺的能力以应对人口老龄化较为严重的地区的养老金收支缺口，但是长期来看道德风险问题突出，不利于养老金体系的长期可持续性。参照国际经验，继续实行地方统筹，并提高养老金的可携带性是更优的改革方案。同一个居民在多地就业后退休，其统筹账户养老金待遇实行"各省分段缴费、分段计算待遇、集中发放养老金"，既可以提高劳动力市场跨地区就业的灵活性，又能提高人们参加社保体系的积极性，扩大社保覆盖面，完善社会安全网。可在中央基本要求和原则框架内，由省级地方政府负责个人账户制度设计，包括转移规则。实际上，在互联网大数据时代，中国的支付体系已经达到世界先进水平，完全具备"分段计算、归集发放"的技术条件。

第四，养老金投资运营要落实功能监管。应当按照"同类业务适用同等监管"的原则，针对养老金投资运营机构尽快建立统一准入规则。养老金投资运营机构参与资本市场活动应由证监会负责监管，维护养老金投资运营的安全性。

## 三　建设现代金融体系要遵循金融市场发展的一般规律

我国金融体系起步较晚，所面临的问题和挑战发达国家在其发展过程中也曾面临过。因此，应充分借鉴国际经验，深入总结和把握金融发展的客观规律，明确现代金融体系建设的目标和路径，少走弯路，以充分利用我国的后发优势。

## （一）正确认识金融业综合经营趋势

2015年11月，习近平总书记在《关于〈中共中央关于制定国民经济和社会发展第十三个五年规划的建议〉的说明》中指出："近年来，我国金融业发展明显加快……特别是综合经营趋势明显。这对现行的分业监管体制带来重大挑战……要坚持市场化改革方向，加快建立符合现代金融特点、统筹协调监管、有力有效的现代金融监管框架，坚守住不发生系统性风险的底线。"我国近一段时间以来推进金融监管体制改革，就是在构建与综合经营发展趋势相适应的金融监管体制。

第一，综合经营既是经济全球化发展的必然趋势，也是金融自由化、市场化发展的必然要求。主要发达经济体均已确立了金融业综合经营的发展方向，如美国1999年通过《金融服务现代化法案》，废除了限制金融综合经营的《格拉斯－斯蒂格尔法案》；英国1986年出台《金融服务法》，大幅减少金融管制，鼓励金融综合经营。本轮国际金融危机后，美国出台"沃尔克规则"，英国出台"围栏法则"，欧盟发布了卡列宁报告，其改革方向是完善综合经营的监管规则和风险防范机制，并没有颠覆金融业综合经营的大格局。原因在于金融业综合经营已成为实体经济和金融发展的内在需求。一是服务实体经济的发展需求，经济全球化背景下，企业金融服务需求日趋综合化多元化，包括多样化的融资渠道、个性化的风险管理工具、便利化的支付交易手段等，这些需求只有通过金融机构综合经营才能提供"一站式"服务。二是有效提升金融业竞争力，现代金融市场地位不断提升，金融脱媒已成全球趋势，综合经营、有效连接融合各金融市场和金融业态，最大化协同效应，是金融业提高自身竞争力的必然选择。

第二，综合经营本身不会放大风险，监管的不适应才是风险之源。一是综合经营有利于金融机构分散降低风险。综合经营通过业务多元化实现"鸡蛋放进多个篮子"，有利于发挥协同效应，实现高效率低风险；但也会带来银证保跨行业经营更高的管理成本，面临跨行业专业人才稀缺的约束。20世纪80年代以来，科技的发展极大地提升了金融活动的效率，放大了业务协同的收益，降低了跨业经营的管理成本，从而推动综合经营成为金融业不可逆转的发展趋势，因此带来对分业监管体制的挑战，分业监管体制下监管机构各司其职，跨行业金融监管专业人才匮乏，很难实现与综合经营相适应的综合监管。二是次贷危机的风险根源不是综合经营，而是落后的碎片化监管。一些美国商业银行（如华盛顿互惠银行）遭遇困难，原因是传统银行业务的不良贷款，不是因为跨界从事证券业务；贝尔斯通、雷曼兄弟等投资银行，实际从事商业银行业务极少，风险仍源于其证券主业。危机爆发的重要根源之一，恰是禁止对活期存款支付利息的监管规定，该规定基于分业监管的角度限制银行对活期存款付息，是货币市场基金等影子银行大量替代银行活期存款、快速扩张并滋生风险隐患的重要原因。伯南克（2016）在《行动的勇气：金融风暴及其余波回忆录》中指出，混业经营不是问题，美国碎片化的分业监管才是真正的问题。盖特纳（2015）在《压力测试：对金融危机的反思》中更为尖锐地指出："美国的分业监管体系，充斥着各种漏洞和各种势力的角逐，充满着若隐若现的钩心斗角，然而却没人会为整个系统的稳定性负责。"

第三，限制综合经营不可能消除风险，只会产生新的风险。限制综合经营是典型的"以准入替代监管"的错误认识，限制业务准入不可能消除风险，金融机构在其从事的任何业务上都可能选择更高的风险，监管应重点关注如何降低风险动机，而不是忙于设置市场壁垒。1933 年美国出台《格拉斯－斯蒂格尔法案》限制美国金融机构多元化经营，是基于对大萧条教训的错误认识，并未给美国银行业带来安全，反而由于其业务被长期束缚而加剧了风险。20 世纪 80 年代储贷协会危机，其破坏性仅次于大萧条和此次金融危机。这次危机表面上是利率市场化背景下利差收缩导致其风险偏好上升、过度涉足房地产，但当时的另一个重要背景是，面对货币基金大量分流储蓄以及证券公司事实上经营放贷业务的冲击，储贷机构作为受分业限制最多的银行业机构，无法对客户提供综合性服务以减缓利差收缩冲击，最终走向高风险房地产融资这一不归路。事实上，《格拉斯－斯蒂格尔法案》实施后的年代，美国金融业并不太平，几乎每隔 20～30 年就有一次银行业系统性危机，1984 年银行倒闭数量达到大萧条之后的最高峰。不仅如此，分业经营也压抑了美国银行业的国际竞争力，使国际大银行在 20 世纪 70～80 年代主要集中于日本、德国，这也是美国 1999 年最终废除《格拉斯－斯蒂格尔法案》，以《金融服务现代化法案》取而代之的重要背景。

### （二）中央银行与金融监管不可分离

20 世纪 90 年代，中央银行与金融监管一度出现分离趋势。从学术思想史看，主要是受有效市场假说下中央银行单一目标单一工具（通胀目标制）学术思潮的影响；从制度设计原理看，主要是考虑货币政策（最后贷款人救助）与监管合一可能导致中央银行放松监管的道德风险；从政策实践看，在实施通胀目标制的经济体中，央行在"制度上"仅承担货币政策职能并锚定通胀目标。然而，2008 年国际金融危机重创了有效市场假说和央行单一目标制的理论基础。央行只管通胀是不够的，不管金融稳定是不行的。随着金融监管引入宏观审慎管理理念，金融稳定也重回中央银行核心目标，中央银行在宏观审慎管理和系统性风险防范中的核心作用逐步确立。

一是中央银行货币调控离不开金融监管政策的协调配合。从现代货币创造理论看，中央银行的货币供给是外在货币（outside money），金融体系内部创造的货币是内在货币（inside money），货币调控是通过外在货币影响内在货币从而实现货币调控的目标。而监管政策直接作用于金融机构，权威性强、传导快，具有引发内在货币剧烈调整的威力，相当大程度上决定了货币政策传导的有效性。即使中央银行可以调控外在货币，但如果没有有效的监管做保证，外在货币投向何处、效率如何，这是中央银行无法控制的，也无法保证金融支持实体经济。

二是中央银行履行金融稳定职能需要获得相关金融监管信息。明斯基将融资分为三类：套期保值型、投机型和庞氏骗局。其中，套期保值型融资（hedge finance）指依靠融资主体的预期现金收入偿还利息和本金；投机型融资（speculative finance）指融资主体预期的现金收入只能覆盖利息，尚不足以覆盖本金，必须依靠借新还旧；庞氏骗局（Ponzi scheme），即融资主体的现金流什么也覆盖不了，必须出售资产或不断增加负债。一个稳定的金融系统必然以套期保值型融资为主，在套期保值型融资为主的金融体系中引入部分投机型融资，能提高金融体系的效率。为了维护金融稳定，中央银行天然承担最后贷款人救助职能，必然要求中央银行在法律上、管理上具备引导社会融资形成以套期保值型融资为主的结构的能力，而这种能力必然建立在中央银行了解金融体系中各类型的融资及其相关风险的监管信息的基础上。

三是中央银行行使最后贷款人职能开展危机救助需要金融监管政策的协调配合。最后贷款人流动性救助职能赋予了中央银行作为危机救助最后防线的重要地位。作为最后贷款人的行动指南，巴杰特（Bagehot）法则从19世纪以来就一直是中央银行提供流动性救助的重要遵循。因为问题金融机构是"微弱少数"，金融体系中的绝大多数银行还是健全的，中央银行既无责任也无必要为这小部分银行提供无偿救助，因此该法则要求中央银行在流动性危机时采取迅速果断的行动，防止系统性风险的蔓延，同时遵守向流动性困难而非财务困难的银行提供流动性支持的原则，防范道德风险。流动性困难的机构要提供高质量的抵押品，并收取惩罚性高利率。如果不参与事前事中监管，且监管信息无法有效共享，中央银行很难清楚掌握银行的资产状况，因而难以做出准确的救助决定，降低救助的效率。在这种情况下实施的救助，在一定程度上是在向已经资不抵债的问题金融机构输血，中央银行的最后贷款人职能被简化为付款箱，存在严重的道德风险。

### （三）监管体系必须激励相容

第一，监管目标应清晰明确，处理好发展与监管的矛盾。Holmstrom 和 Milgrom（1991）在对多任务委托代理的分析中指出，面临多个任务目标时，代理人有动力将所有的努力投入业绩容易被观察的任务中，而减少或放弃在其他任务中的努力。在金融监管领域，我国的金融监管者往往也直接承担发展职能，在监管与发展二元目标的激励下，监管者会自然地倾向于成绩更容易被观测的发展目标，而相对忽视质量不易被观测的监管目标。

第二，监管权责应对等。经济学研究很早就意识到，监管不是抽象的概念，而是人的行为的加总，监管者可能出于个人利益的考量而偏离公共利益目标，导致监管失灵。一是金融监管供求失衡。金融监管是公共物品，但监管者并不会毫无成本、毫不犹豫地按照公共利益提供。二是金融监管存在寻租。只要政府通过监管干预资源配置，私人部门就有租可寻，设租寻租会降低资源配置效率。三是金融监管存在俘获，导致监管行动偏离公共利益，成为利益集团影响的结果。激励相容的监管体制就是要通过合理的监管分工、严格的问责惩戒、薪酬等正面激励抑制监管者偏离公共利益的冲动，将监管者的行为统一到金融监管的整体目标上来。

从监管分工看，金融监管的激励理论指出，金融监管的总体目标以某种方式分解后交由若干监管者承担，这是监管专业化和监管范围经济之间平衡的结果。如果分工出现权力和责任不匹配，就会导致监管机构严重的激励扭曲，有权无责往往权力滥用，有责无权则监管目标无法实现。从金融风险事前事中事后管理看，承担最后贷款人危机救助的中央银行以及作为风险处置平台的存款保险，一旦与事前事中日常监管分离，不仅危机救助和风险处置会因为信息不对称而缺乏效率，还会因日常监管者不必完全承担救助成本逆向激励其道德风险。因此，激励相容的监管分工下，危机救助者和风险处置者往往也承担日常监管职能。

以存款保险为例，在建立之初，存款保险主要是作为仅负责事后偿付存款人的"付款箱"，但经过金融风险的检验，纯粹的"付款箱"模式被证明是不成功的，其局限性在于仅承担事后买单的责任，而不具备事前监督的权力，权责明显不匹配，难以防范监管宽容和道德风险，导致处置成本高昂，无法有效地防范和化解金融风险。从国际发展趋势看，存款保险制度模式逐渐向权责对称的"风险最小化"模式收敛。一是存款保险可实施基于风险的差别费率，对风险较低的投保机构适用较低的费率，反之适用较高的费率，促进公平竞争，构建正向激励。二是赋予存款保险早期纠正职能，存款保险有权力检查、干预问题银行，在银行资不抵债之前，尽早发现并采取措施，实现金融风险"早发现、早处置"。

从问责机制看，金融监管者并不完全承担监管失误导致危机和风险暴露的成本，导致监管激励不足，监管的努力程度低于最优水平。同时，即使有明确的法律法规，监管者也可能有法不依。问责机制就是要基于监管失误对监管者施加惩戒，强化其监管激励。比如，2001年澳大利亚HIH保险集团倒闭，澳大利亚金融监管局（APRA）被认为严重的监管失误，并可能存在政治献金的利益输送，澳政府专门成立皇家调查委员会进行调查，多名监管人员受到问责并被免职。

第三，监管政策应公开透明。Dewatripont和Tirole（1994）等的研究，将不完全契约理论引入金融监管，指出由于监管者容易受政治力量的影响，或被监管俘获而偏离公共利益的目标，监管的自由裁量权应与监管机构的独立性相匹配：对独立性较强、能将公共利益内化为自身目标的监管者，可以被赋予更多的相机监管的权力；而对于独立性较弱、受政治压力及利益集团影响较大的监管者，则应当采取基于规则的监管制度，降低相机决策，增加政策透明度，这也是《巴塞尔协议》等国际监管规则的理论基础。通过透明的监管规则实现激励相容，在金融监管发展的各个阶段都有具体体现。比如，巴杰特法则明确要求最后贷款人的流动性支持必须以合格的抵押品和惩罚性利率为前提；微观审慎监管通过明确的资本充足率要求金融机构风险总量（总资产）与自身风险承受能力（自有资本）相匹配；宏观审慎监管对系统重要性金融机构施加更高的监管要求，要求订立"生前遗嘱"，基于"大而不能倒"的隐性保护而提高监管约束。

## 四 结语：建设现代金融体系的关键在于建设现代金融市场体系

发达的金融市场是现代金融体系的鲜明特征。随着居民收入水平提升、财富积累，金融市场快速发展，地位不断提升。作为全球第二大经济体，一个日益接近世界舞台中央的发展中大国，基于我国新的发展阶段、发展趋势和国际地位，要充分认识金融市场的重要性。一是建设现代金融市场体系是实现金融体系对标高质量发展的必然要求。与银行间接融资相比，金融市场在完善公司治理、增强信息揭示和加强风险管理等方面具有比较优势：金融市场通过较高的信息披露要求和透明度建立有力的外在约束，通过明确的所有权和经营权分离构建更有效的内在激励，同时发展金融市场可通过资金要素的市场化配置有力促进其他要素市场的市场化发展。二是建设现代金融市场体系是贯彻新发展理念的必然要求。"创新、协调、绿色、开放、共享"的新发展理念以创新为首，而创新发展以发达的金融市场为有力支撑。只有金融市场形成比较完备的资本投资机制以及相配套的中介服务体系，才有可能加速科技创新成果向现实生产力的转化，推动科技创新创业企业从无到有、从小到大，形成新的经济增长点。三是建设现代金融市场体系是"去杠杆"的必然要求。要从源头上降低债务率，必须完善储蓄转化为股权投资的长效机制。关键是发展金融市场，通过大力发展股权融资补充实体经济资本金。四是建设现代金融市场体系是货币政策由数量型调控为主向价格型调控为主转变的必然要求。价格型调控为主的货币政策传导以金融市场为基础。金融市场合理定价、市场之间紧密关联，能够实现资金价格的联动和传导，是货币政策转向价格型调控为主的重要前提。五是建设现代金融市场体系是金融业对外开放的必然要求。历史经验表明，扩大对外开放会加快金融市场既有缺陷的暴露，只有金融市场自身过硬，才能充分实现扩大开放所带来的福利改善、效率改进、竞争力提升等积极影响。六是有弹性的人民币汇率需要具有广度和深度的外汇市场。有弹性的汇率是有效抵御外部冲击、保持本国货币政策自主性的重要保障，关键在于市场的深度和广度。七是人民币国际地位的提升也亟须金融市场的快速发展。发达的金融市场能有效满足境外居民持有人民币资产的多元化需求，会极大地提升人民币的吸引力，促进人民币在贸易投资中的计价结算功能的发展。

但从目前现状来看，我国金融市场发展仍存在明显的缺陷。第一，市场分割。我国金融市场仍处于分割分裂状态。货币市场不仅存在于银行间市场，也存在于交易所市场。公司信用类债券多头管理，短期融资券和中期票据、公司债、企业债功能属性相同，由于管理主体不同而适用于不同的管理制度。一些监管部门开展了类似公司信用类债券的所谓"融资工具"试点，建设自己管辖的场外债券（类债券）市场。应当认识到，现代金融市场是相互密切关联的整体，如果缺乏整体统筹，不仅会影响市场效率，还会滋生监管空白和监管套利，造成金融风险隐患。而单个市场的扭曲，往往可能反映为其他市场出现问题。第二，定价扭曲。近年来，随着相关改革取得重要进展，利率、汇率等资金价格在金融市场中发挥越来越重要的作用。但金融市场定价机制仍存在扭曲：地方政府行政干预使地方债发行价格不能真实地反映风险和流动性；税收优惠导致政府债券对其他债券形成挤出，推高了信用债定价，相关税收政策限制了国债交易和流动性，使国债收益率难以成为市场定价的基准；市场主体偏离市场化经营原则，行为扭曲导致资金价格背离市场供求；刚性兑付导致市场存在多个事实上的无风险利率，推高了风险资产的预期收益率水平。

随着金融监管体制改革的推进、金融业进一步对外开放、资管新规等监管政策出台，我国金融市场的市场分割和定价扭曲正在逐步消除。我国金融市场的结构将发生重大变化，中国特色的影子银行（即银行的影子）将逐步消失，资产证券化、货币市场基金等新脱媒方式将会涌现，金融监管和货币政策要未雨绸缪。建设现代金融体系，以建立规则统一、信息透明、具有深度和广度的多层次现代金融市场体系作为突破口，有利于妥善处理政府与市场的关系、财政与金融的关系、去杠杆与完善公司治理的关系、金融风险防范与治理机制完善的关系、人口老龄化和养老金可持续与资本市场的关系，以此为纲，可提纲挈领、纲举目张，带动金融改革全面深化。

## 参考文献

［1］〔美〕本·伯南克：《行动的勇气：金融风暴及其余波回忆录》，蒋宗强译，中信出版社，2016。

［2］〔美〕蒂莫西·F. 盖特纳：《压力测试：对金融危机的反思》，益智译，中信出版社，2015。

［3］何帆、朱鹤：《僵尸企业的处置策略》，《中国金融》2016 年第 13 期。

［4］何茵、田云华、徐忠、沈明高：《金融危机时期宏观政策对企业出口、销售和盈利的影响》，《金融研究》2014 年第 2 期。

［5］黄达：《财政信贷综合平衡导论》，中国金融出版社，1984。

［6］黄范章：《黄范章经济文选》，中国时代经济出版社，2010。

［7］吕炜、高帅雄、周潮：《投资建设性支出还是保障性支出——去杠杆背景下的财政政策实施研究》，《中国工业经济》2016 年第 8 期。

［8］马骏、王红林：《政策利率传导机制的理论模型》，《金融研究》2014 年第 12 期。

［9］沈艳、边文龙、徐忠、沈明高：《利率管制与隐含利率的估算——兼论利率市场化对银行业利差之影响》，《经济学（季刊）》2015 年第 4 期。

［10］谭语嫣、谭之博、黄益平、胡永泰：《僵尸企业的投资挤出效应：基于中国工业企业的证据》，《经济研究》2017 年第 5 期。

［11］谢平、纪志宏、徐忠、邹传伟：《银行信贷出表及其对信用债券市场的影响》，《新金融评论》2016 年第 3 期。

［12］徐忠：《建设全国统一的票据交易平台》，《中国金融》2017 年第 1 期。

［13］徐忠：《经济高质量发展阶段的中国货币调控方式转型》，《金融研究》2018 年第 4 期。

［14］徐忠：《去杠杆的标本兼治之策》，《金融经济》2017 年第 11 期。

［15］徐忠：《我国公司治理难题亟待破解》，《金融时报》2017 年 4 月 17 日。

［16］徐忠：《中国稳健货币政策的实践经验与货币政策理论的国际前沿》，《金融研究》2017 年第 1 期。

[17] 徐忠、张雪春、丁志杰、唐天：《公共财政与中国国民收入的高储蓄倾向》，《中国社会科学》2010 年第 6 期。

[18] 易纲：《次贷危机的经验教训》，《资本市场》2016 年第 Z3 期。

[19] 易纲：《货币政策回顾与展望》，《中国金融》2018 年第 3 期。

[20] 易纲：《中国的货币化进程》，商务印书馆，2004。

[21] 周小川：《分析物价趋势的指标选择》，《金融研究》2013 年第 5 期。

[22] 周小川：《关于债转股的几个问题》，《经济社会体制比较》1999 年第 6 期。

[23] 周小川：《金融改革发展及其内在逻辑》，《中国金融》2015 年第 19 期。

[24] 周小川：《全面深化金融业改革开放，加快完善金融市场体系》，《中国金融家》2014 年第 1 期。

[25] Ahearne, A. G., and Shinada, N., "Zombie Firms and Economic Stagnation in Japan", *International Economics & Economic Policy*, 2 (4), 2005: 363 – 381.

[26] Brown, J. R., Martinsson, G., and Petersen, B. C., "Do Financing Constraints Matter for R&D?", *European Economic Review*, 56 (8), 2012: 1512 – 1529.

[27] Caballero, R. J., Hoshi, T., and Kashyap, A. K., "Zombie Lending and Depressed Restructuring in Japan", *American Economic Review*, 98 (5), 2008: 1943 – 1977.

[28] Dewatripont, M., and Tirole, J., *The Prudential Regulation of Banks* (MIT Press, 1994).

[29] Feldstein, M., "Structural Reform of Social Security", *Journal of Economic Perspectives*, 19 (2), 2005: 33 – 55.

[30] Gurley, J. G., and Shaw, E. S., "Financial Aspects of Economic Development", *American Economic Review*, 45 (4), 1955: 515 – 538.

[31] Hirsch-Kreinsen, H., "Financial Market and Technological Innovation", *Industry and Innovation*, 18 (4), 2011: 351 – 368.

[32] Holmstrom, B., and Milgrom, P., "Multi Task Principal-Agent Analyses: Incentive Contracts, Asset Ownership, and Job Design", *Journal of Law Economics & Organization*, 7 (Special Issue), 1991: 24 – 52.

[33] Hoshi, T., and Kashyap, A. K., "Japan's Financial Crisis and Economic Stagnation", *Journal of Economic Perspectives*, 18 (1), 2004: 3 – 26.

[34] Hsu, Po-Hsuan, Xuan Tian, and Yan Xu, "Financial Development and Innovation: Cross-country Evidence", *Journal of Financial Economics*, 112 (1), 2013: 116 – 135.

[35] Jaskowski, M., "Should Zombie Lending Always be Prevented?", International *Review of Economics and Finance*, 40, 2015: 191 – 203.

[36] Levine, R., "Financial Development and Economic Growth: Views and Agenda", *Journal of Economic Literature*, 35 (2), 1997: 688 – 726.

[37] Mckinnon, R. I., *Money and Capital in Economic Development* (Washington, DC: Brookings Institution, 1973).

[38] Mckinnon, R. I., *Money and Finance in Economic Growth and Development: Essays in Honor of Edward S. Shaw* (New York: Marcel Dekker, 1976).

[39] Merton, R. C., "Financial Innovation and Economic Performance", *Journal of Applied Corporate Finance*, 4 (4), 1992: 12 – 22.

[40] Minsky, H. P., "The Financial Fragility Hypothesis: Capitalist Process and the Behavior of the Economy", in Kindlberger, C. P. and Jean-Pierre Laffargue, eds., *Financial Crisis* (Cambridge: Cambridge University Press, 1982).

# 金融服务实体经济的概念辨析、理论基础和路径选择[*]

李 扬[**]

**摘 要** 我们主张环绕金融的基本功能来重新审视"金融服务实体经济"命题。本文认为，所谓"金融要服务实体经济"，根本的要求，就是有效发挥其媒介资源配置的功能；所谓为实体经济提供更好的金融服务，则要求的是降低流通成本，提高金融的中介效率和分配效率。因此，进一步理顺利率、汇率和无风险收益率曲线等媒介资源配置的市场基准、建立稳定的筹集长期资金和权益类资本的机制、大力发展普惠金融、建立市场化风险处置机制以及完善金融监管框架，是提高金融服务实体经济效率的根本举措。

**关键词** 金融 实体经济 疏远化 金融功能 资源配置

本轮全球金融危机爆发以来，"金融应当服务实体经济"，近乎成为所有文章、文件以及各类会议的箴言。近两年来，随着国内"经济发展新常态特征更加明显"[①]，另一个与此相近的命题——制止金融"脱实向虚"，又在各界不胫而走。

一望之下，这两个彼此应和的命题简单明了，但是，深究下去就会发现：要想把个中道理阐述清楚，其实相当困难。原因当然是多方面的，其

---

[*] 原文发表于《经济研究》2017年第6期；原文标题为《"金融服务实体经济"辨》。

[**] 李扬，中国社会科学院原副院长、国家金融与发展实验室理事长。

[①] 新华网，http://www.xinhuanet.com//fortune/2017-04/26/C_112087foul.htm。

中最具要害者有三。其一关乎概念。经过几十年的"经济金融化"发展，如今，在现实中，"金融"与"实体经济"的界限已经十分模糊，这使主、客体难辨，"提供服务"难措手足。其二关乎本质。实体经济长期疲弱，投资收益率持续下滑，经济风险不断积累，致使金融机构在向企业提供贷款时逡巡不前，广大投资者在购买企业的债务或权益产品时不得不掂量再三。其三关乎金融自身。在金融发展的自身逻辑中，客观上就潜藏着对实体经济不断"疏远化"的倾向，危机爆发以来尤甚。

本文认为，尽管存在缺陷，但"金融服务实体经济"的命题仍然成立，因为它揭示了货币金融的本质。我们主张基于金融的基本功能来重新审视这个命题。在我们看来，金融工具林林总总，金融活动纷繁复杂，从根本说，金融就是在市场经济运行中作为媒介资源的配置过程。因此，所谓"金融要服务实体经济"，根本的要求就是有效发挥其媒介资源的配置功能；所谓为实体经济提供更好的金融服务，则要求的是降低流通成本，提高金融的中介效率和分配效率。

本文首先从金融与实体经济的相互渗透、实体经济发展的现状以及金融对实体经济疏远化倾向三个方面，探讨金融出现"脱实向虚"的原因，然后，围绕媒介资源配置和提高资源配置效率这个基本功能，探讨提高金融服务实体经济效率的改革举措。

# 一　若干概念辨析

## （一）金融与实体经济、虚与实的分野

在一般人看来，货币金融与实体经济非此即彼。然而，经过专业训练的经济学者都清楚地知晓，货币金融与实体经济之间的界限从来就不是泾渭分明的。马克思早就指出："货币是和其他一切商品相对的一般商品。"[①]这就从起点上揭示了货币金融和实体经济（商品）的同源性。在人类历史上，货币确曾固定地由某些商品（如黄金）来充当，从而保持着与实体经济相区别的样貌，但是，货币被信用化之后，金融活动日趋多样，货币金

---

① 《马克思恩格斯全集》（第46卷上），人民出版社，1979。

融与实体经济的界限开始趋向模糊。尤其是近几十年来，经过层出不穷的金融创新和持续不断的金融自由化，实体经济已程度不同地被"金融化"或"类金融化"了。

在实体经济金融化的过程中，发挥关键作用的是金融的一个基本属性——流动性。在货币金融世界里，一种资产的货币属性是依据其流动性高低来确定的。所谓流动性，指的是一种资产转换为交易媒介的难易、快慢和受损失程度。一种资产有了流动性，就有了一定程度的"货币性"。货币当局总是将定期存款、储蓄存款和外币存款等合称为"准货币"，基本依据就是它们较其他资产具有较高的流动性，因而可称作"货币"；但较之现金和活期存款，其流动性较低，因而只是接近货币（准）而已。一种资产流动性由该资产之市场状况决定。一种资产的市场如果具有较高的密度（tightness，即每笔交易价格对市场中间价格的偏离幅度较小）、较大的深度（depth，即较大规模的交易都不会对市场现行价格产生显著影响）和较大的弹性（resiliency，即由交易引起的价格波动向其均衡价格收敛的速度越快），则称该资产具有较高的市场流动性；资产的流动性越高，其货币性就越强。根据这一界说，现金、活期存款等我们常识中的货币，无非只是具有最高流动性的资产而已。

显然，一种资产的金融化，是通过提高该资产市场的流动性而产生的。问题恰恰在于，近几十年来的金融创新，其不懈的动力和客观的结果，就是提高所有资产的流动性。举例来说，房地产一向是流动性最差的资产，但是，经过一级又一级的证券化和信用增级，基于庞大的市场交易规模，与房地产相关联的金融资产如今获得了很高的流动性。正因如此，在危机之初，美联储才将用于投资的房地产归入金融一类，将其与实体经济相对立。

如今，在普通投资者资产配置的选项里，其"实体性"不容置辩的大宗产品，显然就与其"金融性"毋庸置疑的固定收益产品和汇率产品等量齐观；时下稍具规模的投资机构，都会在旗下专设 FICC 部门，即将固定收益（fixed income）、货币（currency）和商品（commodity）统一在一个逻辑框架下加以运筹。仅此一端就告诉我们，如今讨论金融和实体经济的关系，根本的难点之一，在于缺乏清晰的概念界定和不含糊的分析前提。要解决这一难题，恐怕需要另辟蹊径，从实体经济的金融化入手，将实体经济和金融经济同炉熔炼。

虚和实这一对概念更是如此。无论如何界定，虚、实关系的主体都包含金融与实体经济的关系；这两者间的边界越来越模糊且彼此渗透，如前文所述。随着经济的发展，更有一些新的因素不断加入，使得虚、实难辨，其中最具关键意义的，就是作为实体经济主体的制造业，自 20 世纪 70 年代以来已经大规模"服务化"了。

在传统的经济学分类中，服务业大部分被划归"流通部门"。根据传统理论，服务业的大部分自身并不创造价值，因而可视为经济的虚拟部分。然而，20 世纪 70 年代以来的制造业服务化浪潮逐渐模糊了传统的分类界限，如今制造业和服务业已经难分轩轾。

制造业的投入广泛服务化，这当然归功于生产的信息化、社会化和专业化趋势的不断增强。生产的信息化发展，使与信息的产生、传递和处理有关的服务型生产资料的需求，逐渐超过对传统实物生产资料的需求。而生产的社会化、专业化，以及在此基础上的协作深化，则使企业内外经济联系大大加强，从原料、能源、半成品到成品，从研究开发、生产协调、产品销售到售后服务、信息反馈等，越来越多的企业在生产领域织就了密如蛛网的纵向和横向联系，其相互依赖程度日益加深。这些趋势发展的综合结果，就是使经济社会对商业、金融、银行、保险、海运、空运、陆运以及广告、咨询、情报、检验、设备租赁、维修等服务型生产资料的需求呈指数式上升。简言之，如今服务作为生产要素，已经与劳动、资本、科技进步、企业家精神等传统要素并列，而且日益显示其重要性。

从产出侧来看，随着信息技术的发展和企业对"顾客满意"重要性认识的加深，制造业企业不再仅仅关注传统实物产品的生产，而是广泛涉及实物产品的整个生命周期，包括市场调查、实物产品开发或改进、生产制造、销售、售后服务、实物产品的报废、解体或回收等。服务环节在制造业价值链中的作用越来越大，许多传统制造业企业甚至专注于战略管理、研究开发、市场营销等活动，而索性放弃或者将制造活动"外包"。在这个意义上，制造业企业正在转变为某种意义上的服务企业，产出服务化成为当今世界制造业的发展趋势之一。

经济的服务化趋势，是造成经济生活中的虚与实、金融与实体经济难分轩轾的另一个重要因素。我们看到，在有关金融服务实体经济的讨论中，确曾有训练有素的学者称：金融业是服务业，服务业就是实体经济的一部分，所以"金融要服务实体经济"这个命题本身是伪命题。对于这种反诘，我们很难回应。

### （二）金融能够做什么？

一般人理解的金融应当服务实体经济这一命题，其实包含着这样一句潜台词：在现实经济生活中，金融即便不是无所不能，至少也是最主要的决定因素。这一判断，过高地估计了金融的作用。

在 19 世纪之前，金融与实体经济之间的关系相对简单，而且主要体现在宏观层面，尽管当时还没有用宏观经济学的概念来指称这种关系。作为这一实践的理论映射，标准的经济学理论把我们生活在其中的纷繁复杂的现代经济社会区别为实体世界（real world）和货币金融世界（monetary world）两个侧面。所谓实体世界，指的是由物资资源、人口、产品、劳务、劳动生产率、技术等"实体"因素构成的经济世界；而货币金融世界则指的是由饥不能食、寒不能衣的货币资金的运动所构成的经济世界。这样在宏观层面讨论金融对实体经济的影响，主要涉及的是货币资金的供求机制及其对物价水平的影响。因而，所谓金融要服务实体经济主要指的是，金融部门要为经济发展提供适当的流动性，并以此保持物价稳定。显然，此时的货币金融对于实体经济而言，本质上是中性的，运用货币金融手段来影响实体经济运行，或可产生短期冲击，但长期终究无效。此即古典经济学的"两分法"。这样，虽然金融在人们日常生产和生活中看起来十分重要，但是在主流经济学的理论体系中，囿于有效市场假说，金融因素始终未被系统性地引入宏观经济学一般均衡模型框架，从而一直委屈地在经济学家族中处于"庶出"地位。

在理论界，最早企图突破金融与实体经济"两分"框架的是瑞典经济学家魏克赛尔（1997①）。他致力于在"金融世界"和"实体（真实）世界"之间找到一座"由此达彼"的桥梁。在他看来，利率就是这座桥梁：通过货币利率和自然利率对应调整、前者向后者靠近的"累积过程"，引致储蓄和投资、供给（生产）和需求发生方向相反的变化，最终驱使均衡达成，进而决定经济活动的总体水平；而利率结构的变化，则可能影响资源

---

① 原著发表于 1898 年。

配置的效率，进而影响经济活动的总体水平。凯恩斯（1999①）继承了魏克赛尔的分析思路，并将其发扬光大。

20世纪60年代，金融中介理论异军突起，开辟了探讨金融与实体经济关系的新路径。这一理论，从实体经济运行不可或缺的要素入手，循着交易成本、不对称信息、中介效率、分配效率、风险管理和价值增值等方面切入，层层考察了金融与实体经济的关系，阐述了两者间相互关联和相互影响的关系。在金融中介理论的大家族中，其创始者——格利和肖（1994②）的贡献不可忽视，尤其是当我们分析金融与实体经济的关系时，切不可忘记两位学者有关"内在货币"和"外在货币"的分析。在格利和肖看来，货币资产有着不同的类型，而不同类型的货币资产的名义扩张或收缩，对实体经济活动的运行会产生不同的影响。现实中，存在政府债务和私人金融机构债务两类债务。由政府购买商品、劳务或转移支付而产生的货币资产可称作"外在货币"，因为它们代表政府对私人部门的债务净额。与之对应，由私人部门债务组成的货币资产可称作"内在货币"，因为它们代表基于实体经济活动、产生于私人部门的资产和负债（初级证券）。换言之，在内在货币创造的过程中，金融与实体经济之间是相互勾连、彼此渗透的，这个过程引起财富转移，进而对劳动力、当期产出和货币的总需求产生影响。

20世纪70～80年代，信息经济学、新增长理论和新金融发展理论兴起，进一步打破了传统金融研究的僵局。伯南克等（Bernanke等，1996）将金融作为内生性体系纳入（实体经济的）动态随机一般均衡模型，揭示了投资水平与企业的资产负债表状况间的关系，以及金融市场波动逐步"绑架"传统经济周期的现实，进而让我们认识了"金融经济周期"；而以默顿和博迪（Merton和Bodie，1995）为代表的金融功能学说，更为我们探讨金融与实体经济的关系提供了新的分析角度。

根据默顿的概述，金融体系具有如下六项基本功能：（1）清算和支付功能，即提供便利商品、劳务和资产交易的支付清算手段；（2）融通资金和股权细化功能，即通过提供各种机制，汇聚资金并导向大规模的物理上无法分割的投资项目；（3）为在时空上实现经济资源转移提供渠道，即金融

---

① 原著发表于1936年。
② 原著发表于1960年。

体系提供了促使经济资源跨时间、地域和产业转移的方法和机制；（4）风险管理功能，即提供应付不测和控制风险的手段及途径；（5）信息提供功能，即通过提供价格信号（利率、收益率、汇率等），帮助协调不同经济部门的非集中化决策；（6）解决激励问题，即帮助解决在金融交易双方拥有不对称信息及委托代理行为中的激励问题。

不妨归纳一下，上述六项功能中，（2）（3）两项涉及储蓄和投资，这为多数人所熟悉；其他四项则概括的是金融体系在促进分工、防范和化解风险、改善资源配置效率、利用信息优势降低交易成本等方面的作用。这些功能或容易被人忽略，或索性就没有多少人知晓。

长期以来，我国学界、政府与社会对于金融功能的理解，基本上集中于其储蓄和投资方面，而忽视了其他重要功能。由于有此偏颇，金融的功能或多或少地被扭曲了：金融仅仅被看作向经济活动输送资金的"血脉"，它作为市场经济制度之基础构件以及其他或许是更重要的功能（例如，为资源配置提供信号、深化分工与协作、管理风险、提供激励等）则被忽视了。客观地说，如此理解金融，在我国有其实践基础。从经济发展的阶段来看，在至今尚未结束的传统工业化时期，由于经济发展有着比较确定的需求或投资的方向，金融体系的主要功能确实就集中于为相应的生产与投资活动提供资金；过去30余年高速增长过程中微观主体对于资金的渴求和银行主导的金融体系，也使人们产生了金融的功能就是筹集和配置资金的认识偏颇。基于这些看法和实践，所谓"金融服务实体经济"的命题，在我国很容易被简单化为无条件满足微观企业的资金需求；如果做不到，便会被扣上一顶"不为实体经济服务"的帽子。

不难看出，在整个经济的运行中，金融其实只是配角，近年来它之所以引起越来越多的关注，实在只是因为，它在履行自身功能方面已经越来越不尽责，甚至"自娱自乐"，以至于干扰了实体经济的运行。面对此状，正确的做法就是将金融的发展拉回媒介资源配置、提高资源配置效率的基本功能上。舍此，就会误入歧途。

## 二 金融运行的实体经济背景

金融业的收益来自实体经济，因此，有效服务实体经济，是金融业的安身立命之本。人们在责难金融部门，称其不服务实体经济时，常常忽略了这一点。如果在这一点上我们有清醒且不含偏见的共识，那么当我们看到金融机构在向企业提供贷款时逡巡不前，当我们看到企业发行的债务产品或权益产品在市场上不为广大投资者所接受，就应冷静地看到，资金的融通活动在这里难以实现是因为实体经济中存在越来越大的风险；而金融机构和广大投资者规避这种风险，恰恰是一种理性的行为。

基于这一认识，讨论金融服务实体经济问题，不可或缺的前提和重要内容是对实体经济的状况进行分析判断。我们看到，危机以来的国内外实体经济，风险始终存在，而且有愈演愈烈之势。

### （一）全球经济：长期停滞

2008年金融危机发生以来，全球经济已呈现长期停滞的特征。其主要表现在以下五个方面。

其一，经历了多年危机的全球经济，仍深陷弱复苏、低增长、高失业、低通胀、高负债、高风险的泥沼中。造成这种状况的原因可归纳为两点。一是导致危机发生的主要因素，即主要国家的经济发展方式、经济结构、财政结构和金融结构的严重扭曲，依然故我。二是在救助危机过程中各国相继推出的"超常规"措施，在防止危机产生多米诺骨牌死亡效应的同时，正逐渐显现巨大的副作用。低迷的投资回报率、居高不下的债务率和杠杆率、过度的货币供应、徘徊于悬崖边的财政赤字、松懈的市场纪律以及社会动荡愈演愈烈，是其中最显著者。

其二，各国经济运行非同步、大宗产品价格变动不居、利率水平悬殊、汇率剧烈波动、国际游资肆虐。各国宏观经济变量差异的长期化和无序化，为国际投机资本创造出从事"息差交易"（currency trade）的温床，从而使国际游资大规模跨境流动并引发国际金融市场动荡，已经成为全球经济的新常态之一。

其三，各国宏观经济政策均程度不同地陷入"去杠杆化"和"修复资产负债表"两难境地。此次金融危机主要是由各类经济主体负债率和杠杆率过高引发的。因此，危机的恢复，显然以"去杠杆化"为必要条件。然而，去杠杆化至少涉及两大难题。第一，从根本上去杠杆化，需要不断提高储蓄率并积累大量储蓄。但是，对于绝大多数国家来说，储蓄率不易提高，储蓄急切难得。第二，去杠杆化作为经济恢复的前提条件，势将全面引发"修复资产负债表"冲击。这将促使大量企业在一个相当长的时期内改变行为方式，从"利润最大化"转向"负债最小化"，从而引致整个社会形成一种不事生产和投资、专事还债的"合成谬误"，进而引致"资产负债表式衰退"，全社会的信用紧缩局面也因此形成。

其四，贸易保护主义抬头，地缘政治紧张，局部战争频仍。在经济普遍放缓、失业率攀升、风险不断积累的背景下，以保护本国产业和就业为名推行贸易保护，自然成为各国政府的第一选择。这已经导致全球贸易的增长率连续四年低于全球 GDP 增长率，并进一步触发了"去全球化"进程。

其五，全球治理出现真空。第二次世界大战以来，国际社会在几乎所有领域都建立了专门的治理机构，并相应制定和形成了专业化的治理规则、最佳实践和惯例体系。这些机构及其运行规则在各个领域形成了完备的治理机制。这些机构、规则和机制尽管运转有效，但显然未能经受住此轮危机的冲击。2007 年以来，现行的全球治理机制既不能有效应对传统挑战，更无法对日趋复杂的非传统挑战适时应变，几乎所有的国际治理机构和治理机制都已失灵。可以认为，二战以来建立的以美国为主导的全球治理体系已经"礼崩乐坏"。

上述状况将长期存在。这是因为，处于全球经济"长周期"的下行阶段，主要经济体均陷入了"长期停滞"。造成长期停滞的原因，从供给端分析，主要是技术进步缓慢、人口结构恶化、劳动生产率下降以及真实利率水平降至负值区间；从需求端看，主要表现是多数国家持续存在"产出缺口"，即实际增长率在较长时期内低于其长期潜在趋势；从宏观政策角度看，主要体现为均衡利率为负值状态下的货币政策失效（流动性陷阱）；从收入分配看，日趋恶化的收入分配格局，进一步撕裂了社会，抑制了经济社会的活力与增长潜力。

## （二）中国经济进入新常态

如果说全球经济已陷入长期停滞，那么中国经济则进入了新常态，其主要特征便是结构性减速。不过，这种因"三期叠加"导致的经济增长速度由高速向中高速的下落，同时伴随中国经济的总体质量、效益、生态及可持续性向中高端水平迈进。换言之，中国经济新常态包含着经济朝向形态更高级、分工更细致、结构更合理的高级阶段演化的积极内容。

观察中国经济的结构性减速，如果剔除 2009 年财政强刺激政策引致的 2010 年经济增长率的"异动"，我们发现经济增速的缓慢下滑自 2008 年始，而且下行的压力至今未曾稍减。

导致我国经济出现结构性减速的原因主要有四个。

其一，要素供给效率变化。人口、资本和技术进步，构成支撑一国经济增长的三大要素供给。从人口供给看，过去 30 余年中，每年数以千万计的劳动力从闲置、半闲置状态转移到制造业，构成支撑我国经济高速增长的主要因素。但是，从 2012 年开始的人口参与率下降继以总人口下降的趋势，使支撑中国经济长期发展的"人口红利"逐渐消失，随着"刘易斯转折点"的到来，中国进入了"人口负债"时期。2015 年，我国劳动力投入的增长率 30 余年来首次降为 -0.9%，为我们展示了不容乐观的前景。从资本形成看，过去 30 余年，在高储蓄率支撑下，中国的资本形成率一直保持着相当高的水平。然而，人口红利消失、传统工业化渐趋式微、消费率缓慢走高、资本边际收益率下降、资本产出率下降等，已使无通货膨胀的资本投入呈逐渐下降之势，固定资产投资增长率从过去 30 余年平均 26% 直落到 2016 年的 8.1% 便是明证。技术进步的动态仍然令我们失望：资本回报率低、技术进步缓慢。这是我们面临的长期挑战。统计显示，2008～2015 年，我国劳动生产率下降至 8.16%，全要素生产率对 GDP 的贡献率也从过去的两位数降至 8.56%，与此同时，资本的产出弹性也趋于下降（李扬，2016）。简言之，劳动力和资本投入增长率下降，技术进步缓慢，三因素叠加，在经济增长的要素层面，造成了未来我国经济增长率下降的趋势。

其二，资源配置效率变化。过去 30 余年我国的经济增长，主要依靠的是大量资源从农业部门转移到工业部门，从效率低的一次产业转移到效率高的二次产业。长期、大规模地进行这种资源重新配置，带来了劳动生产率的大幅提高。如今，中国的制造业份额（占 GDP 比重）已近饱和，产能过剩已严重存在，人口等资源开始向以服务业为主的三次产业转移。然而，作为世界普遍规律，服务业的劳动生产率显著低于制造业；在中国，由于服务业多处于低端，这种生产率差距尤为显著。据中国社科院经济研究所分析，2006～2015 年，我国第三产业劳动生产率仅为第二产业的 70%（李扬，2016）。基于这样的差距，当越来越多的人口和其他经济资源从制造业转移到劳动生产率相对较低的服务业时，中国经济整体的劳动生产率必将下降，并累及经济增长速度下滑。

其三，创新能力不足。30 余年来的中国科技创新，以向世界学习为主要内容：我们可以轻易地通过将农业中未充分就业的劳动力转移到出口导向、使用进口技术的制造业中，以持续地提高生产率。但是，当我们基本完成了以赶超为内容的"学习课程"时，或者国外已没有系统的东西可供学习，或者面对中国崛起，发达国家已开始对我国进行全面技术封锁。这意味着，"干中学"模式已不可持续，我们必须从依赖技术进口全面转向自主创新。但是，自主创新谈何容易。举例来说，我国专利申请 2014 年已居世界第一，学术论文发表亦列世界前茅，但专利转化率居世界中游。诚如习近平主席尖锐指出的那样：创新不是发表论文、申请到专利就大功告成了，创新必须落实到创造新的增长点上，把创新变成实实在在的产业活动。

其四，资源环境约束增强。浪费资源曾经是我国粗放式经济发展的典型现象。21 世纪以来，能源价格和其他大宗产品价格相继飙升，随后又剧烈波动，最终使我国资源消耗型增长方式遇到强硬约束。同样，环境曾经被我们认为是可以粗暴"忽视"的外在要素，然而雾霾挥之不去、食品中重金属严重超标、饮用水普遍被污染等，已使发达国家发展一两百年后方才出现的环境问题，在仍处于发展阶段中的中国这里显现出来。当我们着手解决环境污染问题时，中国的经济增长函数就会内生地增添资源环境约束的负要素。

经济新常态下，我国经济发展的基本特征之一，就是大部分实体经济尚未找到新的发展方向，就是投资收益不断下滑并导致投资率下行，这种状况使金融体系的融资功能失去了目标和依托。在这种局面下，金融与实体经济保持一定的距离，并非不可思议的事情。

# 三 金融对实体经济的疏远化

早在 20 世纪 90 年代，类似我国金融"脱实向虚"的论断和讨论在美国便已出现。不过，那里提出的命题是金融对实体经济"疏远化"，由被称作美国"经济沙皇"的美联储前主席格林斯潘（Greenspan, 1996）在向国会为货币政策作证时首次提出。这说明，金融不能有效服务实体经济、脱实向虚的问题，是一种世界现象。

在国会银行委员会上的那段著名证词中，格林斯潘表达了这样的意思：由于金融创新不断深化，货币当局使用传统手段（控制利率、控制货币供应）来对实体经济进行调控，其传导机制越来越不畅通，以至于货币政策效果日趋弱化。换言之，从机制上说，控制货币供应这样一个政策行为，要经过金融市场的传导才能到达实体经济并对之产生影响，但是由于金融创新层出不穷，传导效果不断弱化，金融与实体经济的关系越来越疏远化。基本事实就是，力度足够大的一项货币政策操作在到达实体经济层面之时，即便没有消弭于无形，也成强弩之末。确认了"疏远化"的事实，美国的货币政策范式便开始调整。格林斯潘抛弃了前任美联储主席沃尔克的货币政策理念和手段，转而进入了一种没有主义、"去中介化"、本质上是某种新凯恩斯主义的调控模式。

其实，货币金融对实体经济疏远化，早已在货币的原初形式中便已存在（马克思，1975①）；随着经济的发展，这种疏远化逐渐由内含而外化，找到了其多样化的存在形式。也就是说，探讨金融脱实向虚问题并寻找解决的方略，我们必须追根溯源，从货币金融的发展历史说起。

从历史看，经济发展到一定阶段，货币便出现了。货币的出现，极大地促进了实体经济的发展，其主要功能便是解决了储蓄和投资的跨时期配置问题。如果经济中没有货币，所有的经济主体就不可能有跨时期的储蓄和投资，当然也就没有储蓄向投资转移这一社会机制出现。因为，没有货币，每一个经济主体的当期储蓄都必须而且也只能转化为当期的投资，并且这种转化只能局限在同一个经济主体自身。货币的出现改变了这种状况。生产者当年生产的东西没有消费完，他可以将之卖出，从而用货币的形式保有其储蓄。到了第二年，若有必要，该生产者就可以将这笔上期储蓄的货币支用出去，其当年的支出就可以超出当年的收入。有了资源的跨期配置机制，全社会的配置效率才大大提高。

但是，这样一个堪称革命的事情，其实已经蕴含着货币与经济相疏远的倾向。货币一经产生，就有了价值和使用价值的分离，两者不相一致是

---

① 原文发表于 1895 年。

常态（马克思，1975①）。另外，由于货币供应很可能而且经常与货币需求不对应，故通货膨胀或通货紧缩就有可能发生。事实上，一部货币史，就是探讨货币供应怎样与货币需求相吻合的历史；所谓对货币供求的研究，其核心内容就是努力寻找一种机制，使货币的需求得以充分展示，使货币的供应得以伸缩自如，进而使货币供求经常地吻合。为什么这个问题至关重要呢？而且，为什么达到这种境界如此困难呢？那是因为，货币供应是虚拟的：它代表商品和劳务，但又不直接代表商品和劳务，尤其是它只是宏观地用一堆货币去与一堆商品相对应，而不是一一对应地去代表商品和劳务的个体。简言之，货币的产生，无非只是商品自身内部客观存在的"实"（可以满足人们的物质需求）与"虚"（可以用来与别的商品相交换）之对立的最初的外化形式。

讨论了货币问题，我们可以进一步讨论金融。首先要指出的是，不做深入考究，货币和金融两个概念是可以不加区别来使用的。因此，平常我们使用的货币政策、金融政策、货币金融政策概念，均可以表示相同的意思。但是，当我们研究具体的、金融体系内部各种形式的关系时，货币和金融就必须区分开来。在这里，货币是供应到市场上用来便利交易的媒介，它也是价值计算的尺度；而金融则是已经提供到市场上的货币的有条件转移。正是因为有了金融，举凡信用问题、期限问题、利率问题等，方始出现。

那么，金融的作用是什么呢？还是提高资源配置的效率。不同的是，它使储蓄资源可以跨主体（在赤字单位和盈余单位之间调节余缺）、跨空间（储蓄从一地区向另一地区）有条件地转移。我们知道，货币出现以后，所有的商品和劳务，所有的具体财富都被抽象化为某一货币单位。金融产生之后，这个货币单位便可在一定条件下、一定时间内，以一定的代价，并被赋予一定的附加条件，由某一经济主体转移到另一个经济主体手中。在这个转移过程中，资源配置得以完成，其使用效率也得以提高。我们常说，市场经济条件下是"物跟钱走"，就是说，资源的配置体现为货币资金的分配，而货币资金的分配是通过货币的流通和金融交易完成的。在这里，虚拟经济因素引导了实体经济因素的配置过程。

---

① 原文发表于 1890 年。

金融活动借助货币流通产生之后，经济活动进一步虚拟化。这不仅表现为经济资源的实际流转逐渐被掩盖在货币借贷的洪流之下，而且表现为货币交易自身开始成为目的，一批以经营货币为业的专门机构和人群应运而生。与此同时，当我们用存款/贷款的方式、用发行债券的方式、用发行股票的方式更为有效地展开资源配置的时候，诸如信用风险、市场风险、利率风险、操作风险等新的风险也就产生了。纯粹的实体经济不可能有这样的风险，单纯的货币流通也不可能产生这样的风险。更有甚者，金融产品一经产生，其自身也就成为交易的对象；在其自身供求关系的左右下，金融产品的价格可以飙升飙落，从而引起货币供求的盈缩，引起物价的涨跌，带来社会剧烈动荡。

在论及金融时，有一个被讨论得很多的问题不能不提及，这就是直接融资和间接融资的关系问题。如果直接融资规模逐渐增大并趋向于超过间接融资规模，这就意味着经济虚拟化进程的加快，产生泡沫的可能也逐步增大。仔细想一想，当经济社会只有银行间接融资时，全社会的储蓄都将变成银行存款，而银行则用之发放贷款，从而实现储蓄到投资的转移。显然，在这种银行融资为主的融资体系下，由于银行只是中介，储蓄向投资转化的过程在银行的资产负债表中只是"过手"，经济的泡沫不易产生。更准确地说，如果这时出现泡沫，那也是从总体上来看的货币和信用的供应超出（或不足）对货币和信用的需求，其最坏的结果是造成通货膨胀（或通货紧缩）。直接融资则不同。诸如股票、债券、基金等，其自身有特殊的定价方式，其自身就是交易对象，由于这种交易受到自身供求关系的强烈影响，它们的价格就可能严重背离其赖以产生的实体资产的价值，从而形成泡沫。《新帕尔格雷夫货币与金融大辞典》曾对经济泡沫做了形象的描述。所谓泡沫，指的是在一个连续的资产运作过程中，一种或一系列资产价格突然上升，而且开始的价格上升会使人们产生还要涨价的预期，于是又吸引了新的买者，而新买主对这些资产本身的使用和产生盈利的能力是不感兴趣的。总而言之，在这个过程中，市场参与者感兴趣的是买卖资产的收益，而不是资产本身的用途及其盈利能力。更为严重的是，由于价格可能被"炒"得高扬，而在长期中价格又存在向其真实价值回归的趋势，于是伴随一段时期涨价的常常是继之而来的预期的逆转和价格暴跌，最后以金融危机告终。笔者以为，金融之所以被称为虚拟，就是因为它的这种

"自我实现"和"自我强化"的运动特征使它的价格经常与其赖以产生的商品和劳务的价格相去万里，"脱实向虚"乃至"以虚生虚"成为常态。

金融发展的下一阶段就是金融衍生产品的出现。这里所说的衍生产品，指的是其价值是名义规定的，衍生于所依据的资产或指数的业务或合约。在这里，"所依据的资产"指的是货币、股票、债券等原生金融工具。应当说，金融衍生工具的出现有着巨大的积极作用：通过远期、调期、互换、期货、期权等手段，以及一系列令人眼花缭乱的"结构性"金融操作，我们的经济社会得以大规模地规避和转移风险，从而大大提高流动性，进而得以大大提高资源配置效率。

衍生金融工具的产生和发展，当然同时产生了使经济进一步虚拟化的效果。如果说在金融原生产品上金融与实体经济的关系还是若即若离，那么在金融衍生产品上这种联系是彻底地被割断了。因为金融衍生产品本就不是根据实体经济来定义的，它的全部价值，只是存在于其赖以产生的金融原生产品的价格波动之中。发展到这一阶段，金融产品已变成了一个影子、一种称呼、一种符号、一个数字。更有甚者，对金融产品（原生产品）价格变化的追求甚至操纵，在这里可能成为无可厚非的"常规"，因为金融衍生品本就是应金融原生品的价格波动而生的。

金融对实体经济的"疏远化"在危机之前的若干年中表现得极为明显。这可以从如下四个方面来分析。

其一，从基础金融产品到证券化类产品，再到 CDO、CDS 等结构类金融衍生产品，金融产品的创造及金融市场的运行逐渐远离实体经济基础；衍生品的过度使用，不断提高了金融业的杠杆率，使这种疏远日趋严重。

其二，大宗商品市场全面"类金融化"，致使商品价格暴涨暴跌，干扰实体经济正常运行。这里，所谓类金融化指的是，金融机构和巨额资金大举进入传统的商品市场，并运用金融的推动力，造成商品价格像纯粹的金融产品那样暴涨暴跌。随着金融业的大发展并向实体经济大规模渗透，所有的经济活动都染上金融的色彩，传统的经济周期也演变成金融经济周期（伯南克，1987）。

其三，市场中介机构行为扭曲。这在投资银行上表现得最具典型性。投资银行原本是中介，但随着金融创新的发展，投行的行为越来越接近对冲基金。起初，投资银行的专业是发现好的企业，然后替它重整，给它定价、推荐、上市，赚取手续费。后来，投资银行依靠雄厚的资金实力，开始有了自营业务。继而，投资银行又成为上市公司，有了自己独立的资产负债表，成为一个负债型企业，有了自己的各种利益。基于这种地位，它们自然什么产品都要炒，直至炒作到大宗商品上。这种行为方式已经与对冲基金毫无二致。

其四，金融业普遍实行过分的激励机制，助长了短期、投机性行为。从美林、高盛这样的超一流投行在危机中的表现来看，正是这样一种激励机制，导致了它们在出现大幅亏损的时候，还一定要去兑现奖金合同的怪异现象。激励机制存在严重问题，由此可见一斑。

## 四　创造便利资源有效配置的货币金融环境

我们主张围绕金融功能来落实金融服务实体经济的战略。为了更具针对性，首先要讨论的是经过 30 余年连续不断的改革，作为在市场经济条件下承载资源配置机制的金融体系，究竟是哪些缺陷阻碍了它去有效发挥媒介资源有效配置的功能。厘清了这一问题之后，进一步的金融改革的方向、重点和内容自然就呼之即出，金融服务实体经济的战略目标当然也就容易落实。

### （一）经过三十余年改革，我国金融体系还缺什么

那么，经过 30 余年不间断的改革，目前还存在怎样一些障碍和缺陷使我国的金融体系难以很好地发挥有效引导资源配置的功能呢？概言之，主要有六个方面：（1）中国金融体系虽已初具现代格局，但是引导市场得以有效配置资源的基准价格——利率、收益率曲线、汇率等——尚未完全市场化；（2）中国总体而言已不是资金短缺国家，但是长期资金短缺、权益类资金供给不足即"期限错配"和"权益错配"问题却严重存在；（3）已有很多公民和企业获得了较好的金融服务，但是向社会所有群体特别是弱势群体提供服务的金融体系依然有待建立，满足他们需要的金融工具和金融服务仍有待开发；（4）中国金融业确已有了较大发展，但管理金融风险的市场化体制机制仍然十分缺乏，我们依然主要依靠政府的潜在担保甚至直接出资来管理风险；（5）资本和金融项目尚被管制，人民币仍不可随意兑

换，这无疑阻碍了我们构建开放型经济体制的步伐；（6）金融监管框架已经确立，但是各领域监管的有效性、针对性、稳健性均有待改善，监管掣肘更是亟待解决的问题。

本文以为，以上六个方面就是我国金融体系实现"到 2020 年……各方面制度更加成熟更加定型"战略目标的"重要领域和关键环节"。在今后三五年内，我们必须在这些领域和环节的改革上取得决定性进展方能有效管理我国经济中日益严重的金融风险。

### （二）健全市场运行基准

30 余年中国金融改革和发展的成就十分巨大，中国的金融体系已经实现了"从无到有"的翻天覆地的变化。如今，在全球前十名的超级大银行中中国已占 3 位，全球金融理事会圈定的 30 家"全球系统重要性银行"中也有 4 家中国银行在列，金融稳定理事会公布的首批 9 家全球系统重要性保险机构中也有 1 家中国机构跻身。若就资产来排名，中国的央行已在世界上名列前茅。如此等等足以说明，从外在指标看，中国的金融系统已可与发达经济体相比。但是，在这令人眼花缭乱的"金融上层建筑"之下，各类金融交易赖以进行的"基准"，即利率、汇率以及无风险的国债收益率曲线等，现在还在很大程度上被管制着。这意味着，迄今我们所有的金融交易，一直都在由某种可能被扭曲的定价基准引导；依据这些信号展开的资源配置过程，其效率必然存疑。

首先，金融市场的核心基准是利率。利率市场化将构成下一阶段改革的核心内容，自不待言。然而，利率市场化绝不仅仅意味着"放开"，它至少包括三大要义：（1）建立健全由市场供求决定利率的机制，使利率的水平、风险结构和期限结构由资金供求双方在市场上通过反复交易的竞争来决定；（2）打破市场分割，建设完善的市场利率体系，建设核心金融市场并形成市场核心利率，建立有效的利率传导机制；（3）中央银行全面改变其调控理念、工具和机制，掌握一套市场化的调控利率的手段。这样看，我国利率市场化的任务还很繁重；"放开存款利率上限"其实只是我们必须完成的并不具有决定性意义的任务之一。

其次，另一个重要的市场基准就是国债收益率曲线。众所周知，收益率曲线是固定收益市场的主要收益率，它反映无风险收益率基准在各个期限上的分布；基于这条曲线，其他各种固定收益产品才能根据各自的风险溢价来有效定价。在我国，国债收益率曲线已在 20 世纪开始编制，但囿于各种条件，其缺陷依然明显，自然，使之日臻完善是下一步改革的重要任务。在这方面，要完善国债发行制度、优化国债期限结构，完善债券做市支持机制、提高市场流动性，改善投资者结构、增加交易需求，完善国债收益率曲线的编制技术，适时引进境外投资者，等等，都是必不可少的功课。

最后，第三个市场基准就是人民币汇率。为了提高利用国内国外两种资源的配置效率，促进国际收支长期均衡，我们必须完善人民币汇率的市场化形成机制。为达此目标，必须大力发展外汇市场，增加外汇市场的参与者，有序扩大人民币汇率的浮动空间，完善汇率形成机制，尤为重要的是，央行必须大规模减少其对市场的常态式干预。

除了以上三项机制性改革，我们还须加强金融的基础设施建设，这包括一整套登记、托管、交易、清算、结算制度，以及规范并保护这些制度运行的法律法规。

### （三）致力于提供长期资本

经过 30 多年的金融改革，我国金融体系动员储蓄的能力已经相当强大。统计显示，从 1994 年开始，中国总体上已经摆脱了储蓄短缺的困境，成为一个储蓄相对过剩的国家。我国的外汇储备从该年开始逐年净额增长，就是储蓄过剩的明证。但是，在资金供给方面，以银行为绝对主导的金融结构所动员起来的资金，在期限上偏短；而在资金需求方面，由于工业化深入发展和城市化不断推进，我们对长期资金的需求甚殷。这种"期限错配"，是中国各类系统性金融风险的根源之一。不仅如此，以银行为主的金融体系，只能以增加债务的方式向实体经济提供资金；与之对应，我国非金融企业获取股权性资金的渠道相当狭窄和有限。这种"权益错配"在推高微观主体负债率的同时，也为我国经济和金融体系留下了负债率提高和杠杆率飙升的风险。我国银行资产中的中长期贷款目前已高达 60% 左右的危险水平，地方政府融资平台问题愈演愈烈，都与金融体系上述结构性缺陷密切相关。毫无疑问，在下一步改革中，增加长期资金的供给，特别是增加股权性资金供给，是又一个极为紧迫的议题。

改变我国金融体系期限错配和权益错配的方略，大致可归纳为如下几点。（1）进一步发展多层次资本市场。这一目标提出甚久，但长期以来，由于我们沿着主板、中小板、创业板的旧发展思路一路走来，迄今成效甚微。今后，必须加快完善以机构为主、公开转让的中小企业股权市场；健全做市商、定向发行、并购重组等制度安排；引导私募股权投资基金、风险投资基金健康发展；支持创新型、成长型企业通过公募和私募的方式进行股权融资；建立健全不同层次市场间的差别制度安排和统一的登记结算平台等。（2）给区域性资本市场"正名"，让市场基于区域之差别，建立不同层级、服务于区域发展的资本市场。（3）进一步推行股票发行注册制改革，根除我国股票主板市场的痼疾。（4）规范发展债券市场，其中最重要者，一是允许发行市政债券，二是大力推行资产证券化。（5）发展和完善类如国家开发银行的各类长期信用机构。建立透明规范的服务城市化建设的投融资机制；研究建立城市基础设施、住宅政策性金融机构；在沿边地区建立开发性金融机构；等等。这些都是从机构层面全面增加长期资本和股权资本供给的改革举措。

### （四）发展普惠金融

目前，我国的很多机构和个人都已获得了充分、在一定程度上已经是过度的金融服务，但是普通居民只是获得了有限的金融服务，广大的弱势群体很难获得有效的甚至根本就得不到金融服务。

发展普惠金融，支持服务地方的小型金融机构发展、大力发展小额信贷、鼓励金融创新、不断扩大金融服务的覆盖面和渗透率、优化小微企业金融服务生态环境、加强消费者保护等，当然都是题中应有之义，然而我们应该特别关注两个领域的改革和发展。

一是要彻底摒弃我们运行60余年的禁止非金融机构之间发生信用关系的指令。笔者以为，唯有放开民间信用，普惠金融才有真正合适的发展土壤。二是要大力发展互联网金融。实践告诉我们，普惠金融之所以难以发展，客观上存在成本高和结构化信息不易获取等难以逾越的技术和信息障碍。现代互联网金融的发展，恰恰提供了有效解决这些问题的渠道和手段。通过改变交易的基础设施，互联网使交易成本大大降低，人们可以更加方便、快捷、低成本地进行交易；同时，互联网金融还突出了个体特有的需求，有效实现了所谓"私人定制化"；另外，大数据、云计算、社交网络、搜索引擎等现代手段的运用，也为金融业提供了获取有效信息的手段。

### （五）市场化的风险处置机制

经过30余年的不懈努力，我国金融市场已经有了长足的发展，与之相伴，各类风险也随之而来。然而，虽然我们的金融体系正向着更为市场化的方向发展，但我们的风险处置机制依然停留在政府大包大揽的框架下。这意味着，在金融体系进一步改革的进程中，我们需要创造一个市场化的风险管控机制，需要用市场化的手段来防范和化解金融风险。

建立市场化的风险管理和处置机制，涉及方方面面。其中最重要者有三。（1）完善商业性保险制度。近年来，保险业在中国发展很快，但是很多保险机构不安心于从事保险本业，忽略了提供经济补偿的基本功能，而热衷于从事金融活动，热衷于去进行投资，有时还热衷于从事所谓的"社会公益"活动。我们不无忧虑地看到，危机中若干国际一流保险机构涉险，无不起因于其对本业的忽视和对金融的迷恋。强调保险应强化其经济补偿功能，目的是促使保险业的发展回归正途。（2）建立存款保险制度。加快建设功能完善、权责统一、运作有效的存款保险制度，促进形成市场化的金融风险防范和处置机制，这是关乎我国金融业特别是银行业健康发展的重大举措。这种存款保险机制，要与现有金融稳定机制有效衔接，以及时防范和化解金融风险，维护金融稳定。（3）明确金融机构经营失败时的退出规则，包括风险补偿和分担机制；进一步厘清政府和市场的边界，加强市场约束，防范道德风险，从根本上防止金融体系风险积累；明确地方政府对地方性金融机构和地方性金融市场的监管职责，以及在地方金融风险处置中的责任。在处理金融风险的过程中，切实加强对存款人的保护，有效防止银行挤兑。

### （六）加强金融监管协调

经过持续不断的机构改革和功能调整，我国已在21世纪初确立了"货币政策与金融监管分设，银、证、保分业监管"的金融监管和调控格局。然而，不仅银、证、保、信等领域的监管自身都需要更新理念、提高水平，不断提高监管的有效性、针对性和稳健性，而且监管当局相互掣肘，致使出现监管真空、监管重复等问题的局面也亟待改变。若无有效的协调，整个监管体系就很难发挥正能量。

加强金融监管的措施，主要涉及两个方面。（1）在实现我国监管格局从机构监管向功能监管转变的同时，需要提高银、证、保、信各业的监管标准和监管质量，包括：设立、完善逆周期资本要求和系统重要性银行附加资本要求，适时引进国际银行业流动性和杠杆率监管新规，提高银行业稳健型标准；根据我国金融市场结构和特点，细化金融机构分类标准，统一监管政策，减少监管套利，弥补监管真空；优化金融资源配置，明确对交叉性金融业务和金融控股公司的监管职责和规则，增强监管的针对性、有效性等。（2）要加强监管协调，应充分发挥金融监管协调部际联席会议制度功能，不断提升监管协调工作规范化和制度化水平，形成监管合力。

特别需要指出：近年来，我国金融业发展的一个极为重要的现象，就是银、证、保、信等业已经在产品层面上大规模混业了。在混业已经在金融产品的微观层面大规模展开的情势下，仍然在宏观层面坚持分业监管，将使我们无法把握信用总量的规模、结构和动态变化，弱化监管效率。更有甚者，它会使大量金融活动处于无人监管境地，使监管套利获得肥沃土壤。显然，借鉴美、英、欧监管框架从分业重归一统的最新实践，我们需要从体制上改革目前的分业监管格局。

## 参考文献

［1］李扬主编《中国经济增长报告（2015～2016）：结构性改革与经济二次转型》，社会科学文献出版社，2016。

［2］马克思：《资本论》（第一卷），人民出版社，1975。

［3］〔瑞典〕魏克赛尔：《利息与价格》，蔡受百译，商务印书馆，1997。

［4］〔美〕约翰·G. 格利、爱德华·S. 肖：《金融理论中的货币》，贝多广译，上海三联书店、上海人民出版社，1994。

［5］〔英〕约翰·梅纳德·凯恩斯：《就业、利息和货币通论》（重译本），高鸿业译，商务印书馆，1999。

［6］Bernanke, B. S., Gertler, M., and Gilchrist, S., "The Financial Accelerator and the Flight to Quality", *Review of Economics and Statistics*, 78 (1), 1996: 1 - 15.

［7］ Greenspan, A. , "Remarks on Evolving Payment System Issues", *Journal of Money,
     Credit, and Banking*, 28 （4）, 1996: 689 – 695.

［8］ Merton, R. C. , and Bodie, Z. , "Financial Infrastructure and Public Policy: A
     Functional Perspective", Harvard Business School Working Paper, No. 95 –
     064, 1995.

# 比较金融体系与中国现代金融体系建设<sup>*</sup>

殷剑峰<sup>**</sup>

**摘　要**　比较各国金融体系可以发现，银行导向的金融体系通常具有更加强烈的政府干预倾向，而在（资本）市场导向的金融体系中金融资源的配置主要依靠市场机制。银行导向和市场导向各有优缺点，前者通常是后发国家实现赶超的工具，而后者则是全球领先国家的根本特征。中国的金融体系具有极端的银行导向特征，同时，政府而不是市场在金融资源的配置中发挥着决定性的作用。中国的金融体系客观上适应了人口红利时期动员储蓄、推动大规模投资的需求，但是随着中国经济正在面临的结构性变化，这种体系必须改革。改革的基本方向是建立开放的市场导向体系，要让市场在金融资源配置中发挥决定性作用，要发展强大的资本市场以及与资本市场密切相关的机构投资者，要改革人民币的发行机制，推动人民币成为关键储备货币。

**关键词**　金融体系　金融结构　金融改革

## 一　比较金融体系：两个视角

作为经济体系中的一个子系统，金融体系是由金融机构、金融市场、金融工具以及一系列显性或者隐性规章制度安排构成的复杂系统。由于社

---

\*　原文发表于《金融评论》2018 年第 5 期。

\*\*　殷剑峰，对外经济贸易大学金融学院教授。

会经济发展过程中的各种复杂甚至是意外的因素，各国金融体系千差万别，并且也都在发生持续的变化。不过，金融体系所担负的基本功能是不变的。金融体系的基本功能就是跨期配置资源，依据 Merton 等（1995）的金融功能观（Functional Perspective），这又可以分解为支付结算、集聚资源和分割股份、在时间和空间上转移资源、风险管理、提供信息、处理激励问题六类子功能。比较金融体系理论研究的焦点问题就是：各国不同的金融体系在发挥金融功能进而促进经济稳定高效发展方面究竟存在何种差别，不同金融体系的比较优势和劣势是什么？

金融体系是一个复杂系统，可以从许多维度去观察比较，但这里有两个最为基本的视角。第一个视角是金融体系的结构，或简称金融结构。比较金融体系理论将各国金融结构简单地分为银行导向（Bank-oriented）和市场导向（Market-oriented）两大类。顾名思义，在银行导向的金融体系中，跨期配置资源主要依靠银行——其典型案例是德国和日本；而在市场导向的金融体系中，资本市场（尤其是股票市场）扮演着更加重要的角色——其典型案例是美国和英国。

在比较金融体系的时候，首先需要注意的是，无论是银行导向还是市场导向，都是在"比较"的基础上而非绝对意义上而言的。例如，横向比较，日本的金融体系相对于美国的金融体系是银行导向的；纵向比较，资本市场在现在的日本金融体系中扮演着比以往重要得多的角色。事实上，从金融发展的角度看，任何一个金融体系在起初都是银行扮演重要甚至是绝对主导的角色，随着经济发展和人均收入水平的提高，资本市场的地位越来越重要。早在20世纪60年代，戈德史密斯（1994）就指出了金融结构与金融发展之间的这种关系：在金融发展的初级阶段，如18世纪和19世纪中叶的欧洲和北美，商业银行在金融机构中占据了统治地位，债权凭证超过了股权凭证；在金融发展的中间阶段，如20世纪上半叶的大多数非工业化国家，银行依然占据主导，不过，与初级阶段相比，反映金融发展水平的金融相关率大幅度提高；在金融发展的高级阶段，如20世纪初期以来的工业化国家，金融机构日益多样化，商业银行地位下降，股权凭证相对于债权凭证的比例上升。

比较金融体系的第二个视角是看配置金融资源的机制。这里，可以将金融体系分为"市场化体制"和"政府干预体制"。在市场化体制中，市场①在资源跨期配置中发挥决定性的作用，金融机构的业务自由化，价格（各种利率和金融资产价格）自由化，资本项目通常也是开放的。在政府干预体制中，政府通过对金融机构、金融业务、价格的直接管制或间接影响，将储蓄资源引导到政府意向的经济部门和行业中，因而是政府在跨期资源配置中发挥更加重要的作用。

当然，这里也不存在绝对的市场化体制和政府干预体制。由于金融体系的运转具有强烈的外部性，各国政府都对金融体系实施着严格的监管，而且，在不同时期，政府对市场的干预程度也不同。例如，从20世纪30年代一直到80年代金融自由化之前，美国一直对银行存款利率实施上限管制；而在2008年次贷危机爆发后，美国政府又对商业性金融机构的业务采取了限制性措施（沃尔克规则），甚至讨论过要对两家从事证券化业务的政府发起机构（Government-sponsored Enterprises，GSE）实施国有化。

政府干预体制的极端是麦金农于20世纪70年代提出的"金融压制"（financial repression）。所谓金融压制，是指发展中国家的政府人为地将利率压低在通货膨胀率以下，并通过高额准备金率等手段实施信贷配给，以支持政府优先发展的项目或者为政府的赤字融资。但是，这种做法产生了两个相互激化的负面效应：第一，既定的储蓄被分配到了低效率的项目上，从而阻碍了经济增长；第二，低利率压制了储蓄意愿，从而限制了储蓄/资本的积累和经济增长。为此，它们主张回归到"无形之手"：通过大爆炸式的金融自由化改革，放弃利率管制、外汇管制和对金融部门的管制。

如果说金融压制产生了完全的负面效应，那么，"金融约束"（financial restraint）（Hellmann等，1997）就是好的政府干预体制了。在金融约束体制中，政府通过限制竞争和产业政策，克服竞争性市场的缺陷，创造"租金"，从而诱导民间部门增加在纯粹竞争市场中可能供给不足的商品和服务。金融约束有三个不同于金融压制的地方：第一，在金融约束环境下，政府在民间部门创造租金，而非自身获得租金；第二，金融约束虽然也实施利率管制，但是利率水平大体保持在通货膨胀率之上，从而使实际利率

---

① 这里的"市场"与市场导向金融体系中的"市场"不是同一个含义，后者指的是资本市场，而前者是经济学中相对于"政府"干预的广义的"市场"机制。

为正，有助于激励储蓄；第三，以麦金农定义的指标——M2/GDP——来描述金融深化，金融约束促进而非阻碍了金融深化。虽然金融约束促进了金融深化和经济发展，但该理论的作者们也认为，随着经济发展，政府的干预应该逐步淡出。

传统的比较金融体系理论主要研究的是发达经济体的金融体系，因此其观察视角聚焦于金融结构，即银行导向和市场导向的优劣。相反，麦金农和肖开创的金融发展理论则秉持了发展经济学的脉络，主要关注第二个视角，即政府和市场在配置金融资源中的作用。本文认为，这两个视角是完全可以合二为一的。简单地说，银行导向的金融体系通常具有更加强烈的政府干预倾向，而市场导向的金融体系则更加倾向于市场自由主义。事实上，政府干预之手也只能实施于银行机构之上，一个分散决策、自由竞争的资本市场与政府干预是格格不入的。从历史上看，自第一次工业革命以来的金融发展历程中，之所以会产生银行导向和市场导向的分野，其中存在偶然因素，但根本还是在于当时各国社会经济发展过程中政府（或者封建君王）扮演的角色。

## 二 比较金融体系：渊源、基本经济模式和优劣之争

从银行导向和市场导向的历史看，银行导向与政府干预是天然的配对，而市场导向的前提和基础是市场化的机制。比较各国金融结构与经济发展水平，市场导向往往是领先国家的金融体系特征，而后发国家选择的都是银行导向。这种关系意味着，简单地在某个时点上比较银行导向和市场导向是没有太大意义的，需要从经济发展的纵向时间轴上研究两者的优劣。此外，更为关键的是，金融体系是整个社会经济系统的一个子系统，金融结构无法脱离社会经济的基本发展模式。

### （一）市场导向和银行导向：渊源

在比较金融理论研究中，市场导向的典型就是英国和美国，这两个国家的经济金融发展模式被称作"盎格鲁－撒克逊"模式。银行导向的鼻祖是法国，但典型代表是德国——这被称作"欧洲大陆"模式。日本在二战后也继承了银行导向的基本特点，但日本的体制与德国又有很大不同。在

18 世纪以前，整个西欧的金融发展路径是一样的：银行的业务就是吸收存款、汇兑和通过贴现提供短期流动性融资，提供长期资本依靠的是资本市场。市场导向和银行导向的分野始于 1720 年同时发生的两次危机：南海泡沫危机和密西西比泡沫危机。

作为市场导向的鼻祖，英国市场导向金融体系形成的一个基础是 17 世纪的光荣革命和金融革命，前者使资产阶级崛起成为抗衡封建君王的利益集团，后者则促成了统一有序的政府债券市场，从而结束了封建君王无信用可言的借款，政府筹资转向了受到约束、有偿还保证的政府债券，资本市场也因政府债务流动性的增强迅速发展，并为随后的工业革命奠定了基础（Kindleberger 和 Charles，1984）。

市场导向形成的另一个基础是公司制的发明，这导致金融工具和金融市场的种类和规模大幅度增加，出现了股票市场、公司债券市场和基于这两种原生金融工具的衍生品市场。在 1720 年的南海泡沫危机中，英国曾颁布《泡沫法》以阻止新的公司成立，但在第一次工业革命中，《泡沫法》未能阻止非正式资本市场中股份公司的成立。1824 年《泡沫法》被取消，1856 年英国又颁布了第一部现代公司法——《联合股票公司法》（Joint Stock Companies Act），从法律上认可了私人公司可以采取有限责任的形式。至此，公司的设立开始由以往皇家唱主角的"特许设立主义"逐步让位于在法律规制下的"准则设立主义"或"核准设立主义"。公司的自由设立是伦敦股票交易所和地方交易所繁荣的前提，并促进了铁路热的兴起。而当资本市场为铁路而狂热时，银行家们却令人惊奇地袖手旁观。这被认为是"有钱人都想守住既得利益，而任何变革都有风险，都令人烦心。只有那些想获得地位的新人才深知变化就是机会"（Kindleberger 和 Charles，1984）。紧接着，19 世纪末 20 世纪初发生了第二次工业革命。在铁路热的带动下，19 世纪后 30 年，第二次工业革命的主要产业钢铁、棉花、海运、采煤、化工以及电气都得到了资本市场的融资支持。通常，小企业先在伦敦以外的股票市场上市，成长起来后就转到伦敦股票交易所。

银行导向的鼻祖是法国。在金融发展方面，法国被认为落后于英国 100 年（Kindleberger 和 Charles，1984）。法国落后的原因有二：其一，法国君王经常违约，一向声誉不佳，因此法国政府债券市场以及整个资本市场天生存在缺陷；其二，1720 年密西西比泡沫危机后，法国开始限制股份公司的成立，这直接导致股票市场的萎缩。而且，同英国不一样的是，法国的新闻媒体更容易受金钱左右以至于常常散布假消息（Kindleberger 和 Charles，1984）。为了克服这些缺陷，法国政府于 1808 年开始允许两合公司的设立，希望借此将人合公司的凝聚力和资合公司的集资能力结合起来。但事实证明，这样的公司不具有生命力，因为其中负无限责任的股东利小、风险大，而负有限责任的股东正好相反。两合公司而不是股份有限公司在 19 世纪中期前的盛行消除了股票交易及与此相伴的投机，但资本市场的发展也就此停顿下来。

由于资本市场受到限制，与英国工业革命所不同的是，法国 19 世纪出现的运河热和铁路热在很大程度上是由银行提供资本的。特别是 1852 年成立的动产抵押信贷银行（Credit Mobilier），这家银行不仅从事存款和贴现等"传统"银行业务，还从事欧洲银行史上从未有过的业务——帮助企业发行股票、债券，甚至直接为企业提供长期信用。在现代经济史学家（Kindleberger 和 Charles，1984）看来，作为一大金融创新，动产抵押信贷银行的成立标志着连续演化的欧洲金融系统出现了一个重大的跳跃。有经济学家甚至据此创立了关于落后国家金融发展的理论：一个国家工业化越慢，就越依赖于银行。以后，德国、意大利、匈牙利等都以动产抵押信贷银行为样板发展了本国的银行业和金融系统。从这个意义上说，1852 年标志着现代银行导向金融体系的诞生。

在 19 世纪后陆续崛起的强国中，美国继承了英国的传统。由于对中央集权的恐惧，美国的银行业是高度分散的单一银行体系，银行难以为大规模尤其是跨州的投资提供长期融资，美国在工业革命时期的投资完全依靠资本市场。德国则继承了法国的传统，1853 年第一家效仿法国的动产抵押信贷银行成立，1870 年后更是掀起了股份制银行创设的浪潮，这些银行与公司之间相互持股，"全能银行"既提供短期流动性融资，又为公司提供长期投资的资本。至于日本，在明治维新后，既学英国，又学德国，其金融体系兼具银行导向和市场导向的特点，是个似像非像的杂交体。

### （二）市场导向和银行导向：基本经济模式

从 18 世纪市场导向和银行导向分野以来，市场导向一直强调分散竞争、自由决策，在经济思想上秉持英国古典学派的自由放任理念：一切应该由市场来决定，政府只应该扮演"守夜人"的角色。银行导向强调集中统一和共同利益，其经济思想以德国历史学派的李斯特为代表：对于后发国家，政府应该实施干预，通过立法、贸易保护、基础设施投资来推动工业化（布鲁、格兰特，2008）。市场导向和银行导向这种不同的经济思想理念决定了资本市场和银行的相对重要性（因为银行肯定比资本市场更有利于传达政策意图，而且也决定了在不同金融体系中银行业的竞争性），市场导向中的银行业是高度竞争的，银行导向中的银行业则呈现垄断的产业结构特征。

不同的经济思想理念决定了两种截然不同的经济发展模式。在市场导向的英美，这是所谓的"盎格鲁－撒克逊"模式，或者按照后来法国经济学家米歇尔·阿尔贝（高德步，2005）的说法，这是"新美国模式"。新美国模式源自20世纪80年代美国里根总统推行的供应学派改革。在经历了二战后长达二三十年的凯恩斯主义政府干预之后，供应学派改革再次掀起了对古典自由主义的复辟，即所谓"新自由主义"。新美国模式的基本特点是（高德步，2005）：强调个人主义和市场的充分自由竞争，市场机制是配置资源的决定性力量，企业分散决策取代政府行政指令，公司治理中股东利益至高无上。在这种经济模式中，资本市场的"距离融资"（arm's-length financing）占据主导地位。因此，这种模式又被称作"股票资本主义"（多尔，2002）：对股东来说，公司是谋取利润使其资本增殖的工具；对公司雇员来说，企业不是福利机构，优胜劣汰决定了晋升和聘用与否；对于整个国家来说，股票市值是衡量公司业绩乃至经济增长的核心指标，股票市值的最大化即意味着全社会福利的最大化。

在银行导向的国家中，政府干预决定了银行的"关系融资"（relationship financing）居于主导地位。不过，政府干预也有两种非常不同的模式：以德国为代表的"莱茵模式"和以日本为代表的"法人资本主义模式"。在这两种模式中，政府都不只是扮演一个"守夜人"的角色，都是"善意地"对市场进行干预，但干预的手段和程度存在很大差异。

莱茵模式又被称作社会市场经济模式，它强调经济的活力应该建立在市场基础上，市场应该享有充分的运转自由；但是，市场机制不是支配整个社会生活的唯一机制，社会运行需要考虑不同利益群体的平衡和制约。因此，在莱茵模式中，政府要发挥作用（高德步，2005）：第一，政府立法为一个平等的竞争环境提供保证，保护私人经济活动的自由，限制大企业的卡特尔协定；第二，强调利益公平，集体利益通常优先于严格意义上的个人利益，雇员与雇主一起进入企业决策层，使企业成为一个真正的利益共同体，雇主联合会和工会负责协商劳资双方的利益；第三，政府提供一个安全的社会保障，突出表现之一是高额税收支撑起来的待遇丰厚的养老保障体系。在莱茵模式下，德国的金融体系不仅表现为银行导向的特征，而且在德国的银行业中，政府主导、社会合作的银行是主要构成，真正意义的商业银行实际上是相对次要的成分。德国银行业由三个支柱构成（IMF，2011）：第一大支柱是储蓄银行部门，包括储蓄银行和州立银行，由城市、县城或州政府拥有，资产占比接近银行总资产的30%；第二大支柱是实施合作制的合作银行部门，包括区域合作银行和地方合作银行，资产占比接近银行总资产的12%；第三大支柱才是真正意义的商业银行，包括大型银行、地区银行和银行的国外分支机构，资产占比不到30%。除了这三大支柱外，资产占比28%左右的剩余其他银行主要是抵押银行、建筑贷款协会以及联邦政府和州政府拥有的发展银行，这些银行业要么具有合作互助性质，要么是政府的政策性银行。

在日本，形成于二战后的法人资本主义，其基本特点就是企业本位和政府主导。企业本位又称"公司中心主义"，其核心就是"生产至上"——用永不停顿的生产推动公司发展。公司股东的利益不被看重，公司财产是"组织"的财产，这种组织与政府官僚机构没有差异。日本企业经营依靠"三大法宝"。其一，终身雇佣制。如果雇员没有犯不可容忍的错误，或者企业没有发生重大危机，则雇员将被雇佣直至退休。其二，年功序列制。工龄越长，级别越高，工资越高。其三，企业组织工会。工会隶属企业，而不是雇员的工会，因此工会需要考虑企业长远利益。虽然日本的企业制度与德国存在相同之处，例如，对雇员就业的保障以及雇员参与企业经营决策的内部共同决策机制，但是日本和德国有一个根本的差异：德国对共同利益的强调是因为在德国阶级依然很重要，这种制度"是一种阶级妥协，是处心积虑的结果，目的是避免重复20年代和30年代早期的阶级冲突"（多尔，2002）。为了避免这种冲突，德国用法律形式将共同利益、共同协商确立下来了。相反，日本是"一个长期承诺的社会"，包括企业与雇员的关系以及银行与企业的关系甚至是政府与银企的关系都是非正式承诺的结果。社会经济的制度安排是基于法律还是基于非正式的承诺，是两国的根本差异。一个数据可以验证这种差异：在德国，劳务仲裁案件每年有47万件，而在日本仅为每年3000件。

法人资本主义的另一个特征就是政府主导。一方面，政府通过经济计划、经济政策、行政指导等手段干预企业活动；另一方面，日本企业界通过所谓的"财界"（各种企业间联合会、研究会等）参与政府宏观调控。这里，日本与德国又表现出根本的差异，德国政府干预主要是通过正式的法律和依靠社会组织采取的间接手段，而日本的政府干预则是政府直接实施指导性的经济计划和行政性的产业政策。在企业主导和政府主导下，日本的银行业与企业结成了长期的密切关系，银行的职责是为企业保驾护航——当然，这些都是非正式的承诺，一旦环境发生变化，承诺都会改变。例如，20世纪80年代末，随着资本项目的开放和资本市场的发展，大企业开始摆脱银行寻求其他更为廉价的融资，这种"脱媒"迫使银行贷款转向了资质差的中小企业甚至是房地产，并最终造成了90年代的泡沫危机和漫长的经济萧条（奥村洋彦，2000）。

在三种经济发展模式中，新美国模式通过市场自由竞争规则，极大地调动了微观经济主体的创新动力，为重大技术创新奠定了基础。同时，新美国模式通过吸引全球的人力资本和金融资本，在全球享有技术领先优势和货币特权。但是，新美国模式的一个缺陷就是过分强调市场规则和限制国家权力，从而导致收入分配差距拉大。莱茵模式创造了一个平等、公正、安全的社会经济发展环境，较好地结合了社会公正与市场竞争原则。但是，由于对集体利益和福利的过分追求，莱茵模式的国际竞争力落后于新美国模式，而且，在人口老龄化的过程中，莱茵模式容易造成政府财政的过度负担和过高的税收成本，进一步抑制了经济的创新活力。日本的法人资本主义模式是日本经济迅速赶超并成为发达国家的秘诀。然而，由于僵化的企业和社会制度，愈发失灵的政府主导模式，加上宏观经济政策的一连串重大失误，这种法人资本主义模式自1990年泡沫危机以后就陷入了长期停滞的状态（榊原英资，2013；池田信夫，2012）。

**（三）市场导向和银行导向：优劣之争**

作为经济系统的一个子系统，金融体系的长短优劣实际上已经由经济基本发展模式所决定，只不过由于金融体系存在不同于其他社会经济子系统的特殊功能，所以表现形式有所差异。在比较金融体系的研究中，有关银行导向和市场导向的优劣之争主要集中在 20 世纪 90 年代至 21 世纪初期（殷剑峰，2006）。Levine（2000）对这种争议做了一个总结，结合其他文献，我们可以将争议分为三种观点。

第一种是推崇银行导向的观点，Levine 称之为 Banketeers。在这派观点看来，银行导向具有显著的优势。其一，在信息生产和激励约束方面，市场导向存在重复生产信息和"搭便车"问题，公司治理容易被内部人控制，而恶意收购总体上有碍社会福利。相反，银行生产的信息是不公开的，银行可以与企业之间保持密切的关系，即所谓的"关系融资"，进而帮助企业成长。其二，在风险管理方面，市场只能分散跨部门风险（cross-sectional risk），但跨期风险（intertemporal risk）是市场无法分散的（non-diversifiable）（Allen 和 Gale，2000）。相反，稳健经营的银行可以在一个很长的时间段中平滑跨期风险。这方面的典型例子就是市场导向的国家（如美国）经常会发生股市动荡甚至危机。其三，在推动经济增长方面，通过金融约束（financial restraint）（Hellmann 等，1997），即政府"善意地"实施利率管制、限制竞争，进而引导租金向民间转移，银行导向的金融体系可以迅速地动员储蓄，实施大规模投资。相反，在市场导向中，金融机构之间以及金融机构与资本市场之间的竞争会耗散租金。

第二种是推崇市场导向的观点，Levine 称之为 Marketeers。该派观点如下。其一，在信息生产和激励约束方面，运转良好的资本市场可以促进信息获取和扩散，有助于强化公司治理结构。尤其重要的是，在重大技术变革面前，市场可以很好地处理意见差异（diversity of opinion）（Allen 和 Gale，2000），进而推动技术革命。相反，在银行导向中，银行获得企业内部信息乃至租金，加之银行的避险文化，新兴技术和企业难以成长。其二，在风险管理方面，资本市场可以很好地分散跨部门风险，虽然总有危机爆发，但没有长期停滞的风险。相反，在银行导向中（典型的如日本），由于存在密切的银行企业关系，僵尸企业会拖累银行成为僵尸银行，进而导致经济陷入几十年的长期停滞。其三，在推动经济增长方面，市场导向往往是重大技术革命的领导者，而且通过实施有效的会计标准、信息披露机制以及严格的兼并重组、破产退出制度，资本市场也可以有力地动员储蓄、推动投资。

第三种观点是金融结构中性论，即金融结构并无绝对优劣之分。这种观点包括 Levine 自己提出的"金融服务观"（financial services views）和"法律观"（legal-based view）（Laporta 等，1998）。前者认为，金融系统的功能在于提供各种服务，同样的功能既可以由资本市场来担当，也可以由银行来担当，关键在于服务的质量而非金融结构。在后者看来，银行导向和市场导向的争议没有任何意义，因为法律系统的健全和效率决定了金融服务的水平和质量，而衡量法律系统的主要指标包括股东权利、贷款人权利、法律执行、政府信用、会计准则等。

由上述争议可以看到，银行导向和市场导向至少在学理上并不存在绝对的优劣之分。从经济发展的角度看，市场导向更能适应新兴技术革命，因而市场导向常常为技术领先国家的特征；而银行导向更能适应成熟技术的大规模推广传播，因而银行导向常常是技术后发国家"蛙跳"赶超领先国家的秘诀。从技术由新兴到成熟的演进过程和经济发展的长周期看，最优的金融体系应当满足两个标准（殷剑峰，2006）：其一，应该具有完备的金融功能，以适应经济发展中复杂多样的生产技术，单纯、绝对的银行导向和市场导向都不符合这种标准；其二，应该是高度竞争、富于弹性的，能够适应经济结构性变化提出的要求，在不发生大范围系统性金融危机的前提下实现金融体系的结构性调整。事实上，20 世纪 90 年代以来，银行导向和市场导向出现了融合的趋势：在银行导向中，由于金融自由化，资本市场得到较快的发展；在市场导向中，通过资产证券化，银行获得了重生。

## 三　中国现代金融体系建设：比较与发展

银行导向和市场导向演化迄今，虽然依然存在诸多差异，但三个因素正在使两类金融体系呈现趋同的现象，如 20 世纪 90 年代后各国纷纷推出的金融自由化政策、金融全球化趋势以及人口老龄化。中国金融体系是一个银行为绝对主导的体系，而且政府干预无处不在。随着中国经济结构正在发生的重大变化，中国需要建设一个开放的市场导向体系。

### （一）市场导向和银行导向：主要经济体金融结构比较

银行导向和市场导向的第一个重要差异表现为银行和资本市场尤其是股票市场的关系。主要发达经济体和新兴经济体银行信用与股市之间的关系如图1所示，在传统的市场导向国家即美国和英国，银行信用只相当于股市市值的1.6倍左右，远远低于传统银行导向的德国和日本，后两者银行信用与股市市值之比都超过了3。在新兴经济体中，中国是典型的银行导向，中国银行信用与股市市值之比介于德国和日本之间，远远高于印度尼西亚、印度、马来西亚、韩国、泰国、墨西哥等新兴经济体。如果将这一指标与各国经济表现做一简单对比，可以看到，前四大经济体中只有美国是市场导向，而在新兴经济体中，银行导向的中国无疑在经济发展速度上远远超过了市场导向的印度等国。

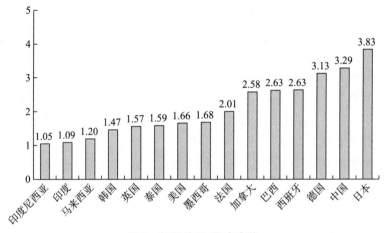

**图1　银行信用/股市市值**

注：主要数据是2017年的，部分国家数据是2016年的。

资料来源：世界银行。

进一步比较中国和其他四个发达经济体的股市指标，如图2所示，日本和德国的资本化率水平远低于英国和美国，但前两者的市场波动性也小于英美。中国的资本化率水平只是稍高于德国，比日本低20个百分点，但中国股市的波动性不仅高于日本、德国，也高于英国和美国。换言之，中国股市发展水平低，但风险更高。

银行导向和市场导向的第二个重要差异在于金融机构的相对规模。这

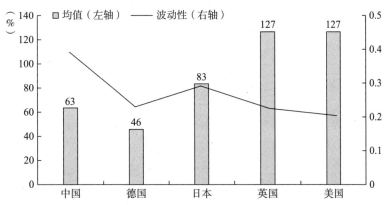

**图2 2007~2017年资本化率均值和波动性**

注：波动性为标准差/均值。

资料来源：根据世界银行数据计算。

里，如图3所示，我们将各国金融机构分为三大类：存款性机构（即银行）、保险和养老金、其他金融机构。就存款性机构在全部金融机构资产中的份额而言，银行导向的日本和德国高于市场导向的英国尤其是美国——随着金融自由化和影子银行的崛起，美国存款性机构的份额不断下降，仅为22%。另外，由于共同基金和资产证券化非常发达，美国的其他金融机构占金融机构总资产规模的比重显著高于其他三个国家。同时，由于美国和英国的私人养老金自20世纪80年代就开始发展，两国的保险和养老金比重超过了德国和日本。与四个发达经济体相比，中国金融机构的结构呈现

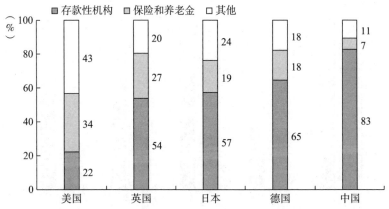

**图3 金融机构资产的结构（2017年）**

资料来源：根据CEIC和Wind资讯数据计算。

"异常"特征：存款性机构的份额非常高，占比高达83%；包括共同基金、证券公司、信托等在内的其他金融机构较低，尤其是保险和养老金份额异常低。

银行导向和市场导向的第三个重要差异在于居民的金融资产组合结构。如图4所示，在市场导向的金融结构中，居民持有的存款占比远远低于银行导向，例如，美国居民存款只占全部金融资产的14.19%，而日本高达52.23%；此外，在市场导向的美国，居民直接持有的公司股权（占比22.1%）也远远高于银行导向的日本和德国。不过，市场导向和银行导向也存在两个共同点：其一，保险和养老金在居民金融资产组合中都是最重要的资产；其二，无论是市场导向还是银行导向，居民主要是"间接地"持有金融机构的资产，包括银行的存款和非银行金融机构的共同基金份额、保险、养老金等，而直接持有的非金融部门发行的证券都不占多数。例如，在日本和德国，居民直接持有的公司股权、非公司股权和债券只占全部金融资产的10%多一点；即使是市场导向更为极端的美国，居民直接持有的公司股权、非公司股权和债券也只占全部金融资产的40%。与四个发达经济体相比，中国居民金融资产组合表现出几个不同特点：其一，存款的比重非常高；其二，保险和养老金的份额异常低；其三，"其他"的份额非常高，而"其他"中主要是以银行理财为代表的各种理财产品——这反映了中国资本市场的落后。另外，中国居民持有的公司股权份额虽然远低于美国，但高于市场导向的英国和银行导向的德国、日本。

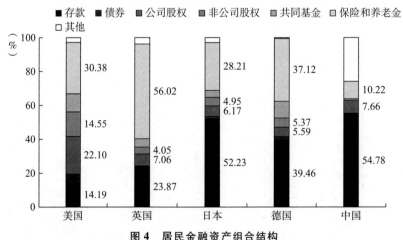

**图4 居民金融资产组合结构**

资料来源：根据 CEIC 和 Wind 资讯数据计算。

　　由于保险和养老金在银行导向和市场导向的居民金融资产组合结构中都占有重要地位，我们进一步来看一下保险和养老金的资产组合。可以看到（见图5），银行导向和市场导向的共同点远大于不同点：无论是银行导向的日本和德国，还是市场导向的美国和英国，股权和基金、债券都占到全部资产组合的60%左右。也就是说，保险和养老金是各国资本市场的主要投资者。在日本，如果将境外证券算上，则保险和养老金的资产组合中接近80%投向了境内外资本市场。与四个发达经济体相比，中国保险和养老金投资于股权和基金、债券的比重不到50%，其中投资于股权和基金的份额（12%）更是远低于除日本之外的其他三个发达经济体，而"其他"占比高达40%——由于中国缺乏发达的资本市场，这部分中投资于同业和非标资产的比重非常高。

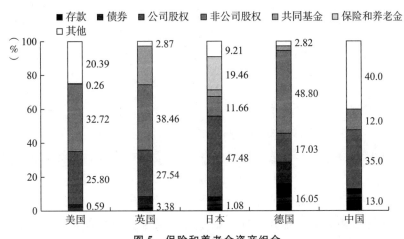

**图5　保险和养老金资产组合**

资料来源：根据 CEIC 和 Wind 资讯数据计算。

　　银行导向和市场导向的第四个重要差异是公司资本结构。如图6所示，统计了非金融公司的股权、债券和贷款的相对份额，在市场导向的美国，公司股权显著高于银行导向的日本和德国；扣除公司股权只看债务融资的结构，则美国非金融公司主要依靠的是债券——债券的规模相当于贷款的近2倍，而日本和德国主要依靠的是银行贷款；在公司资本结构方面，英国更像日本和德国。由于这里仅仅比较了公司股权、公司债券和贷款三种工具，图6并非完整的资本结构。例如，除了日本之外，其他三个发达经济体的公司都依赖于内部融资。此外，如果从流量来看，公司股权并不是上市公司的主要融资渠道。例如，在美国，由于公司回购股票和失败公司的退市，自 1980 年以来，股票净融资额要么为零，要么为负值。中国的情况再次不同于四个发达经济体：其一，公司股权的规模不仅远远小于市场导向的美国和英国，也小于银行导向的日本和德国；其二，银行贷款的比重非常高，在债务融资中，贷款是债券的 6 倍以上。

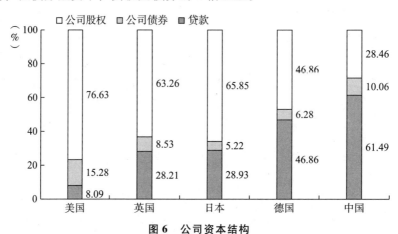

**图 6　公司资本结构**

资料来源：根据 CEIC 和 Wind 资讯数据计算。

总结一下银行导向和市场导向的特征。两者的不同点是：第一，资本市场（股票市场和非金融公司债券市场）发达程度不同，这导致银行导向的居民金融资产组合结构和公司资本结构更加倾向于银行存款和贷款，而市场导向的居民金融资产组合结构和公司资本结构更加倾向于股票和债券；第二，金融机构的规模结构不同，在银行导向中，银行的份额更大，而在市场导向中，以保险和养老金、共同基金为主的非银行金融机构更加重要。不过，两者也存在共同之处：第一，居民直接持有的非金融部门证券（股票、债券等）都不是资产组合的主体；第二，保险和养老金在居民金融资产组合以及全部金融机构资产规模中都占据重要地位，并且，保险和养老金的投资方向以资本市场为主。

银行导向和市场导向的共同点意味着将所谓"直接融资"和"间接融资"截然分开的传统观点是错误的。格利和肖（1988）对"直接金融"和"间接金融"进行了界定：前者指的是非金融部门之间的相互融资行为，如居民购买企业债券；后者指的是非金融部门通过金融机构（银行或者非银行）购买其他部门发行的证券的行为。按照这种界定，市场导向和银行导向事实上都是间接金融体系，只不过前者是以非银行金融机构为主导的间接金融，后者是以银行为主导的间接金融。米什金（2016）也肯定了美国金融体系是一个间接金融体系。

与四个发达经济体相比，从金融机构资产结构、居民金融资产组合结构和公司资本结构看，中国金融体系表现出极端的银行导向，而保险和养老金（以及共同基金）的份额异常低。除了银行绝对主导之外，中国金融体系的另一个关键特点就是政府绝对主导，其表现有三：其一，主要的金融机构，如商业银行，均为政府完全控制或者控股，政府对金融机构的经营具有强烈的影响力；其二，主要的金融资源配置于国企，例如，除了股市之外，在整个债务融资市场，2017年国企的负债占到非金融企业负债的74%，国企的贷款占非金融企业贷款的54%，在新兴的非金融企业债券市场，仅城投债就占到34%；其三，金融资源的定价不是市场决定的，例如，利率尚未市场化，股票市场发行依然是核准制，缺乏真正的退市制度，股票市场存在表现为"壳资源"的严重刚性兑付问题。此外，由于我国资本金融账户远未完全开放，中国金融体系也是一个相对封闭的体系。

### （二）中国金融体系面临的挑战：中国经济的结构转型

中国以银行为绝对主导的封闭金融体系形成于人口红利和经济赶超时期，在客观上适应了这一时期动员储蓄、推动大规模投资的要求（殷剑峰，2014）。但是，随着人口结构的变化，随着中国正在逐步从中等收入国家迈入高收入国家行列，特别是随着中国经济在全球地位的迅速抬升，目前的金融体系已经难以完成经济结构性转变提出的任务要求，甚至在很大程度上，目前的金融体系已经成为中国经济转型发展的巨大障碍。

第一，人口结构。中国经济面临的第一个结构性问题就是人口结构的转变。自2010年起，中国劳动年龄人口占比达到顶峰，并有趋势性的下降，与此同时，老龄人口占比迅速上升。与人口结构转变相伴的是，中国的储蓄率和投资率自2010年同样见顶并开始趋势性下降。储蓄率的下降是描述微观个体储蓄行为的"生命周期理论"在宏观上的整体体现：劳动年龄人口占比的下降意味着工作并储蓄的人口占比下降，而负储蓄的老龄人口占比上升。投资率的下降也是人口转变的自然结果：由于资本只有与劳动力结合才能进入生产函数，在资本劳动比一定的情况下，劳动力的减少也意味着不再需要那么多与之配合的资本。

储蓄率和投资率的同时下降首先意味着人口红利时期动员储蓄、推动大规模投资的任务已经完成，金融体系需要发挥新的功能，银行主导应该改变。同时，这种变化还给银行主导的体系带来了两个严峻的挑战，银行主导必须改变。第一个挑战是随着储蓄率的下降，居民部门的存款增速乃至广义货币 M2 的增速自 2010 年以来也呈现趋势性下降，银行负债业务中最为稳定的居民存款占比不断下降，负债端越来越短期化，越来越不稳定。第二个挑战是随着投资率的下降，容易识别、回报稳定的资产业务越来越少，习惯于抵押融资模式的银行业在过去十年中愈发依赖基建房地产行业，越来越集中在"土地金融"，资产端越来越长期化。资产和负债业务受到的双重挤压使银行业乃至以银行为绝对主导的整个金融体系愈发脆弱。

第二，产业结构。中国经济面临的第二个结构性问题就是产业结构的转变。产业结构演变的基本规律是随着人均 GDP 的提高，第一产业份额持续下降，第二产业份额持续上升，经济发展呈现工业化的过程；随着低收入水平的农业国转变为中等收入水平的工业化国家，经济进入服务业化的过程——从其他国家的发展历程看，这一进程是决定能否走出"中等收入陷阱"的关键。经济的服务业化通常会导致劳动生产率的下降，即发生所谓的"鲍莫尔病"，而中等收入国家克服"鲍莫尔病"跃升为高收入国家的基本路径就是：第一，提供基本医疗、教育、基础设施的公共服务部门扩张，即"更好发挥政府的作用"；第二，制造业中的服务业，如研发、销售环节分离出来，成为生产性服务业；第三，解除对科教文卫等高端服务业的管制，利用信息技术降低交易成本，提高服务业的效率和可贸易化程度。

作为中等偏上收入国家，我国自 2012 年以来第三产业的产值就超过了第二产业，经济已经进入服务业化的过程。不过，我国服务业不仅落后于发达国家，而且落后于处于同等收入水平的国家。例如，2016 年我国服务业增加值占比只有 52%，中等偏上收入国家和全球平均的服务业增加值占比分别是 59% 和 69%。金融业本身就是服务业的一个组成部分，因此金融业的高效发展是经济进入服务业化进程中的应有之义。我国以银行为绝对主导的金融体系不仅风险高度集中、效率越来越低，而且这一体系也无法适应服务业化对金融提出的要求：第一，与投资率下降相一致，服务业的发展意味着经济整体朝向"轻资产"模式，偏好抵押融资的银行业无法适应这种模式；第二，公共服务部门的扩张自然地要求有与之相配套的资本市场融资机制，尤其是债券市场的大规模发展；第三，银行偏好安全的风险文化和业务模式能够适应工业化时代的成熟技术投资，但现代服务业的发展充满了不确定性。

第三，需求结构。中国经济面临的第三个结构性问题是需求结构的转变。从近些年三大总需求对经济增长的贡献看，消费的贡献超过了投资和净出口，中国已经成为消费驱动型的经济体。但是，消费尤其是家庭部门消费占 GDP 的比重依然非常低。2016 年，家庭消费占 GDP 的比重在中国只有 39%，而在美国、日本和德国分别是 69%、56% 和 53%。事实上，中国的消费率低于绝大多数国家。根据广义恩格尔定律，随着人均收入水平的持续上升，人们对有形商品的需求相对下降，而对无形服务的需求持续上升，因此，从供给侧看，消费过低的主要原因在于产业结构即服务业发展不足。反过来看，消费过低又从总需求侧限制了产业结构的调整，导致经济供给侧不得不依赖第二产业。更为关键的是，科教文卫领域的消费是消费升级的必然趋势，消费过低限制了人力资本的提高，而人力资本是决定经济长期增长潜力的基础。

提高消费的根本措施涉及财政、税收、科教文卫体制等诸多需要进行重大改革的领域。就金融体系而言，促进消费有两个方面的措施：其一，提高居民的信贷可得性；其二，提高居民的财产收入。过去几年金融行业主要着重于第一点，但其结果是居民杠杆率水平飙升，居民部门过度借贷的风险日益突出。因此，促进长期可持续的消费增长要从提高居民财产收入入手。如先前关于居民金融资产组合结构的分析所示，我国居民金融资产组合中主要是存款和短期的理财产品，在养老金、保险和共同基金方面的投资占比远远低于其他国家。我国居民的这种金融资产组合结构使金融资产的回报率极低，压制了财产收入的提高。例如，根据中国资金流量表统计数据计算，2004～2014 年，居民金融资产的平均收益率只有 2.87%，而居民持有证券所获得的红利率甚至比银行理财产品和存款还要低——平均只有 2.21%。这种状况与养老金、保险和共同基金等机构投资者的欠发达有着密切关系，也是股票市场和上市公司存在的体制性弊端的必然结果。

第四，增长动力。中国经济面临的第四个结构性问题是增长动力的切换。人口结构、产业结构和需求结构的转变都意味着未来经济发展需要从主要依靠资本、劳动力要素投入的外延式增长模式转向依靠技术进步的内涵式增长模式。可以看到，近年来我国在科技领域已经取得了长足的进步。我国研发投入仅次于美国，专利申请也超过了日本位于世界第二。不过，我国与发达国家整体差距依然巨大。例如，我国作为世界第一大制造业国，制造业的研发投入强度只有 1.01，远远低于发达国家的平均水平。我国研发经费增长较快，但基础研究只占全部经费的 5% 多一点。

推动科技进步需要深化科技体制改革，加强国家创新体系建设。就金融体系而言，当前以银行为绝对主导的状况无法适应增长动力的切换。当前的金融体系除了偏好抵押融资进而愈发变成"土地金融"之外，还在体制上存在重大的歧视。如前所述，在信贷市场上，国有企业获得的信贷占到信贷存量的一半以上。在新近崛起的非金融企业债券市场中，国有企业更是发债的主体。至于股票市场，其成立初衷就是为了替国企脱困，虽然股权分置改革取得了重大进展，但在发行、退市、公司治理等重要领域依然存在体制缺陷。

第五，全球治理。中国经济面临的第五个结构性问题是如何从一个专注自身发展的内向经济体转变成一个在全球治理中扮演重要角色的开放的巨型经济体。中国已经成为世界第二大经济体，按照购买力平价计算，甚至已经成为世界第一大经济体。根据不同机构预测，在 2030 年前后，中国将超过美国，成为世界第一大经济体。巨大的经济体量意味着中国在全球治理体系中不可避免地要扮演重要角色，正如习近平总书记在党的十九大报告中指出的那样："这个新时代……是我国日益走近世界舞台中央、不断为人类作出更大贡献的时代。"中国经济发展需要为全球经济发展提供公共品，这是构建"人类命运共同体"的经济基础。

在金融领域，全球治理体系的一个重要制度安排就是国际货币体系。当前的国际货币体系是一个以美元为绝对主导、欧元及其他货币辅助的不稳定体系，在这一体系下，美元的过度强势加之美国损人不利己的经济政策不仅使美元的波动成为全球金融市场动荡和全球金融不稳定的关键因素，而且美国经济自身也因此形成了长期、不断扩大、不可持续的经常项目逆差。如果人民币能够成为关键储备货币，国际货币体系将能够形成美元、欧元、人民币三足鼎立的稳定架构，这也将为人口老龄化的中国带来巨大的铸币税收益。人民币成为关键储备货币在经济上要求中国为全球经济发展提供一个关键的公共品：能够吸收其他国家商品和服务的国内总需求。显然，我国经济需要完成上述的结构转型。在金融领域，要求中国提供两个关键公共品：一是其他国家经济发展所需要的资本；二是价值储藏工具。显然，这两个公共品都依赖于一个高度发达、富于流动性、开放的资本市场。毫无疑问，支撑人民币成为关键储备货币的金融体系绝不是当前以银行为绝对主导的体系。

**（三）中国的现代金融体系：开放的市场导向金融体系**

中国经济的结构性变化要求金融体系必须改革。从上述五个方面的经济结构调整方向看，基于莱茵模式的银行导向和基于法人资本主义的银行导向都不能适应未来中国经济发展的需要，中国需要建设开放的市场导向体系。在这一体系中，需要在充分吸收"盎格鲁－撒克逊"体系优点的基础上，避免市场导向容易产生的收入分配差距扩大等社会问题。建设这一体系的前提是从政府主导的经济发展模式转向市场发挥决定性作用。"开放"的核心含义是对内和对外同时放开金融业的准入限制，并逐步放开资本金融账户的管制；"市场导向"一方面是发展资本市场以及与资本市场休戚与共的机构投资者，另一方面甚至是更加基础性的一面就是改革政府主导的金融资源配置机制，发挥市场在配置金融资源中的决定性作用。

第一，建立市场发挥决定作用的金融资源配置机制。

首先，要求金融服务的需求者能够获得平等待遇。当前金融体系面临的最根本的问题是国有企业存在软预算约束和隐性担保。由于国有企业背后有政府信用担保，民营企业无论是在股票市场还是在债券市场和信贷市场都面临隐性歧视。不解决国企享受的隐性担保和民企面临的隐性歧视，整个金融市场就不是一个公平、公正的市场，市场机制就会被扭曲。解决这一问题需要按照党的十八届三中全会和十九大报告的精神切实加快国有企业改革，发展混合所有制经济。事实上，国有企业在所有国家都存在软约束和隐性担保问题，因此，解决国企和民企差别待遇的关键就在于国企应该有所为有所不为，在竞争性领域国企应该退出。此外，造成过去十年间"国进民退"的另一个主要因素是地方的城投、平台公司的大量兴起，这是我国政府主导的经济发展模式下事权集中在地方政府的必然结果，因此，未来需要加快财政体制改革，建立中央和地方事权和财权明确、政府职能聚焦于提供社会公共品的公共财政体制。

其次，要求金融服务的生产者有正确的激励约束机制。我国金融机构尤其是银行业在经历了20世纪90年代末以来的改革迄今，业已初步建立权责明确、治理结构合理的现代企业制度，但是政府和监管部门对金融机构的行政干预问题依然突出，而且金融机构兼并重组、破产倒闭的退出机制尚未建立。可以看到，在2010～2016年，银行业法人机构从3769家增加到4398家，从业人员从299万人上升到409万人，资产规模从95万元跃进到232万元。此间银行业法人机构的迅猛发展主要是中小机构，这导致我国银行业的行业集中度进一步降低。中小机构的大量兴起也是政府主导的经济发展模式下事权集中于地方的必然结果：地方政府左手靠城投、平台搞基建投资，右手靠城商行、农商行等中小金融机构搞融资。可以预期，随着未来经济结构和金融结构的调整，必然会有一些中小机构经营失败。让失败机构退出市场不仅是优胜劣汰的必要，也是建立市场纪律乃至正确的激励约束机制的必要。

最后，要求金融监管当局要建立市场导向、法治化的监管机制。过去几年中，我国金融体系呈现的"金融乱象"固然与金融机构的逐利行为和弥漫于社会的软预算约束有关，但是金融监管部门和实际承担金融管理职责的其他部门实行的非市场化、非法治化的政策措施也难辞其咎。例如，在2017年以前，各部门为鼓励所谓创新，监管竞相放松，导致信用过度膨胀；而自2017年以来，监管又竞相趋严，使市场环境突变为信用紧缩。建立一个公平、公正和有效的市场，需要以市场导向、法治化的监管来取代当前运动式的行政管理模式。

第二，发展资本市场。

发展资本市场首先需要改变过往资本市场为国企脱困解忧的职能，建立市场发挥决定作用的发行、退出和交易机制；需要改变资本市场尤其是债券市场的分割状况，实现统一互联的多层次市场体系——在当前，最需要的是打破银行间债券市场与交易所市场间的分割。另外，国外的经验表明，资本市场的发展需要依靠包括养老金、共同基金和寿险公司等在内的机构投资者。机构投资者不仅可以推动资本市场的规模扩张，而且可以改善公司治理结构，通过长期持有公司证券降低市场的波动性。

我国机构投资者欠发达的首要原因在于"三支柱"的养老保障体系存在严重缺陷。以中美对比为例（郑秉文，2016），作为第一支柱的基本养老保险，我国的规模是 GDP 的 5.7%，美国是 16%；作为第二支柱的企业补充养老金，我国企业年金的规模相当于 GDP 的 1.2%，美国 DC 和 DB 两类年金相当于 GDP 的 98.9%；作为第三支柱的个人储蓄养老金，我国的商业养老保险规模是 GDP 的 2.6%，美国的第三支柱规模是 GDP 的 42.5%。养老保障体系的严重缺陷使养老金规模过低，例如，2017 年，全国社保基金的总规模只有 2.18 万亿元，企业年金只有 1.25 万亿元。未来需要继续夯实第一支柱，并通过立法、税收体制改革，在不加重企业和家庭负担的前提下，大力发展第二支柱和第三支柱。

除了企业年金之外，具备改造为第二支柱养老金的机构就是我国的住房公积金体系。自 1991 年正式建立以来，住房公积金已经成为住房货币化分配的重要形式，对于促进我国住房消费、培育和推动住房市场化发挥了重要作用。然而，随着住房公积金的发展，弊端愈来愈多。除了住房公积金管理机构实质行使金融职能，却处于金融监管空白，甚至时常爆发管理丑闻之外，住房公积金的一个突出弊端就是：资金规模越来越大，但无法得到合理利用。根据《全国住房公积金 2017 年度报告》，2017 年末，住房公积金缴存单位 262 万个，缴存职工 1.37 亿人，缴存总额 12.48 万亿元，余额 5.6 万亿元，缴存余额的增值收益率只有 1.57%。可以预期，随着我国城市化进程和住房市场发展已经进入相对成熟的阶段，住房公积金的使用率将会越来越低，住房公积金余额的规模将会愈发庞大，而如此之低的增值收益水平是难以令人接受的。由于住房公积金覆盖企业职工范围、募集资金规模都远超企业年金，可以考虑将住房公积金单独或者与现有企业年金合并，改造成企业补充养老金。

发展机构投资者的第三个可行举措是改造商业银行的理财业务。在整个金融机构资产中，我国银行业资产占比之所以远远超过其他国家，其中一个主要原因是我国的银行业承担了其他国家银行业所没有的功能：由于资本市场欠发达，银行业需要为资金盈余部门（尤其是家庭）提供资产保值增值的理财服务。根据国家金融与发展实验室财富管理中心的统计，2017 年商业银行理财产品的规模达到 28 万亿元，私人银行的规模为 9 万亿元，两者合计远远超过了券商资管、公募基金等传统的机构投资者管理资金的规模，而且后两者的资金来源中在相当程度上也是依靠银行资金的输入。在我国这种以银行为绝对主导的金融体系中，将银行的理财业务改造成打破刚兑、以委托代理关系为基础的机构投资者业务，应该是一个发展机构投资者的捷径。就此而言，2017 年央行颁布的资管新规体现了这一改革方向，但其中依然存在许多现实问题。

第三，推动人民币成为关键储备货币。

市场发挥决定性作用和强大、开放的资本市场是人民币成为关键储备货币的前提和基础。与此同时，响应"一带一路"倡议，以人民币作为计价结算和储值货币，加强与"一带一路"共建国家的贸易投资关系，是打破当前国际货币体系僵局的必要举措。除此之外，当前需要改变的一个基本性制度安排就是人民币的发行机制。

自 2001 年中国加入 WTO 以来，形成了中国生产、美国消费，然后中国以贸易盈余购买美国国债的所谓"中美国"关系。在这种机制下，人民币事实上是以美元为发行准备的：美元盈余增加，央行用于购买美元、形成美元外汇储备的人民币发行就增加。为了对冲美元增加形成的流动性冲击，央行自 2004 年以来先是采取成本高、效率低的央票模式，以后就直截了当、不断地提高商业银行的法定存款准备金率。除了高额法定存款准备金率造成的严重市场扭曲之外，这种以美元为准备的发行机制是人民币成为关键储备货币的障碍：其一，随着"中美国"关系的破裂，以及中国经济正在发生的结构性变化，以往"双顺差"的格局将彻底改变；其二，这种机制客观造成人民币盯住美元的汇率制度，并通过中国在国际产业链中的地位带动形成亚洲美元区，进而强化了美元的霸权地位。当前需要对央行资产负债表进行切割手术（殷剑峰，2017），同时在强化财政政策和货币政策配合的基础上，建立基于通货膨胀目标制的公债发行机制。

**参考文献**

[1]〔美〕R. I. 麦金农：《经济发展中的货币与资本》，卢骢译，上海三联书店，1988。

[2]〔日〕奥村洋彦：《日本"泡沫经济"与金融改革》，余熳宁译，中国金融出版社，2000。

[3]〔日〕池田信夫：《失去的二十年：日本经济长期停滞的真正原因》，胡文静译，机械工业出版社，2012。

［4］〔美〕弗雷德里克·S. 米什金:《货币金融学（第十一版）》,郑艳文译,中国人民大学出版社,2016。

［5］高德步:《世界经济通史》,高等教育出版社,2005。

［6］〔美〕雷蒙德·W. 戈德史密斯:《金融结构与金融发展》,周朔等译,上海三联书店、上海人民出版社,1994。

［7］〔英〕罗纳德·多尔:《股票资本主义:福利资本主义》,李岩、李晓桦译,社会科学文献出版社,2002。

［8］〔日〕榊原英资:《日本的反省:走向没落的经济大国》,周维宏等译,东方出版社,2013。

［9］〔美〕斯坦利·L. 布鲁、兰迪·R. 格兰特:《经济思想史》,邸晓燕等译,北京大学出版社,2008。

［10］殷剑峰:《金融大变革》,社会科学文献出版社,2014。

［11］殷剑峰:《金融结构与经济增长》,人民出版社,2006。

［12］殷剑峰:《中国应对央行资产负债表实施切割手术》,金融时报中文网,2017年3月29日。

［13］〔美〕约翰·G. 格利、爱德华·S. 肖:《金融理论中的货币》,贝多广译,上海三联书店,1988。

［14］郑秉文: 《第三支柱商业养老保险顶层设计:税收的作用及其深远意义》,《中国人民大学学报》2016年第1期。

［15］Allen, F., and Gale, D., *Comparing Financial System* (The MIT Press, 2000).

［16］Hellmann, T. F., Murdock, K. C., and Stiglitz, J., "Financial Restraint:Towards a New Paradigm", in Org, Z., eds., *The Role of Government in East Asian Economic Development:Comparative Institutional Analysis* (Clarendon Press:Oxford, 1997).

［17］IMF, "Germany:Financial Sector Stability Assessment", IMF Country Report No. 11 – 169, 2011。

［18］Kindleberger, and Charles P., *A Financial History of Western Europe* (George Allen & Unwin Ltd., 1984).

［19］La Porta, R., Lopez-de-Silanes, F., Shleifer, A., and Vishny, R., "Law and Finance", *Journal of Political Economy*, 106 (6), 1998:1113 – 1155.

［20］Levine, R., "Bank-based or Market-based Financial System:Which is Better?", Email:rlevine@ csom. umn. edu, January 2000.

［21］Merton, R., Crane, D. B., Froot, K. A., Bodie, Z., Mason, S. P., Sirri, E. R., Perold, A., and Tufano, P., *The Global Financial System* (Harvard Business School Press, 1995).

# 企业规模、银行规模与最优银行业结构

## ——基于新结构经济学的视角<sup>*</sup>

张一林 林毅夫 龚 强<sup>**</sup>

**摘 要** 相对于规模较小的银行，大银行在甄别软信息（如企业家经营能力）方面不具有比较优势，大银行为了防范企业家风险，需要严格要求企业的抵押品数量并施行严格的违约清算。大银行的这种融资特性决定了其难以为中小企业提供有效的金融支持，但能帮助大企业有效地节约信息成本、减少利息支出，大银行的融资特性与大企业的企业特性相互匹配。要从根本上缓解中小企业的融资约束，关键在于改善银行业结构，满足中小企业对中小银行的金融需求，发挥中小银行善于甄别企业家经营能力的比较优势，而不是通过行政干预要求大银行服务中小企业。在金融监管方面，由于不同规模银行的融资特性以及适合的融资对象皆存在系统性差异，对不同规模银行的监管也应当有所区别和侧重。

**关键词** 企业家风险 软信息 信息甄别 银行监管 新结构经济学

---

\* 原文发表于《管理世界》2019 年第 3 期。

\*\* 张一林，中山大学管理学院副教授、博士生导师，中山大学高级金融研究院新结构金融学研究中心主任；林毅夫，北京大学新结构经济学研究院院长、教授、博士生导师；龚强，中南财经政法大学文澜学院院长、教授、博士生导师，北京大学数字金融研究中心特聘研究员。

# 一 引言

在任何国家，银行业都是金融体系的核心部分。然而，不同国家银行业的结构存在显著的差异，但一个普遍性的规律是，一个国家的经济发展水平越高，其国内银行的平均规模往往越大，银行业结构越偏向于以大银行为主导（见图1）。为何银行业结构与经济发展水平之间呈现这样的关系？[①]银行业的结构如何影响银行业的整体效率？发达国家的银行业结构是否适合于发展中国家？一个国家是否存在"最优"的银行业结构，最优银行业结构是否会随着该国发展阶段的变化而变化？对这些问题的探讨有助于我们理解银行业结构与经济发展的关系，也有助于针对一个国家的经济特征制定相适应的金融发展与银行监管政策。本文尝试为上述问题提供一个内在逻辑一致的理论分析。

本文研究表明，一个国家的银行体系能否有效支持经济发展，关键在于该国的银行业结构（不同规模银行的分布）是否与由产业结构决定的企业规模结构（不同规模企业的分布）相匹配。发展中国家的产业结构通常是以劳动密集型产业为主，这些产业的资本密集度相对较低，企业的规模一般较小，由此决定了发展中国家的实体经济对中小银行有更高的需求（相比发达国家而言）。发展中国家如果不顾及实体经济的产业结构和金融需求特征而建立以大银行为主的银行业结构，很容易导致银行业结构与实

---

[①] 长期以来，金融经济学界有一种盛行的观点，认为金融结构——金融体系中不同金融制度安排的相对构成——并不影响经济发展，影响经济发展的仅仅是金融发展的深度，即金融体系相对实体经济的总规模（Demirgüç-Kunt 和 Levine，2001；Demirgüç-Kunt 和 Maksimovic，2002；Levine，2005）。如果按照这种"金融结构无关论"，那么银行业结构——不同规模银行的分布——应当也不影响经济发展。然而已有的实证研究充分表明，银行业结构是影响经济发展和银行业效率的关键因素，"金融结构无关论"在现实中并不成立（林毅夫、姜烨，2006b；林毅夫、孙希芳，2008；Berger 等，2005；Berger 和 Black，2011）。但遗憾的是，对于相关现象背后的理论原因，我们仍然所知甚少。尽管一些文献从理论上探讨了银行业结构与经济发展的关系，但这些文献主要关注银行业结构的供给层面，即不同规模银行的不同比较优势，却忽略了银行业结构的需求层面，即企业的金融需求特征。本文指出，如果忽略了由企业规模所决定的企业金融需求特征，则难以揭示出不同规模的企业与不同规模银行之间的匹配关系，更难以为产业结构各异的不同国家提供最优银行业结构的理论基础。

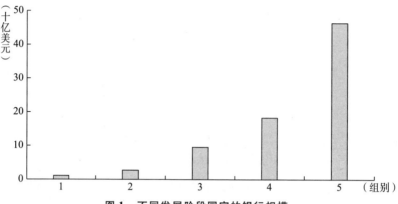

**图1 不同发展阶段国家的银行规模**

注：该图展示了1980～1997年全球48个国家经济发展水平与其银行业结构的关系，该图按照人均GDP的大小分为五组，1～5分别为人均GDP 2500美元以下、2500～5000美元、5000～10000美元、10000～20000美元、20000美元以上，纵轴为组内国家银行规模的中位数。

资料来源：Lin等（2013）。

体经济的金融需求相背离，在这种情况下，即使没有利率管制、政府干预等金融抑制政策，也难以提高银行体系的效率、发挥金融服务实体经济的功能。发达国家的银行业结构之所以以大银行为主导，是因为发达国家的资本积累已经达到较高的水平，产业的资本密集度相对较高，企业平均规模相对较大从而对大银行有更高的需求，由此内生出以大银行为主导的银行业结构。①

本文借鉴新结构经济学的视角，研究银行业结构的决定因素及其变迁过程。新结构经济学由林毅夫（2010）提出，旨在以现代经济学的方法研究经济发展过程中的经济结构和结构变迁的决定因素，以及不同发展阶段的经济结构对金融、产业组织、货币、财政、法律等的影响。新结构经济学强调，给定一个经济体所处的发展阶段，存在与该经济体所在时点上的

---

① 需要指出的是，企业规模与经济发展阶段之间的关系并不是"必然"的，一些经济发展水平较高的国家，其经济结构可能以中小企业为主，如意大利（Gollin，2007）。对于这样的国家，即使它的发展水平较高，它也更适合以小银行为主的银行业结构；如果这个经济体的银行业结构是以大银行为主，那么除了少数大企业的金融需求能够得到满足之外，大量中小企业很可能面临融资约束的困境，在这种情况下，不仅经济发展受到阻碍，整个银行体系的效率也难以达到最大化。

要素禀赋结构相匹配的最优产业结构，随着经济发展、资本积累、要素禀赋结构变化、比较优势发生改变，该经济体的最优产业结构也会变迁，相应地对经济中的其他制度安排和经济运行的规律产生影响（林毅夫，2010）。新结构经济学能够解释不同发展阶段国家经济结构的差异和差异的原因，本文借鉴新结构经济学的视角，讨论不同发展阶段国家银行业结构的差异和差异的原因。

正如新结构经济学指出不同发展阶段国家的最优产业结构不同，本文研究也表明，不同发展阶段国家所适合的银行业结构也不尽相同，一国经济发展水平越高，产业的资本越密集，企业的平均规模往往越大，此时与大企业规模匹配的大银行在整个银行业中应当占有更高的比例；反之，对于经济发展相对落后的国家而言，产业的资本密集度相对较低，中小企业在整个经济中占有更高的比重，此时与中小企业相匹配的小银行在整个银行业中所占的比例也应当更高。从动态的角度来看，随着一个国家的经济发展，资本不断积累，要素禀赋结构、产业结构和企业规模结构不断变迁，该国的最优银行业结构也会发生相应的变化。

一些文献也从新结构经济学的视角研究金融体系的结构问题。例如，龚强等（2014）和张一林等（2016）考察了金融结构与产业结构的匹配关系，他们研究的金融结构是银行与股票市场的相对构成，而本文研究银行业的内部结构——不同规模银行的分布与相对构成——与实体经济中由产业特性差异所导致的企业规模结构差异的关系。此外，龚强等（2014）和张一林等（2016）讨论的产业结构是不同资本和技术密集度的产业的相对构成，而本文考察的是实体经济中产业特性的差异所形成的不同规模企业的分布和相对构成。本文基于大小银行不同的融资特性和大小企业不同的企业特性，揭示出不同发展阶段的国家存在不同的最优银行业结构，决定一个国家最优银行业结构的关键因素之一是该国企业规模的分布和相对构成。如果一个国家实际的银行业结构偏离其最优结构，不仅会降低该国资本配置的效率，还会降低金融体系服务实体经济的能力。

本文大企业与大银行相互匹配、小企业和小银行相互匹配的结论与实证文献的发现一致。林毅夫和孙希芳（2008）基于中国 28 个省区 1985 ~ 2002 年面板数据的实证研究发现，中小银行市场份额越高的地区，其经济增长速度越快，这一结果在一定程度上表明，在我国以劳动密集型中小企业为主导的产业结构下，银行业结构适宜以中小银行为主。同时，林毅夫和姜烨（2006a，2006b）的研究也反映了银行业结构与产业结构的关系。其研究发现，在产业结构偏向重工业、大型企业的地区，当地拥有更多的大型银行，而在产业结构偏向中小企业的地区，当地中小银行的占比更高。有关银行资产组合的实证文献也支持本文的结论。这些文献的一致结论是：大银行更倾向于服务大企业、小银行更倾向于服务小企业。[①]例如，Jayaratne和Wolken（1999）基于企业调查数据发现，即使在美国这样金融高度自由化的国家，中小企业也更多依靠中小银行提供金融支持。Nakamura（1994）、Berger和Undell（1995，1998）等研究同样发现，中小企业贷款在大银行的资产组合中所占比例显著低于小银行。来自银行业并购的证据显示，当银行发生并购进而规模增大后，银行对小企业的贷款比例会显著降低（Berger等，1998；Peek和Rosengren，1998；Strahan和Weston，1998）。

但遗憾的是，受限于数据的不可得性和实证研究的内生性问题，上述实证文献还不能充分说明银行业结构与经济增长的"因果关系"。与此同时，还有一些重要问题尚未得到深入的探讨。如如果服务小企业能够为小银行带来利润，那么以利润最大化为目标的大银行，为何普遍缺乏服务小企业的意愿？考虑到中小企业普遍面临的融资约束问题，通过行政干预的方式要求大银行服务中小企业，是不是有效率的政策安排？不同规模的银行是否具有不同的融资特性和比较优势，这些融资特性和比较优势是否只有在服务特定规模的企业时才能充分发挥？

对上述问题的探讨具有重要的理论与政策意义，但现有文献还难以提供令人满意的答案。一些文献从理论层面上探讨了银行业的结构问题。如

---

[①] 大银行更多服务大企业、相对较少服务中小企业是一个全球性的普遍规律，本文研究这一规律背后的原因。需要指出的是，本文并不绝对地认为大银行无法为中小企业提供金融支持。例如，美国富国银行是全美规模最大的银行之一，但其主要业务收入来自服务中小微企业。另一个值得思考的问题是，银行和企业的所有制是否也会影响银行和企业的匹配机制？在现实中，国有企业的规模普遍大于非国有企业，同时，国有银行的规模也普遍大于非国有银行。那么，大（小）企业更多由大（小）银行提供服务，究竟是因为银行与企业的规模匹配，还是因为企业和银行的所有制匹配？是否还存在一种除了规模匹配之外的所有制匹配，即国有企业更多由国有银行提供服务、非国有企业由非国有银行提供服务？实证研究发现，这两种匹配在现实中同时存在。例如，林毅夫和孙希芳（2008）的实证研究表明，银行规模与所有制皆是影响银行业效率和地区经济增长的重要因素。本文的主要边际贡献之一是揭示银行与企业规模匹配的微观机制。

徐高和林毅夫（2008）、Krasa 和 Villamil（1992）、McFadden（2005）等学者考察了最优银行规模的问题，指出最优银行规模是对银行资金成本、监督成本、风险分散等方面的最优权衡。Stein（2002）、Berger 和 Udell（2002）比较了大小银行的决策方式，指出银行的规模大小决定了银行善于使用何种类型的信息。其分析表明，大银行的规模特点决定了其更多地依据企业的硬信息（如资产抵押、财务报表等）制定贷款决策，而小银行则更多地将软信息（如企业家的经营能力、声誉等）纳入贷款决策的考量，许多实证研究为此提供了经验证据（Berger 等，2005；Berger 和 Black，2011；Liberti 和 Mian，2009）。

上述文献有助于我们理解不同规模银行的不同融资特性，但这些文献大多只关注银行业结构的供给层面，而忽略了银行业结构的需求层面。正如本文指出，不同规模的企业具有不同的企业特性和金融需求特征，而不同规模的银行具有不同的融资特性和比较优势，只有当企业的特性与银行的融资特性相互匹配时，银行的比较优势才能充分发挥，企业的金融需求才能得到充分满足。如果忽略了不同规模企业金融需求的差异，而仅仅考察不同规模银行融资特性的差异，恐怕难以揭示出银行业结构与经济发展之间的真实关系（林毅夫等，2009；林毅夫，2010；龚强等，2014；张一林等，2016）。

本文从理论上探讨企业规模与企业融资渠道偏好的关系，为"最优银行业结构"理论提供一个微观基础。本文构建的理论模型假定市场中存在不同规模的企业和不同规模的银行，企业的规模大小决定了企业的信息特征（硬信息和软信息的相对比例），银行的规模大小决定了银行克服信息不对称的方式和比较优势。在此基础上，我们考察企业规模的变化对企业融资渠道偏好（是偏好向大银行融资还是向小银行融资）的影响及背后的机制。

本文研究表明，大银行较少服务中小企业，并非因为大银行"歧视"中小企业，而是由于大银行的融资特性与中小企业的企业特性不相匹配，大银行难以为中小企业提供低成本、高效的金融支持。大银行内部层级较多，难以有效甄别企业家风险（企业家经营能力的高低）这一重要的软信息，在确定贷款对象时，大银行需要严格要求贷款企业的抵押品数量并对企业施行严格的违约清算，以此"阻隔"经营能力不足的企业获得贷款，减少银行自身面临的企业家风险。然而，大银行的这种融资特性与中小企业缺乏抵押品的企业特性不相容，大银行难以克服与中小企业之间的信息不对称，中小企业也就难以从大银行获得低成本的金融支持。①

尽管大银行不适合服务中小企业，但大银行能够为大企业提供有效的金融支持。大银行利用严格的抵押和清算制度能够"阻隔"经营能力不足的企业获得贷款，对于抵押充足且具备良好经营能力的大企业而言，其选择向大银行融资，能够"自动"与经营能力不足的企业区分开来，进而最大化地降低信息成本，节约贷款利息支出。不仅如此，大企业收入结构多元化、现金流稳定的风险特征使大企业能够避免被大银行"无效率"地清算。本文充分表明，大银行的融资特性与大企业的企业特性相互匹配，大银行服务大企业是大银行与大企业"双向选择"的结果。

中小企业对小银行有更高的需求。小银行层级较少、信息传递链条较短，相对于大银行而言，小银行更善于甄别企业家经营能力的高低，这意味着小银行不一定像大银行一样通过抵押和清算制度来防范企业家风险。对于缺乏可抵押品、难以满足大银行抵押要求的中小企业而言，从小银行那里更容易获得资金支持。不仅如此，小银行对中小企业的金融支持具有包容性：中小企业通常具有收入结构单一、现金流不确定性较高（相对大企业而言）的风险特性，当中小企业因市场风险（而非企业缺乏经营能力）而出现短期性违约时，小银行更能够避免对短期违约但长期能够扭亏为盈的中小企业施行无效率的清算。实际上，不仅中小企业偏好向小银行融资，小银行也偏好服务中小企业，小银行服务中小企业也是小银行与中小企业"双向选择"的结果。

本文能够为银行效率的决定因素提供新的视角。银行体系的效率体现在把资金配置到最具竞争力的企业（Diamond，1984）。主流文献大多主张通过实施金融自由化改革——包括取消利率管制、减少银行垄断、避免政府干预等方式——来提高银行业的效率（Mckinnon，1973；Shaw，1973）。本文研究表明，决定一国银行体系效率的另外一个关键因素是该国银行业

---

① 本文进一步研究发现，由于中小企业通常具有收入结构单一、还款不确定性较高（相对大企业而言）的风险特性，大银行的严格清算程序意味着中小企业即使能够达到大银行的抵押要求，中小企业向大银行融资也会使自己在后期面临很高的清算风险，从长远看，不利于企业的长期发展。

结构是否与产业结构相匹配，不同国家应当根据自身的产业结构和发展阶段建立与之相适应的银行业结构。正如新结构经济学指出，如果一个国家实际的产业结构偏离了由要素禀赋结构决定的最优产业结构，则这个国家的比较优势和经济发展潜力难以发挥（林毅夫，2010）。本文研究也表明，如果一个国家实际的银行业结构偏离由产业结构和相应的企业规模结构决定的最优银行业结构，则这个国家银行体系的效率难以达到最大化，且不可避免地会出现中小企业融资难融资贵、资本错配等问题。

尽管我国经济总量已经达到世界第二，但从人均收入水平来看，我国仍然属于发展中国家，基于新结构经济学的分析，现阶段以及未来一段时间内中小企业仍将是我国经济发展的重要引擎。在此基础上，本文进一步指出，鉴于我国目前的银行业结构仍然是以大银行为主，未来我国银行业的主要任务之一仍然是继续完善金融结构，发展适宜支持中小企业且定位于服务中小企业的中小银行，推动银行业结构向着与产业结构和企业规模结构更加匹配的方向发展和转型。在银行监管方面，本文研究表明，由于不同规模银行融资特性不同，其服务对象的风险水平可能存在一定差异，因此不同规模银行的风险水平和相适应的监管方式可能也存在差异。相对于大银行而言，小银行更多地服务于缺乏抵押、收入结构较为单一的中小企业（相对大企业而言），从监管设计的角度来看，应当对小银行采用比大银行更加严格的资本金要求，这一方面有助于维护小银行的金融稳定，另一方面还有助于促使小银行更加审慎地利用软信息筛选融资对象。

## 二　理论框架

考虑一个由连续统的企业和银行构成的经济，银行分为大银行和小银行，所有参与者均为风险中性。企业和银行的所有者同时也是各自的经营者，企业和银行内部无委托－代理问题。企业间以及银行间都为完全竞争。我们首先阐述企业与银行的博弈过程，然后在此基础上说明大银行与小银行决策方式的差异。

### （一）博弈时序

企业投资额为 $I$ 的项目融资，企业拥有自有资金 $w < I$，剩余的 $I - w$ 需

要向银行融资。不失一般性，假定企业将其全部自有资金投入项目，剩余的 $I-w$ 单位化为1。整个融资过程分为三个阶段，如图2所示。

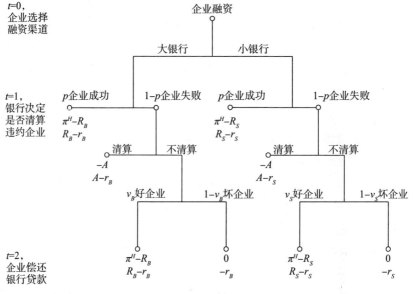

图2 博弈时序

具体而言，$t=0$ 期，企业选择融资渠道，即选择是向大银行还是向小银行融资，银行决定是否为企业提供资金支持。在完全竞争、利率自由化的市场中，企业与银行约定贷款利率 $R_i$，$i=B$（大银行）、$S$（小银行），贷款利率一旦确定后不可更改。为简化数学表达，这里的贷款利率 $R_i$ 是指银行贷款的总回报，即 $R_i$（$I-w$）包含了贷款本金和利息的总和。企业可以以自有资产（如土地、厂房、机器设备等）作为抵押，记抵押品的价值为 $A$。

$t=1$ 期，企业需要偿还银行 $R_i$，但企业经营的项目是否成功存在不确定性。记项目成功的概率为 $p$，收益为 $\pi^H$；项目失败的概率为 $1-p$，收益为0。$p$ 越大（小）表明企业 $t=1$ 期还款风险越小（大）。假定 $p$ 为公共信息。$p$ 的大小反映了企业还款能力的高低，其与企业的规模大小有密切联系。一般而言，大企业的收入结构相对多元化、现金流相对稳定、还款能力相对较强，而中小企业受到自身规模与业务种类的限制，可能具有收入结构相对单一、现金流不稳定、风险相对较高的企业特性，中小企业的还款能力可能通常弱于大企业。如果项目成功，则企业偿还银行 $R_i$，银行利润为 $R_i - r_i$，其中 $r_i$ 为存款利率，企业留存利润为 $\pi^H - R_i$。

如果 $t = 1$ 期项目失败、企业无力偿还银行贷款，则银行有权清算企业的抵押品。如果银行清算企业，则银行获得抵押品的全部价值 $A$，银行利润为 $A - r_i$，企业无剩余。

如果 $t = 1$ 期企业违约但银行不清算企业，则意味着银行给予企业在 $t = 2$ 期"扭亏为盈"、重新偿还银行贷款的机会。然而，$t = 2$ 期企业是否成功仍然存在不确定性。沿袭 Bolton 和 Freixas（2000），我们根据企业 $t = 2$ 期扭亏为盈的概率把企业区分为"好企业"和"坏企业"：好企业在 $t = 2$ 期一定能够扭亏为盈、实现收益 $\pi^H$，而坏企业在 $t = 2$ 期依然经营失败，其收益为 0。因此，如果银行不清算好企业，则 $t = 2$ 期好企业一定能够偿还银行贷款 $R_i$，银行利润为 $R_i - r_i$，企业利润为 $\pi^H - R_i$。反之，如果未被银行清算的企业是坏企业，则银行一定无法收回贷款本金和利息，并且企业的抵押资产经过前期损耗之后抵押价值降为 0，银行的总亏损为 $-r_i$。

企业的"好、坏"从本质上反映了企业家经营能力的高低，是一种重要的软信息。好企业在 $t = 1$ 期失败之后，能够充分发挥企业家精神、找到失败的原因，在 $t = 2$ 期扭亏为盈。但坏企业缺乏经营能力，即使银行在 $t = 1$ 期不清算坏企业，坏企业也难以在 $t = 2$ 期扭亏为盈。

### （二）大银行与小银行的软信息甄别能力

在 $t = 0$ 和 $t = 1$ 期之间，也就是企业在第一期经营的时候，银行可以选择投入一定的信息甄别成本 $c$，用于了解企业家的经营能力、识别企业家风险（即企业是好企业还是坏企业）。我们用 $v_i$（$i = B, S$）表示银行软信息甄别能力的高低。$v_i \in (0,1)$ 表示 $t = 1$ 期银行甄别出企业为"好企业"的概率，即 $t = 1$ 期银行不清算的违约企业中，有 $v_i$ 比例的企业能够在 $t = 2$ 期扭亏为盈。$v_i$ 越大表明银行甄别企业家经营能力这种软信息的能力越强、银行面临的企业家风险越低。注意到，银行获得有关企业家经营能力的软信息来自银行与企业第一期的合作（$t = 0$ 和 $t = 1$ 期之间），但在 $t = 0$ 期银行提供第一笔贷款时，银行尚未与企业进行深入接触，进而无法区分企业的好坏，但注意到，企业 $t = 1$ 期的还款风险 $p$ 与企业类型无关，且 $p$ 为公共信息。

从理论上来讲，银行的规模决定了信息搜集者与贷款审批者的"距离"，进而决定了该银行处理软信息的能力大小。软信息具有不易传递的特点（Petersen，2004）。给定软信息的不易传递性，银行的规模越大，则软信息的传递成本越高，银行利用软信息的效率越低。具体而言，大银行的组织形式大多是多层级的分支行模式，与企业直接接触但处于组织底层的信息搜集者很难用高效、可信的方式把软信息传递给组织上层、"距离"企业较远的贷款审批者；相对于大银行而言，小银行的组织形式更加紧密、银行内部的信息传递链条更短，甚至与企业接触的信息搜集者就拥有发放贷款的权力，这使小银行更容易把软信息用于贷款决策；进一步地，由于小银行的信息搜集者预期到自己搜集的软信息能够影响贷款结果，因此信息搜集者有足够的激励去搜集、识别、分析企业的软信息，以帮助贷款审批者（可能就是信息搜集者自己）做出更好的贷款决策（林毅夫等，2009；Stein，2002）。

已有的实证研究为上述理论提供了证据。实证研究发现，银行规模越小、组织结构越紧密、决策链越短，则越多地搜集和使用软信息，这表明，银行规模与软信息甄别成本之间存在反相关的关系，银行规模越小，其甄别软信息的效率往往越高。Liberti 和 Mian（2009）为此提供了的证据。他们在研究一家阿根廷大型跨国银行的内部信贷数据时发现，贷款审批者的层级越低、与企业直接接触的可能性越高，则越倚重软信息进行决策，这些软信息由基层贷款员以面谈和实地调研的方式搜集和整理而来，包括行业风险评估、企业技术优势、管理能力等带有主观色彩的信息，这一结果在处理了可能存在的内生性问题后仍然成立。还有一些实证研究提供了间接的证据。Berger 等（2005）将美国 1993 年的企业调查数据与银行数据进行匹配，发现银行规模越小，则银行与企业面对面交流的频率越高，且银行与企业保持信贷关系的时间也越长，这些发现与 Berger 和 Black（2011）基于更新数据得到的实证结果一致。Cole 等（2004）通过研究企业贷款申请和银行贷款审批的匹配数据发现，大银行的信贷决策更加倚重企业提供的财务数据，而小银行的信贷决策更大程度上取决于该银行是否与该企业曾经开展过信贷合作。

基于上述理论与经验事实，我们假定，大银行和小银行投入同样的软信息甄别成本 $c$，小银行能够比大银行更加精准地甄别企业家的经营能力，即：

$$v_S \geq v_B \tag{1}$$

综上，博弈的信息结构如下：$t = 0$ 期企业向银行融资时，企业知道自己的经营能力，但银行不知道企业的"好坏"，银行与企业之间存在信息不对称，银行可能面临向经营能力不足的坏企业提供贷款的企业家风险。$t = 1$ 期，企业成功的概率为 $p$，$p$ 与企业的好坏无关，且为公共信息。在 $t = 2$ 期，企业是否成功取决于企业家的经营能力，银行能够从一定程度上"筛选"出好企业，且小银行的筛选能力更强。

### （三）基本假设

后文分析基于以下假设。

假设 1：大银行与小银行的存款利率相同：$r_B = r_S = r$。

对于大银行和小银行谁在吸收存款上具有优势，现有研究尚未达成一致的结论。从现实来看，不同规模银行的存款利率往往较为接近。

假设 2：企业 $t = 1$ 期的还款风险总体处于银行可控的范围内：$p \geq \underline{p} \equiv \dfrac{r}{\pi^H}$。

假设 3：企业的融资规模（$I - w$）相对于任意规模银行的总资本足够小，以至于单个企业出现违约后不会引起银行挤兑或倒闭。

假设 4：坏企业始终模仿好企业的行为，但如果坏企业预期 $t = 1$ 期发生违约后一定会被银行清算，则坏企业在 $t = 0$ 期不会进入市场。

假设 4 的经济含义在于，坏企业的所有者（也是经营者）进入市场不是为了发挥自己的经营才干和企业家精神，而是抱着侥幸心理获取银行贷款。由于坏企业会模仿好企业投入自有资金和抵押品，因此如果银行采用严格的违约清算制度（即对所有违约企业进行清算），银行将能够有效地"阻隔"坏企业进入。由于坏企业始终模仿好企业的行为，因此下文主要考察好企业的行为。

## 三　小银行融资

我们首先考虑企业向小银行融资的情况。企业的目标函数为：

$$\max_{R_s} E(\pi_S) = p(\pi^H - R_S) + (1 - p)(\pi^H - R_S)$$

$$\text{s. t. } (1) v_s(R_s - r) - (1 - v_s)r \geq A - r$$

$$(2) p(R_s - r) + (1 - p)[v_s(R_s - r) - (1 - v_s)r] - c \geq 0$$

$$(3) r \leq R_s \leq \overline{R} \tag{2}$$

该目标函数表示，企业选择使自身期望利润 $E(\pi_s)$ 最大化的贷款利率 $R_s$。$E(\pi_s)$ 由两部分构成：$p(\pi^H - R_s)$ 是企业 $t=1$ 期项目成功、偿还银行贷款后实现的利润；$(1-p)(\pi^H - R_s)$ 是企业 $t=1$ 期项目失败但小银行不清算企业时企业实现的利润。

约束条件（1）是小银行不清算企业的激励相容条件，当企业在 $t=1$ 期无法偿还银行贷款时，小银行选择让企业继续经营的期望利润 $v_s(R_s - r) - (1 - v_s)r$ 大于清算企业所获得的清算剩余 $A - r$。约束条件（2）是小银行的参与约束，约束条件（3）是利率上下限约束。

通过求解上述最优化问题，得到有关小银行提供资金的前提条件如下。

命题1：存在 $\underline{v}$，当且仅当小银行能够有效利用软信息即 $v_s \geq \underline{v}$ 时，企业能够获得小银行的融资，此时贷款利率和企业期望利润分别为：

$$R_s = \max\left\{\frac{A}{v_s}, \frac{c + r}{p + v_s(1 - p)}\right\} \tag{3}$$

$$E(\pi_s) = \pi^H - R_s \tag{4}$$

当小银行无法有效利用软信息即 $v_s < \underline{v}$ 时，企业无法从小银行获得融资。$\underline{v} \equiv \max\left\{\frac{A}{\overline{R}}, \frac{c + r - p\overline{R}}{(1 - p)\overline{R}}\right\}$。

命题1的结论可由图3说明。企业能够获得小银行融资的前提条件是小银行软信息甄别能力达到 $\underline{v}$，否则贷款利率将超过利率上限 $\overline{R}$。给定企业 $t=1$ 期的还款风险 $p$，当 $v_s \geq \underline{v}$，企业能够获得小银行融资时，贷款利率主要取决于小银行的软信息甄别能力 $v_s$。如果小银行软信息甄别能力较强进而能够有效控制自身面临的企业家风险（见图3左上部分），则小银行不清算企业的激励相容约束较易满足，此时贷款利率由小银行进入市场的参与约束决定，$R_s = \frac{c + r}{p + v_s(1 - p)}$。反之，如果小银行软信息甄别能力相对较低（但达到 $v_s \geq \underline{v}$），则小银行可能面临较高的企业家风险，小银行有更强的激励清算违约企业，以此防范"坏企业"，这时候好企业为了避免被小银行清算，其贷款利率需要达到较高水平以至于满足小银行不清算企业的激励相容约束，$R_s = \dfrac{A}{v_s}$。

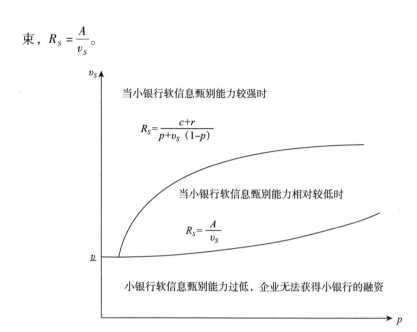

**图 3　小银行的融资特性**

由命题 1，我们得到以下推论。

推论 1：当小银行能够有效甄别企业家经营能力即 $v_s \geq \underline{v}$ 时，企业向小银行融资不需要提供抵押，企业的最优抵押水平为 $A_s^* = 0$，此时贷款利率 $R_s = \dfrac{c + r}{p + v_s\,(1 - p)}$。

推论 1 的经济含义在于，一旦小银行能够有效利用软信息来克服信息不对称（$v_s \geq \underline{v}$），企业无须也没有意愿向小银行提供抵押，因为企业提供抵押只会增强小银行在 $t = 1$ 期清算企业的激励，企业为了避免清算，反而需要支付更高的贷款利率 $\left(\dfrac{\partial R_s}{\partial A} \geq 0\right)$。因此，在小银行能够有效甄别企业家经营能力的情况下，企业的理性选择是尽可能少地提供抵押，以此降低被小银行清算的风险，而这恰好符合中小企业缺乏抵押的企业特性。

# 四　大银行融资

大银行和小银行的关键差异在于，大银行在搜集和利用软信息、识别企业家经营能力方面的效率低于小银行（$v_B \leqslant v_S$），即当企业 $t=1$ 期无法偿还银行贷款时，大银行在甄别企业能否在 $t=2$ 期扭亏为盈方面相对小银行而言不具有优势。

引理 1：给定大、小银行软信息甄别能力的差异，当大银行和小银行之间完全竞争时，大银行将采用不同于小银行的差异化策略：大银行在 $t=0$ 期为企业提供首次融资后，不会投入信息甄别成本 $c$ 用于甄别企业家的经营能力，并且在 $t=1$ 期，只要企业无法按时还款，大银行就会清算该企业。

基于引理 1，我们得到企业向大银行融资的目标函数：

$$\max_{R_s} E(\pi_B) = p(\pi^H - R_B) - (1-p)A$$

$$\text{s. t. } (1)\, R_B - r \leqslant A - r$$

$$(2)\, pR_B + (1-p)A - r \geqslant 0$$

$$(3)\, r \leqslant R_B \leqslant \bar{R} \tag{5}$$

该目标函数表示，企业选择一个使自身期望利润 $E(\pi_B)$ 最大化的贷款利率 $R_B$。

约束条件（1）是大银行清算 $t=1$ 期失败企业的激励相容条件，当企业 $t=1$ 期无法偿还贷款时，大银行的清算剩余 $A-r$ 大于不清算企业的最高收益 $R_B - r$（即所有企业都是好企业时）。该条件意味着 $t=1$ 期所有失败的企业都会被大银行清算，严格保证了大银行的抵押清算策略与引理 1 一致。

约束条件（2）是大银行的参与约束，表示大银行为企业提供资金的期望利润为正。大银行的期望收入由两部分构成，$pR_B$ 是企业 $t=1$ 期成功的情况下向银行支付的还款，$(1-p)A$ 是企业 $t=1$ 期失败时银行清算企业获得的清算剩余。

通过求解上述最优化问题，得到有关大银行提供资金的前提条件如下。

命题 2：存在大银行的最低抵押要求 $\underline{A}$，当且仅当企业的抵押数量达到 $A \geqslant \underline{A}$ 时，企业能够获得大银行的融资，此时企业的贷款利率和期望利润分别为：

$$R_B = \frac{r - (1-p)A}{p} \tag{6}$$

$$E(\pi_B) = p\pi^H - r \tag{7}$$

当企业无法提供足够抵押即 $A < \underline{A}$ 时，企业无法从大银行获得融资。$\underline{A} \equiv r$。

命题 2 表明，大银行为企业提供资金的前提条件是企业提供足值的抵押（$A \geqslant \underline{A}$）。由于大银行在利用软信息甄别企业家的经营能力方面不具有比较优势，为了防范企业家风险，大银行会要求企业提供足够的抵押，并对违约企业实施严格的违约清算程序，以此避免缺乏经营能力的坏企业获得贷款，规避企业家风险。注意到，大银行的最低抵押要求为 $\underline{A} = r$，即企业的抵押至少需要覆盖大银行的资金成本。

命题 2 也解释了中小企业较难从大银行获得资金支持的原因。大银行由于规模较大、信息传递链条较长，难以有效甄别企业的软信息，在这种情况下，大银行为了防范企业家风险会要求贷款企业提供足够多的抵押，但中小企业普遍具有缺乏抵押的企业特性，中小企业较难获得大银行的资金支持是中小企业的企业特性与大银行的融资特性不相匹配的结果，而并非大银行"歧视"中小企业。命题 2 表明，在一个以大银行为主导的银行业结构中，中小企业很可能面临较为严重的融资约束问题。

## 五　大、小银行融资特性的比较

如表 1 所示，本文总结了大银行和小银行的融资特性。大银行融资和小银行融资的最大区别在于提供资金的前提条件不同。大银行的规模特性决定了大银行难以有效甄别企业的软信息，在这种情况下，大银行提供资金的前提条件是企业拥有足够的抵押，大银行利用抵押和清算制度防范企业家风险。小银行提供资金的前提条件则是小银行自身具备足够的软信息甄别能力，而企业是否拥有足够的抵押并不构成小银行提供资金的必要条件。

表 1　大、小银行融资特性的比较

| 融资特性 | 银行规模 | |
|---|---|---|
| | 大银行 | 小银行 |
| 软信息甄别能力 | 低 | 高 |
| $t = 1$ 期是否一定清算违约企业 | 清算 | 不清算 |
| 银行服务企业的前提条件 | 企业拥有充足的抵押，$A \geqslant \underline{A}$ | 小银行能够有效甄别企业家的经营能力，$v \geqslant \underline{v}$ |

续表

| 融资特性 | 银行规模 | |
| --- | --- | --- |
| | 大银行 | 小银行 |
| 坏企业是否进入 | 不进入 | 进入 |
| 贷款利率 | $R_B = r$ | $R_S = \max\left\{\dfrac{A}{v_s}, \dfrac{c+r}{p+v_s(1-p)}\right\}$ |
| 企业期望利润 | $E(\pi_B) = p\pi^H - r$ | $E(\pi_S) = \pi^H - R_S$ |

下面的命题 3 总结了企业特性、银行融资特性与企业可选择的融资渠道之间的关系。

命题 3：存在 $\underline{A}$ 和 $\underline{v}$ 使：（1）在区域 Ⅰ $= \{(A,v) \mid A \geqslant \underline{A}, v \geqslant \underline{v}\}$，企业既可以获得大银行的融资，也可以获得小银行的融资；（2）在区域 Ⅱ $= \{(A,v) \mid A < \underline{A}, v > \underline{v}\}$，企业只能从小银行获得融资；（3）在区域 Ⅲ $= \{(A,v) \mid A > \underline{A}, v < \underline{v}\}$，企业只能从大银行获得融资；（4）在区域 Ⅳ $= \{(A,v) \mid A < \underline{A}, v < \underline{v}\}$，企业无法获得融资。

命题 3 反映出中小企业对小银行有更高的需求。中小企业缺乏抵押的企业特性决定了中小企业难以满足大银行对抵押的高要求，进而难以获得大银行的资金支持，在这种情况下，中小企业只能通过小银行融资，利用小银行善于利用软信息的特点解决其资金需求。如果小银行的软信息甄别能力达到一定的水平（$v_s \geqslant \underline{v}$），则中小企业对小银行的需求能够得到满足（区域 Ⅱ）；反之，如果小银行的软信息甄别能力过低（$v_s < \underline{v}$），则中小企业将面临融资约束（区域 Ⅳ）。

相比缺乏抵押的中小企业而言，抵押充足的大企业在融资渠道上有更多的选择。如果中小企业能够获得小银行的融资，则意味着大企业也一定能够获得小银行的融资；即使中小企业和大企业都无法从小银行获得融资（当小银行无法有效甄别企业家经营能力时），大企业还可以以抵押贷款的方式从大银行获得资金，而此时中小企业将面临融资约束。大企业可以选择的融资渠道为区域 Ⅰ 和 Ⅲ（见图 4）。

然而，命题 3 无法回答的是，当大企业既可以从大银行获得融资又可以从小银行获得融资时，大企业会选择哪一种融资渠道。回答这一问题是揭示大企业金融需求特征和融资渠道偏好的关键所在，即揭示哪种类型的银行更加适合服务大企业。同理，这一问题也可能发生在中小企业身上：如

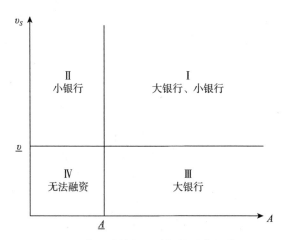

**图4 企业特性与可选择的融资渠道**

果一些中小企业也能够达到大银行对企业抵押品数量的严格要求，那这些中小企业是偏好向大银行融资还是偏好向小银行融资？回答这一问题也就回答了哪种类型的银行更加适合服务中小企业。

对上述问题的正式探讨我们放在下一部分。这里我们指出，对于既可以获得大银行融资也可以获得小银行融资的企业而言，大、小银行的优势和效率体现在以下不同的方面。

大银行贷款的信息成本较低，而小银行贷款的信息成本较高。坏企业由于预期到大银行会采用严格的抵押和清算策略来防范企业家风险，不会选择向大银行融资。好企业借助向大银行融资能够传递出"自己是好企业"的信号，自动实现与坏企业的分离，进而节约信息成本、降低贷款利率。小银行则不一定严格要求抵押和执行严格的违约清算，一旦坏企业预期到小银行的行为，将与好企业一同向小银行融资，这将增加好企业的信息成本，进而增加其贷款利率。

小银行贷款的清算风险较低，而大银行贷款的清算风险较高。大银行的清算风险较高是由于大银行在甄别企业家的经营能力方面不具有比较优势。为了最小化其面临的企业家风险，大银行需要采用严格的违约清算制度（即便在此过程中可能清算掉具备"扭亏为盈"能力的好企业）。大银行此种克服信息不对称的方式意味着企业向大银行融资将面临较高的清算风险。小银行则相反。小银行能够比大银行更加精准地甄别企业家的经营能力，进而更可能避免清算掉具备良好经营能力的好企业，在这种情况下，好企业选择向小银行融资，能够降低自身承受的清算风险。

命题4：大、小银行在软信息甄别能力上的差异决定了大、小银行具有不同的比较优势：大银行在帮助企业降低信息成本方面具有比较优势，而小银行在帮助企业降低清算风险方面具有比较优势。

# 六  企业的最优融资渠道

下面我们考察企业的"最优"融资渠道，即对于图4区域Ⅰ既可以获得大银行融资也可以获得小银行融资的企业，其最终会选择大银行还是小银行。比较企业向大银行融资的期望利润 $E（\pi_B）$ 和向小银行融资的期望利润 $E（\pi_S）$，我们得到有关企业最优融资渠道的命题5，如下。

命题5：当企业既可以获得大银行融资也可以获得小银行融资时（$A \geqslant \underline{A}$，$v_s \geqslant \underline{v}$），存在 $\hat{p}$ 使：当 $p \geqslant \hat{p}$ 即企业风险相对较低时，企业的最优选择是向大银行融资；当 $\underline{p} < p < \hat{p}$ 即企业风险相对较高时（但仍在银行允许的范围内），企业的最优选择是向小银行融资。其中 $\hat{p}$ 是方程 $[（1-p）\pi^H + r][p + v_s（1-p）] = c + r$ 的正根，$\underline{p}$ 见假设2。

我们结合图5对命题5进行讨论。命题5表明，当企业既可以获得大银行的融资也可以获得小银行的融资时，决定企业最优融资渠道的关键因素是企业的风险水平 $p$，具体如下。

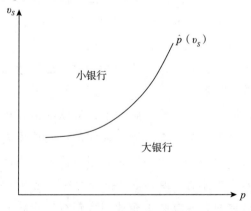

图5  企业最优融资渠道

对于风险相对较低的企业，其最优融资渠道是大银行。企业风险较低（$p \geqslant \hat{p}$）意味着企业不会面临较高的清算风险，此时企业期望利润的高低主要取决于贷款信息成本的高低，企业选择向大银行融资的好处在于能够利用大银行信息成本低的比较优势，从而节约信息成本，减少利息支出。反之，如果这些风险相对较低的企业选择小银行，则小银行清算风险低的比较优势将难以得到充分发挥，这些企业选择小银行反而会增加贷款的信息成本。因此，风险相对较低的企业更加偏好也更加适合由大银行提供金融支持。

对于风险相对较高的企业，在向大银行融资与向小银行融资两种选择之间，其最优融资渠道是小银行。如果风险相对较高（但风险仍然处于银行可控范围内）的企业（$\underline{p} < p < \hat{p}$）选择向大银行融资，在大银行实施严格清算制度的情况下，企业面临的清算风险较高，此时企业的期望利润难以达到最大化，大银行的严格清算制度与企业的高风险特性不相匹配。反之，如果风险相对较高的企业选择向小银行融资，尽管企业的信息成本会有所增加，但企业面临的清算风险将大幅降低，其净效应是企业期望利润增加。因此，风险相对较高的企业更加偏好也更加适合由小银行提供金融支持。

根据命题5我们可以进一步看到，一家银行的市场定位和风险偏好内生于该银行自身的规模。一方面，市场定位——大（小）银行在服务大（小）企业上占有更高的市场份额——是银行规模与企业规模匹配的结果，即给定大企业抵押充足和小企业硬信息不足的企业特性，以及小银行在识别软信息方面的比较优势和大银行相应的竞争策略，大银行更可能与大企业匹配，小银行更可能与小企业匹配，由此形成大企业主要由大银行服务、小企业主要由小银行服务的市场定位的局面。另一方面，银行的风险偏好也是内生于银行的规模及相应的融资特性。已有的实证文献发现，银行规模与银行的风险偏好之间具有负相关的关系，即银行的规模越小，则银行的风险偏好程度越高，越可能给高风险的企业发放贷款（Saunders 等，1990），这与本文的理论分析一致。本文理论分析表明，大银行在软信息识别上不具有比较优势，为了防范贷款风险并且与小银行实现差异化的竞争，大银行会要求企业提供充足的抵押物，并最终为抵押充足、风险较低的大企业提供融资，由此表现为相对较低的风险偏好。不同于大银行，小银行在软信息识别上具有比较优势，并不一定要求企业提供充足的抵押，这使小银行能够覆盖更多的企业，但只要小银行的软信息识别能力不是"完美"的，那么小银行就更有可能（相对大银行而言）面临高风险企业，这种情况下小银行会表现出高于大银行的风险偏好，这也意味着，从防范金融风险的角度来看，对小银行的监管要求应当更高。

## 七　银行业结构与资本配置效率

前文分析表明，不同规模企业与不同规模银行之间存在最优匹配的关系。对于一个国家而言，给定其不同规模企业的分布，应当存在与企业规模分布相匹配的不同规模银行的分布，即由经济中企业规模结构所决定的最优银行业结构。这一部分我们考察银行业结构失衡——当一个国家实际的银行业结构背离其最优结构时——导致的资本错配问题。在本文的理论框架中，资本错配来自银行将贷款贷给坏企业，即那些在信息完全对称（且银行决策不受政府干预）时无法获得银行贷款的企业。坏企业（最终获得银行贷款的坏企业）相对于好企业的数量反映了资本配置效率的高低。

我们首先定义最优银行业结构。考虑一个国家共有 $M$ 家企业，其中中小企业的数量为 $M_S$，大企业的数量为 $M_b = M - M_S$，每家中小企业的资金需求为 $Q_S^D$，每家大企业的资金需求为 $Q_B^D$，$Q_B^D > Q_S^D$，即大企业的融资规模比小企业更大。这个国家共有 $N$ 家银行，其中小银行的数量为 $N_S$，大银行的数量为 $N_B = N - N_S$，每家小银行所能提供的资金为 $Q_S^S$，$Q_S^S$ 也衡量了小银行的规模，每家大银行所能提供的资金为 $Q_B^S$，$Q_B^S > Q_S^S$，即大银行的规模（可贷资金）大于小银行。进一步地，假定 $Q_S^S \in (Q_S^D, Q_B^D)$，即每家小银行能够至少满足一家中小企业的融资需求，但无法满足大企业的融资需求（考虑更一般化的情形不会改变主要结论）；同时，假定 $Q_B^S \in (Q_B^D, +\infty)$，即大银行能够满足至少一家大企业的融资需求。不失一般性，我们假定 $M_S > N_S$、$M_B > N_B$，即企业的数量多于银行的数量。这个国家实体经济总的资金需求为 $M_S Q_S^D + M_B Q_B^D$，银行业总的资金供给为 $N_S Q_S^S + N_B Q_B^S$。信贷市场的出清条件为资金的总需求等于资金的总供给，即：

$$M_S Q_S^D + M_B Q_B^D = N_S Q_S^S + N_B Q_B^S \qquad (8)$$

基于上述理论框架，我们可以定义一个国家理论上的最优银行业结构，即不同规模银行的最优数量。为了方便讨论，假定大银行的软信息甄别能力 $v_B \geqslant \underline{v}$（命题 1），同时，大企业的风险 $p_B \leqslant \hat{p}$（$v_S$）（命题 5）。此时，由命题 1、3、4、5 可知，均衡条件下，大企业更加偏好向大银行融资，中小企业更加偏好向小银行融资。从最大化地满足企业融资需求的角度（也就是最小化企业的融资成本），小银行的最优数量 $N_S^*$ 和大银行的最优数量 $N_B^*$ 应当分别为：

$$N_S^* \equiv \frac{M_S Q_S^D}{Q_S^S}, N_B^* \equiv \frac{M_B Q_B^D}{Q_B^S} \qquad (9)$$

当 $N_S = N_S^*$ 且 $N_B = N_B^*$ 时，中小企业的金融需求都由小银行来满足，大企业的金融需求都由大银行来满足，各个规模的企业的金融需求都得到满足，实体经济总的融资成本达到最小化，银行业结构与企业规模结构完全匹配。

为方便讨论，我们用不同规模银行占银行总数的比例来表示银行业结构。定义一个国家的最优银行业结构为：

$$\beta_S^* \equiv \frac{N_S^*}{N}, \beta_B^* \equiv \frac{N_B^*}{N} \qquad (10)$$

我们将一个国家实际的银行业结构背离由经济结构决定的最优银行业结构的情形称为银行业结构失衡。下面我们研究当 $\beta_S < \beta_S^*$、$\beta_B > \beta_B^*$ 时（即小银行的实际比例低于最优比例，而大银行的实际比例高于最优比例），银行业结构失衡所导致的资本错配问题。

当 $\beta_S < \beta_S^*$、$\beta_B < \beta_B^*$ 时，市场均衡（银企匹配的结果）如图 6 所示。根据命题 3 和命题 5，$\beta_S < \beta_S^*$ 意味着该国小银行的数量与中小企业的数量不相匹配，一部分中小企业的融资需求无法通过小银行来满足（见图 6 阴影部分对应的那部分中小企业），此时这部分中小企业（数量为 $M_S - \frac{Q_S^S}{Q_S^D} N_S$）只能向大银行融资，但大银行并非这些中小企业最适合的融资渠道。由于大银行的软信息甄别能力低于小银行（$v_B < v_S$），这些中小企业向大银行融资将付出更高的融资成本（相对于向小银行融资而言）。

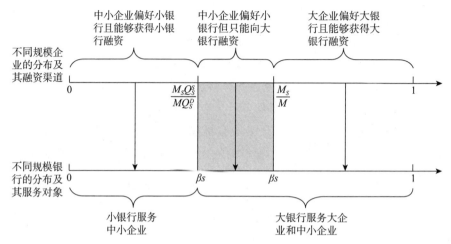

**图6  市场均衡与银行业结构失衡导致的社会福利损失**

在信息完全对称的理想条件下，只有好企业能够获得融资，此时没有资本错配。然而，实际情况中的信息不对称会使银行难以区分企业的好坏，因此可能出现银行将贷款贷给坏企业的资本错配问题。我们用最终获得贷款的坏企业的数量来反映资本错配的严重性。在本文的理论框架下，当企业向银行提供了足够的抵押品（且抵押品的价值不存在不确定性）时，银行的抵押贷款和违约清算机制能够筛除坏企业，此时坏企业只可能是抵押不足的中小企业。基于此，可以得到因银行贷款给坏企业而产生的社会福利损失为：

$$(1-p)Q_S^s N[(1-v_s)\beta_S + (1-v_B)(\beta_S^* - \beta_S)] \tag{11}$$

式（11）最后一项 $\beta_S^* - \beta_S$ 衡量了一个国家银行业结构的失衡程度，$\beta_S^* - \beta_S$ 越大，表明小银行的数量相对于实体经济所需要的最优数量越少，中小企业的融资需求越难得到有效的满足，银行业结构失衡越严重。

图6阴影部分的面积衡量了银行业结构失衡导致的社会福利损失的大小，可以看到，$\beta_S^* - \beta_S$ 越大即银行业结构失衡越严重，则社会福利损失越大，其根本原因在于大银行的软信息甄别能力不足进而难以有效甄别中小企业的潜在风险。可见，银行业结构失衡会带来资本错配的问题，而改善一个国家的银行业结构，有助于减少这个国家的资本错配以及由资本错配所产生的僵尸企业和金融风险，对此我们用以下命题总结。

命题 6：给定一个国家的企业规模结构（不同规模企业的相对构成），该国银行业结构的失衡程度 $\beta_s^* - \beta_s$ 越大，则该国资本配置效率越低。

# 八　总结与政策建议

本文从新结构经济学的视角考察了企业规模、银行规模与企业最优融资渠道之间的关系，为最优银行业结构理论提供了理论基础。本文研究表明，企业的规模决定了企业的信息特征和风险特征，银行的规模决定了银行克服信息不对称和为企业提供金融支持的方式，特定规模的银行只有在服务特定规模的企业时才能充分发挥自身的比较优势，以最低的成本为企业提供最有效的金融支持，由此也决定了不同规模的企业对不同规模的银行有着不同的金融需求。

大企业选择向大银行融资能够最小化贷款利息支出。不仅如此，大企业现金流相对稳定、还款风险相对较低的风险特性使大企业能够有效规避被大银行无效率的清算。大企业的企业特性与大银行的融资特性相互匹配，这不仅决定了大企业对大银行有更高的需求，还决定了大银行适合为大企业提供金融支持。大银行更多服务大企业、更少服务中小企业，是银行规模与企业规模相互匹配的结果，并不表明大银行"歧视"中小企业。

中小企业通常缺少可抵押资产，难以满足大银行对资产抵押的高要求，导致依靠企业资产抵押来区分企业好坏的大银行难以识别中小企业的企业家风险。即使通过行政命令要求大银行服务中小企业，也往往缺乏效率。小银行善于甄别企业家经营能力的比较优势与中小企业缺乏抵押的企业特性相互匹配，中小企业从小银行更容易获得金融支持，小银行也能够为中小企业提供成本更低、效率更高（相比大银行而言）的金融支持，命题5更进一步证明了小银行对中小企业的金融支持具有包容性。

我国正处于金融体制改革的重要时期，本文有关的政策含义包括以下三个方面。

第一，改善银行业结构，满足中小企业对中小银行的金融需求。尽管我国经济总量已经超过绝大多数发达国家，但从人均收入、人均资本存量、产业结构等方面来看，我国仍然与发达国家存在较大差距，中小企业仍然是推动经济增长和就业的重要引擎。中小企业缺乏抵押、还款来源相对单一的企业特性，决定了中小企业对中小银行有更高的需求。要从根本上缓解当前我国中小企业面临的融资难、融资贵问题，关键在于改善银行业结构，补齐短板，发展善于甄别企业软信息的中小银行。

第二，发展中小银行需辅以审慎监管，对中小银行实施严格的资本金要求。本文研究表明，中小银行的比较优势决定了中小银行容易吸引风险相对较高的企业（相对于大银行吸引的企业而言），企业的相对高风险决定了中小银行的相对高风险（相对大银行而言）。在改善银行业结构、发展中小银行的同时，有必要对中小银行实行比大银行更加严格的资本金要求，以此防范金融风险。另外，中小银行基于软信息的决策方式使外部监管者可能较难精准甄别中小银行的真实风险，提高中小银行的资本金要求有助于促使中小银行更加审慎地筛选贷款对象、控制银行内部风险。

第三，发挥大银行在支持大企业和大规模投资方面的比较优势，适当减少大银行承担的支持中小企业发展的政策性负担。在过去，以大型国有银行为主导的银行业结构并不完全适宜我国以劳动密集型产业为主的产业结构和以中小企业为主的企业规模结构，为了缓解中小企业融资难、融资贵的问题，政府常通过行政命令的方式要求大银行服务中小企业。本文研究表明，在不改善银行业结构的前提下，中小企业的融资约束问题难以得到有效解决，中小企业更加适合由中小银行提供金融支持，在逐步减少大银行承担的支持中小企业发展的政策性负担的基础上，逐步改善银行业结构，发展适合且定位支持中小企业的中小银行，有助于促成大银行专注服务大企业、中小银行专注服务中小企业的专业化定位，提升银行体系的整体效率。

## 参考文献

［1］龚强、张一林、林毅夫：《产业结构、风险特性与最优金融结构》，《经济研究》2014 年第 4 期。

［2］林毅夫：《新结构经济学——重构发展经济学的框架》，《经济学（季刊）》2010 年第 1 期。

［3］林毅夫、姜烨：《发展战略、经济结构与银行业结构：来自中国的经验》，《管

理世界》2006b 年第 1 期。

[4] 林毅夫、姜烨:《经济结构、银行业结构与经济发展——基于分省面板数据的实证分析》,《金融研究》2006a 年第 1 期。

[5] 林毅夫、孙希芳:《银行业结构与经济增长》,《经济研究》2008 年第 9 期。

[6] 林毅夫、孙希芳、姜烨:《经济发展中的最优金融结构理论初探》,《经济研究》2009 年第 8 期。

[7] 徐高、林毅夫:《资本积累与最优银行规模》,《经济学(季刊)》2008 年第 2 期。

[8] 张一林、龚强、荣昭:《技术创新、股权融资与金融结构转型》,《管理世界》2016 年第 11 期。

[9] Berger, A. N., and Black, L. K., "Bank Size, Lending Technologies and Small Business Finance", *Journal of Banking and Finance*, 35 (3), 2011: 724 – 735.

[10] Berger, A. N., and Udell, G. F., "Relationship Lending and Lines of Credit in Small Firm Finance", *Journal of Business*, 68 (3), 1995: 351 – 381.

[11] Berger, A. N., and Udell, G. F., "Small Business Credit Availability and Relationship Lending: The Importance of Bank Organizational Structure", *Economic Journal*, 112 (477), 2002: 32 – 53.

[12] Berger, A. N., and Udell, G. F., "The Economics of Small Business Finance: the Role of Private Equity and Debt Markets in the Financial Growth Cycle", *Journal of Banking and Finance*, 22 (6), 1998: 613 – 673.

[13] Berger, A. N., Miller, N. H., Petersen, M. A., Rajan, R. G., and Stein, J. C., "Does Function Follow Organizational Form? Evidence from the Lending Practices of Large and Small Banks", *Journal of Financial Economics*, 76 (2), 2005: 237 – 269.

[14] Berger, A. N., Saunders, A., Scalise, J. M., and Udell, G. F., "The Effects of Bank Mergers and Acquisitions on Small Business Lending", *Journal of Financial Economics*, 50 (2), 1998: 187 – 229.

[15] Bolton, P., and Freixas, X., "Equity, Bonds, and Bank Debt: Capital Structure and Financial Market Equilibrium under Asymmetric Information", *Journal of Political Economy*, (2), 2000: 324 – 351.

[16] Cole, R. A., Goldberg, L. G., and White, L. J., "Cookie Cutter vs. Character: The Micro Structure of Small Business Lending by Large and Small Banks", *Journal of Financial and Quantitative Analysis*, 39 (2), 2004: 227 – 251.

[17] Demirgüç-Kunt, A., and Levine, R., *Financial Structure and Economic Growth: A Cross-Country Comparison of Banks, Markets, and Development?* (Cambrige,

MA: MIT Press, 2001).

[18] Demirgüç-Kunt, A., and Maksimovic, V., "Funding Growth in Bank-Based and Market-Based Financial Systems: Evidence from Firm Level Data", *Journal of Financial Economics*, 65 (3), 2002: 337 – 363.

[19] Diamond, D. W., "Financial Intermediation and Delegated Monitoring", *Review of Economic Study*, 51 (3), 1984: 393 – 414.

[20] Gollin, D., "Nobody's BusinessBut My Own: Self-Employment and Small Enterprise in Economic Development", *Journal of Monetary Economics*, 55 (2), 2007: 219 – 233.

[21] Jayaratne, J., and Wolken, J. D., "How Important Are Small Banks to Small Business Lending? New Evidence from a Survey of Small Firms", *Journal of Banking and Finance*, 23 (2), 1999: 427 – 458.

[22] Krasa, S., and Villamil, A. P., "Monitoring the Monitor: An Incentive Structure for A Financial Intermediary", *Journal of Economic Theory*, 57 (1), 1992: 197 – 221.

[23] Levine, R., "Bank-Based or Market-Based Financial Systems: Which is Better?", *Journal of Financial Intermediation*, 11 (4), 2002: 398 – 428.

[24] Levine, R., "Finance and Growth: Theory and Evidence", 2005.

[25] Liberti, J. M., and Mian, A. R., "Estimating the Effect of Hierarchies on Information Use", *Review of Financial Studies*, 22 (10), 2009: 4057 – 4090.

[26] Lin, J. Y., Sun, X., and Jiang, Y., "Endowment, Industrial Structure and Appropriate Financial Structure: A New Structural Economics Perspective", *Journal of Economic Policy Reform*, 16 (2), 2013: 1 – 14.

[27] McFadden, R. L., "Optimal Bank Size from the Perspective of Systemic Risk", Working Paper, 2005.

[28] Mckinnon, R., *Money and Capital in Economic Development* (Washington, DC: Brooking Institution, 1973).

[29] Nakamura, L. I., "Small Borrowers and the Survival of the Small Bank: Is Mouse Bank Mighty or Mickey", *Business Review*, December/November, 1994: 3 – 15.

[30] Peek J., and Rosengren, E. S., "Bank Consolidation and Small Business Lending: It's Not Just Bank Size that Matters", *Journal of Banking and Finance*, 22 (6), 1998: 799 – 819.

[31] Petersen, M. A., "Information: Hard and Soft," NBER Working Paper, 2004.

[32] Saunders, A., Strock, E., and Travlos, N. G., "Ownership Structure, Deregulation, and Bank Risk Taking", *The Journal of Finance*, 45 (2), 1990: 643 – 654.

[33] Schere, F. M. , *Industrial Market Structure and Economic Performance* ( Chicago: Rand McNally and Company, 1971 ).

[34] Shaw, E. , *Financial Deepening in Economic Development* ( Oxford University Press, 1973 ).

[35] Stein, J. C. , "Information Production and Capital Allocation: Decentralized versus Hierarchical Firms", *The Journal of Finance*, 57 (5), 2002: 1891 – 1921.

[36] Strahan, P. E. , and Weston, J. P. , "Small Business Lending and the Changing Structure of the Banking Industry", *Journal of Banking and Finance*, 22 (6), 1998: 821 – 845.

中央银行与货币政策篇

# 四十年来中央银行的研究进展及中国的实践[*]

陈雨露[**]

**摘　要**　改革开放四十年来，中国金融体系从无到有，发生了翻天覆地的变化，目前已基本建成了与中国特色社会主义市场经济相适应、具有活力和国际竞争力的现代金融体系。这四十年，现代货币经济学和全球中央银行政策实践也发生了深刻变革。作为全球最大的新兴发展加转轨经济体的中央银行，中国人民银行面临的现实约束条件更加复杂，央行的研究为推动中国金融体系发展和央行科学决策提供了可靠支撑，既与世界同步，也具有自己的鲜明特征。本文以世界经济十年左右的周期波动及与之相伴随的货币经济学理论进展和中央银行政策变迁为主线，总结了四十年来中央银行的研究进展和中国经验，旨在进一步推动中央银行的理论研究，更好地促进金融高质量发展。

**关键词**　中央银行研究　货币理论　货币政策　中国经验

## 一　引言

1978 年至今，中国的改革开放走过了气势恢宏、波澜壮阔的四十年。从中央银行的视角来看，总结中国人民银行这四十年来的研究与实践，既需要"本土表达"，也需要"国际视野"。唯有此，全球化背景下中国央行

---

* 原文发表于《金融研究》2019 年第 2 期。
** 陈雨露，中国人民银行副行长，教授。

改革开放实践的方法论和思想内核，才有可能被充分挖掘出来。有别于一般的经济金融理论研究，中央银行研究的突出特征和核心脉络是"从实践中来、到实践中去"，根据不同时期经济金融形势的变化，一方面在理论上反思创新，另一方面在实践检验中加以完善。而现实的严峻挑战和为决策提供可靠支撑始终是中央银行研究发展的最大动力。过去四十年，全球经济经历了"大通胀－大缓和－大衰退"的周期考验，相应地，现代货币经济学和中央银行政策操作，在理论上历经了现代货币数量论、新古典宏观经济学和新凯恩斯主义，再到本轮危机后凯恩斯思潮的回归；在实践上也由相机抉择转向货币数量目标制，再到"单一目标、单一工具"政策框架及危机后对于宏观审慎政策等问题的反思。

作为全球最大的新兴发展加转轨经济体的中央银行，中国货币政策当局面临的现实约束条件更加复杂。中国人民银行的研究既与世界同步，也具有自己的鲜明特征。特别是，"金融改革目标"始终贯穿于四十年来中国人民银行的理论探讨与政策实践，它既包括现代金融体系由无到有的构建，也包括内嵌于其中的现代金融宏观调控框架的不断健全完善。我们不照搬照抄西方经验，而是根据中国经济金融的实际和宏观调控的需要，积极突破思想束缚，努力开展政策探索（吴晓灵，2018）。目前，我国已基本建成了与中国特色社会主义市场经济相适应、具有活力和国际竞争力的现代金融体系，在促进经济较高增长的同时实现了物价的基本稳定，取得了来之不易的良好调控成果（易纲，2018）。

全面总结四十年来中央银行的研究进展和中国经验，对于做好新时代的中国货币政策、更好地推动经济金融高质量发展，具有非常重要的理论和现实意义。

## 二 四十年来全球中央银行的研究进展与中国的实践

实证表明，世界经济一直存在十年左右的周期波动。因此，本文将按时间顺序、分四个阶段回顾国外中央银行研究的进展和中国的突破。为了全景式地挖掘全球央行四十年来的研究重点，我们通过多语言学术文献搜索平台抽取、汇总和整理多语言文献，利用深度数据库支持技术平台内嵌的深度神经网络和语义理解智能处理技术对输入的字、词、篇章进行多层次、多维度的信息分析，最终在对深度数据库进行知识融合的基础上，构建了美国、欧洲和新兴经济体三类国家四个阶段的央行研究知识图谱，其中，聚类提取的主题关键词可以更加客观地反映央行研究的重点所在。

**（一）20 世纪 70 年代后期到 80 年代末：为了驯服"通胀野马"，货币数量论和货币主义政策实践达到巅峰**

1. 发达经济体货币政策纷纷从相机抉择转向按规则行事的货币数量目标制

20 世纪 60 年代后期，在传统凯恩斯主义思想指导下，由于过度关注经济增长和就业目标，以熨平经济周期为目标的相机抉择的货币政策使很多国家陷入了痛苦的"滞胀"。基德兰德和普雷斯科特发表的关于"时间不一致性"的经典论文（Kydland 和 Prescott，1977），对此做了深刻论述。货币政策不能仅关注宏观总量的关系，而是要考虑微观主体行为及政策对微观决策和激励机制的影响，也即要避免所谓的"卢卡斯批判"问题（Lucas Critique，Lucas，1976）。货币政策的可靠性和可信度至关重要，"规则，而非相机抉择"成为各方的共识。以货币数量论为理论基础的货币数量目标制，能够为中央银行提供一个稳定的名义锚。根据货币长期中性判断以及货币和物价水平长期稳定关系而确定的货币数量，相当于一个可置信的货币规则（Bordo 和 Kydland，1995）。因而，20 世纪 70 年代以来，各国中央银行逐渐接受了弗里德曼（Friedman，1960）提出的根据潜在产出增速确定货币供应量的单一固定货币数量规则，纷纷转向货币数量目标制。

在政策实践上，货币数量目标制的广泛实施实际上是一个渐进的过程，在宣布货币供应量作为货币政策中间目标的同时，很多国家中央银行仍然关注利率目标，这在一定程度上损害了货币数量目标的顺利实现（Mishkin，2001）。1979 年沃尔克出任美联储主席后，美联储明确不再关注联邦基金利率的变化，而是严格控制 M1 增速。美国 CPI 由 1979 年的 11.3% 降至 1982 年的 6.2%，1983 年更是降至 3.2%。可以说，1979～1982 年，货币数量论和货币主义政策实践达到了巅峰。尽管沃尔克本人认为自己实行的政策实际上有别于弗里德曼所倡导的政策主张，而是在政策操作中更加关注货币供应量的增长，也即所谓的"实用货币主义"（Pragmatic Monetarism，Volcker 和 Harper，2018），但这仍为沃尔克和美联储赢得了极大的政策声誉，也为发达经济体进入长达约二十年的"大缓和"时代奠定了良好的货币开端。

如表1所示，这一时期，美联储研究的16个主题关键词、欧洲国家中央银行研究的13个主题关键词，分别有6个关键词与货币数量论直接相关（相关关键词用斜体表示，表2、表3、表4同），表明这十年内货币数量论和货币数量目标制在发达经济体中央银行研究中的主流地位。

表1　1978～1987年三类国家央行研究的主题关键词提取结果

| 序号 | 美联储 | 欧洲国家央行 | 新兴市场国家央行 |
| --- | --- | --- | --- |
| 1 | Banking Law | Deposit Insurance | Capital |
| 2 | Debt | Evaluation | Competition |
| 3 | Evaluation | Functions | Debt |
| 4 | Federal Aid | *Monetary Quantity* | Economics |
| 5 | Federal Reserve District | *Monetary Theory* | Educational Change |
| 6 | Financial Management | *Money Supply* | Educational Quality |
| 7 | International Finance | Pricing | Employment Opportunity |
| 8 | Japan | *Quantity Equation* | Financial Activities |
| 9 | *Monetary Quantity* | *Quantity of Money* | Financing |
| 10 | *Monetary Theory* | *Quantity Theory* | Population |
| 11 | *Money Supply* | Risk | Quantity of Deposits |
| 12 | *Quantity Equation* | Stabilization | Quantity of Output |
| 13 | *Quantity of Money* | United States | Tax Reform |
| 14 | *Quantity Theory* | | United States |
| 15 | Regulations | | |
| 16 | Volcker | | |

2. 这一时期，国内的研究主要聚焦于财政和信贷的配合、中央银行职能以及金融体系的重构

改革开放前，计划和财政是我国资源分配和经济调控的主要手段，银行只是作为财政的附属发挥社会现金总出纳的作用，信贷范围也有限，主要是为企业提供一部分流动资金。在这一时期，中国人民银行是国内唯一的金融机构并被并入财政部门，所谓"大财政、小银行"就是对这种格局的生动描述。不过，国内经济学界始终对如何更好地发挥金融体系功能进

行着不懈的理论探索，其中最具代表性的是"财政信贷综合平衡理论"，从总量角度分析再生产过程中财政和信贷两个范畴之间相互作用和相互制约的关系，以及它们共同反作用于再生产的规律（黄达，1984）。财政信贷综合平衡问题归结为货币流通问题，认为综合平衡的中心任务是控制货币供给，据此协调市场的总供给与总需求，从而与宏观均衡理论相衔接。这一理论为我国经济改革和发展过程中财政货币政策的制定与调整提供了重要理论依据，时至今日依然是我国宏观经济金融领域一个重要的分析框架。

与改革开放的伟大事业同步，中国人民银行于 1978 年从财政部独立出来，这是我国金融改革发展史上的重要事件，标志着我国开始区分财政和金融的功能，着手恢复金融体系，发挥金融在社会资源中的配置作用。1979年开始实施的"拨改贷"政策，就是意图通过金融部门和贷款基准利率价格杠杆，提高国家基本建设投资资金的使用效率。同时，为了提高特定领域资金的使用效率，我国相继恢复或重建了各国有专业银行，重新建立中国人民保险公司，成立了信托等非银行金融机构，以银行为主的金融体系基本形成。不过，与当时以计划为主的经济体制相配套，我国仍实行大一统的银行体制，中国人民银行同时肩负中央银行与商业银行职责。显然，这既不利于金融体系的有效运行，更不利于金融政策实施并抑制当时的经济过热。

为此，1980 年 7 月中国人民银行向国务院提交了《关于银行改革汇报提纲》，研究讨论了财政与银行的关系、强化中央银行职能、建立多元化金融机构体系等一系列重要问题。由国务院体制改革办公室起草的《关于财政金融体制改革问题（征求意见稿）》也提出，要"明确中国人民银行为银行的银行，主管货币发行，调节全国信贷资金，规定利率、外汇汇率，制定货币政策和信贷政策，掌握信贷收支和外汇收支平衡，以利于人民银行集中力量调节货币流通，搞好综合平衡，抓好经济信息等工作"。由此，理论界和决策部门针对是否要建立现代中央银行制度、建立什么样的中央银行、如何推进金融体制改革等问题进行了广泛讨论。中国人民银行根据国务院关于银行改革的指示，于 1982 年成立"银行改革小组"广泛征求各方意见（刘鸿儒，2013）。

正是在上述工作基础上，1983 年 9 月中央决定由中国人民银行专门行使中央银行职能，成立中国工商银行承担原中国人民银行办理的工商信贷和储蓄业务，从而正式建立现代中央银行制度。这为"把银行真正办成银行"提供了必要的制度保障，既是我国中央银行体制改革的重要一步，更是革命性的突破。1984年党的十二届三中全会《关于经济体制改革的决定》通过后，国务院成立了由中国人民银行牵头的金融体制改革研究小组。经过多方讨论，改革小组提出了建立灵活、高效、多样的金融体制改革构想。此后，中国人民银行组织国内外专家和银行界多次讨论，形成了初步意见，并促成金融体制改革内容正式列入"七五"计划。

**（二）20世纪80年代末到90年代末："大缓和"时代的头十年，"单一目标、单一工具"货币政策框架逐步确立**

1. 以独立性和通胀目标制为典型特征的"第二次中央银行革命"渐次展开

20世纪80年代中期开始，主要发达国家进入长达二十多年之久的较高增长和稳定通胀的"大缓和"时代，货币经济理论的进展对此功不可没（Bernanke，2004）。货币数量论隐含着货币外生的假设，但即使是理性预期学派和很多货币主义经济学家（Lucas，1972；Smithin，2003），最终都或多或少接受了货币短期非中性和内生货币的观点，货币需求并不是稳定的。事实上，随着利率市场化和金融创新的迅猛发展，货币数量的可测性、可控性及与产出、物价等货币政策最终目标的相关性越来越差，即使不断修订货币统计口径也无法完全有效解决这一问题。1971～1986年美联储曾6次对货币层次的划分进行调整，1970～1984年英国对货币的定义修改达9次之多，但中央银行仍难以有效控制货币数量。事实上，1982年通货膨胀得到有效控制后，由于M1和经济活动之间的稳定联系被打破，美联储开始有意淡化货币数量目标，并在1987年2月不再设定M1目标而是关注更广义的货币总量M2，并最终于1993年正式放弃了货币数量调控。由此，20世纪80年代末以来，主要经济体中央银行逐渐放弃了货币数量目标制并转向利率为主的价格调控模式。

在理性预期条件下，以存在市场摩擦和黏性价格等更接近现实的结构特征作为微观基础，并进行长期动态一般均衡分析的"新新古典综合"理论（New Neoclassical Synthesis，NNS）（Goodfriend和King，1997）获得了学术界和决策层的广泛认可。在此理论指导下，各国逐渐形成了以通货膨胀作为最主要目标、在泰勒规则指导下仅调整短端利率工具的政策操作模式，即"单一目标、单一工具"的货币政策框架。

与此同时，由于价格调整的前瞻性（Forward-looking），预期成为影响通胀和实际经济活动均衡关系的一个关键要素，各国中央银行也都意识到政策沟通和透明度对于提升货币政策效果的重要性（Blinder等，2008）。有效引导市场预期能够达到事半功倍的效果，货币政策也由此被称作"预期管理的艺术"（Woodford，2003），预期效应在货币政策中发挥越来越重要的作用（Friedman和Kuttner，2011）。而且，为了避免中央银行在追求物价目标过程中面临的各种不必要干扰，各国普遍加强中央银行的独立性（Fischer，2016）。由此，独立性与通胀目标制，也被称作继自主履行货币政策职能后"第二次中央银行革命"的典型特征（Singleton，2010）。

从知识图谱上看，这一时期围绕美联储研究的21个主题关键词中，9个关键词与通胀预期管理、通胀目标制相关，欧洲国家央行研究的19个主题关键词中，6个关键词与通胀目标制相关。而且，新兴市场国家央行研究的重点开始与欧美同步，新兴市场国家央行研究的17个主题关键词中，5个主题关键词与通胀目标制相关，快速跟进欧美国家的态势明显（见表2）。

表2　1988～1997年三类国家央行研究的主题关键词提取结果

| 序号 | 美联储 | 欧洲国家央行 | 新兴市场国家央行 |
| --- | --- | --- | --- |
| 1 | Banks & Banking Reform | Banks & Banking Reform | Banks & Banking Reform |
| 2 | Central Bank Independence | Central Bank Independence | Capital Flow |
| 3 | *Control of Inflation* | *Control of Inflation* | Central Bank Independence |
| 4 | Credit | Economic Theory & Research | China |
| 5 | Deposit Insurance | European Monetary Union | Debt Crisis |
| 6 | Educational Finance | Exchange Rate | Economic Development |
| 7 | Federal Reserve District | Financial Markets | Economic Theory & Reform |
| 8 | Federal Reserve System | Fiscal Policy | Exchange Rate |
| 9 | Financial Markets | *Inflation* | Finance |
| 10 | Fiscal Policy | *Inflation Forecast* | Financial Markets |
| 11 | Greenspan | *Inflation Targeting* | *Inflation* |
| 12 | *Inflation Expectations* | Interest Rate Risk | *Inflation Reduction* |

**117**

续表

| 序号 | 美联储 | 欧洲国家央行 | 新兴市场国家央行 |
|---|---|---|---|
| 13 | *Inflation Forecast* | *Low Inflation* | *Inflation Risk* |
| 14 | *Inflation Stabilization* | Monetary Union | *Inflation Targeting* |
| 15 | *Inflation Targeting* | Regulatory Arrangement | *Inflation Volatility* |
| 16 | *Inflation Uncertainty* | Regulatory Functions | International Trade |
| 17 | Low Inflation | Regulatory Responsibility | Liberalization |
| 18 | Money Supply | Stabilization | |
| 19 | Social Security | *Stabilization of Inflation* | |
| 20 | *Stable Inflation* | | |
| 21 | *Zero Inflation* | | |

**2. 受"单一目标、单一工具"学术思潮的影响，货币政策与金融监管的分离逐渐成为主流趋势，这一时期基于委托代理、机制设计等大量文献也为分离趋势提供了理论证明**

虽然各国中央银行都认识到，金融部门失衡将对实体经济造成严重影响，但由于较少考虑金融部门对宏观经济的影响，传统货币经济学理论认为，价格和产出稳定能够自动促进金融稳定（Bernanke 和 Gertler，2001）；利率作为唯一的货币政策工具就能够有效实现通胀和产出目标，并不需要开展其他的政策操作，即便将监管职能从中央银行分离也不会给货币政策带来明显的影响。

同时，中央银行负责银行监管决定了它对金融体系的稳定负有不可推卸的责任。为了在可能的金融危机中不成为被指责的对象，中央银行作为最后贷款人往往存在过度借贷倾向，从而导致严重的道德风险（Goodfriend 和 Lacker，1999）。这不仅大大弱化了市场力量对微观经济主体的约束，致使其行为扭曲，而且还降低了监管的效率，严重影响货币政策效果。因此，将中央银行的货币政策与银行监管职能分离，成为避免最后贷款人的道德风险对市场机制扭曲的政策选项（Ferguson，1999）。

在政策实践层面，20 世纪 80 年代中期从北欧国家开始出现了独立于央行的单一监管安排，1997 年英国的做法最为典型。英国剥离了英格兰银行的监管职能，设立金融服务局（FSA）全面监管银行、证券、保险等金融机构。金融服务局作为"超级监管者"，与财政部和英格兰银行一起形成了

"三龙治水"的金融监管格局。当然，此后的发展已为公众熟知。英国政府在进行广泛调研后认为，把所有的金融监管职责都交给一个单独的金融监管机构并不妥当。最明显的不足是，没有哪个单独的机构有能力、权威对整个金融体系进行监督、识别潜在的不稳定趋势，并与央行、财政等部门采取协同行动来对此做出反应。也就是说，这种制度安排存在明显的宏观审慎监管漏洞。

3. 这一时期，新兴市场国家则面临开放经济条件下"三元悖论"的现实冲击

布雷顿森林体系解体后，各国正式摆脱了实物货币（黄金）的束缚，进入完全由中央银行控制的信用货币时代。在交易惯性和网络效应等因素作用下，美元仍是最主要的世界货币并在国际货币体系中发挥着至关重要的作用（Eichengreen 等，2016）。但美元币值的剧烈波动也使新兴市场国家不得不独自承受货币危机的考验。20 世纪 80 年代的拉美债务危机和 90 年代亚洲金融危机，使金融学教科书上讲述的开放经济条件下资本自由流动、固定汇率制和货币政策独立性不可兼得的"三元悖论"变成了现实的案例，同样也被写进了新的教科书（Krugman，1998）。究其根源，这些国家大多是在没有充分监管改革的情况下进行了金融系统的自由化，尤其是在资本账户开放的同时，仍然保持了僵化的固定汇率安排。

4. 20 世纪 90 年代，中国人民银行实现了货币政策调控框架的第一次重大转型，从直接调控转向现代意义上的间接调控，并引领推动了中国金融体系的改革发展开放，为间接调控提供了必要的微观基础和制度条件

1984 年中国人民银行专门行使中央银行职能时就实行了国际通行的准备金制度。不过，受当时计划经济惯性思维的影响，货币政策主要采用直接调控的方式，实行信贷规模管理制度，准备金制度建立的着眼点是让中国人民银行掌握相当数量的信贷资金并进行结构调整（周正庆，1993）。20 世纪 90 年代初，随着建立社会主义市场经济体制目标的确立，中国人民银行开始尝试间接货币调控手段，重点研究了货币政策与货币供应量之间的关系。1994 年中国人民银行开始尝试公布货币供应量，并且作为货币政策监测分析指标，1996 年将其作为货币政策中间目标。随着以货币供应量为主要中间目标的货币政策框架逐步形成，中国人民银行内部就"是否继续保留贷款规模指标"进行了一场大辩论，最终决定取消贷款规模控制。与

此同时，围绕如何把中国人民银行办成真正的中央银行，央行内部针对央行主要职能、中央银行的货币政策体系、健全金融法规、强化金融监管以及改革中国人民银行财务制度等问题，进行了深入研究和反复探讨，取得了大量研究成果。1993年发布的《关于金融体制改革的决定》汲取了上述成果。正是在这样的研究背景下，中国人民银行逐步缩小直接政策干预范围，最终在1998年以取消信贷规模管理和重启人民币公开市场操作为标志，形成了以广义货币供应量为中间目标、以通胀为主的多重目标、综合运用多种政策工具、符合现代意义的间接调控的货币政策框架，实现了货币政策调控框架的第一次重大转型（张晓慧，2008）。

为与间接调控方式转型相配套，中国人民银行围绕健全完善现代金融体系进行了大量深入研究，有力推动了中国金融体系的发展、改革和开放（戴相龙，2018）。在微观金融主体方面，1994年我国正式建立了政策性银行，将专业银行改造为商业银行，实行资产负债比例管理，按照《巴塞尔协议》加强金融监管，金融机构的风险管理意识明显提升。在金融市场建设方面，1990年中国人民银行批准建立了上海和深圳股票交易所，正式启动资本市场建设；1994年建立全国统一规范的银行间外汇市场，顺利实现汇率并轨；1996年初将各地资金市场整合为全国统一的同业拆借市场，为当年7月份放开银行同业拆借利率管制并开启利率市场化改革奠定了良好的市场基础；在经过交易所场内市场和衍生品试点并推倒重来之后，1997年正式建立了银行间债券市场，为公开市场操作提供了可靠的交易平台。在政策调控机制方面，1993年中国人民银行上收分支机构再贷款权限，减缓了地方政府对信贷投放的干扰。1995年通过的《中国人民银行法》首次以法律形式明确中国人民银行不得直接为财政透支，这都极大增强了中央银行货币政策调控的自主性。

**（三）20世纪90年代末到2008年："大缓和"时代后十年，关于金融自由化的研究成为主流，也导致了全球范围内的监管放松**

1. 放松监管背景下的"监管竞次"使分业监管极不适应金融综合经营的趋势，从而埋下了金融危机隐患

本轮全球金融危机之前的十年，由于资产价格波动明显加大对金融稳定及经济运行的影响显著增加，全球央行在研究领域实际上非常重视金融

稳定。从知识图谱看，美联储研究的 23 个主题关键词中的 11 个，欧洲国家央行研究的 22 个主题关键词中的 8 个，新兴市场国家央行研究的 27 个主题关键词中的 9 个，都与金融稳定和审慎监管等相关，远远超过过去的二十年（见表 3）。但是，由于传统宏观经济理论模型并不将金融摩擦作为经济周期波动的主要因素，因而出现了将货币政策与金融稳定政策分置的策略倾向（Mishkin，2011）。例如，理论界和中央银行曾经热议的关于货币政策与资产价格的话题，在"单一工具、单一目标"框架下，中央银行与金融监管职能分离，普遍忽视资产泡沫和系统性风险。危机前的主流观点是"资产价格不应被纳入货币政策目标"，较好的选择是"事后救助"，美联储前主席格林斯潘就是其代表人物（Greenspan，2002）。同时，由于"大缓和"时代具有低通胀特征，很多学者将此归结于市场的自我调节能力，并在政策上导致了进一步的监管放松，甚至出现了"最少的监管就是最好的监管"的观点。在一些发达经济体中，部分监管机构为了取悦本部门利益集团、吸引潜在监管对象或扩展监管范围，实行轻触式监管，竞相降低监管标准，从而引发了不同国家不同金融行业的"监管竞次"和"监管俘获"。由此，在危机前事实上并没有任何一个机构以整体金融稳定视角采用宏观审慎政策来真正负责防范化解系统性金融风险。而中央银行由于没有掌握足够的监管信息，无法在事前有效介入，也无法在事后及时开展救助。特别是，系统重要性机构的核心资本充足率普遍不足，围绕跨市场、相互交叉、结构复杂的金融产品形成巨大监管真空，信贷和杠杆率迅速上升，影子银行体系发展迅猛，最终随着美国次贷危机的爆发逐渐演变为全球性金融危机。

表 3  1998～2007 年三类国家央行研究的主题关键词提取结果

| 序号 | 美联储 | 欧洲各国央行 | 新兴市场国家央行 |
|---|---|---|---|
| 1 | *Bankruptcy* | Banks & Banking Reform | Asian Financial Crisis |
| 2 | China | Central Bank Independence | Banks & Banking Reform |
| 3 | *Credit Risk* | China | *Capital Regulation* |
| 4 | *Deposit Insurance* | *Corporate Governance* | China |
| 5 | *Deregulation* | *Deregulation* | Competitiveness |
| 6 | *Easing of Constraint* | *Easing of Access* | *Corporate Governance* |
| 7 | *Easing of Restriction* | *Easing Regulation* | Economic Development |

续表

| 序号 | 美联储 | 欧洲各国央行 | 新兴市场国家央行 |
|---|---|---|---|
| 8 | Economic Development | Euro | Economic Growth |
| 9 | Federal Funds Rate | Euro Area | Economic Theory & Reform |
| 10 | Federal Reserve System | European Central Bank | Economic Theory & Research |
| 11 | *Financial Regulation* | European Monetary Union | Emerging Market Economies |
| 12 | Financial Services Industry | Financial Markets | *Exchange Rate* |
| 13 | Greenspan | Fiscal Policy | *Financial Stability* |
| 14 | Inflation Targeting | Inflation Targeting | Fiscal Policy |
| 15 | Liquidity Trap | Optimal Monetary Policy | Globalization |
| 16 | Money Supply | Political Economy | Inflation Targeting |
| 17 | Optimal Monetary Policy | *Regulatory Barrier* | Infrastructure |
| 18 | *Regulatory Barrier* | Regulatory Forbearance | *Market Intervention* |
| 19 | *Regulatory Incentive* | *Regulatory Obstacle* | Monetary Union |
| 20 | *Risk Management* | *Stabilization* | Opening |
| 21 | Social Security | Taylor Rule | Optimal Monetary Policy |
| 22 | *Systemic Risk* | Transition Economies | Privatization |
| 23 | Taylor Rule | | *Prudential Regulation* |
| 24 | | | *Prudential Supervision* |
| 25 | | | *Supervisory Arrangement* |
| 26 | | | Transition Economies |
| 27 | | | *Volatility* |

2. 这一时期，新兴经济体反而吸取了亚洲金融危机的教训，积极调整经济结构和政策体系，积累了足够的经验和政策空间应对危机冲击

2008 年的全球金融危机是布雷顿森林体系解体后第一个源自发达经济体的国际金融危机。虽然危机给包括中国在内的新兴发展中经济体也带来了巨大的冲击，但总体来看，危机对新兴发展中经济体的冲击明显小于发达经济体。这主要得益于新兴发展中经济体吸取了 20 世纪 80 年代以来新兴市场国家金融危机的教训。很多新兴市场国家中央银行在研究中都高度重视货币错配的"原罪"问题，加大了对资本管制、公司治理、银行改革、最优货币政策等问题的研究，逐步克服"汇率浮动恐惧症"并采取了更为灵活的汇率安排，在资本跨境流动、区域性差异化房地产杠杆率等方面开

展了大量宏观审慎政策的有益探索（Eichengreen 等，2007；Silva，2015；Arslan 和 Upper，2017）。全球金融危机爆发前，新兴经济体经济基本面普遍好于发达经济体，积累了大量预防性外汇储备（Didier 等，2012；Bussiere 等，2015），危机后货币和财政政策刺激力度更强，这些因素都对成功化解危机冲击并迅速复苏发挥了重要作用。

3. 中国人民银行研究人员并未拘泥于现有理论，而是将短期宏观调控与中长期金融改革紧密结合，高度重视"在线修复"金融体系，根据中国实际提出很多有利于推动金融改革的理论分析和政策主张

在取消信贷规模直接控制后，中国货币政策框架采取了以数量为主的间接调控方式，这主要是受当时金融市场发育程度不足和货币政策传导机制不畅等因素的影响（周小川，2004）。健康高效的金融市场微观主体是货币政策有效传导的基础（郭树清，2002）。但是，由于在金融市场化改革初期认识上存在不足，20 世纪 90 年代初期之前我国金融业处于事实上的混业经营状态，主要是以行政控制的方式管理金融机构，并不存在现代意义的金融监管，再加上专业银行的预算软约束问题，因而在 1990 年代经济过热时期中国金融体系积累了大量风险，海外有机构甚至指出国有银行已接近技术性破产边缘。在这种情况下，银行"惜贷"异常严重，金融信用媒介功能几乎完全丧失。1998 ~ 2002 年我国进入长达近四年的通货紧缩时期，刚刚完成第一次调控框架转型的货币政策面临巨大的考验。

中国金融体系存在的上述问题，很大程度上与中国的经济转轨进程密切相关。因此，中国人民银行始终强调要对金融体系进行"在线修复"，并不能按照新自由主义休克疗法的方式推倒重来。因为经济运行不能骤然中断，金融机构作为经济金融运行的重要微观基础，需要在维持其基本功能的同时逐步恢复健康状态。中央银行应在经济正常增长时期就着手制定金融市场的规则和标准，并持续修复、改善金融体系，不断完善和夯实金融运行的微观基础，畅通货币政策传导机制，提升防范系统性风险的能力。2003 年，中央决定由中国人民银行牵头，研究国有大型商业银行改革问题，中国人民银行创造性地提出运用国家外汇储备注资大型商业银行，设计了核销已实际损失掉的资本金、剥离处置不良资产、外汇储备注资、境内外发行上市的"四步曲"改革方案（周小川，2013）。按此方案，建设银行、中国银行、工商银行、农业银行陆续进行股份制改革，剥离不良资产，大

幅充实资本金，并成功上市，逐步建立了相对规范的现代公司治理结构，内部管理、风险控制能力和市场约束机制明显增强，资产规模和盈利水平均跃居全球前列，有效抵御了全球金融危机的冲击。中国人民银行在农村信用社改革过程中，通过发放专项中央银行票据和专项再贷款，把资金支持与农村信用社改革进程紧密结合起来，同样体现了上述思路。在外汇改革领域，中国人民银行研究人员也没有拘泥于现有理论，而是针对现实中大量存在的"中间状态"，对经典的"不可能三角"理论进行扩展，探索出中间制度安排理论并应用于中国宏观理论分析（易纲、汤弦，2001）。2005年7月21日，中国人民银行再次启动人民币汇率改革，开始实行以市场供求为基础、参考一篮子货币调节、有管理的浮动汇率制度，人民币汇率弹性显著增强。在完善货币政策传导机制方面，中国人民银行在外汇占款增长较快的时期，发行央行票据进行日常流动性回收工作，自2004年开始实行差别存款准备金制度，有效把握了宏观调控中"量"与"价"的平衡（张晓慧，2015）。

**（四）2008年之后："大衰退"时期，对全球金融危机的持续反思**

1. 危机的爆发暴露出主流经济学理论和研究范式存在的缺陷，四大研究主题凸显

2008年国际金融危机带来的巨大冲击和深刻影响远远超过了最初各方的判断，危机的爆发暴露出主流经济学理论和研究范式存在的缺陷，宏观经济研究遭遇的困境促使经济学界进行深刻反思。相应地，全球中央银行研究主要集聚在把金融因素系统性地引入宏观经济学一般均衡模型、非常规货币政策的全球实验及其正常化、宏观审慎政策与系统性金融风险防范、金融发展的新理念及其实践等主题上（陈雨露，2017）。

一是把金融因素系统性地引入宏观经济学一般均衡模型，力争在一个更高的层面上形成一个逻辑自洽的、同时包含"金融－实体经济－政策"相互作用的新理论体系。本轮金融危机之前，有效市场假说是宏观经济学刻画金融行为的普遍前提，金融因素或者没有被引入宏观经济学一般均衡模型框架（Gali和Gertler，2007），或者仅仅被描述为一个类似于"黑箱"的、完美有效的传导过程机制（Pass-through Mechanism）（Bernanke和Gertler，1995）。虽然危机爆发前已有学者讨论信息不对称和金融摩擦对金

融稳定的影响（Mishkin，1997），但当时主流宏观经济学家都没有预测到危机的爆发，对危机冲击深度和衰退持续时间的估计出现了过于乐观的系统性偏差，而这主要与其未能将金融系统纳入模型分析有关。为此，危机后越来越多的学者和央行研究人员形成了重要共识，即宏观经济和金融理论需要在全面纳入内生性金融体系的基础上予以系统重构，通过金融加速器机制、抵押品约束机制或构建特定金融部门生产函数等方式，将金融因素、金融周期植入动态随机一般均衡模型（DSGE）等主流宏观经济学研究框架，大大增强了模型对现实（特别是金融危机）的解释能力，为宏观政策评估提供了更可靠的依据（Linde 等，2016）。

二是非常规货币政策的全球实验及其正常化，为央行在巨大冲击后恢复金融体系功能、通过量化宽松等手段促进复苏及非常规货币政策退出等方面积累宝贵经验。非常规货币政策的大规模、长期使用，是本轮国际金融危机爆发以来主要发达经济体央行政策实践的鲜明特征之一，也是全球金融发展历史上史无前例的重大实验。虽然为恢复金融市场和金融中介功能，缓解金融体系脆弱性等方面与中央银行"最后贷款人职责"相关的非常规政策发挥了积极的效果（Fischer，2016），但在零利率下界约束下，旨在促进经济复苏和通胀回升的量化宽松（QE）、前瞻性指引（Forward Guidance）等非常规政策的效果存在很大争议。越来越多的经济学家指出，非常规货币政策存在可能损害中央银行信誉度和政策可靠性、扭曲市场风险偏好并威胁金融稳定、加剧货币政策外溢效应和各国政策协调困难等弊端（Filardo 和 Nakajima，2018）。为此，很多经济学家主张在金融市场稳定和经济开始复苏后应该立即着手退出非常规货币政策，实现货币政策正常化，这也意味着中央银行资产负债表规模的优化。美联储在 2010 年就开始认真讨论这一问题，2018 年以来，欧央行、日本银行也都正式宣布或讨论货币政策正常化的具体路径。

三是宏观审慎政策与系统性金融风险防范，探索包含目标、评估、工具、政策实施与传导、治理架构等在内的宏观审慎政策框架。国际清算银行（BIS）早在 1970 年代就提出过宏观审慎的理念。危机爆发以来，各国央行也普遍认识到，金融体系的顺周期波动和资产价格波动是危机爆发的重要原因，个体金融机构的稳健性并不意味着系统稳定，需要从宏观的、逆周期的视角运用审慎政策工具有效防范和化解系统性金融风险，从整体上维护金融稳定。宏观审慎政策已经成为全球范围内金融监管和宏观经济调控模式改革的重心。目前，央行的宏观审慎政策理论研究主要侧重于系统性风险的视角及宏观审慎政策与微观审慎政策、货币政策协调等方面（Aikman 等，2016；Kim 和 Mehrotra，2017）。与理论研究相比，宏观审慎政策实践迅速发展，各国央行主要着眼于逆金融周期的时间维度（如对金融机构的资产数量约束和借款人的杠杆约束）、跨机构空间维度（如系统重要性金融机构的资本约束）及特定的税收等政策工具和制度安排（Bachmann 和 Rueth，2017；Richter 等，2018）。

四是金融发展的新理念及其实践，在绿色金融、普惠金融、金融科技（Fintech）等领域进行积极探索和有益创新。此次全球金融危机爆发的一个重要原因是金融脱离实体经济，资金大部分在金融系统内部循环，特别表现为衍生品过度发展、金融机构杠杆率过高、影子银行过度膨胀等。目前，这一判断已经成为全球共识。实现金融服务实体经济的本质要求，途径和方式很多，各国央行在金融发展新理念和政策实践方面不断探索和创新，普惠金融、绿色金融还分别首次在 G20 国家 2010 年首尔峰会和 2016 年杭州峰会被列入重要议题。

如表 4 所示，美联储研究的 20 个主题关键词中的 9 个，欧洲国家央行研究的 15 个主题关键词中的 5 个，新兴市场国家央行研究的 18 个主题关键词中的 7 个，都与上述这四个研究主题相关联。如今，全球金融危机已爆发整整十年，现在看来，各国央行围绕这四大主题的研究仍在继续。

表 4　2008～2018 年三类国家央行研究的主题关键词提取结果

| 序号 | 美联储 | 欧洲各国央行 | 新兴市场国家央行 |
| --- | --- | --- | --- |
| 1 | Banking | Central Bank Independence | Central Bank Independence |
| 2 | *Capital Control* | Debt Crisis | China |
| 3 | Federal Funds Rate | Economic Theory & Research | Economic Development |
| 4 | Federal Reserve System | Financial Crisis | Economic Growth |
| 5 | Financial Crisis | *Financial Innovation* | Emerging Market Economies |
| 6 | *Financial Innovation* | Fiscal Policy | Exchange Rate |
| 7 | Financial Markets | G20 | Financial Crisis |
| 8 | Financial Regulation | Inflation Targeting | *Financial Development* |

| 序号 | 美联储 | 欧洲各国央行 | 新兴市场国家央行 |
|---|---|---|---|
| 9 | *Fintech* | Liquidity | *Financial Innovation* |
| 10 | Inflation Targeting | *Macro-prudential* | *Fintech* |
| 11 | Liquidity | *Micro-prudential* | Fiscal Policy |
| 12 | *Macro-prudential* | Optimal Monetary Policy | G20 |
| 13 | *Micro-prudential* | *Systemic Risk* | *Green Finance* |
| 14 | Optimal Monetary Policy | Taylor Rule | *Inclusive Finance* |
| 15 | *Quantitative Easing* | *Unconventional Monetary Policy* | Inflation Targeting |
| 16 | *Regulatory Reform* | | Liquidity |
| 17 | Systemic Risk | | *Macro-prudential* |
| 18 | Taylor Rule | | *Micro-prudential* |
| 19 | *Term Structure of Interest Rate* | | |
| 20 | *Unconventional Monetary Policy* | | |

2. 这十年中国人民银行的研究与本轮危机后全球央行的反思是一致的

中国人民银行系统的研究人员在中国较早开展了宏观经济模型分析，也是构建 DSGE 模型并针对中国问题开展研究的引领者之一。近年来，中国人民银行开发的 DSGE 模型在原有金融部门的基础上，添加了若干扩展和独到之处，引入包括影子银行等机构在内的新兴金融部门，增加世代交迭（overlapping generations）的特征和房地产部门，并基于中国的实际数据对养老金缺口及其财政影响、财政极限测算、债务置换政策的宏观影响、房地产政策的宏观影响等问题进行了理论和实证研究。

同时，我们认识到，DSGE 模型属于结构化分析方法，基于微观基础的一般均衡分析，容易因为模型设定错误从而导致分析出现较大偏差。所以，对经济结构更准确的刻画是 DSGE 模型方法和宏观经济分析发展的重要方向，除了系统引入金融因素外，还体现在异质性微观主体、开放条件和通胀动态机制等方面。尤其值得注意的是，作为全球最大的"新兴＋转轨"经济体，中国面临的经济约束和结构性特征更加明显、更加复杂，不能简单套用现有 DSGE 模型分析中国的现实问题。（1）在系统考虑金融因素方面，中国金融机构的行为激励与其他发达国家存在不同，对于一些机构来说，利润最大化并不一定是最终目标。（2）金融市场信息不对称问题比较突出，以银行为代表的间接融资在金融体系中占主导地位，作为传统利率渠道修正的货币政策信贷传导渠道的重要性也更加突出。（3）短端利率向中长期市场利率和存贷款利率的传导效率有待进一步提高。（4）中国经济金融的实际情况决定了货币政策的多目标性。这些特征都要求我们在构建容纳内生性金融因素模型过程中，把中国的问题融合好、理解透。中国人民银行近期推进了相关的研究，例如，通过商业银行内部客观存在的、资产负债管理部门和金融市场部门相互分离的"两部门决策机制"，深入分析中国的货币政策传导机制效率。当然，与此相关的一揽子问题都等待我们进行深入讨论和研究。

在运用货币政策工具应对危机冲击方面，中国的政策实践非常丰富，也很有自身的特点。一是在货币政策目标选择上，强调突出价格稳定并兼顾金融稳定等其他目标；二是高度重视结构性改革的基础性作用，将结构性改革与货币政策、财政政策相互结合。本轮国际金融危机复苏进程缓慢，一个重要的原因是各国把货币政策用到了极致，而基础性的结构性改革进展不足。货币政策就其本质来说，属于总量政策和总需求管理政策，存在明显的边界和适用范围，不能包打天下。正是清晰地认识到这一点，长期以来，中国政府始终把结构性改革放在首要位置，强调转变发展方式和结构转型，近年来又提出了以供给侧结构性改革为主线的改革框架。在货币政策操作上，注重为供给侧结构性改革创造适宜的货币金融环境，同时尝试使用信贷支持再贷款和抵押补充贷款（PSL）等结构性货币政策创新工具作为总量工具的重要补充。

中国央行在探索建立适合中国国情的宏观审慎政策框架方面进行了积极的探索。2003年开始对房地产信贷风险进行提示并通过调节按揭成数和利率杠杆防范房地产泡沫，2004年实行差别存款准备金制度，分类开展信贷政策，这都体现了宏观审慎政策的思想。2009年，中国人民银行开始系统研究宏观审慎政策框架，2011年引入差别准备金动态调整制度，并在2015年将其升级为宏观审慎评估体系（MPA），从资本和杠杆、资产负债、流动性、定价行为、资产质量、跨境融资风险、信贷政策执行情况等方面引导银行业金融机构加强自我约束和自律管理，并在2016年将表外理财纳入宏观审慎评估。同时，根据资本流动的新特点，在2015年将外汇流动性和跨境资金流动纳入宏观审慎管理范畴，进一步完善了宏观审慎政策框架。健全货币政策和宏观审慎政策双支柱调控框架已经被正式写入党的十九大报告。中国在这一领域实际上是下了先手棋，从全球范围看也走在了主流理论研究的第一方阵（Upper，2017）。

中国人民银行将创新、协调、绿色、开放和共享五大新发展理念贯穿于金融改革发展稳定的全过程，与国际社会一道，在理论和实践上进行了积极探索和有益创新。从绿色金融发展看，2016年，中国人民银行等七部委联合印发《关于构建绿色金融体系的指导意见》，成为全球首个由中央政府发布系统性构建绿色金融体系的经济体。在中国的积极推动之下，绿色金融/可持续金融连续三年纳入G20领导人峰会议题。近年来，中国在创新绿色金融产品和服务、开展环境压力测试、推动环境信息披露试点、出台配套激励约束政策等方面也进行了大量前瞻性探索，特别是在绿色金融标准制定和绿色金融改革创新试验区建设方面均已走在世界前列。按照国内统一、国际接轨的原则，中国正在积极探索构建全球最为完整的绿色金融标准体系。此外，以金融改革与经济转型良性互动、环境效益与经济效益双赢发展的"湖州经验"为代表的绿色金融改革创新试验区建设成果丰硕，形成了一批可复制、可推广的有益经验，为中国绿色金融规范、健康和可持续发展提供了坚实的基础。从普惠金融发展看，2016年9月G20领导人杭州峰会通过了由中国推动并参与制定的《G20数字普惠金融高级原则》。这是2005年联合国提出普惠金融理念以来，国际社会就利用数字技术促进普惠金融推出的第一份高级别指引性文件，填补了这一重要领域的空白。从金融科技发展看，中国人民银行于2017年成立了金融科技委员会，着力加强对金融科技工作的研究规划和统筹协调。特别是在法定数字货币研发方面，中国人民银行已经走在国际同行前沿，对法定数字货币的总体框架、技术与标准、法律问题、发行体制等进行了深入的研究，取得了阶段性的重要成果。2020年，我国法定数字货币（DC/EP）已在苏州、深圳、雄安、成都四地率先试点，在不同应用场景进行测试和实地验证。

## 三 未来中央银行研究展望

作为与政策紧密相连的领域，现实的挑战始终是中央银行研究的最大动力。事实上，理论的发展是一个缓慢的过程，总是在现实的不断冲击下螺旋式上升，可供讨论和实践的空间也是巨大的。当前，我国在健全货币政策和宏观审慎政策双支柱调控框架方面，在进一步疏通货币政策传导渠道方面，再次面临两大长久存在的融资体系结构性矛盾的阻碍。一方面，直接融资特别是股权融资占比较低的矛盾，导致了我国周期性地出现去杠杆的压力；另一方面，部分有潜力的小微企业和民营企业融资难、融资贵现象持续存在的问题，导致了部分金融资源无法充分配置到有更高效率的实体经济领域中去。

面对上述两个结构性矛盾，2018 年中央经济工作会议已经提出了深化金融结构性改革的新使命。这一使命呼唤着我国金融结构改革理论实现新的突破，也让我们共同期待在不断深化的金融供给侧结构性改革推动下尽早取得更大的成果。

## 参考文献

［1］ 陈雨露：《国际金融危机以来的中央银行研究——中国人民银行陈雨露副行长在 "2017 年中国金融学会学术年会暨中国金融论坛年会" 的演讲》，中国金融论坛网，2017 年 3 月 24 日。

［2］ 戴相龙：《中国金融改革开放难忘的十年》，《中国金融》2018 年第 23 期。

［3］ 郭树清：《深化投融资体制改革与完善货币政策传导机制》，《金融研究》2002 年第 2 期。

［4］ 黄达：《财政信贷综合平衡导论》，中国金融出版社，1984。

［5］ 刘鸿儒：《我国中央银行体制的形成》，《中国金融》2013 年第 23 期。

［6］ 吴晓灵：《动态演进的中国金融体制改革》，《第一财经》2018 年 6 月 25 日。

［7］ 易纲：《在全面深化改革中开创金融事业新局面》，《中国金融》2018 年第 23 期。

［8］ 易纲、汤弦：《汇率制度 "角点解假设" 的一个理论基础》，《金融研究》2001 年第 8 期。

［9］ 张晓慧：《货币政策的发展、挑战与前瞻》，《中国金融》2015 年第 19 期。

［10］ 张晓慧：《走向间接调控的中国货币政策》，《中国金融》2008 年第 23 期。

［11］ 周小川：《当前研究和完善货币政策传导机制应关注的几个问题》，《金融时报》2004 年 4 月 14 日。

［12］ 周小川：《新世纪以来中国货币政策的主要特点》，《中国金融》2013 年第

2 期。

[13] 周正庆:《中国货币政策研究》,中国金融出版社,1993。

[14] Aikman, D., Bush, O., and Taylor, A., "Monetary versus Macroprudential Policies", Bank of England Staff Working Paper, No. 610, 2016.

[15] Arslan, Y., and Upper, C., "Macroprudential Frameworks", BIS Papers, No. 94, 1 – 5, 2017.

[16] Bachmann, R., and Rueth, S., "Systematic Monetary Policy and the Macroeconomic Effects of Shifts in Loan-to-Value Ratios", CEPR Discussion Paper, No. 12024, 2017.

[17] Bernanke, B., "The Great Moderation", Speech at the Meeting of the Eastern Economic Association, 20th, February, 2004.

[18] Bernanke, B., and Gertler, M., "Inside the Black Box: The Credit Channel of Monetary Policy Transmission", *Journal of Economic Perspectives*, 9 (4), 1995: 27 – 48.

[19] Bernanke, B., and Gertler, M., "Should Central Banks Respond to Movements in Asset Prices?", *American Economic Review*, 91 (5), 2001: 253 – 257.

[20] Blinder, A., Ehrmann, M., Fratzscher, M., Haan, J., and Jansen, D., "Central Bank Communication and Monetary Policy: A Survey of Theory and Evidence", *Journal of Economic Literature*, 46 (4), 2008: 910 – 945.

[21] Bordo, M., and Kydland, F., "The Gold Standard as a Rule: An Essay in Exploration", *Explorations in Economic History*, 32 (4), 1995: 423 – 465.

[22] Bussiere, M., Cheng, G., Chinn, M., and Lisack, N., "For A Few Dollars More: Reserves and Growth in Times of Crises", *Journal of International Money and Finance*, 52 (C), 2015: 127 – 145.

[23] Didier, T., Hevia, C., and Schmukler, S., "How Resilient and Countercyclical Were Emerging Economies to the Global Financial Crisis", *Journal of International Money and Finance*, 31 (8), 2012: 2052 – 2077.

[24] Eichengreen, B., Chitu, L., and Mehl, A., "Stability or Upheaval: The Currency Composition of International Reserves in the Long Run", *IMF Economic Review*, 64 (2), 2016: 354 – 380.

[25] Eichengreen, B., Hausmann, R., and Panizza, U., "Currency Mismatches, Debt Intolerance, and the Original Sin", *Capital Controls and Capital Flows in Emerging Economies*, 2007: 121 – 170.

[26] Ferguson, R., "Alternative Approaches to Financial Supervision and Regulation",

*Journal of Financial Services Research*, 16 (2), 1999: 297 - 302.

[27] Filardo, A. , and Nakajima, J. , "Effectiveness of Unconventional Monetary Policies in A Low Interest Rate Environment", BIS Working Papers, No. 691, 2018.

[28] Fischer, S. , "The Lender of Last Resort Function in the United States", Speech at the Conference of The Lender of Last Resort, Washington, D. C. , Feb. , 10th, 2016.

[29] Friedman, B. , and Kuttner, K. , "Implementation of Monetary Policy", in Friedman, B. , and Woodford, M. , eds. , *Handbook of Monetary Economics* ( Amsterdam: Elsevier, 2011).

[30] Friedman, M. , *A Program for Monetary Stability* ( Fordham: Fordham University Press, 1960).

[31] Gali, J. , and Gertler, M. , "Macroeconomic Modeling for Monetary Policy Evaluation", *Journal of Economic Perspective*, 21 (4), 2007: 25 - 46.

[32] Goodfriend, M. , and King, R. , "The New Neoclassical Synthesis and the Role of Monetary Policy", *NBER Macroeconomics Annual*, 1997: 231 - 283.

[33] Goodfriend, M. , and Lacker, J. , "Limited Commitment and Central Bank Lending", *Federal Reserve Bank of Richmond Economic Quarterly*, Fall, 1999: 1 - 27.

[34] Greenspan, A. , "Monetary Policy and Economic Outlook", *Testimony before the Joint Economic Committee*, Apr. 17th, 2002.

[35] Kim, S. , and Mehrotra, A. , "Effects of Monetary and Macro-prudential Policies", BOFIT Discussion Papers, No. 4, 2017.

[36] Krugman, P. , "The Eternal Triangle", web. mit. edu/krugman/triangle. html, 1998.

[37] Kydland, F. , and Prescott, E. , "Rules Rather than Discretion: The Inconsistency of Optimal Plans", *Journal of Political Economy*, 85 (3), 1977: 473 - 491.

[38] Linde, J. , Smets, F. , and Wouters, R. , "Challenges for Central Banks' Macro Models", SverigesRiksbank Working Papers, No. 323, 2016.

[39] Lucas, R. , "Econometric Policy Evaluation: A Critique", *Carnegie-Rochester Conference Series on Public Policy*, 1 (1), 1976: 19 - 46.

[40] Lucas, R. , "Expectations and the Neutrality of Money", *Journal of Economic Theory*, 4 (2), 1972: 103 - 124.

[41] Mishkin, F. , "From Monetary Targeting to Inflation Targeting: Lessons from the Industrialized Countries", Policy Research Working Paper Series 2684, The World Bank, 2001.

[42] Mishkin, F. , "Monetary Policy Strategy: Lessons From The Crisis", NBER Working Paper, No. 16755, 2011.

[43] Mishkin, F. , "The Causes and Propagation of Financial Instability", in *The Maintaining Financial Stability in a Global Economy* (Federal Reserve Bank of Kansas City Proceedings, 1997).

[44] Richter, B. , Schularick, M. , and Shim, I. , "The Macroeconomic Effects of Macroprudential Policy", BIS Working Papers, No. 740, 2018.

[45] Silva, L. , "Some lessons of the Global Financial Crisis from an EME and a Brazilian", Speech at IMF Conference of Rethinking Macro Policy Ⅲ, Apr. 16th, 2015.

[46] Singleton, J. , *Central Banking in the Twentieth Century* (Cambridge University Press, 2010).

[47] Smithin, J. , *Controversy on Monetary Economics* (Edward Elgar, 2003).

[48] Upper, C. , "Macroprudential Frameworks, Implementation and Relationship with Other Policies", BIS Papers, No. 94, 2017.

[49] Volcker, P. , and Harper, C. , *Keeping at It: The Quest for Sound Money and Good Government* (Hachette Book Group, 2018).

[50] Woodford, M. , *Interest and Prices* (Princeton: Princeton University Press, 2003).

# 货币政策框架转型及其理论分析<sup>*</sup>

何德旭　冯　明<sup>**</sup>

**摘　要**：本文从货币创造机制、货币政策目标、货币政策工具、货币政策规则、货币政策传导渠道五个维度，系统性地梳理了我国货币政策框架的历史变迁，并着重探讨现阶段货币政策框架的五方面转型特征：基础货币创造机制正在发生结构性变化，货币信用体系日趋复杂；货币政策多元目标之间易出现冲突，中介目标由数量型向价格型过渡；数量型工具与价格型工具并存，多种新型结构性工具的有效性仍有待实践检验；货币政策规则以削峰填谷式的相机决策为主，尚未形成明确的量化规则；货币政策传导以银行信贷渠道为主，传导不顺畅的问题仍较为突出。本文结合当前国内外经济金融形势的重大变化，分析了我国既有货币政策框架面临的四个方面的突出挑战，并分别从上述五个维度探讨未来货币政策框架的转型方向。

**关键词**：货币政策框架　货币创造机制　货币政策目标　货币政策工具　货币政策规则

---

\* 原文发表于《财贸经济》2019 年第 9 期；原文标题为《新中国货币政策框架 70 年：变迁与转型》。

\*\* 何德旭，中国社会科学院财经战略研究院院长、研究员；冯明，中国社会科学院财经战略研究院副研究员。

# 一 引言

伴随着经济体制变革和经济发展阶段的不同，我国的货币金融管理体制和理念也几经变迁，但不论在哪个历史时期，货币金融始终在经济发展中扮演着至关重要的作用。本文聚焦于"货币政策框架"这一货币金融学理论与实践中的核心议题，系统梳理我国货币政策框架的历史变迁，分析其现状及面临的挑战，并探讨未来货币政策框架转型的方向。

如图1所示，概括而言，狭义的货币政策框架由四部分内容构成——货币政策目标、货币政策工具、货币政策规则、货币政策传导渠道，其中货币政策目标又可分为最终目标和中介目标；广义的货币政策框架还应包括一个国家或经济体的货币创造机制。狭义的货币政策框架更多地从宏观调

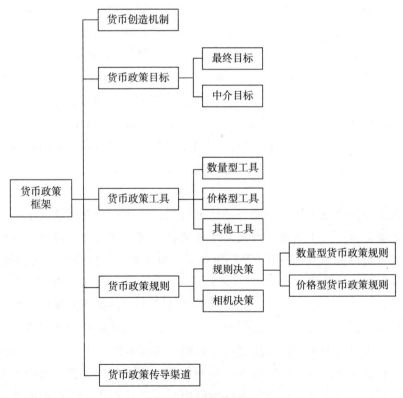

图1 货币政策框架

控的视角来审视和理解货币政策，货币创造机制虽然不属于宏观调控的范畴，却是货币政策的重要内核和货币政策框架运行的基础，是比作为宏观调控意义下的狭义货币政策更为根本的概念。可以说，关于货币政策目标、工具、规则、传导渠道的讨论都离不开货币创造机制这一基础。特别是在当前我国经济金融结构转型调整的特殊时期，货币创造机制也在发生深刻转型，对货币政策框架的讨论尤其离不开对货币创造机制及其内在变化的充分认识。因而，本文也将货币创造机制纳入讨论范畴，综合从货币创造机制、货币政策目标、货币政策工具、货币政策规则、货币政策传导渠道五个维度对货币政策框架的历史变迁和现状特征展开阐述。

## 二　我国货币政策框架的历史变迁

本节首先简要回顾我国货币政策框架的发展历程。大体上，我国货币政策框架的变迁经历了五个阶段：第一个阶段是新中国成立之初的国民经济恢复时期，时间跨度大致为 1949~1952 年；第二个阶段是计划经济时期，时间跨度大致为 1953~1977 年；第三个阶段为计划与市场调节并存时期，时间跨度大致为 1978~1992 年；第四个阶段为建立与完善社会主义市场经济时期，时间跨度大致为 1993~2012 年；第五个阶段是 2013 年全面深化改革以来。本部分对前四个时期的回顾侧重于货币创造机制、货币政策目标和货币政策工具三方面，对货币政策规则和传导渠道的讨论统一放在后文进行。

在新中国成立之初的国民经济恢复时期，尚不存在现代意义上的货币政策框架。由于连年战乱，区域经济长期处于分割状态，难以得到有效整合，各个地区使用不同的货币进行流通，名称多样，版式各异，比价不一，全国币值体系纷繁复杂（武力，1995）。对于新生政权而言，首要任务之一是较快地建立起自主、独立、统一的货币体系，因而推进人民币发行和全国币制统一成为当时货币金融领域的中心工作。该时期的货币创造机制较为简单，人民币现金的发行流通和币值稳定主要依赖于新生政权的信用与权威，包括军事实力、保障物资供应和物价稳定的能力等多个方面。相对而言，银行、钱庄等私营金融机构的信用派生活动在货币创造中的作用很有限。

该时期的货币政策目标聚焦于防治通货膨胀和确保金融稳定，从而树立和维护全社会对人民币的信心，保障人民币发行和全国币值统一。事实上，防治通货膨胀、确保金融稳定、维护全社会对人民币的信心在当时不仅是货币金融政策的目标，也是财经工作全局的重要目标（薛暮桥、吴凯泰，1985）；为了实现这一目标，不仅要控制现金发行，而且需要物资调配、打击投机倒把等工作的密切配合。这一时期初步形成了"三大平衡"的财经工作理念，"现金收付平衡"作为三大平衡之一①，或可近似地被认为是该时期货币政策的中介目标。

为了实现防治通货膨胀、确保金融稳定、维护人民币信心、保障人民币发行的目标，新生政权综合使用了多种货币政策工具和非货币政策工具。其中，货币政策工具主要有以下几项。一是减少现金投放，加强现金管理。二是开展"折实储蓄"、保本保值储蓄、有奖储蓄，鼓励银行吸收存款、收回贷款，以紧缩银根。三是根据物价形势调高或降低存贷款利率，间接调节市场资金供求。四是发行"人民胜利折实公债"，收进黄金、美元，回笼货币。五是对国营部门和私营部门、贸易部门和生产部门实行有区别的信贷政策，灵活运用信贷杠杆。非货币政策工具主要包括②：一是跨区调配物资，组织国营贸易集中抛售物资，调动私营企业生产积极性，减轻商品市场供求压力；二是加强税收，回笼货币；三是运用行政手段打击投机势力，查缉投机活动、取缔据点、惩处首要投机分子；四是疏导游资，开放北京、天津原已查封的证券交易所。

从1953年开始，我国进入了计划经济时期。计划经济时期形成了一套独特的、从属于计划经济管理体制的货币金融政策框架。财政与信贷作为资金供应的两种渠道实行分口管理，其中财政是主渠道，"基本建设资金、国营企业自有资金和定额流动资金"的供应由财政承担，银行信贷政策居于从属地位，仅提供"企业临时性资金或超定额流动资金、集体所有制的生产流动资金、对农民的小额生活贷款"。以1978年为例，银行信贷供应只占到生产、流通、建设资金的23.4%，其余主要部分均通过财政进行分

---

① 详见1950年3月政务院颁布的《关于统一国家财政经济工作的决定》。
② 笔者根据"中国人民银行大事记"、《陈云文选》（第二卷、第三卷）等资料整理。

配。[①] 生产资料的交换主要按照计划规定的价格采取转账方式进行结算，因而企业之间生产资料交换只涉及银行存贷款的增减划拨，不关乎现金交易。使用现金的领域主要包括：一是机关企事业单位工资发放；二是机关企事业单位零星费用开支；三是农副产品采购；四是个人或集体存款提取。该时期的货币投放机制分为两类：一类是现金投放，如机关企事业单位对员工的工资支出；另一类是信贷投放，如农业贷款、基本建设贷款等。虽然贷款派生存款的货币创造机制理论上仍然存在，但考虑到"大一统"的国家银行体制以及严格的信贷计划管理，派生机制难以对实体经济有效发挥实质性作用。

与国民经济恢复时期相比，这一时期货币信贷政策在严格的计划管理体制下有了更为明确的目标：现金收支平衡、信贷平衡、信贷与财政物资之间的综合平衡。这些计划平衡关系集中地反映为消费品领域的物价稳定与否——由于现金主要用于消费品交易，一旦流通中的现金量超过消费资料供给量，就容易出现物价上涨，或者造成有价无市、排队抢购、凭票供应的"隐性通胀"局面。1956年、1958年"大跃进"之后，以及"文革"期间的1967~1968年和1976年先后出现过四轮较为严重的通货膨胀。为了实现消费品领域物价稳定的目标，这一时期货币信贷政策当局习惯以"市场现金流通量增速"和"市场现金流通量与社会商品零售额的比例"作为中介目标。在"大跃进"及"文革"期间，信贷计划管理体制受到严重干扰，人民银行的组织机构一度被裁减破坏，计划平衡目标及现金流通量目标失去效力（张鹏等，2010）。1956年，在国营商业商品库存同比减少6.5%的情况下，市场现金流通量却同比增加了42%，预示着通货膨胀压力。"文革"初期由于货币增发，市场现金流通量与社会商品零售额的比例由1965年的1:8.9快速提高至1:6，消费品供应短缺和物价上涨压力日趋紧张。

计划经济时期的货币政策工具主要是各类行政指令性的计划管理手段，主要包括两类。一类是"综合信贷计划管理"。"综合信贷计划管理"从1953年开始实行，特点是"统收统支、统存统贷"，主要内容可以概括为三

---

[①] 戴相龙主编《中国人民银行五十年——中国银行制度的发展历程：1948—1998》，中国金融出版社，1998。

点<sup>①</sup>：一是各级存款全部集中于总行统一支配，贷款由总行统一核批指标；二是各级银行的存款与贷款脱钩，各项贷款指标不能调剂使用；三是各级企业编制并逐级上报贷款计划，经国家主管部门和总行同意后再逐级下批。另一类是"现金收支计划管理"。中国人民银行从 1953 年开始以国民经济计划为依据编制现金出纳计划，分现金收入和现金支出渠道测算现金流动总规模，计算当年现金投放或回笼差额，<sup>②</sup> 并按照计划调节货币流通。具体调节手段主要包括控制现金使用范围和强化非现金结算、控制工资开支、鼓励储蓄、通过商品销售回笼现金<sup>③</sup>等。

改革开放之后，伴随着计划管理体制向市场经济体制的转轨，原有计划体制下的货币金融政策框架也开始逐步调整，初步为日后社会主体市场经济环境下的货币政策框架塑造了雏形。可以说，转轨是改革开放之初计划与市场调节并存时期货币政策框架最为典型的特征。

转轨特征首先体现在货币创造机制的转型上。1983 年中国人民银行开始专门行使中央银行职能之后，中央银行与专业银行等商业金融机构的分工日渐清晰，中国人民银行不再针对社会公众办理银行业务，专业银行等金融机构开始在货币创造中发挥越来越重要的作用，"双层"货币创造机制逐渐得到巩固——中央银行通过对金融机构贷款、购买外汇和金银等手段发行基础货币，银行金融机构通过贷款派生等渠道创造存款货币。

在这一时期，货币政策的最终目标主要体现在两个方面：一方面，维护物价稳定依然是主要目标。由计划经济向市场经济转轨的特殊阶段通货膨胀易发高发，通胀治理在这一时期始终是货币政策面临的首要难题和突出任务。另一方面，促进产业结构调整在这一时期也开始成为改革者赋予货币政策的目标之一。在总量控制回旋余地有限的情况下，政府通过信贷结构的有增有减，推动产业结构调整优化。考虑到改革开放初期的供求特点，信贷结构的调整主要是优先保证农副产品生产收购加工、纺织等轻工

---

① 笔者根据 1955 年 6 月中国人民银行《关于编制季度信贷计划的暂行规定》和戴相龙主编《中国人民银行五十年——中央银行制度的发展历程：1948—1998》的相关记录整理。

② 1959 年中国人民银行《关于进一步加强现金出纳计划工作的报告》。

③ 例如，1961 年曾通过销售高价点心、糖果、酒的临时办法回笼 33 亿元现金。详见戴相龙主编《中国人民银行五十年——中央银行制度的发展历程：1948—1998》，中国金融出版社，1998。

业以及国有大中型骨干企业的贷款需求，压缩低效益项目、非生产型项目、自筹固定资产投资项目等的不合理贷款。①

与此同时，随着货币信贷监测范围逐步扩大和丰富，市场化的货币政策中介目标体系也开始初步形成并日渐清晰。在商品经济发展过程中，货币化程度不断提高，现金和信贷适用范围大幅扩张，因此，1987 年中国人民银行开始试编"货币供应量计划"②，将存款纳入货币统计概念之中；1989 年开始编制"全社会信用规划"，将信贷管理由银行贷款推广到更广泛的信用创造。这两个举措标志着"双向"调控模式的雏形开始形成——同时从信用创造和货币供应两端进行监测和调控。此后该调控模式不断丰富完善，在很大程度上奠定了我国货币政策中介目标体系的格局，后来中国人民银行定期发布的货币统计、金融机构信贷收支统计、社会融资统计就脱胎于此，时至今日它们依然是监测货币金融环境和研究制定货币政策的重要依据。另外，该时期货币信贷监测工作不断体系化，由以往的"一次计划管全年"转向了季度、月度的经常性监测预测，指标体系更为健全。

该时期既是我国经济由计划体制向市场体制的转轨期，同时也是中国人民银行由"大一统"的国家银行向专门行使中央银行职能的过渡期，地方和部门利益干预仍较大程度存在，制约着间接调控工具的作用发挥。因而，一方面，原有的信贷规模和现金发行计划控制仍作为货币政策工具发挥作用；另一方面，由于非银金融业务的发展，原有的计划经济时期的信贷计划管理模式也出现了一定调整，形成了分层次的信贷计划管理体系。③此外，中国人民银行在该时期对货币政策工具进行了一系列重大改革与创新，先后创设了多种间接调控工具，尝试建立起直接调控工具与间接调控工具相结合的格局。一是创立了中央银行贷款制度。中国人民银行通过增减对国有专业银行等金融机构的央行贷款投放，在不直接干预专业银行自主经营的前提下间接影响其信贷量。二是设立了存款准备金制度。1984 年开始实施法定准备金制度，1988 年又建立了支付准备金制度。三是对利率

① 国务院批转的中国人民银行《关于控制货币、稳定金融几项措施的报告》（1988 年 8 月 11 日）、国务院《关于当前产业政策要点的决定》（国发〔1989〕29 号）等文件。

② 中国人民银行《关于完善信贷资金管理办法的规定》（银发〔1986〕401 号）。

③ 1986 年 12 月中国人民银行《关于完善信贷资金管理办法的规定》、1988 年 3 月中国人民银行《1988 年深化信贷资金管理体制改革的意见》。

体系进行了调整改革，增加利率档次、实行差别利率、调整利率体系，加强了对各类金融机构的利率管理。

1992 年，中共十四大确立了建立社会主义市场经济体制的改革目标，以此为标志，我国进入了建立和完善社会主义市场经济体制的新阶段。该时期，货币政策框架加快丰富完善，向日趋成熟的方向发展。

首先，双层货币创造机制进一步发展演化，货币信用创造活动更加活跃。该时期的货币创造机制呈现两个典型特征。一是基础货币发行渠道多元化，特别是外汇占款渠道一度成为央行发行基础货币的主要机制。在经常项目和资本项目双顺差规模不断扩大的情况下，出口企业和来华外商将手中的外汇到开户行结汇，换成人民币；其开户行再将收到的外汇到中央银行结汇，这一过程同时也是"外汇占款渠道"创造基础货币的过程。从加入 WTO 到 2009 年，通过外汇占款渠道创造的基础货币曾经一度超过了当年基础货币的净增量，以至于中央银行不得不经常通过发行央行票据的方式回笼外汇占款渠道释放的过量基础货币。二是商业银行的货币派生能力不断增强，在货币创造机制中发挥着越来越主动和主要的作用。存款货币的增速远远快于流通中现金的增速——在 1993～2013 年的 20 年间，M0 仅扩大了 9.0 倍；而 M2 则扩大了高达 30.7 倍，M0 占 M2 的比例由 1993 年的 16.8% 持续下降到 2013 年的 5.3%。

其次，货币政策调控由直接调控向间接调控转型，逐步建立起同社会主义市场经济相适应的货币政策调控体系。1993 年国务院《关于金融体制改革的决定》首次以中央文件的形式阐述了货币政策的最终目标和中介目标，指出货币政策的最终目标是"保持货币的稳定，并以此促进经济增长"，中介目标和操作目标是"货币供应量、信用总量、同业拆借利率和银行备付金率"①。1995 年通过的《中国人民银行法》沿用了"货币政策目标是保持货币币值的稳定，并以此促进经济增长"的表述，但未就最终目标和中介目标进行区分说明。随着金融改革的深入，地方或部门利益干扰货币信贷政策的弊病在该阶段后期得到较大程度遏制。在货币政策中介目标层面，货币供应量在该时期逐渐受到更多关注和依赖，央行从 1994 年开始逐季发布三个层次的货币供应量数据（M0、M1、M2）。

---

① 国务院《关于金融体制改革的决定》（国发〔1993〕91 号）。

最后，央行在实施货币政策时开始更加注重采用间接工具和国际上通行的政策工具来进行宏观调控。一是央行自1994年10月开始办理再贴现业务，自此再贴现逐步成为一种常用的货币政策工具。二是央行从1994年4月开始实施外汇公开市场操作，1996年4月开始实施国债公开市场操作，后来又将政策性金融债、央行票据等资产纳入公开市场操作门类。三是改革完善已有的中央银行贷款制度和存款准备金制度。1995年，中央银行贷款统一收归总行管理，由中国人民银行总行直接向各商业银行法人发放；中国人民银行分支机构与商业银行分支结构不再直接参与中央银行再贷款操作。1998年，法定准备金与支付准备金合并，并大幅下调法定存款准备金率。计划工具和直接指令性工具在这一时期逐渐被弱化或终止使用。

## 三　我国货币政策框架转型及典型特征

2008年全球金融危机之后，世界经济形势发生了重大变化，我国经济在经历了"四万亿"政策刺激和短暂调整之后，开始由高速增长阶段转向中高速增长阶段，经济结构转型加快。2013～2014年，中央先后对宏观经济形势做出"三期叠加"和"新常态"的重大论断。经济形势的变化改变了货币政策的运行环境，也在客观上要求货币政策框架进行主动适应和转型调整（何德旭，2015；孙国峰，2017）。本节着重刻画2013年全面深化改革以来尤其是当前我国货币政策框架的转型变化及新特征。

### （一）基础货币创造机制发生结构转型，货币信用体系日趋复杂化

在基础货币创造层面，外汇占款渠道与央行再贷款渠道近年来此消彼长。外汇占款渠道从2010年开始相对收缩，2015年之后则进一步发生了方向性逆转，由释放基础货币转为回笼基础货币（见图2）。2015～2017年三年，外汇占款分别缩减了2.2万亿元、2.9万亿元和4637亿元。在外汇占款渠道收缩的情况下，中国人民银行新创设了常备借贷便利（SLF）、抵押补充贷款（PSL）、中期借贷便利（MLF）等工具来补充基础货币，这些工具本质上都是中央银行向商业银行的再贷款。2016年和2017年，央行再贷款分别增加了5.8万亿元和1.7万亿元，占到当年基础货币净增量的159%和150%（冯明、杨赫，2018）。

在基础货币创造渠道转型的同时，商业银行、非银金融机构以及民间金融的信用创造活动也在发生明显变化。一是银行信贷出表，信用创造活动复杂化。商业银行在传统的贷款信用创造之外，通过信托、基金、资管计划等非银通道向实体经济大规模输送资金，信用创造链条加长，银行信用、非银金融机构信用、商业信用相互交织，高度复杂化。二是银行理财和货币市场基金爆发式增长。在传统的活期存款和定期存款之外，这些具有部分货币属性的新型金融资产的规模不断扩大，货币的内涵与外延在动态发展中出现了模糊地带。三是在互联网、智能手机等技术普及的推动下，以 P2P、区块链代币为代表的民间信用活动在正规金融体系之外野蛮生长。这些信用创造活动有的确实以真实的实体经济活动为基础、提高了金融服务实体经济的效率，有的是为了实现监管套利，有的则是乘借新兴科技浪潮在合法与非法的边缘游走；但不论如何，这些信用创造活动客观而言均在一定程度上改变了原先主要依靠贷款派生存款的传统货币创造体系，同时也影响着传统货币政策工具的有效性和货币政策传导渠道的通畅程度。

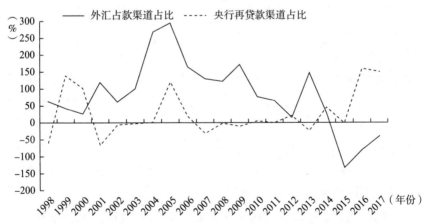

**图 2　外汇占款渠道与央行再贷款渠道在基础货币增量中的占比**

资料来源：中国人民银行。

### （二）多元目标相机调整，中介目标由数量型向价格型过渡

#### 1. 货币政策的最终目标

关于我国货币政策的最终目标，长期以来存在争议。《中国人民银行法》第三条的表述为"保持货币币值的稳定"，但"币值稳定"一词的含义

较为宽泛，理论上和实践中均容易产生歧义。在不同场景下可能产生至少如下三种对"币值稳定"的不同理解：一是理解为人民币相对于一般消费品的购买力稳定，即通胀率保持在适度区间；二是理解为人民币相对于美元或一篮子外币的汇率稳定；三是有观点将其理解为人民币相对于黄金等贵金属或其他资产的比价稳定。

尽管如前文所述，《中国人民银行法》立法文本中体现了一定的"单一目标"取向，但在实践中，我国货币政策追求的最终目标较为多元。周小川（2016）将我国央行的货币政策目标表述为"4 + 2 模式"，其中的"4"包括维护价格稳定、促进经济增长、促进就业、保持国际收支大体平衡，"2"是推动改革开放和金融市场发展。他认为我国转轨经济体的特性决定了央行"多目标"的特点。马骏和管涛（2018）认为，我国的货币政策在一定程度上同时追求至少七个最终目标，包括增长、就业、通胀、汇率、外汇储备水平、金融稳定、结构调整等。本文的梳理总结发现，我国货币政策的最终目标兼顾物价稳定、经济增长、就业、汇率、外汇储备水平、金融稳定和防风险、经济结构调整、促改革、惠民生等多个方面。

上述这些最终目标在具体操作中又分别对应着各自相应的一系列统计指标。如经济增长目标对应于实际 GDP 增速、工业增加值增速、固定资产投资增速等，就业目标对应于城镇新增就业量和失业率等，通胀目标对应于 CPI、PPI、GDP 平减指数等，汇率目标对应于人民币兑美元汇率和 CFETS 人民币汇率指数等，外汇储备目标对应于外汇储备余额及变化量，金融稳定目标对应于信贷市场、股市、债市、汇市、房地产市场的表现，经济结构调整目标对应于一二三次产业结构、消费投资结构、高新技术产业占比等重要的结构比例关系，等等。

在不同时期，货币政策当局对不同目标的相对重视程度会随着国内外经济金融形势的变化而做出相机调整。例如，当通胀压力较大时，会调高物价稳定的权重；当外部冲击来临时，会调高经济增长和就业的权重；当资产价格大幅变动时，会调高金融稳定的权重等。但需要说明的是，上述不同目标对货币政策走向的要求并非总是一致的，彼此之间可能发生冲突，从而导致货币当局陷入两难境地。例如，在 2012 年之后的一段时期我国经济持续面临增速下行压力，同时防范金融风险和结构性去杠杆的任务也很艰巨：一方面，稳增长目标需要偏宽松的货币政策，而另一方面，宽松的货币环境却不利于去杠杆，反而可能进一步推升房地产价格、积聚金融风险。这时，央行就需要在稳增长目标与金融稳定目标之间做出权衡取舍，恰当地把握好平衡。

2. 货币政策的中介目标

当前，我国央行盯住的中介目标正在由数量型中介目标向价格型中介目标过渡。长期以来，我国央行主要盯住广义货币量（M2）、社会融资规模、新增贷款及其增速等数量型中介目标。随着经济结构和金融结构日趋复杂，一方面，央行跟踪监测、准确调控货币信贷数量的难度越来越大；另一方面，货币信贷数量与经济增速、通货膨胀、金融稳定之间的相关性也在弱化。这两方面因素都提高了货币政策中介目标由数量型向价格型转变的必要性和紧迫性。

在存贷款利率上下限管制放开之前，央行关注的价格型中介目标主要是商业银行存贷款基准利率；利率管制放开之后，尽管从理论上而言，一般贷款加权平均利率可作为备选的中介目标，但是，一般贷款加权平均利率并非市场交易直接形成的价格，需要经过抽样统计和计算处理，时效性和可靠性都存在不足，因此一般不作为中介目标使用。目前充当中介目标的主要是货币市场利率，如上海银行间同业拆放利率（Shibor）、正逆回购利率等指标。近年来，央行尝试建立了以常备借贷便利（SLF）7 天期利率为上限、以 7 天期逆回购利率为下限的"利率走廊"，同时更加重视存款类金融机构 7 天期质押回购利率（DR007）的中介作用。从金融市场反应来看，从 2018 年以来 DR007 作为央行政策利率的认可度最高，或在一定程度上发挥着"准政策利率"的功能。

## （三）数量型工具与价格型工具并存，新创设多种结构性工具

我国央行当前的货币政策工具箱中，数量型工具与价格型工具并存。传统上，我国央行依赖的数量型货币政策工具如调整法定存款准备金率、公开市场操作、再贷款和再贴现等，价格型工具如调整商业银行存贷款基准利率、调整超额准备金的利率等。2015 年 10 月，随着存款利率上限管制的取消，所有主要利率的管制在名义上已经被解除；此后，存贷款基准利率调整尽管仍是一项货币政策工具，但至少从法律意义而言，其政策效力会减弱。有必要说明的是，数量型中介目标与数量型工具、价格型中介目

标与价格型工具之间并非一一对应的关系。数量型目标既可以通过数量型工具来实现，也可以通过价格型工具来实现；价格型目标亦然。在货币政策中介目标由数量型目标向价格型目标过渡的过程中，货币政策工具仍然需要数量型与价格型并用。未来，即便完全过渡到价格型目标，存款准备金率、再贷款等数量型工具依然有存在的必要。

从 2013 年开始，央行先后创设了多种新的结构性货币政策工具，如短期流动性调节工具（SLO）、常备借贷便利（SLF）、中期借贷便利（MLF）、抵押补充贷款（PSL）、定向中期借贷便利（TMLF）等；同时，央行多次使用了定向降准、定向增加支农支小再贷款和再贴现额度、定向降低支农支小再贷款利率等结构性工具来引导金融机构加大对小微企业、"三农"和科技创新领域的信贷投放。新中国成立以来，我国央行货币政策工具使用情况如表 1 所示。

**表 1　中国人民银行货币政策工具及其创设时间（1949～2018 年）**

| 货币政策工具 | 创设时间 | 当前是否仍在使用 |
|---|---|---|
| 利率调整 | 中国人民银行成立以来 | 是 |
| 行政手段 | 中国人民银行成立以来 | 较少使用 |
| 特种储蓄 | 1949 年 4 月，折实储蓄、保本保值储蓄；1950 年，有奖储蓄 | 基本不再使用 |
| 有区别的信贷政策/结构性信贷政策 | 1950 年以来 | 是 |
| 综合信贷计划管理 | 1953 年 | 否 |
| 现金收支计划管理 | 1953 年 | 否 |
| 中央银行贷款（再贷款） | 1984 年 | 是 |
| 存款准备金率 | 1984 年设立法定存款准备金制度；1988 年建立支付准备金制度；1998 年 3 月法定准备金与支付准备金账户合二为一；2014 年 4 月之后新创设了定向降准工具 | 是 |
| 特种存款 | 1987 年、1988 年、2007 年 | 极少使用 |
| 再贴现 | 1994 年 10 月 | 是 |
| 公开市场操作* | 1994 年 4 月开始外汇交易，1996 年 4 月开始国债交易 | 是 |
| 窗口指导 | 创设时间不明确，1998 年开始经常性使用 | 偶尔使用 |

| 货币政策工具 | 创设时间 | 当前是否仍在使用 |
|---|---|---|
| 前瞻性指引 | 2008 年以来 | 是 |
| 短期流动性调节工具（SLO) | 2013 年 | 是 |
| 常备借贷便利（SLF） | 2013 年 | 是 |
| 中期借贷便利（MLF） | 2014 年 | 是 |
| 抵押补充贷款（PSL） | 2014 年 | 是 |
| 定向中期借贷便利（TM-LF） | 2018 年 | 是 |

注：（1）笔者根据相关官方资料整理；

（2）＊：早在新中国成立之初的国民经济恢复时期，中国人民银行就曾采取过在公开市场买卖黄金、美元等资产来调节货币供应量，也可视作公开市场操作的早期形态。

另外，我国央行近年来不断加强与市场的沟通，尝试将前瞻性指引作为一种货币政策工具发挥作用，主动发声，引导市场预期。[①]

### （四）削峰填谷相机决策，尚未形成明确的量化规则

"规则决策"和"相机决策"是央行制定货币政策的两种不同理念，前者讲求货币政策制定遵循事先确定的量化规则，后者讲求根据实时经济金融环境的变化做决策。新中国成立之初，国民经济和货币金融体系均处于恢复时期，既不可能存在现代宏观调控意义上的货币政策框架，也不可能形成明确的货币政策规则。在计划经济时期，货币信贷政策遵循"信贷计划平衡"和"现金收支计划平衡"两个平衡，同时这两个平衡也必须考虑和配合财政平衡和物资平衡，从而反映和实现国民经济综合平衡。改革开放之后，货币政策框架开始由计划平衡向与市场经济体制相适应的框架过渡，原有的指令性现金计划管理与信贷计划管理逐步淡出，转向总量调控和间接调控。当前，我国货币政策实践中大体上遵循着削峰填谷的相机决策机制，尚未形成明确的量化规则。实际上，在货币政策最终目标多元并存、中介目标尚不明确的情况下，客观上也难以形成明确和透明的量化规则。

---

① 2018 年第二季度《中国货币政策执行报告》。

实践中，"规则决策"和"相机决策"各有优劣势，单独依靠其中任何一种都难以满足货币政策实践的复杂要求，需要搭配使用。实际上，很少有央行完全遵循绝对的"规则决策"理念或者完全遵循绝对的"相机决策"理念。易纲（2016）曾用"货币政策是一门科学，更是一种艺术"来形象地描绘"规则决策"和"相机决策"的关系。现实中，有的央行更倾向于"规则决策"的理念，在参考量化规则的基础上综合考虑经济金融形势变化辅以"相机决策"；有的央行更偏向于"相机决策"的理念，相对而言不太重视量化规则。一般认为美联储是"规则决策"理念的典型代表，但实际上在2008年金融危机之后，美联储果断偏离了"泰勒规则"等给出的参考基准，转而采取了诸如量化宽松、扭曲操作等一系列非常规货币政策。

尽管如此，事前明确透明的量化规则既能为中央银行货币政策决策提供参考依据，又能提供约束机制，发挥信号作用。缺乏明确透明的量化规则带来的弊端是显而易见的，其一，非"规则决策"的货币政策操作容易引发外界的无端猜测，造成预期混乱，导致金融市场波动。其二，在缺乏事前量化规则的情况下，不仅当货币政策当局内部出现意见分歧时更不容易达成共识，而且也容易使货币政策当局屈从于外部压力，这种外部压力既可能来自其他行政部门，也可能来自金融市场和媒体舆论。其三，缺乏明确透明的量化规则不利于中央银行公信力的树立。这些问题近年来已经多次对我国货币政策实践造成了困扰，因此未来我国应逐步探索形成符合中国经济实际、相对透明、可追踪、可检验的量化货币政策规则。

**（五）货币政策传导仍然以银行信贷渠道为主**

在新中国成立之初的国民经济恢复时期，我国是一个农业占绝对主体、经济货币化程度很低的经济体，经济结构单一，金融体系不发达，因而货币政策传导渠道也较为简单，主要是通过现金的发行和回笼直接实施，信贷渠道、资产价格渠道、汇率渠道的作用很有限。到计划经济时期，货币信贷政策框架显著区别于市场经济体制下货币政策框架，因而其传导渠道也呈现迥异的特点，主要依赖于层层上报计划、层层下达指标的各类计划管理渠道。尽管表面上看信贷和储蓄仍然发挥着货币投放与回笼的功能，但实际上在严格的计划管理之下，利率渠道的作用很有限。除此之外，带有市场性质的信用渠道和资产价格渠道在这一时期几近消失。在外部封锁的条件下，外汇渠道也几乎不发挥作用。

改革开放之后，随着经济货币化程度的加深、经济开放度的提高以及金融体系的日益完善，货币政策传导渠道也变得更为多元和复杂。但直到当前，银行信贷渠道仍然是我国货币政策传导的主渠道，也是央行货币政策操作中长期以来最重视的一条渠道。这是由商业银行在我国金融体系中占据主导地位的客观事实决定的——贷款在社会融资规模中所占的比例长期在 70% 以上，有些时期甚至超过 90%。

当前，关于货币政策传导渠道有一些新动向值得引起关注。其一，随着居民部门资产和负债的积累，"资产价格渠道"的重要性日益凸显。其中影响最大的是房地产和住房抵押贷款。据统计，我国城市家庭中，住房资产占家庭总资产的比例在 2017 年已经高达 78%。① 个人住房贷款余额截至 2018 年末达 25.75 万亿元，已占到金融机构人民币各项贷款余额的 18.9%。② 不论是从资产端还是从负债端来看，资产价格渠道在货币政策传导中的作用都应引起高度重视。其二，"利率渠道"传导不畅，亟待通过深化改革疏通利率传导机制。当前，利率渠道呈现"半边通畅、半边阻塞"的特征——民营经济主体，尤其是小微企业和"三农"部门，对利率渠道较为敏感；而国有企业、地方政府融资平台等国有部门由于预算软约束的存在，对利率渠道的敏感性较低。这导致总量型的货币政策工具常常遭遇两难境地，难以有效发挥作用。尽管央行近年来多次有意通过定向降准、定向再贷款、再贴现等结构性工具疏通货币政策传导渠道，但仍难以起到治本的效果。

## 四　我国货币政策框架面临的突出挑战与未来转型方向

货币政策是在特定经济金融环境中实施和发挥作用的。没有最"好"的货币政策框架，只有与一国一时特定经济金融环境及制度背景最相适应的货币政策框架。当前情况下，尤其需要关注三方面因素变化对货币政策框架的影响：一是经济增速中枢下移，经济结构正在发生剧烈调整，宏观

---

① 西南财经大学中国家庭金融调查与研究中心和广发银行联合发布的《2018 中国城市家庭财富健康报告》。

② 中国人民银行官方网站。

经济环境发生明显变化；二是金融市场快速发展，金融业务门类日趋复杂，"影子银行"体系盘根错节，宏观杠杆率明显抬升，金融风险环境恶化；三是随着中国经济由小型开放经济体演变为大国开放经济体以及金融开放度的提升，国内政策的"外溢效应"开始显现，外部掣肘增多，货币政策国际协调的必要性和困难程度均显著加大。

在国内外经济金融环境发生深刻变化的背景下，原有货币政策框架逐渐暴露出一些问题，面临的挑战集中体现在四个方面。其一，金融市场发展和科技进步导致支付手段和储蓄理财手段日趋多样化，货币的内涵与外延边界发生演化调整，导致传统数量型中介目标的可靠性降低。其二，利率传导不够顺畅，近年来屡次出现的"央行下调政策利率，银行间市场利率随之下行，但实体企业融资成本居高不降"的不利局面。其三，资金在金融系统内部传导环节增加，传递链条加长，货币资金总体使用效率下降。央行货币政策操作释放的流动性中的一部分淤积于金融体系内部，未能有效转化为实体经济的投融资，其中流动性向中小微民营企业和"三农"部门的传导尤为不畅。其四，传统上各国央行依赖和盯住的通货膨胀指标对货币政策的敏感性降低，资产价格与金融稳定重要性凸显，而如何将资产价格与金融稳定因素纳入货币政策框架仍然是一个新课题（Goodhart，1988；Mishkin，2010；Issing，2011）。

货币政策框架转型是一项系统性工程，既涉及政策目标、政策工具、传导机制等不同要素之间的彼此配合，同时又与利率市场化改革、汇率形成机制改革、更广层面金融改革乃至国有企业改革、财税改革等问题相互交织。因而，货币政策框架转型对顶层设计的要求较高，需要在中国实际的基础上，充分借鉴国际经验，加强统筹，协调推进。综合前文分析，下面分别从货币创造机制、货币政策目标、工具、规则、传导渠道五个维度探讨货币政策框架的未来转型方向并提出相应对策建议。

### （一）货币创造机制

货币创造机制是一个国家货币政策框架的运行基础，培育和建立与本国经济金融结构相适应的货币创造机制是优化货币政策框架的根本性前提。当前，在经济金融结构发生剧烈变化的情况下，优化货币政策框架的一项基础性工作就是调整改善货币创造机制。

一是顺势降低货币创造对外部信用的依赖程度，逐步提升货币创造中以国内信用为基础的比例。在各类国内信用中，中央政府信用等级最高，应当有序做大、做活国债市场，完善国债期限品种，提高国债市场的流动性，重视发挥国债市场在货币创造和货币政策宏观调控中的基础性作用。

二是利用好逆周期调控的契机，逐步降低法定存款准备金率。在法定存款准备金率降到适当水平之前，优先通过降准而非央行再贷款工具来补充流动性，避免高准备金率与大规模央行再贷款同时存在的"扭曲操作"造成社会福利损失（冯煦明，2018）。此外，应借机通过降准来置换各类存量央行再贷款资产。

三是加强银行等金融机构的效率识别能力和风险定价能力建设，规范影子银行业务发展，提高资金总体使用效率。推动商业银行在发放信贷过程中由基于抵押品的被动风控转向基于效率识别的主动风控。严格财经纪律，硬化国有部门的预算约束。完善信用评级等金融基础设施，提高信用评级机构的独立性和公信力。采取必要措施有效规避央行再贷款渠道货币创造过程中衍生出的资金传导链条加长、资金成本抬升等问题，防范"影子央行"干扰货币政策有效传导。

### （二）货币政策目标

在最终目标层面，首先应推动由多目标向双目标过渡，最终确立以通货膨胀和金融稳定为核心的货币政策双目标制。稳增长、调结构、惠民生等目标应主要由其他部门通过其他政策工具来完成。在具体操作层面，一是优化 CPI、PPI 等通货膨胀统计指标的篮子选取、指数设计、权重设定、动态调整工作，使通货膨胀指标能更及时、客观地反映物价变化，提高统计数字的可靠性。二是加强对金融风险和金融稳定的关注，注重传统货币政策工具与宏观审慎工具"双支柱"的协调配合，货币政策应侧重逆周期调控，宏观审慎政策应侧重系统性金融风险防范。

在中介目标层面，应稳步推进数量型目标向价格型目标的转型。第一，在货币政策实践中加快形成官方明确、外部公认的央行政策利率，推动利率走廊机制走向成熟。第二，在过渡期，数量型目标仍有必要兼顾，应根据货币金融体系的变化及时完善既有的货币信用指标体系，调整货币供应量、社会融资规模等统计指标的口径，优化统计方法，增强可靠性。在调整统计口径的过程中，要尽可能做到透明、公开、可追溯、可对比，避免信息紊乱干扰金融市场情绪。

### （三）货币政策工具

首先，在协调搭配、综合运用好数量型工具和价格型工具的同时，更加注重发挥价格型工具的作用，最终实现货币政策由以数量型工具为主向以价格型工具为主的转型。一方面要认识到数量型货币政策工具在银行主导的金融体系中具有独特优势，仍将长期发挥难以完全替代的作用。另一方面也要认识到数量型工具存在弊端，随着金融体系日趋复杂以及利率市场化的推进，数量型工具的可靠性会进一步降低，向价格型工具转型的必要性和紧迫性在增强。

其次，密切跟踪研判新型结构性货币政策工具的传导机制和政策效果，及时调整优化。近年来，中国人民银行注重货币政策的结构性，先后创设并多次使用了若干结构性货币政策工具，如 SLO、SLF、MLF、PSL、TMLF、定向降准、定向再贷款再贴现等。作为新生事物，这些结构性货币政策工具的作用机理和实际效果如何、是否存在副作用，目前尚无定论。应在理论基础、机制方法、政策效果等多个层面加强研究，科学判断，合理使用结构性货币政策工具。

最后，更加注重预期的作用，善于运用前瞻性指引工具。前瞻性指引被称为"成本最低"的货币政策工具。货币政策当局应通过发布政策报告、官员讲话、统计数据解读、举办参与研讨会等形式，加强与金融市场及更广泛舆论的沟通，有效引导市场预期。前瞻性指引工具能够有效发挥作用，既与货币政策目标的清晰界定有关，同时也依赖于货币政策决策机制的制度化与透明化。货币政策制定的相关权力如何归属、重要事项分别由哪个部门决策、决策机制是什么，作为世界第二大经济体的中央银行，应当将这些情况清晰地传递给公众。尤其是当考虑到中国经济的开放程度未来将进一步提高、中国央行货币政策操作对国际金融市场乃至全球经济的影响将进一步扩大的时候，决策机制的制度化与透明化就显得更为迫切。否则，不仅容易造成外界尤其是国际金融市场的猜测和疑虑，引发市场波动，而且有可能损害中央银行的声誉和公信力，导致前瞻性指引乃至实质性的货币政策操作难以有效发挥作用。

### （四）货币政策规则

"规则决策"理念和"相机决策"理念各有优劣势，并不矛盾和相互排斥，应当结合使用。长期以来，我国央行在相机决策方面已经积累了丰富经验，不足之处在于缺乏可供参考的量化规则。未来，应在充分研究和实践检验的基础上，逐步探索和建立适合中国实情的货币政策量化规则。这既有助于提高货币政策当局的公信力，也有助于引导市场预期，维护金融市场稳定。

实际上，学术文献中围绕"泰勒规则""麦克勒姆规则"在中国的适用性等问题已形成了大量的研究成果（谢平、罗雄，2002；王胜、邹恒甫，2006；宋玉华、李泽祥，2007；中国人民银行营业管理部课题组等，2009；郑挺国、刘金全，2010；刘金全、张小宇，2012；江春等，2018）。结合已有文献和当前货币政策实践中遇到的新情况，构建中国货币政策量化规则有如下四个重点、难点问题亟待突破。

一是数量型规则与价格型规则的兼容问题。构建单独的数量型货币政策规则或单独的价格型货币政策规则，都有理论支撑并有丰富的研究文献可供借鉴；但是，对数量型货币政策规则与价格型货币政策规则能否并存、如何兼容、在何种情况下可能存在冲突等问题，仍缺乏研究。考虑到我国当前正处于货币政策框架转型的特殊时期，数量型与价格型中介目标并存、数量型与价格型工具并存的格局仍将在一定时期内长期持续，兼容性问题值得深入研究。

二是潜在产出水平、潜在通胀率、自然失业率、自然利率等隐含经济变量的测算问题。这些隐含经济变量是研究、设计、确立货币政策量化规则的基础。相对于接近稳态的后工业化国家而言，针对经济结构转型国家中这些隐含经济变量的理论研究和计算方法较为缺乏。考虑到中国经济正处于剧烈的结构转型期，产业结构、要素分配结构、支出结构都在发生较快的变化，中国货币政策量化规则的建立显然不能简单照搬照抄美国、欧洲等后工业化国家的经验。

三是相关统计体系和统计数据的建立与完善。例如，可靠的失业率数据是计算自然失业率的前提，从而也是构建量化货币政策规则的前提；遗憾的是我国过去长期使用的登记失业率指标可靠性较低，而新的调查失业率则于 2018 年才开始发布，无法支持计量研究。另外，共享经济、平台经济、免费经济等近年来层出不穷和不断壮大的新业态也给传统的国民经济核算体系和方法带来了挑战。在这种情况下，GDP、CPI 等统计指标如何与时俱进地做出改进，便成为货币政策量化规则绕不开的问题。这些问题需要统计部门、货币政策当局以及经济学、统计学、计算机科学、大数据等领域的专家密切配合，共同推动理论和实践的发展。

四是如何将资产价格与金融稳定因素纳入量化货币政策规则。如前文所述，资产价格与金融稳定在货币政策实践中的重要性应当引起高度重视；不过到目前为止，对于如何将其纳入量化规则，国内外文献都仍然是空白，需要加强研究。

### （五）货币政策传导渠道

利率渠道是当前疏通货币政策传导渠道的重中之重。要多管齐下，疏通利率传导机制，增强利率渠道的货币政策效率。一是要疏通"政策利率 - 银行间市场利率 - 商业银行贷款利率"的传导，尤其是向中小微民营企业和"三农"部门的传导。二是要疏通"政策利率 - 信用债利率"的传导机制，要点在于改善信用评级和定价。三是要疏通短端利率向长端利率的传导机制，避免政策同时直接作用于收益率曲线的多个点而造成扭曲。疏通利率传导机制不仅要靠中央银行，而且离不开其他相关领域的改革来做配合，其中两项基础性改革尤为关键。一是加强财经纪律，硬化国有部门的预算软约束。只有彻底解决国有企业、地方政府融资平台"举债不问成本"的弊病，提高这些主体的利率弹性，才可能从根本上疏通货币政策的传导机制。二是加强商业银行在资产端的效率识别能力和风险定价能力。我国商业银行长期以来在信贷定价中主要被动依赖于土地使用权、房产、机器设备等有形资产的抵押品价值，而非依靠自身的效率识别能力和风险定价能力。未来随着服务业在经济中占比越来越高、无形资产在总资产中的占比越来越高，商业银行更加需要加强主动的效率识别和风险定价能力。

此外，随着居民财富特别是房产的增值，未来货币政策实践中应当更加重视资产价格渠道的作用，尤其要避免房地产市场价格的大涨大跌。房价过快上涨会挤出消费，诱导资金从制造业涌向房地产，提高宏观经济运行的物价成本，加剧财富分配不平等，从根本上恶化中国经济的内生增长动力；房价大幅下跌则容易触发金融风险，进而通过消费、投资等多种渠道对经济造成负面冲击，同时还容易引发社会不稳定情绪。未来要加强跟踪监测并善于利用货币政策经由资产价格渠道对消费、投资、工业生产等经济行为产生的影响。

## 参考文献

[1] 陈云：《陈云文选》（第二卷）（第三卷），人民出版社，1995。

[2] 戴相龙主编《中国人民银行五十年——中央银行制度的发展历程：1948—1998》，中国金融出版社，1998。

[3] 冯明、杨赫：《基础货币创造机制转型》，《中国金融》2018年第8期。

[4] 冯煦明：《货币创造的"扭曲操作"与存款准备金率政策》，《金融博览》2018年第7期。

[5] 何德旭：《货币政策新框架》，《中国经济报告》2015年第1期。

[6] 江春、司登奎、李小林：《基于拓展泰勒规则汇率模型的人民币汇率动态决定：理论分析与经验研究》，《金融研究》2018年第2期。

[7] 刘国昆：《史诗般的创举——中央革命根据地货币纪实》，《金融与经济》2012年第9期。

[8] 刘金全、张小宇：《时变参数"泰勒规则"在我国货币政策操作中的实证研究》，《管理世界》2012年第7期。

[9] 马骏、管涛：《利率市场化与货币政策框架转型》，中国金融出版社，2018。

[10] 潘连贵：《建国前后人民币制度的形成与发展》，《上海金融》1998年第11期。

[11] 宋玉华、李泽祥：《麦克勒姆规则有效性在中国的实证研究》，《金融研究》2007年第5期。

[12] 孙国峰：《后危机时代的全球货币政策新框架》，《国际金融研究》2017年第12期。

[13] 王胜、邹恒甫：《开放经济中的泰勒规则——对中国货币政策的检验》，《统计研究》2006年第3期。

[14] 伍戈、李斌：《货币数量、利率调控与政策转型》，中国金融出版社，2016。

[15] 武力：《中华人民共和国成立前后的货币统一》，《当代中国史研究》1995年第4期。

[16] 谢平、罗雄：《泰勒规则及其在中国货币政策中的检验》，《经济研究》2002

年第 3 期。

［17］薛暮桥、吴凯泰：《新中国成立前后稳定物价的斗争》，《经济研究》1985 年第 2 期。

［18］杨国中、姜再勇、刘宇：《非线性泰勒规则在我国货币政策操作中的实证研究》，《金融研究》2009 年第 12 期。

［19］张鹏、许亦平、林桂军：《中国计划经济时期货币政策回顾：1952—1978》，《中国经济史研究》2010 年第 3 期。

［20］郑挺国、刘金全：《区制转移形式的"泰勒规则"及其在中国货币政策中的应用》，《经济研究》2010 年第 3 期。

［21］中国人民银行：《中国人民银行六十年：1948—2008》，中国金融出版社，2008。

［22］周小川：《把握好多目标货币政策：转型的中国经济的视角》，《金融时报》2016 年 6 月 25 日。

［23］Goodhart，C.，*The Evolution of Central Banks*（Cambridge MA：MIT Press，1988）.

［24］Issing，O.，"Lessons for Monetary Policy：What Should the Consensus Be?"，Globalization & Monetary Policy Institute Working Paper，No. 11（97），2011.

［25］Mishkin，F. S.，"Monetary Policy Strategy：Lessons from the Crisis"，6th ECB Central Banking Conference，2010.

# 货币政策与宏观审慎政策的最优配合：
# 异质性金融冲击视角[*]

范从来　高洁超[**]

**摘　要**　本文构建包含银行部门的 DSGE 模型，研究金融冲击下货币政策与宏观审慎政策最优配合问题，并在异质性金融冲击下拓展分析结论。研究发现：（1）货币政策应关注金融因素，泰勒规则盯住信贷价格优于信贷规模，逆周期资本监管熨平经济波动的效果显著优于顺周期监管；（2）基于"保增长、稳物价、控风险"三重目标，外源性金融冲击下，货币政策力度与资本监管强度高低搭配可明显降低福利损失，双高搭配导致福利损失最大化；（3）内源性金融冲击下，福利损失最小化要求资本监管从紧而货币政策具有更大灵活性。本文认为，货币政策须更加关注金融价格波动，同时要加快完善宏观审慎监管的逆周期调节机制，此外能否准确识别金融冲击来源会直接影响宏观调控整体有效性。

**关键词**　金融冲击　资本监管　货币政策　福利损失

# 一　引言

党的十九大报告正式提出"健全货币政策和宏观审慎政策双支柱调控

---

[*]　原文发表于《管理世界》2018 年第 1 期；原文标题为《银行资本监管与货币政策的最优配合：基于异质性金融冲击视角》。

[**]　范从来，南京大学长三角经济社会发展研究中心主任、教授；高洁超，上海对外经贸大学国际经贸学院讲师、博士。

框架"，这是对 2008 年国际金融危机以来经济与金融形势复杂变化的科学判断与应对。宏观调控必须从过去的抑制经济过热和防止局部金融风险转向从宏观整体层面稳定物价、控制风险并维持合理适度增长。近年来，金融周期与经济周期分化明显，经济波动的成因更加复杂，金融冲击的影响力越发显著，同时在"六稳""六保"政策指引下，多目标管理势必产生一定的取舍和权衡问题，由此对宏观调控的整体应对能力及有效性提出更高要求。如何有效兼顾"保增长、稳物价、控风险"三大目标将成为今后较长时期中国宏观金融调控的重要任务。当前中国货币政策肩负着多重目标，在稳定物价的同时还要肩负一定的保增长任务并确保不触及发生系统性金融风险这一底线，但仅仅依靠货币政策锚定多重目标可能会大大削弱政策有效性。为更好地实现"保增长、稳物价、控风险"三重调控目标，必须充分发挥宏观审慎政策对金融风险的抑制功能，为货币政策调控宏观经济减负、增效，同时必须加快完善货币政策与宏观审慎政策的配合机制，充分形成政策合力。[①]

从国际上看，2008 年金融危机深刻表明：（1）当前金融部门对经济周期波动的影响已十分明显，初始微小的金融冲击借由金融摩擦和放大机制可以对整个经济造成巨大伤害，分析金融冲击的经济效应成为当前一项十分紧迫的基础任务；（2）在金融冲击传导过程中，资本监管的顺周期性以及货币政策放任金融波动的立场成为放大金融冲击负面影响的重要外部因素，因此构建货币政策与逆周期宏观审慎监管的有效配合机制是新形势下宏观调控转型的重要命题。本文以银行部门为模型构建的重点，系统分析金融冲击如何影响经济波动，以"保增长、稳物价、控风险"三重目标为评价标准，甄别货币政策与逆周期宏观审慎资本监管的最优配合模式。

## 二　文献综述

2008 年金融危机发生以前，宏观经济学的研究并不热衷于探讨金融部

---

[①]　对此，"十三五"规划首次明确将"防控风险"纳入宏观调控目标体系，并首次提出要"构建货币政策与审慎管理相协调的金融管理体制"（陈彦斌，2016）。

门在经济运行中的作用，主流的一般均衡建模思路多沿袭推崇技术冲击动因论的真实经济周期理论（RBC）和包含诸多实际摩擦在内的新凯恩斯理论（NK），较少涉及金融摩擦，而直接对金融冲击展开研究的文献更是屈指可数。危机前仅有少数文献在主流框架内植入金融因素，影响最大的是以 Bernanke 等（1999）以及 Kiyotaki 和 Moore（1997）为代表的研究。前者提出著名的"金融加速器"理论，通过引入企业资产净值和外部融资溢价两个关键变量将金融摩擦的影响考虑进模型，同时分析了金融波动的放大机制；后者则围绕抵押物约束机制建模，其中资产（土地）在经济中发挥双重作用，一方面用于生产商品和服务，另一方面为贷款提供抵押品，通过抵押品价值变化展现信贷约束对投资等实际变量的影响。以上两种典型研究思路都是在没有刻画显性银行部门的前提下开展的，而且危机前多数文献引入金融摩擦的目的更多是用于展示技术冲击等导致的经济波动放大效应，没有具体分析金融波动与实体经济的动态反馈路径以及政策因素在其中所起的作用。

此次金融危机以来，考虑金融因素的宏观经济学理论取得了长足进展，以深入研究金融周期与经济周期内在关联为代表的金融经济周期理论（FBC）逐渐成形。具体到研究思路上，危机后植入金融因素的文献主要在以下几方面进行了重要拓展：（1）银行部门开始以显性形式内生化到模型中，这些模型从银行业竞争结构、银行异质性、银行利差等多维度探讨银行在经济运行中的作用（Goodfriend 和 McCallum，2007；Christiano 等，2010；Suh，2011；Andrés 和 Arce，2012；马勇，2013）；（2）研究重点由以往的技术冲击、政策冲击、偏好冲击等转向金融冲击及其比较上，并分别从企业财富冲击、贷款清偿能力冲击、银行资本冲击等多角度对金融冲击进行刻画（Nolan 和 Thoenissen，2009；Jermann 和 Quadrini，2012；Bratsiotis 等，2014；王国静、田国强，2014）；（3）货币政策与宏观审慎监管（如逆周期资本监管、动态拨备、贷款价值比工具）的配合问题成为重要考察对象，这些文献对货币政策是否要关注金融稳定及其与审慎监管的配合问题以及在开放条件下的配合等进行了诸多详细探讨（Beau 等，2012；Suh，2012；Ozkan 和 Unsal，2013；王爱俭、王璟怡，2014）。

从研究目的看，一部分文献立足于测算金融冲击对实际经济波动的贡献度、探究金融波动对宏观经济变量的影响路径和程度（鄢莉莉、王一鸣，

2012；张伟进、方振瑞，2013；Agénor 等，2014），另一部分文献则基于植入金融因素的理论框架进一步评估货币政策与逆周期资本监管、贷款价值比管理等宏观审慎政策在应对各类冲击（如技术冲击、金融冲击）时的表现，最终目的在于甄别最优政策组合、优化宏观调控（Tayler 和 Zilberman，2015；殷克东等，2015）。具体来说，已有基于政策评估目的的文献对货币政策与宏观审慎监管的配合效应研究主要集中于两个方面，一是基于不同外生冲击视角模拟分析货币政策与宏观审慎监管的协调问题，二是从选择盯住目标的角度探讨两类政策的协调问题。

基于不同冲击视角的文献如王爱俭和王景怡（2014）、谷慎和岑磊（2015）发现，在经济体面临技术冲击时，货币政策可以较好控制由技术变革带来的波动，引入逆周期资本管理后则会加大经济波动幅度；而在经济体面临金融冲击时，使用货币政策的同时辅以逆周期管理的宏观审慎政策有明显抑制经济波动的效果。Tayler 和 Zilberman（2015）则发现在供给冲击下，逆周期监管政策配合强力的反通胀货币政策是最优的；而在信贷冲击下，逆周期资本监管比货币政策能更好地稳定价格、金融和宏观经济。上述研究认识到辨明冲击类型对于政策协调的重要意义，但是研究结论具有明显差异，而且分析重点都落在金融冲击与技术冲击等的比较上，忽视了对金融冲击本身的界定和比较。事实上，本文的研究发现金融冲击具有异质性，不同类型的金融冲击导致的经济波动效果存在显著差异，由此对货币政策与宏观审慎资本监管的配合也提出了更高要求，这是以往文献没有重点关注的。

基于政策目标选择视角的文献如 Fiore 和 Tristani（2013）、Gilchrist 等（2014）发现，在金融冲击下，产出目标与通胀目标之间存在明显取舍关系，因此在不同目标下，货币政策与逆周期资本监管政策的配合方式可能有所不同。此外，在政策协调过程中货币政策是否应该关注金融目标存在广泛争议。支持方如 Kannan 等（2012），Angeloni 和 Faia（2013），Angelini 等（2014）以及 Rubio 和 Carrasco-Gallego（2014）等发现在与逆周期资本监管配合使用的过程中，货币政策必须将信贷因素纳入调控目标，包含信贷因素的增广泰勒规则配合巴塞尔Ⅲ的逆周期资本监管可以最大限度地降低社会福利损失。反对方认为如果货币政策针对信贷做出反应，很可能面临对信贷、产出和物价目标的权衡，此外还可能与专门针对信贷调控的逆周期监管政策产生叠加问题，造成经济过度波动。如 Suh（2012）的研究表明福利最大化的货币政策应该仅盯住通货膨胀、逆周期资本监管仅盯住信贷。梁璐璐等（2014）也认为目前我国遵循包含金融因素的"加强的泰勒规则"似乎并不合时宜，传统的货币政策配合逆周期资本监管更加适用于我国现行的经济运行体制。可见，围绕货币政策在与逆周期监管配合的过程中是否需要考虑金融因素的分歧比较大。

通过梳理相关国内外文献不难发现，突出刻画银行部门、系统比较各类冲击、着力探究政策搭配成为后金融危机时期植入金融因素的定量分析文献所具有的三大显著特点。本文的研究也力图在以下三个方面取得一定的突破：（1）在银行部门建模方面，尽可能以更加接近现实的抵押机制沟通企业与银行的借贷关系，并详细刻画企业违约风险向银行部门传递的机制，从而将银行部门的信贷决策内生化；（2）以金融冲击为分析核心并对不同来源的金融冲击进行界定，初步探究异质性金融冲击的经济效应及对政策配合方式的影响；（3）在货币政策的金融目标问题上，从一般货币政策规则、包含信贷价格因素的扩展货币政策规则和包含信贷规模因素的扩展货币政策规则三个层次进行系统比较。

## 三 理论模型

### （一）家庭部门

假定经济中存在连续统的家庭部门，其中任意家庭 $i \in (0,1)$，家庭进行消费、储蓄、投资、持有货币和银行资本并供给劳动。本文采用货币效用函数形式（MIU）引入实际货币余额，代表性家庭的最优决策问题是在一定的真实预算约束下实现其跨期效用最大化，即：

$$\max U_t = E_t \sum_{s=0}^{\infty} \beta^s \left\{ \frac{(C_{t+s})^{1-\zeta^{-1}}}{1-\zeta^{-1}} - \frac{H_{t+s}^{1+\gamma}}{1+\gamma} + \frac{\eta}{\eta-1} \left( \frac{M_{t+s}}{P_{t+s}} \right)^{\frac{\eta-1}{\eta}} \right\} \tag{1}$$

$$\text{s.t. } C_t + D_t + V_t + \frac{M_t}{P_t} + I_t \leq R_{t-1}^D D_{t-1} \frac{P_{t-1}}{P_t} + R_{t-1}^V (1-\xi_{t-1}^V) V_{t-1} \frac{P_{t-1}}{P_t} + \frac{M_{t-1}}{P_t} +$$

$$\frac{W_t}{P_t} H_t + r_t^k K_t + Profit_t^{IG} + Profit_t^{FG} + Profit_t^B - Lump_t \tag{2}$$

其中，$\beta$ 是主观贴现因子，$C_t$ 表示消费，$\zeta$ 表征消费的跨期替代弹性；$H_t$ 表示家庭的劳动供给，$\gamma$ 表征劳动供给弹性的倒数；$\dfrac{M_t}{P_t}$ 表示真实货币持有水平，$\eta_t$ 表征货币需求的利率弹性。在真实预算约束中，$D_t$ 表示家庭持有的银行储蓄，$R_t^D$ 为无风险的储蓄毛利率；$V_t$ 表示家庭持有的银行资本，$R_t^V$ 为银行资本的毛回报率，$\xi_t^V$ 表示银行资本中用于覆盖贷款损失的比例；$I_t$ 表示投资水平，$K_t$ 为资本存量，$r_t^k$ 是实际资本回报率；$W_t$ 表示名义工资；$Profit_t^{IG}$、$Profit_t^{FG}$、$Profit_t^{B}$ 分别表示家庭接受的来自中间品企业、零售商、商业银行的经营利润；$Lump_t$ 是家庭支付的一次性总付税。

令 $\dfrac{W_t}{P_t} = m_t$，在预算约束式（2）下最大化目标函数式（1），得到代表性家庭最优化问题的一阶条件：

$$E_t \frac{P_t}{P_{t+1}} \frac{C_{t+1}^{-\frac{1}{\zeta}}}{C_t^{-\frac{1}{\zeta}}} = \frac{1}{\beta R_t^D} \tag{3}$$

$$(m_t)^{-\frac{1}{\eta}} = C_t^{-\frac{1}{\zeta}} - \beta E_t C_{t+1}^{-\frac{1}{\zeta}} \frac{P_t}{P_{t+1}} \tag{4}$$

$$R_t^V = \frac{R_t^D}{1 - \xi_t^V} \tag{5}$$

其中，式（3）是跨期消费的欧拉方程，式（4）是最优持币条件，式（5）中可以将银行资本收益率看作在储蓄利率基础上通过风险加成得到的。

工资设定参照 Erceg 等（2000）、Smets 和 Wouters（2002），假设劳动力市场是不完全竞争市场，每个家庭 $i$ 均提供差异化的劳动服务 $H_{i,t}$，所有差异化劳动通过竞争性劳动合约加总为复合的同质性劳动 $N_t$。使用 Dixit 和 Stiglitz（1977）的 CES 技术进行劳动加总得到：$N_t = \left( \int_0^1 N_{i,t}^{\frac{\lambda_\omega - 1}{\lambda_\omega}} \mathrm{d}i \right)^{\frac{\lambda_\omega}{\lambda_\omega - 1}}$，其中 $\lambda_\omega > 1$ 表示各种劳动之间的不变替代弹性。家庭 $i$ 由此面临如下劳动需求函数：$H_{i,t} = \left( \dfrac{W_{i,t}}{W_t} \right)^{-\lambda_\omega} N_t$，将家庭的劳动需求函数代入劳动加总函数，由零利润条件得到经济的工资加总方程：$W_t = \left( \int_0^1 W_{i,t}^{1 - \lambda_\omega} \mathrm{d}i \right)^{\frac{1}{1 - \lambda_\omega}}$。

假设家庭在各期调整工资水平时存在名义黏性，按照 Calvo（1983）的设定方式，有 $(1 - \omega_\omega)$ 部分的家庭接收到"工资调整信号"进而最优化其工资水平，其余 $\omega_\omega$ 部分的家庭没有接收到"工资调整信号"只根据上期的通胀情况指数化其工资水平。得到家庭工资决策的一阶条件：

$$E_t \sum_{k=0}^{\infty} (\beta \omega_\omega)^k \left[ \frac{\Pi^k W_{i,t}}{P_{t+k}} \cdot \frac{\partial U_t}{\partial C_{t+k}} - \frac{\lambda_\omega}{1 - \lambda_\omega} \cdot \frac{\partial U_t}{\partial H_{t+k}} \right] H_{t+k} = 0 \tag{6}$$

其中，$\Pi^k = \pi_t \times \pi_{t+1} \times \cdots \times \pi_{t+k-1}$。

### （二）企业部门

#### 1. 零售企业

完全竞争的零售市场由位于 $(0,1)$ 的连续统零售企业构成，代表性零售企业购买中间产品 $Y_{j,t}$，$j \in (0,1)$ 并生产出最终消费品 $Y_t$。仍使用 Dixit 和 Stiglitz（1977）的技术表示这一过程：$Y_t = \left( \int_0^1 Y_{j,t}^{\frac{\lambda_p - 1}{\lambda_p}} \mathrm{d}j \right)^{\frac{\lambda_p}{\lambda_p - 1}}$，其中 $\lambda_p > 1$ 表示各种中间产品之间的不变替代弹性，中间产品需求函数为：$Y_{j,t} = \left( \frac{P_{j,t}}{P_t} \right)^{-\lambda_p} Y_t$。由零利润条件得到最终产品价格方程：

$$P_t = \left( \int_0^1 P_{j,t}^{1-\lambda_p} \mathrm{d}j \right)^{\frac{1}{1-\lambda_p}} \tag{7}$$

#### 2. 中间产品企业

中间产品市场由位于 $(0,1)$ 的连续统垄断竞争企业构成，设代表性中间产品企业有如下形式的生产函数：

$$Y_t = A_t \, \varepsilon_t^F \, K_t^\alpha \, N_t^{1-\alpha} \tag{8}$$

资本存量 $K_t$ 满足如下积累方程：

$$K_{t+1} = (1 - \delta_k) K_t + I_t \tag{9}$$

其中，$A_t$ 为中性技术，$\varepsilon_t^F$ 度量异质性生产率，$\alpha$ 表示资本的产出权重，$\delta_k$ 为资本折旧率。

参照 Bratsiotis 等（2014），假设中间产品企业在进行生产活动前必须通过向商业银行贷款以支付劳动工资和资本租金，令 $L_t$ 表示代表性企业的贷款，得到如下真实融资方程：

$$L_t = r_t^k K_t + W_t^R N_t \tag{10}$$

其中，真实工资 $W_t^R = \dfrac{W_t}{P_t}$。中间产品企业定价决策包括成本最小化和利润最大化两个阶段。第一阶段最小化中间产品企业的成本函数得到真实边际成本：

$$m c_t = \frac{R_t^L W_t^R N_t^\alpha}{(1-\alpha) A_t \varepsilon_t^F K_t^\alpha} \tag{11}$$

第二阶段仍采用 Calvo（1983）的假设，每一期有（$1 - \omega_p$）比例的企业可以重新调整产品价格，其余 $\omega_p$ 比例的企业根据上期通胀情况指数化其产品价格。设 $P_t^*$ 表示所有在 $t$ 期可以最优化其产品价格的企业重新选择的价格，最大化企业的真实贴现利润，得到如下一阶条件：

$$P_t^* = \frac{\lambda_p}{\lambda_p - 1} \cdot \frac{E_t \sum_{i=0}^{\infty} (\beta \omega_p)^i \lambda_{t+i} Y_{t+i} P_{t+i}^{\lambda_p} m c_{t+i}}{E_t \sum_{i=0}^{\infty} (\beta \omega_p)^i \lambda_{t+i} Y_{t+i} \prod_{\tau=1}^{i} \pi_{t+\tau-1}^{\Theta}} \tag{12}$$

其中，$\lambda_{t+i}$ 为家庭预算约束的拉格朗日乘子，$\Theta$ 代表后顾型中间企业指数化其产品价格的程度参数，位于（0,1）。结合前瞻型企业的最优定价和后顾型企业的指数化定价，式（7）可重新写为：

$$P_t^{1-\lambda_p} = (1-\omega_p)(P_t^*)^{1-\lambda_p} + \omega_p (\pi_{t-1}^{\Theta} P_{t-1})^{1-\lambda_p} \tag{13}$$

对式（12）、式（13）进行对数线性化处理，即可得到混合新凯恩斯菲利普斯曲线。

### （三）银行部门

与以往许多单纯围绕 Bernanke 等（1999）的外部融资溢价机制和基于 Kiyotaki 和 Moore（1997）的抵押物约束机制进行建模的思路不同，本文通过刻画一个显性银行部门将金融因素纳入模型，同时通过构建一个混合抵押机制将企业的生产经营状况与银行的信贷决策关联起来，而企业的经营状况将借由融资风险溢价反映到银行贷款利率定价上。

假设银行部门由位于（0,1）的完全竞争的连续统商业银行构成，银行通过吸收存款（$D_t$）和自有资本（$V_t$）募集资金以满足中间产品企业的贷款需求。代表性商业银行满足如下信贷恒等式：

$$L_t = D_t + V_t \qquad (14)$$

在抵押机制构建方面，Kiyotaki 和 Moore（1997）、Brzoza-Brzezina 和 Kolasa（2013）、Falagiarda 和 Saia（2017）等文献将土地、资本或房地产作为抵押物，而 Agénor 和 Aizenman（1998）、Bratsiotis 等（2014）、Tayler 和 Zilberman（2015）等文献将生产的产品作为抵押物。现实经济中，以前者为代表的不动产抵押占了企业抵押融资的主要部分，而以后者为代表的不动产抵押有助于进一步降低企业的融资成本，是未来动产融资业务发展的重要方向。① 为此，本文进一步考虑采取不动产和动产抵押相结合的方式，将产品 $Y_t$ 和资本 $K_t$（扣除折旧部分）共同纳入融资抵押序列，从而构造一个混合抵押机制。商业银行通过评估会以企业的产出 $Y_t$ 和资本 $K_t$ 的一个比例 $\chi_t$ 为抵押发放贷款。令抵押率 $\chi_t$ 服从一阶自回归过程，则 $\chi_t$ 下降可视为负向金融冲击，因为其通过降低银行可获得的抵押品价值而增大了贷款违约概率，进而引发信贷违约风险，这一比率的下降反映出企业经营状况的恶化。此外，抵押率 $\chi_t$ 也可以视作贷款 – 价值比率（LTV），这一比率下降说明金融监管部门对银行的贷款投放变得更加谨慎，从而间接表明经济中的贷款违约概率变大、信贷风险上升。贷款抵押条件设定为：

$$\chi_t \left[ Y_t + (1 - \delta_k)\, r_t^k\, K_t \right] = R_t^L\, L_t \qquad (15)$$

其中，$R_t^L$ 为贷款毛利率。由式（8）、式（10）、式（15），得到贷款违约门限值 $\varepsilon_t^{F,M}$ 为：

$$\varepsilon_t^{F,M} = \frac{R_t^L (r_t^k\, K_t + W_t^R\, N_t) - \chi_t (1 - \delta_k)\, r_t^k\, K_t}{\chi_t\, A_t\, K_t^{\alpha}\, N_t^{1-\alpha}} \qquad (16)$$

由式（16）可知，违约门限值与贷款毛利率、真实资本回报率以及真实工资成正比，与抵押率、中性技术成反比。与 Tayler 和 Zilberman（2015）的贷款违约门限设定不同，由于引入资本做抵押，本文得到的贷款违约门限值要比纯产成品抵押的结果更小，因为资本也参与抵押并且其更新过程不存在随机性。假定异质性生产率 $\varepsilon_t^F$ 服从 $(\underline{\varepsilon}^F, \overline{\varepsilon}^F)$ 上的均匀分布，得到贷

---

① 我国新《物权法》第一百八十一条规定："可以将现有的以及将有的生产设备、原材料、半成品、产品抵押，债务人不履行到期债务或者发生当事人约定的实现抵押权的情形，债权人有权就实现抵押权时的动产优先受偿。"

款违约概率 $\Phi_t$：

$$\Phi_t = \int_{\underline{\varepsilon}^F}^{\varepsilon_t^{F,M}} f(\varepsilon_t^F)\,\mathrm{d}\varepsilon_t^F = \frac{\varepsilon_t^{F,M} - \underline{\varepsilon}^F}{\overline{\varepsilon}^F - \underline{\varepsilon}^F} \tag{17}$$

考虑代表性商业银行，假设其利润为零，贷款利率设计应使各期均满足盈亏平衡条件，即来自贷款投放的收入与募集资金的成本相抵：

$$\int_{\underline{\varepsilon}^F}^{\varepsilon_t^{F,M}} \chi_t \left[ Y_t + (1 - \delta_k)\, r_t^k\, K_t \right] f(\varepsilon_t^F)\,\mathrm{d}\varepsilon_t^F + \int_{\varepsilon_t^{F,M}}^{\overline{\varepsilon}^F} R_t^L\, L_t\, f(\varepsilon_t^F)\,\mathrm{d}\varepsilon_t^F = R_t^D\, D_t + (R_t^V + c)\, v_t \tag{18}$$

其中，$c$ 表示商业银行进行权益资本融资产生的费用成本。经积分变换并结合式（8）、式（10）、式（16）得到贷款利率定价表达式：

$$R_t^L = \Psi_t \left[ (1 - VL_t)\, R_t^D + VL_t (R_t^V + c) - \chi_t (1 - \delta_k) \left( 1 - \frac{1}{\Psi_t} \right) \frac{r_t^k\, K_t}{L_t} \right] \tag{19}$$

其中，$VL_t = \dfrac{V_t}{L_t}$ 为资本与贷款比率，受资本充足率监管约束[①]；$\Psi_t = \dfrac{2\,\varepsilon_t^{F,M}}{2\,\varepsilon_t^{F,M} - (\overline{\varepsilon}^F - \underline{\varepsilon}^F)\,\Phi_t^2}$ 表示融资风险溢价，贷款违约概率 $\Phi_t$ 越高，则融资风险溢价越高。商业银行根据储蓄成本、股本成本（$R_t^V + c$）、资本与贷款比率再经由融资风险溢价调整确定贷款利率。

在这里，贷款利率定价公式（19）的内涵十分丰富，充分体现了其连接金融与实体经济的纽带作用。具体来讲，本文的贷款利率形成主要受到四方面因素影响：一是受实体经济状况影响，表现为贷款违约概率 $\Phi_t$ 通过改变融资风险溢价 $\Psi_t$ 进而影响贷款利率；二是受银行行为影响，表现为在储蓄利率 $R_t^D$ 一定的条件下银行通过自提资本比率 $\xi_t^V$ 改变资本利率 $R_t^V$ 与 $R_t^D$ 的加成关系 [式（5）] 进而影响贷款利率；三是受货币政策影响，货币当局通过调整政策利率 $R_t^{cb}$ 改变储蓄利率，从而影响资本利率，最终影响贷款利率；四是受资本监管影响，监管当局通过调整资本充足率 $VL_t$ 可改变储蓄成本和资本成本在贷款利率定价中的权重分配，从而最终对贷款利率产生影响。

---

① 资本充足率有不同的口径，主要有资本对存款的比率、资本对负债的比率、资本对总资产的比率、资本对风险资产的比率等。由于本文模型中的商业银行只经营存贷款业务而且贷款并未按风险进行权重分配，资本充足率要求可以简单地用资本与贷款比率表示。

由于引入资本要素 $K_t$ 作抵押，融资溢价变动对贷款利率定价的影响存在正负两种效应，其净效应影响的偏导数为：

$$\frac{\partial R_t^L}{\partial \Psi_t} = (1 - VL_t)R_t^D + VL_t(R_t^V + c) - \chi_t(1 - \delta_k)\frac{r_t^k K_t}{L_t} \qquad (20)$$

由于储蓄的毛利率和银行资本的毛回报率都大于 1，因此式（20）前两项之和大于 1，而资本与贷款比率与资本价格等的乘积小于 1，因此 $\frac{\partial R_t^L}{\partial \Psi_t}$ 仍大于 0，最终影响方向与 Tayler 和 Zilberman（2015）的产成品抵押情况下的结果是一致的。

鉴于中间产品企业的异质性生产率大小具有随机性，因此银行投放的贷款在客观上存在违约可能。为保证坏账不殃及储蓄池以维护个体经营的稳健性，银行会在每期期初对当期投放的贷款质量进行评估进而提取资本金以吸收损失。据此，银行评估违约损失情况并形成如下预期损失函数：

$$\xi_t^V V_t = (1 - \chi_t)\int_{\underline{\varepsilon}^F}^{\varepsilon_t^{F,M}} \chi_t [Y_t + (1 - \delta_k) r_t^k K_t] f(\varepsilon_t^F) \mathrm{d}\varepsilon_t^F \qquad (21)$$

利用式（8）、式（10）、式（16）、式（21）及均匀分布性质，得到银行资本的风险计提比例：

$$\xi_t^V = \left(VL_t - \frac{V_t}{r_t^k K_t}\right)^{\alpha-1} \cdot \frac{(1 - \chi_t)\chi_t A_t K_t^\alpha}{V_t^\alpha (W_t^R)^{1-\alpha}} \cdot \frac{\varepsilon_t^{F,M} + \varepsilon^F}{2} \Phi_t + \frac{(1 - \chi_t)\chi_t(1 - \delta_k) r_t^k K_t \Phi_t}{V_t} \qquad (22)$$

式（22）可以看作银行个体基于微观审慎的顺周期资本计提行为方程。它表明，贷款违约概率越高，资本的风险计提比例就越大，体现出明显的顺周期性。此外，资本监管越严格（即 $VL_t$ 上升），风险计提比例就越小，从而反映出外部资本监管对银行个体微观审慎行为的影响。一般认为，资本监管通过改善资本比率可以提高银行的风险应对能力，而忽视了资本监管对银行自身风险行为的替代性影响。[1] 资本监管要求与风险计提比例的此

---

[1] "替代假说"认为，对于公司股东来说，有效的内部监督是有成本的，如果外部监管能在一定程度上减轻代理问题，则无须强化内部治理（Shleifer 和 Vishny，1997；Becher 等，2005）。从公司治理的角度看，银行会综合考虑外部监管和内部风险控制，以确定一个利润最大化条件下的风险管理强度。因此，在资本监管的风险承担渠道影响下，银行可以通过改变内部风险管理强度以部分抵消资本监管的压力。

消彼长表明这两种工具对强化银行个体的审慎经营具有相似作用。作为微观审慎工具，计提风险准备金有助于个体机构的稳健经营、维护储蓄资产安全，因此微观层面的审慎管理仍具有必要性，它是实施逆周期宏观审慎监管的基础。但是微观审慎具有显著的顺周期性，如果经济周期进入下行期或整体宏观经济受到严重冲击，导致经济中贷款违约概率普遍提高，则单纯依靠微观审慎管理反而会加速经济形势的进一步恶化，因此需要构建逆周期宏观审慎监管来抑制微观审慎的顺周期性以熨平经济波动。

## （四）监管当局

资本监管是实施宏观审慎调控的核心，其根本目的在于防止银行经营风险带来的损失侵蚀存款人的利益。根据商业银行资本监管要求，每期银行必须预留部分资本金以覆盖相应比例的贷款，参照 Tayler 和 Zilberman（2015），以一个带有调整惯性的指数函数表示监管当局对商业银行的资本充足率要求：

$$VL_t = (VL_{t-1})^{\rho_{vl}} \left[ \rho \left( \frac{\Phi_t}{\Phi} \right)^{\theta^c} \right]^{1-\rho_{vl}} \tag{23}$$

其中，$\rho$ 表示最低资本充足率要求，$\rho_{VL} \in (0,1)$ 度量监管当局政策调整的平滑程度，通过对参数 $\theta^c$ 进行限制可以刻画不同的监管政策。2008 年金融危机发生以来，巴塞尔协议Ⅱ备受争议，问题直指其资本监管的顺周期性放大了经济波动。作为对危机的反思，巴塞尔协议Ⅲ重点突出了构建具有逆周期特征的宏观审慎监管框架，以破解政策本身的顺周期性对经济的伤害。两类政策的具体影响机制如图 1 所示。当经济不景气导致贷款违约概率上升时，借由融资风险溢价和银行资本风险计提比例的增加，贷款利率会上升。此时，执行逆周期资本监管一方面虽然可通过降低资本充足率要求来增加信贷供给、抑制贷款利率上升，但是另一方面，注意到通过替代性影响，放松资本要求可能会激励商业银行多计提风险资本金以维持经营的稳健性，从而借由银行资本渠道促进贷款利率上升，最终会对逆周期监管效果产生一定的负向效应。反之，顺周期监管在提高资本要求的同时也可能会激励商业银行少计提风险资本金，从而信贷收紧可以得到一定程度的缓解。那么，在考虑替代性影响的情形下，基于宏观审慎考量的逆周期资本监管在熨平经济波动方面的效果是否一定优于顺周期监管？通过后文的定量模拟分析，可以清楚地看到在金融冲击发生时，实施逆周期资本监管可以更好地熨平主要经济变量的波动，这也为实施逆周期管理提供了一定的经验证据。

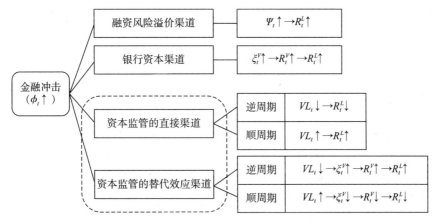

**图1　金融冲击下资本监管的双重效应**

基于以上分析，后文以巴塞尔协议Ⅲ为代表的逆周期宏观审慎监管政策为分析基准，同时对比分析以巴塞尔协议Ⅱ为代表的顺周期监管政策在熨平金融冲击导致的经济波动方面的效果和差异。具体地，令：（1）$\theta^c < 0$ 表征资本监管力度随信贷违约风险加大而降低，以体现逆周期宏观审慎监管特点；（2）$\theta^c > 0$ 表征资本监管力度随信贷违约风险加大而提高，以体现顺周期资本监管特点。

### （五）货币当局

假设货币当局使用泰勒规则调控经济。关于在货币政策调控中是否应该关注金融因素的争论在危机发生之后再次得到广泛关注。本文分别考虑三种形式的货币政策规则：一般泰勒规则、包含信贷价格的扩展泰勒规则、包含信贷规模的扩展泰勒规则。① 在包含审慎因素的泰勒规则中，设定短期政策利率 $R_t^{cb}$ 的调整不仅盯住通货膨胀、产出和货币，同时也盯住信贷。为进一步比较货币政策调控信贷价格和信贷规模何者更优，本文用信贷产出

---

① 学术界通常将盯住信贷等金融因素的泰勒规则称为"审慎的泰勒规则"或"扩展的泰勒规则"。

比指标$\left(\dfrac{L_t}{Y_t}\right)$度量信贷规模，用信用缺口指标度量信贷价格。信用缺口定义为市场融资利率相对于无风险利率之比，[①] 由于融资利率$R_t^L$包含了市场违约风险信息和银行风险承担状况，因此对这一变量进行反应实质上表征了对货币政策的审慎要求，这也是2008年金融危机后对货币政策调控规则进行优化的重要方向。以盯住信贷价格为例，货币当局按如下规则调控经济：

$$\frac{R_t^{cb}}{\overline{R}^{cb}} = \left(\frac{R_{t-1}^{cb}}{\overline{R}^{cb}}\right)^{\rho_R} \left[\left(\frac{\pi_t^P}{\overline{\pi}^{P,T}}\right)^{\varphi_\pi} \left(\frac{Y_t}{\overline{Y}}\right)^{\varphi_Y} \left(\frac{m_t}{m_{t-1}}\right)^{\varphi_m} \left(\frac{R_t^L / R_t^D}{\overline{R}^L / \overline{R}^D}\right)^{\varphi_{cred}}\right]^{1-\rho_R} \tag{24}$$

其中，$\overline{R}^{cb}$、$\overline{Y}$、$\overline{R}^L$、$\overline{R}^D$分别表示政策利率均衡值、稳态产出、稳态贷款利率和稳态无风险存款利率，$\overline{\pi}^{P,T}$表示当局的通胀目标，$\rho_R$衡量利率调整的平滑程度，$\varphi_\pi$、$\varphi_Y$、$\varphi_m$、$\varphi_{cred}$分别度量通胀、产出、货币、信用缺口在利率调整中的权重。

### （六）外生冲击和市场均衡

本文主要涉及两类冲击——金融冲击和技术冲击，两类冲击均服从$i.i.d.\,N(0,\sigma_X^2)$。在竞争性均衡状态下，所有最优化条件和资源约束条件得到满足，产品市场、劳动力市场、借贷市场、储蓄市场和资本市场同时出清，所有企业选择相同的产品价格、雇佣劳动力和银行贷款。通过对上述非线性模型系统在内生变量稳态附近进行对数线性化处理，可以得到用以进行数值模拟的线性动态差分方程组。

## 四　模型校准

本文待校准的模型参数包括模型的结构性参数、变量稳态值和外生冲击参数。对于结构性参数综合历史数据和已有文献进行校准，对于变量稳态值综合历史数据、已有文献及模型稳态方程计算得出，外生冲击参数按照已有文献和习惯设定。所需数据均来自中经网统计数据库、国研网统计数据库、国家统计局网站和银监会网站。

---

① 类似的设定还有 Christiano 等（2010）、Curdia 和 Woodford（2010）、马勇（2013）、裘翔和周强龙（2014）等。

结构性参数设定。按照多数文献的做法，将消费的跨期替代弹性 $\zeta$ 设为 0.5；货币需求的利率弹性 $\eta$ 设为 0.33；资本季度折旧率 $\delta_k$ 设为 2.5%。已有研究中国问题的文献对劳动供给弹性的倒数 $\gamma$ 取值差异较大，王国静和田国强（2014）注意到了这一问题，以他们的估计结果将 $\gamma$ 设定为 2.23。根据稳态时 $\beta = 1/R^D$，计算出主观贴现因子 $\beta$ 为 0.99。价格黏性 $\omega_p$ 和工资黏性 $\omega_\omega$ 一般介于 0.5 ~ 0.85，取刘斌（2008）和 Zhang（2009）的结果，分别设为 0.85 和 0.6。我国的劳动差异总体偏低，将劳动的不变替代弹性 $\lambda_\omega$ 设为 21。国内多数文献对资本产出权重 $\alpha$ 的取值介于 0.35 ~ 0.5，取中间水平设为 0.43。按照 Agénor 等（2014），将异质性生产率 $\varepsilon_t^F$ 的分布上限 $\overline{\varepsilon}^F$ 和分布下限 $\underline{\varepsilon}^F$ 分别设为 1.35 和 1。按照 Tayler 和 Zilberman（2015）将商业银行权益融资费用成本 $c$ 设为 0.1。后顾型中间企业指数化其产品价格的程度参数 $\Theta$ 参考刘斌（2008）和陆军等（2012）的结果，设定为 0.25。本文的资本充足率要求更加贴近现实中的一级资本充足率，囿于数据的可得性，根据 2011 ~ 2014 年我国商业银行一级资本充足率的平均水平，将最低资本充足率要求 $\rho$ 校准为 10.2%。

变量稳态值设定。中性技术的稳态值 $\overline{A}$ 按照当前普遍做法标准化为 1。扣除净出口差额和政府购买支出后，以 1996 ~ 2014 年居民消费占 GDP 的比重和投资占 GDP 的比重将 $\dfrac{\overline{C}}{Y}$ 和 $\dfrac{\overline{I}}{Y}$ 分别校准为 42.84%、57.16%。劳动的稳态值 $\overline{N}$ 参考黄赜琳（2005）和马勇（2013）等的方法，以 1996 ~ 2014 年全社会就业人员数占总人口的平均比例确定为 0.568。以 1996 ~ 2014 年金融机构一年期法定定期存款利率的均值将稳态储蓄毛利率 $\overline{R}^D$ 校准为 1.01。限于数据的可得性，以 2005 ~ 2014 年银行业整体不良贷款率表征贷款违约概率，将稳态贷款违约率 $\Phi$ 校准为 0.035。与 Tayler 和 Zilberman（2015）一样，将抵押率的稳态值 $\overline{\chi}$ 设为 0.97。根据模型稳态条件和相关参数设置，稳态资本充足率要求 $\overline{VL}$ 校准为 0.102；实际资本回报率稳态值 $\overline{r}^k$ 校准为 3.5%。根据稳态方程 $\overline{\xi}^V \overline{V} = (1 - \overline{\chi}) \overline{\chi} \overline{\Phi} [\overline{Y} + (1 - \delta_k) \overline{r}^k \overline{K}]$ 计算得到银行权益资本计提比例的稳态值 $\overline{\xi}^V$ 为 0.95%。稳态贷款违约门限值 $\overline{\varepsilon}^{F,M}$ 通过稳态方程 $\overline{\Phi} = (\overline{\varepsilon}^{F,M} - \underline{\varepsilon}^F)/(\overline{\varepsilon}^F - \underline{\varepsilon}^F)$ 校准为 1.01225；银行股本毛收益率 $\overline{R}^V$ 通过稳态方程 $\overline{R}^V (1 - \overline{\xi}^V) = \overline{R}^D$ 校准为 1.0197。根据稳态方程 $\overline{R}^L =$

$\overline{\Psi}\left[ (1 - \overline{V}\,\overline{L})\,\overline{R}^{D} + \overline{V}\,\overline{L}(\overline{R}^{V} + c) - \overline{\chi}(1 - \delta_{k})\left( 1 - \dfrac{1}{\overline{\Psi}}\right)\dfrac{\overline{r}^{k}\,\overline{K}}{\overline{L}}\right]$ 将稳态贷款利率 $\overline{R}^{L}$

校准为 1.116。

外生冲击参数设定。与马勇和陈雨露（2013）一样，按照习惯做法将利率规则中的通胀权重 $\varphi_{\pi}$ 和产出权重 $\varphi_{Y}$ 分别设为 1.5、0.5，货币权重 $\varphi_{m}$ 参照鄢莉莉和王一鸣（2012）的估计结果设为 0.84。信用缺口权重 $\varphi_{cred}$ 的基准值根据 Tayler 和 Zilberman（2015）设为 -0.2，再沿用 Curdia 和 Woodford（2010）的思路，在一定范围内对其进行调整以考察最终的政策效果和福利水平。同样，本文另一关键参数 $\theta^{c}$ 的正负表征不同监管体制，取值大小亦会影响最终政策效果，首先根据 Tayler 和 Zilberman（2015）按照逆周期和顺周期监管将 $\theta^{c}$ 分别设为 -0.1、0.1，之后在福利分析中通过对取值大小进行适当调整以寻求福利最大化水平的对应值。利率调整的平滑程度 $\rho_{R}$ 和资本监管调整的平滑程度 $\rho_{VL}$ 均设定为 0.8。技术冲击参考许伟和陈斌开（2009），将 $\rho_{A}$ 设定为 0.7809，$\sigma_{A}$ 设为 0.0203。王国静和田国强（2014）在表征企业可清算资产与贷款匹配程度的变量中引入金融冲击，其内涵与本文是一致的，参照他们的估计结果将金融冲击的持久性参数 $\rho_{\chi}$ 设为 0.9601，$\sigma_{\chi}$ 设为 0.0185。

## 五　模拟分析

在校准模型基础上，本文从三个方面来系统分析金融冲击下货币政策与资本监管的配合问题。首先，定量比较不同类型的货币政策与不同体制的资本监管政策在熨平经济波动方面的效果与差异，对货币政策与资本监管的最优类型做出基本判断；其次，引入福利损失函数并通过对货币政策和资本监管的关键参数进行差异化取值，以甄别最优政策组合；最后，进一步考虑异质性金融冲击下货币政策与逆周期宏观审慎资本监管的配合问题，探讨不同类型金融冲击所引致的最优政策执行组合的调整问题。

### （一）金融冲击的经济效应分析

逆周期和顺周期资本监管下主要经济变量对金融冲击的响应路径如图 2

和图 3 所示。① 从整体上看，两种监管体制下的经济变量波动在响应方向上具有相似性，在响应程度上具有明显的差异性。就响应方向的相似性看，在金融冲击发生后，贷款违约概率上升导致融资风险溢价上升进而促使银行提高贷款利率定价，由此通过企业的借贷成本渠道引起企业边际成本上升，通过成本推动型通胀驱动机制使经济的通货膨胀上升；同时贷款利率上升导致企业最终贷款量下降，雇佣劳动和投资也相应下滑，最后导致经济的产出下降；另外，违约风险上升促使银行提高损失计提比例，在逆周期监管下，当局会放松资本充足率要求，货币政策利率也会相应进行逆周期调整，在顺周期监管下，当局则会提高资本充足率要求，但货币政策利率仍会进行逆周期调整。就响应程度的差异性看，逆周期资本监管体制下各经济变量的波动幅度都要明显低于顺周期资本监管体制，而且在逆周期监管下，各变量偏离稳态的黏滞程度都明显低于顺周期监管，这就回答了前文逆周期监管和顺周期监管在存在双重效应的情况下何者更优的问题，同时也为 2008 年金融危机爆发后推行逆周期宏观审慎监管和我国构建逆周期宏观审慎管理制度框架提供了经验上的支持。

从货币政策来看，图 2 和图 3 都表明纳入金融因素考量的扩展泰勒规则要优于一般泰勒规则，进一步讲，包含信贷价格的扩展泰勒规则整体上又要优于包含信贷规模的扩展泰勒规则。具体来看，在逆周期监管体制下，不同泰勒规则导致的通货膨胀、贷款、劳动、投资、产出和政策利率波动具有明显不同，而其他变量的波动差异性很小；在顺周期监管体制下，不同泰勒规则导致的主要经济变量波动都具有明显不同。

通过上述分析可知，在金融冲击下，逆周期资本监管优于顺周期资本监管，包含信贷价格的货币政策规则优于包含信贷规模的政策规则和一般规则。因此，为有效应对金融扰动，一方面必须加快完善具有逆周期调节功能的宏观审慎资本监管，另一方面在制定货币政策过程中应纳入对金融因素的考量。

---

① 笔者对模型中相关重要参数进行了敏感性检验，发现不会改变图 2 和图 3 的基本结论，表明本文的模型具有相当的稳健性。限于篇幅，不再报告具体结果，如有需要，可向作者索取。

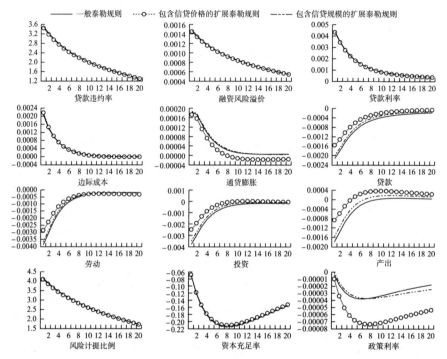

**图2　逆周期资本监管下主要经济变量对金融冲击的响应路径**

## （二）"保增长、稳物价、控风险"三重目标下的最优政策分析

通过前文的分析，我们发现相对其他政策搭配来说，当货币政策规则考虑信贷价格因素时，资本监管采取逆周期调整方式可以更好地熨平经济波动。本部分将进一步考察货币政策调整对信贷价格变化的反应程度以及资本监管的逆周期调整程度会如何影响经济波动。为此，首先引入福利损失评价标准，然后对货币政策参数 $\varphi_{cred}$ 与资本监管参数 $\theta^c$ 在一定范围内取值，以观测不同参数值组合对应的福利损失变化情况，从而甄别出货币政策与资本监管的最优协调组合。

传统的福利损失函数主要关注产出与通货膨胀波动，肇始于2008年的国际金融危机使旨在寻求金融稳定目标的经济政策逐渐成为各国当局宏观调控的重心。为此，本文将基于"保增长、稳物价、控风险"三重目标来构建福利损失函数。《中国人民银行法》规定货币政策目标是保持币值稳定，并以此促进经济增长，可见稳定物价是直接调控目标，促进经济增长

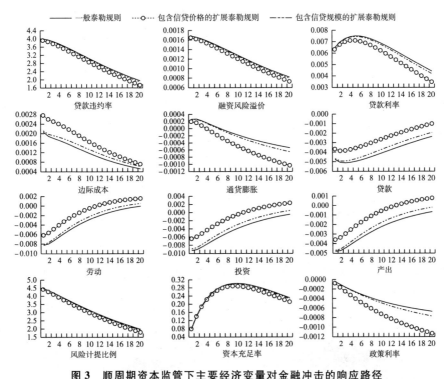

图3 顺周期资本监管下主要经济变量对金融冲击的响应路径

是间接调控目标。此外，无论是多年的"增长主义"导向使各级政府更加偏好产出的高速增长（孙俊、于津平，2014），还是新常态以来产出持续负缺口迫使保增长成为重要目标，都表明宏观调控当局仍然偏好维持产出的合理适度增长。中国目前的社会融资结构以银行信贷为主导，金融资产90%以上由银行业持有，而且半数以上的银行业资产是发放贷款和垫款，因此，实现金融稳定的关键在于防范银行信贷风险。为使实证分析覆盖到上述典型事实，以产出缺口的下半部方差表征当局对低速增长的厌恶，以银行贷款违约率的上半部方差表征金融不稳定程度，构建如下福利损失函数：

$$WelfareLoss_t = \varphi_y \mathrm{Var}(\hat{y}_t \mid \hat{y}_t < 0) + \varphi_\pi \mathrm{Var}(\hat{\pi}_t) + \varphi_\Phi \mathrm{Var}(\hat{\Phi}_t \mid \hat{\Phi}_t > 0) \qquad (25)$$

其中，任意的 $\hat{x}_t$ 表示变量 $X_t$ 对稳态值或目标值的偏离程度，$\varphi_y$、$\varphi_\pi$、$\varphi_\Phi$ 分别为产出、通胀、贷款违约率在福利损失函数中的权重。

令货币政策参数 $\varphi_{cred}$ 和资本监管参数 $\theta^c$ 分别在 $[-0.6, -0.1]$ 中取值，步长为0.1，不同参数取值所对应的政策组合在面临金融冲击时导致的福利损失分布曲面如图4所示。从图中可以清楚地看出，福利损失分布曲面呈现"两头低、中间高"的马鞍形。福利损失最大的区域位于马鞍顶部，此处对应的是货币政策参数 $\varphi_{cred}$ 和资本监管参数 $\theta^c$ 取值位于 $-0.6$ 附近，说明货币政策调整过于盯住信贷价格变化以及资本监管的逆周期调整程度过大的"双紧"组合无益于福利水平的改善。福利损失最小的区域位于马鞍两侧底部，左侧区域对应着货币政策参数 $\varphi_{cred}$ 接近 $-0.6$、资本监管参数 $\theta^c$ 接近 $-0.1$，右侧区域则对应着货币政策参数 $\varphi_{cred}$ 接近 $-0.1$、资本监管参数 $\theta^c$ 接近 $-0.6$，表明盯住信贷价格变化的货币政策和逆周期宏观审慎资本监管采取"一松一紧"的搭配可以有效改善福利水平，同时，存在两种最优政策执行组合也为当局进行宏观调控提供了更大的操作空间和灵活性。

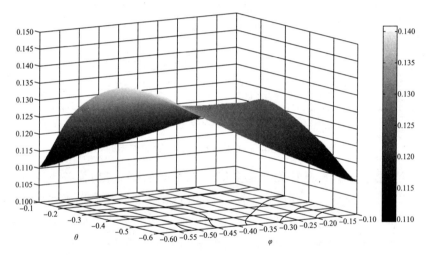

**图4　不同货币政策与资本监管组合对应的福利损失分布**

注：$\theta$ 表示 $\theta^c$，$\varphi$ 表示 $\varphi_{cred}$，下同。

### （三）拓展分析：异质性金融冲击

自2008年金融危机发生以来，对金融冲击的探讨逐渐成为宏观经济学的前沿议题，越来越多的文献开始关注金融冲击对经济波动的影响。从RBC到FBC，人们逐渐意识到引起经济波动的根源不仅有技术冲击还包括金融冲击。但是与技术冲击明确为索洛余量的波动不同，学术界对究竟什么是金融冲击并没有一个统一定义。整理现有国内外文献可以发现，在DSGE模型中引入金融冲击的方法主要有三种：一是将企业的净资产或净财富冲击作为金融冲击（Nolan 和 Thoenissen，2009）；二是与本文在企业贷款抵押方程中对抵押率引入随机冲击相类似，通过对企业的还贷能力施加冲击以表示金融冲击（Jermann 和 Quadrini，2012）；三是对银行权益资产施加冲击以表示金融冲击（Angelini 等，2014）。由于本文建模并未涉及企业净资产的刻画，因此主要考虑后两种冲击。仔细辨别这两种冲击可以发现，第二类金融冲击通过影响企业的偿债能力使贷款违约风险显性化，进而导致金融部门的资产发生损失，导致这种金融冲击的根源在于企业经营状况恶化，这种冲击始于信贷需求方，对金融部门来说是一种外源性冲击；第三类金融冲击则通过直接影响银行权益资产进而导致金融部门发生损失，这种金融冲击以银行资本的随机损失为前提，因此可以将其看成是由金融市场随机波动所引起的金融部门投资失败造成的，这种冲击始于信贷供给方，对金融部门来说是一种内源性冲击。绝大多数涉及金融冲击的文献都没有对这两类冲击做出区分，事实上，由不同金融冲击引发的经济波动程度可能存在显著差异，由此对货币政策与资本监管的最优调控力度适时转变也提出了更高要求。如果从实体与金融的关系角度看，可以发现虽然内源性金融冲击和外源性金融冲击都会引起银行资产损失进而引发银行信贷的收紧，但是两类冲击发生的根源各异、包含的信息也不同，在传导路径上亦有所区别。具体来说，外源性金融冲击根本上是源自实体经济波动，其包含了实体经济恶化的相关信息，传导路径为实体波动→金融正反馈→实体进一步恶化，而内源性金融冲击根源于金融领域的随机波动，并不包含实体经济恶化的任何信息，其传导路径为金融波动→金融正反馈→实体恶化。

具体到本文来看，内源性金融冲击借由金融正反馈作用于实体经济时，不直接引起企业还贷风险上升，因此并不通过融资风险溢价渠道和银行资本渠道发挥作用，对经济波动的影响力度也更小。银行资本的突然减少会直接使资本与贷款比率下降，这一点无论是在逆周期监管还是顺周期监管情形下都是一致的，通过资本监管的直接渠道和替代效应渠道，内源性金融冲击可以导致经济波动。但由失去前两种渠道的强化效果以及资本监管本身存在的双重效应影响可知，同样大小的内源性金融冲击造成的经济波动程度要明显弱于外源性金融冲击。为比较同样大小的异质性金融冲击对经济波动的影响力度，与外源性金融冲击一样，将内源性金融冲击的持久性参数 $\rho_v$ 设为 0.9601，$\sigma_v$ 设为 0.0185。以逆周期监管为例，从均值效应和波动效应两个方面比较内、外源金融冲击对产出、通胀和企业贷款违约率的影响（见表1）。[1] 可以看出，对于各种政策组合，无论是基于均值还是波动考察，内源性冲击对产出、通胀、违约率的影响程度都明显低于外源性冲击。

表 1 外源性金融冲击与内源性金融冲击的经济效应比较

| 经济效应 | 变量\政策组合 | 产出 | | 通胀 | | 违约率 | |
|---|---|---|---|---|---|---|---|
| | | 外源冲击 | 内源冲击 | 外源冲击 | 内源冲击 | 外源冲击 | 内源冲击 |
| 水平效应 | 逆周期监管＋一般泰勒规则 | −2.53E−04 | −8.65E−06 | 4.18E−05 | 3.72E−06 | 2.11E＋00 | 1.46E−01 |
| | 逆周期监管＋盯住信贷价格的泰勒规则 | 1.40E−04 | 1.53E−05 | 1.95E−05 | 6.30E−07 | 2.08E＋00 | 1.46E−01 |
| | 逆周期监管＋盯住信贷规模的泰勒规则 | −1.13E−04 | −3.34E−06 | 4.36E−05 | 3.82E−06 | 2.10E＋00 | 1.46E−01 |
| 波动效应 | 逆周期监管＋一般泰勒规则 | 5.35E−04 | 2.23E−05 | 5.78E−05 | 6.36E−06 | 0.6463 | 0.1836 |
| | 逆周期监管＋盯住信贷价格的泰勒规则 | 3.39E−04 | 1.87E−05 | 6.06E−05 | 6.04E−06 | 0.6324 | 0.1837 |
| | 逆周期监管＋盯住信贷规模的泰勒规则 | 4.95E−04 | 2.13E−05 | 5.96E−05 | 6.38E−06 | 0.6432 | 0.1836 |

通过分析，我们发现与外源性金融冲击一样，相对其他政策搭配来说，当货币政策规则考虑信贷价格因素时资本监管采取逆周期调整方式可以更好地熨平内源性金融冲击引起的经济波动。内源性金融冲击下包含信贷价格因素的货币政策与逆周期资本监管的最优执行区间如图5所示。可以看出，与外源性冲击的结果不同，在内源性冲击下，为确保福利损失最小化，资本监管要从紧，而货币政策可松可紧，几乎没有影响。原因可能在于，外源性冲击反映了经济基本面，而内源性冲击不反映基本面，纯粹由金融波动造成，因此需要资本监管针锋相对，而货币政策主要是根据经济基本面来调节宏观经济，对治理由纯粹金融波动引起的经济波动效果并不理想。

---

[1] 水平效应和波动效应分别由金融冲击下产出、通胀、违约率在20期内的脉冲响应的平均值和标准差计算得到。

此外，可以发现，在内源性金融冲击下，货币政策与资本监管的调控空间更大，福利损失较大的区域占比明显低于外源性金融冲击，而且福利损失程度也相对更低。这反映出外源性金融冲击具有更大的破坏力，熨平其引发的经济波动对货币政策与资本监管的配合要求也更高。

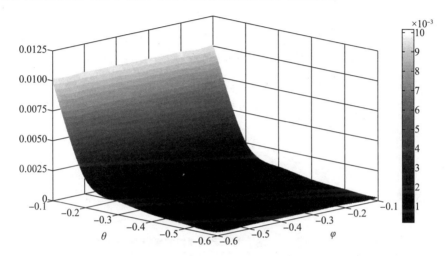

图 5　内源性金融冲击下不同政策组合对应的福利损失分布

# 六　结论与启示

本文基于一个包含显性银行部门的新凯恩斯 DSGE 框架将金融因素内生进模型，刻画了金融部门与实体经济的交互关系和动态反馈机制，分析了金融冲击的经济效应，并在此基础上探讨了"保增长、稳物价、控风险"三重目标下货币政策与宏观审慎资本监管的最优配合问题。研究结论如下。
（1）金融冲击既会影响违约风险、信贷投放、资本充足率等重要金融变量，也会影响产出、投资、通胀等主要实体经济变量。在经济金融交互关系越发紧密和复杂的今天，金融冲击可能对实体和金融同时造成巨大伤害，2008年国际金融危机就是例证，因此必须正视金融冲击的影响并寻求科学应对之策。（2）在考虑外部监管强度对商业银行内部风险管理的替代性影响后，通过定量模拟分析发现逆周期资本监管在熨平金融冲击导致的经济波动方面的效果仍明显优于顺周期监管，这从另一个角度为金融危机后大力推进逆周期宏观审慎监管提供了经验上的支持。此外，研究发现货币政策制定应考虑金融因素，金融价格指标比金融规模指标更适合作为货币政策的盯住变量，这也在一定程度上回答了金融危机后有关货币政策是否应该以及如何关注金融因素的问题，但须注意其前提是必须加快推进利率市场化进程，完善贷款利率等金融价格指标的风险定价机制，从而为货币政策制定提供能够有效反映市场信息的参考指标。（3）不同来源的金融冲击决定了其影响经济的路径存在差异，由实体经济下滑引发的外源性金融冲击要求货币政策力度与资本监管强度采取高低式配合，由金融市场随机波动引发的内源性金融冲击要求资本监管强度从紧，而货币政策的操作空间具有较大灵活性，因此准确识别金融冲击的来源有助于提升宏观调控的整体有效性。

## 参考文献

［1］陈彦斌：《"十三五"规划纲要关于宏观调控的新思路》，《光明日报》2016 年 5 月 4 日。

［2］谷慎、岑磊：《宏观审慎监管政策与货币政策的配合——基于动态随机一般均衡分析》，《当代经济科学》2015 年第 6 期。

［3］黄赜琳：《中国经济周期特征与财政政策效应——一个基于三部门 RBC 模型的实证分析》，《经济研究》2005 年第 6 期。

［4］梁璐璐、赵胜民、田昕明、罗金峰：《宏观审慎政策及货币政策效果探讨：基于 DSGE 框架的分析》，《财经研究》2014 年第 3 期。

［5］刘斌：《我国 DSGE 模型的开发及在货币政策分析中的应用》，《金融研究》2008 年第 10 期。

［6］陆军、刘威、李伊珍：《开放经济下中国通货膨胀的价格传递效应研究》，《世界经济》2012 年第 3 期。

［7］马勇：《植入金融因素的 DSGE 模型与宏观审慎货币政策规则》，《世界经济》2013 年第 7 期。

［8］马勇、陈雨露：《宏观审慎政策的协调与搭配：基于中国的模拟分析》，《金融研究》2013 年第 8 期。

［9］裘翔、周强龙：《影子银行与货币政策传导》，《经济研究》2014 年第 5 期。

［10］孙俊、于津平：《资本账户开放路径与经济波动——基于动态随机一般均衡模

型的福利分析》，《金融研究》2014 年第 5 期。

[11] 王爱俭、王璟怡：《宏观审慎政策效应及其与货币政策关系研究》，《经济研究》2014 年第 4 期。

[12] 王国静、田国强：《金融冲击和中国经济波动》，《经济研究》2014 年第 3 期。

[13] 许伟、陈斌开：《银行信贷与中国经济波动：1993—2005》，《经济学（季刊）》2009 年第 3 期。

[14] 鄢莉莉、王一鸣：《金融发展、金融市场冲击与经济波动——基于动态随机一般均衡模型的分析》，《金融研究》2012 年第 12 期。

[15] 殷克东、吴昊、李雪梅：《我国宏观审慎政策与货币政策协同效应研究》，经济研究工作论文，No. 952，2015。

[16] 张伟进、方振瑞：《金融冲击与中国经济波动》，《南开经济研究》2013 年第 5 期。

[17] Agénor, P. R., Bratsiotis, G. J., and Pfajfar, D., "Credit Frictions, Collateral, and the Cyclical Behavior of the Finance Premium", *Macroeconomic Dynamics*, 2014, 18: 985 – 997.

[18] Agénor, P. R., and Aizenman, J., "Contagion and Volatility with Imperfect Credit Markets", *IMF Economic Review*, 45, 1998: 207 – 235.

[19] Andrés, J., and Arce, O., "Banking Competition, Housing Prices and Macroeconomic Stability", *The Economic Journal*, 122, 2012: 1346 – 1372.

[20] Angeloni, I., and Faia, E., "Capital Regulation and Monetary Policy with Fragile Banks", *Journal of Monetary Economics*, 60, 2013: 311 – 324.

[21] Angelini, P., Neri, S., and Panetta, F., "The Interaction between Capital Requirements and Monetary Policy", *Journal of Money, Credit and Banking*, 46, 2014: 1073 – 1112.

[22] Beau, D., Clerc, L., and Mojon, B., "Macro-prudential Policy and the Conduct of Monetary Policy", Banque de France Working Paper, No. 390, 2012.

[23] Becher, D. A., Campbell, T. L., and Frye, M. B., "Incentive Compensation for Bank Directors: The Impact of Deregulation", *The Journal of Business*, 78, 2005: 1753 – 1778.

[24] Bernanke, B. S., Gertler, M., and Gilchrist, S., "The Financial Accelerator in a Quantitative Business Cycle Framework", *Handbook of Macroeconomics*, 1, 1999: 1341 – 1393.

[25] Bratsiotis, G. J., Tayler, W. J., and Zilberman, R., "Financial Regulation, Credit and Liquidity Policy and the Business Cycle", Centre for Growth & Business Cycle

Research Discussion Paper Series, No. 196, 2014.

[ 26 ] Brzoza-Brzezina, M. and Kolasa, M. , "Bayesian Evaluation of DSGE Models with Financial Frictions", *Journal of Money*, *Credit and Banking*, 45, 2013: 1451 – 1476.

[ 27 ] Calvo, G. A. , "Staggered Prices in a Utility-maximizing Framework", *Journal of Monetary Economics*, 12, 1983: 383 – 398.

[ 28 ] Christiano, L. J. , Motto, R. , and Rostagno, M. , "Financial Factors in Economic Fluctuations", ECB Working Paper, No. 1192, 2010.

[ 29 ] Curdia, V. , and Woodford, M. , "Credit Spreads and Monetary Policy", *Journal of Money*, *Credit and Banking*, 42, 2010: 3 – 35.

[ 30 ] Dixit, A. K. , and Stiglitz, J. E. , "Monopolistic Competition and Optimum Product Diversity", *The American Economic Review*, 67, 1977: 297 – 308.

[ 31 ] Erceg, C. J. , Henderson, D. W. , and Levin, A. T. , "Optimal Monetary Policy with Staggered Wage and Price Contracts", *Journal of Monetary Economics*, 46, 2000: 281 – 313.

[ 32 ] Falagiarda, M. , and Saia, A. , "Credit, Endogenous Collateral and Risky Assets: A DSGE Model", *International Review of Economics & Finance*, 49, 2017: 125 – 148.

[ 33 ] Fiore, F. D. , and Tristani, O. , "Optimal Monetary Policy in a Model of the Credit Channel", *The Economic Journal*, 123, 2013: 906 – 931.

[ 34 ] Gilchrist, S. , Schoenle, R. , Sim, J. , and Zakrajsek, E. , "Financial Heterogeneity and Monetary Union", Meeting Papers from Society for Economic Dynamics, No. 1327, 2014.

[ 35 ] Goodfriend, M. , and McCallum, B. T. , "Banking and Interest Rates in Monetary Policy Analysis: A Quantitative Exploration", *Journal of Monetary Economics*, 54, 2007: 1480 – 1507.

[ 36 ] Jermann, U. , and Quadrini, V. , "Macroeconomic Effects of Financial Shocks", *The American Economic Review*, 102, 2012: 1186 – 1186.

[ 37 ] Kannan, P. , Rabanal, P. , and Scott, A. M. , "Monetary and Macroprudential Policy Rules in a Model with House Price Booms", *The B. E. Journal of Macroeconomics*, 2012, 12: 16.

[ 38 ] Kiyotaki, N. , and Moore, J. , "Credit Chains", *Journal of Political Economy*, 105, 1997: 211 – 248.

[ 39 ] Nolan, C. , and Thoenissen, C. , "Financial Shocks and the US Business Cycle", *Journal of Monetary Economics*, 56, 2009: 596 – 604.

[ 40 ] Ozkan, G. , and Unsal, F. , "On the Use of Monetary and Macroprudential Policies

for Financial Stability in Emerging Markets", Discussion Papers in Economics, University of York, 2013.

[41] Rubio, M., and Carrasco-Gallego, J. A., "Macroprudential and Monetary Policies: Implications for Financial Stability and Welfare", *Journal of Banking & Finance*, 49, 2014: 326 – 336.

[42] Shleifer, A., and Vishny, R. W., "A Survey of Corporate Governance", *The Journal of Finance*, 52, 1997: 737 – 783.

[43] Smets, F., and Wouters, R., "Openness, Imperfect Exchange Rate Pass-through and Monetary Policy", *Journal of Monetary Economics*, 49, 2002: 947 – 981.

[44] Suh, H., *Evaluating Macroprudential Policy with Financial Friction DSGE Model* (mimeo, Indiana University Bloomington, 2011).

[45] Suh, H., "Macroprudential Policy: Its Effects and Relationship to Monetary Policy", FRB of Philadelphia Working Paper, 2012.

[46] Tayler, W., and Zilberman, R., "Macroprudential Regulation and the Role of Monetary Policy", Economic Working Paper Series in Lancaster University Management School, 2015.

[47] Zhang, W., "China's Monetary Policy: Quantity versus Price Rules", *Journal of Macroeconomics*, 31, 2009: 473 – 484.

# 经济政策不确定性规避与企业
# 资本结构动态调整<sup>*</sup>

王朝阳　　张雪兰　　包慧娜<sup>**</sup>

**摘　要**　本文从企业融资需求与供给出发，建立了一个阐释经济政策不确定性影响企业资本结构动态调整的逻辑框架，指出其内在机制是企业对不确定性的规避以及以银行为代表的金融中介对不确定性的规避。以1998~2013年中国工业企业数据库中制造业数据为样本的实证研究发现：经济政策不确定性经由不确定性规避这一渠道阻碍资本结构的动态调整；随着经济政策不确定性的上升，为有效规避不确定性带来的资本结构调整收益下降和资本结构调整成本上升，企业投资决策更为谨慎，以银行为代表的金融中介因"惜贷"而降低了融资可得性，最终导致资本结构调整放缓；对不同行业来说，其对政策变动敏感度的差异会影响本行业企业的资本结构动态调整。本文结论证明了稳定政策预期的重要性和必要性，对理解杠杆率变动以及"去杠杆""降杠杆""稳杠杆"的政策有重要启示。

**关键词**　经济政策不确定性　不确定性规避　资本结构　杠杆率

---

\* 原文发表于《中国工业经济》2018年第12期；原文标题为《经济政策不确定性与企业资本结构调整及稳杠杆》。

\*\* 王朝阳，中国社会科学院办公厅研究员；张雪兰，中南财经政法大学金融学院教授；包慧娜，有色金属技术经济研究院研究员。

# 一 问题的提出

自 1958 年 MM 定理问世以来，资本结构因其攸关企业偿债能力、盈利能力、再融资能力乃至很大程度上决定着企业的价值而受到持续广泛关注。在一系列严格的假设下，MM 定理主张资本结构与企业价值之间并无关联。然而，由于存在破产成本、代理成本以及信息不对称等各种摩擦因素，资本结构显然与企业价值存在密切关联，这意味着从企业价值最大化的角度来说存在一个最优的资本结构，即能够最小化资本成本和最大化公司价值的一种权益和债权之间的安排。大量经验研究证明了这个结论（Harford 等，2009），企业确实存在最优的负债水平，会通过调整自身的负债和权益比例使其达到最优水平，逐步改善经营状况从而提高企业价值和增长率。

资本结构的形成及其调整受企业内外部多种因素的影响，其中，经济政策的不确定性——由于政府未来经济政策不明朗，尤其是经济政策在未来方向和强度上的不明确，市场主体无法确切预知政府在未来是否、何时以及如何改变现行政策而引致的风险（Baker，2013）——是企业始终高度关注的重要问题。目前，宏观经济政策（一阶矩）对资本结构的影响已经在文献中得到了印证。例如，陈冬等（2014）发现在货币紧缩（扩张）时期，企业资本结构会向下（上）调整；伍中信等（2013）对 846 家中国上市公司的研究发现，信贷政策会显著地影响企业资本结构，且对流动负债的影响程度比长期负债大；Cook 和 Tang（2010）也发现期限利差和信贷利差是影响资本结构及其调整速度的重要因素；等等。然而，除顾研和周强龙（2018）等少数研究之外，学者较少关注宏观经济政策不确定性（二阶矩）对企业资本结构及其调整速度的影响。事实上，后者对微观企业行为的影响虽然隐蔽，却同样不容小觑。一些经济学家甚至强调，经济政策不确定性本身就是经济衰退的重要影响因素（Bloom，2009）。那么，宏观经济政策不确定性究竟是如何影响企业资本结构及其动态调整的呢？

从行为经济学的角度看，面对经济政策的不确定性，微观主体往往存在规避的心理，通常会犹疑不决而倾向于观望甚至不作为，拖延很可能成为其最优策略（Stokey，2008）。那么，微观经济主体面对宏观经济政策不确定性所采取的不作为或拖延这类不确定性规避行为是否对其资本结构动态调整产生了阻碍，继而影响了宏观经济政策的实施成效？管理学文献已经证实，即便是对经验丰富的管理者来说，政策不确定性所提出的挑战也是难以估量的，因为未知的将来阻碍了行动者对其行动结果的预测，阻挠了管理者和企业家精心制定的方案，使他们为了规避不确定性带来的风险而相机抉择（McMullen 和 Kier，2016）。从实践来看，在供给侧结构性改革和稳中降杠杆不断推进的当下，地方政府政策的多变使企业无所适从而不敢做长期投资，银行信贷投放顾虑重重者不乏其例（许志峰等，2016），这些典型的不确定性规避的表现是否构成了企业资本结构动态调整的障碍呢？为了回答这一问题，本文拟采用 Baker 等（2013）构建的中国经济政策不确定性指数，① 从企业不确定性规避和银行这一代表性的金融中介不确定性规避的视角切入，探讨宏观经济政策不确定性对微观工业企业资本结构调整行为的影响。

与已有研究相比，本文可能的贡献和增量工作体现在三个方面。（1）丰富了宏观经济政策不确定性如何影响实体经济的研究，拓展了资本结构动态调整的相关文献。Zhang 等（2015）研究了经济政策不确定性影响企业资本结构的路径，却没有关注到企业资本结构的调整速度；而在经济政策不确定性与企业资本结构动态调整的因果关联方面，目前仅有顾研和周强龙（2018）基于财务柔性价值视角的探讨。本文的研究结论证实了微观企业的资本结构调整行为受到宏观经济政策不确定性的显著影响，为有效缓解实体经济困境提供了启示。（2）从不确定性规避的行为视角构建了经济政策不确定性作用于企业资本结构动态调整的概念框架，尝试打开宏观经济政策不确定性影响微观企业行为的"黑箱"。顾研和周强龙（2018）认为，企业财务柔性价值，即企业以低成本获得融资或重构融资结构的能力在政策不确定性与企业资本结构动态调整的过程中发挥了关键作用。本文从不确定性规避的视角，试图涵盖资金供求双方行为对企业资本结构动态调整的影响，发现企业不确定性规避与金融中介不确定性规避是经济政策不确定性作用于企业资本结构动态调整的中介变量。（3）与以往研究多以上市企

---

① 田磊和林建浩（2016）利用条件马尔科夫模型，发现该经济政策不确定性序列的许多波峰点都对应中国大量经济政策出台的政治经济时点，证明该指数能够在很大程度上捕捉中国经济政策的不确定性。

业为样本①不同，本文基于覆盖中国工业企业 90% 样本量的制造业企业展开研究，可避免行业内上市公司数量有限而造成的实证偏误；不仅如此，考虑到中国是一个推行产业政策较多的国家，"选择性产业政策"或者"重点产业政策"仍然是产业政策的重点（余明桂等，2016），本文加入了对行业政策敏感性的考量，证实了不同行业对政策不确定性敏感度的差异对于企业资本结构动态调整的影响，为进一步把准产业政策的作用方式提供了经验证据。

## 二　逻辑机理与研究假设

不确定性会通过不可逆的投资、凸性边际收入、预防性储蓄等机制影响经济活动，经济学理论在这些方面已经形成了较为完备的解释框架。就微观经济主体的行为而言，经济政策不确定性作用于其决策的理论基础是 Stokey（2008）提出的"不作为经济学"。根据 Bloom（2009）的简化模型，不确定性导致雇佣投资的一个中央不作为区，随着不确定性程度的提高，由于非凸调整成本（Non-Convex Adjustment Costs）增加，这一不作为区域将不断扩大，不确定性规避强度不断提高。在管理学语境下，不确定性规避（Uncertainty Avoidance）是霍夫斯泰德提出的文化维度理论（Hofstede，1980）中的六个维度之一，指的是当不确定事件和非常规环境威胁某一社会时，该社会是否经由正式的渠道来规避和抑制不确定性。对不确定性的规避程度反映了人们的心理活动与文化差异，微观经济个体的不确定性规避强度会随着不确定性程度的提高而加大。借鉴这一思想，本文认为，经济政策不确定性会通过企业的不确定性规避与金融中介的不确定性规避共同作用于企业资本结构调整。

### （一）企业的不确定性规避

从国际经验看，频繁变动的宏观经济政策会使微观企业处于一种模糊、预期性差的经营环境中（Pástor 和 Veronesi，2013），影响了企业的信心进而

---

① 由于上市公司都经过规范的股权融资，因此在其资本结构上并不能够反映国内企业的全貌，以此为样本的这一主题的研究可能存在样本偏差。

影响生产经营的方方面面。而在转型经济国家，由于金融市场受到高度管制、市场主体对国家经济政策依赖程度较高，宏观经济政策不确定性的存在更会对宏观经济发展和微观企业行为的各个方面产生重大影响。面对经济政策的不确定性，企业的规避行为显著地体现为更加谨慎的投资决策。以国内为背景的经验研究证实，经济政策不确定性会通过资金成本渠道和资本边际收益率渠道（陈国进、王少谦，2016）、实物期权和金融摩擦渠道（谭小芬、张文婧，2017）影响企业投资决策。Kim 和 Kung（2017）更进一步提出了不确定性影响投资的资产重新配置渠道——由于部分投资的不可逆性，不确定性提高会显著增加重新配置资产的摩擦而影响资产变现价值，继而使企业投资决策趋向谨慎。

具体而言，企业的不确定性规避通过多种渠道影响投资活动。（1）经济政策不确定性降低生产率增长比率、阻碍物质资本和人力资本积累，对经济增长产生消极影响（Aisen 和 Veiga，2013），进而导致企业预期资本调整收益下降，加之投资的部分不可逆性，较高的经济政策不确定性会强化外部冲击对投资的影响，企业对未来发展持"悲观"预期，投资决策将更加谨慎。例如，Li 和 Dan（2019）基于1996～2010年法国、德国、西班牙、意大利等国企业层面数据的考察，发现经济政策不确定性的增强与债务期限的缩短显著相关，而后者与投资的长期属性相悖。（2）不确定性增加了企业的经营风险，很可能导致现金流不稳定，投资者和银行会为此提出更高的风险溢价（Frijns 等，2013）。不仅如此，经济政策不确定性还会影响企业的现金持有、基金资产配置和金融资产价格，降低企业债券的信用评级并且增加企业的融资成本和代理成本，企业融资成本的上升增加了财务风险，也会导致企业减少投资。（3）经济政策不确定性造成信息缺失或混乱，继而对决策者信心造成冲击，决策者会表现出更强烈的流动性偏好。经验证据表明，经济政策不确定性的增加往往伴随着应收账款、应付账款和净信贷的下降（D'Mello 和 Toscano，2020）；在高经济政策不确定性下，企业面临更短供应商的应付账期，并缩减应收账期（Jory 等，2020）。进一步地，决策群体中的个体在不确定性较高的情况下更易产生分歧，由于现金是对未来潜在风险的对冲（Ramirez 和 Tadesse，2009），加之基于预防动机及财务弹性（Graham 和 Harvey，2001）、风险收益权衡等方面的考量（Kim 和 Kung，2017），集体决策更倾向于稳健的"现金为王"而减少投资。上述多种因素的交迭，导致企业投资水平下降以及融资需求减少，从而放慢资本结构的调整过程。

### （二）金融中介不确定性规避

近年来，以银行为代表的金融中介在不确定性冲击影响经济活动中的角色日益受到学术界关注。Bordo 等（2016）发现经济政策不确定性会对银行信贷增长产生负向影响，甚至较高的经济政策不确定性水平会通过银行信贷渠道阻碍经济体从大萧条中复苏的进程；Bonciani 和 Roye（2016）运用 DSGE 模型推导的结果表明，信贷供给摩擦放大了不确定性冲击对经济活动的影响；Cesa-Bianchi 和 Corugedo（2014）也发现信贷摩擦加剧了不确定性对投资和消费的负面影响。

以银行为例，其不确定性规避行为会影响企业的信贷可得性及融资成本，继而加剧信贷资源配置扭曲。（1）政策不确定性提高了企业的融资成本。较高的不确定性迫使银行以提高利率的方式来识别企业的信息，进一步扭曲了银行信贷资源配置，提高了企业的外部融资成本，经验研究为此提供了证据。例如，Popp 和 Zhang（2016）以美国 1962 年 7 月 ~ 2014 年 12 月的月度数据为分析样本，发现不确定性冲击导致信贷利差的显著扩大；Ashraf 和 Shen（2019）对 1998 ~ 2012 年 17 个国家银行层面的数据考察，发现经济政策不确定性的一个标准差，导致银行贷款平均利率增加 21.84 个基点。同时，企业未来的现金流波动将更为剧烈，违约概率将会上升，导致外部融资成本上升（Francis 等，2014）；投资者对持有金融资产将要求更高的风险溢价，也会进一步提高资本调整成本。（2）政策不确定性降低了企业信贷的可得性。随着经济政策不确定性增加，贷款人与借款人之间的信息不对称将进一步加剧，银行更难以评估企业贷款的信用风险，贷款预期收益的噪声加大，这会打击银行批准新的信贷申请的意愿（Alessandri 和 Bottero，2017），对银行信贷增长造成显著的负向影响（Bordo 等，2016）。在资本约束下，银行更倾向于减少风险加权资产，从而降低企业的信贷可得性。（3）政策不确定性的提高影响银行决策者行为（激励机制、任命、银监会对不良率的考核），风险厌恶的管理者会主动规避政策不确定性的负面影响，决策更为谨慎（Kim 和 Kung，2017），加之不确定性导致银行难以对未来的流动性需求形成稳定的预期，如此更进一步影响了银行的信贷行为及资金配置（Quagliariello，2009）。

### （三）研究假设

根据对以上文献线索的梳理，本文认为，经济政策不确定性的增加，增大了企业和金融中介的非凸性调整成本，使企业和金融中介的不作为倾向提高，其对政策不确定性的规避行为分别从融资需求和供给两个方面阻碍企业资本结构趋近其最优资本结构。具体而言，经济政策不确定性通过两条渠道作用于企业资本结构动态调整。（1）企业不确定性规避，影响企业资本结构动态调整的需求或动力。经济政策不确定性增加加剧了信息不对称，导致权益风险上升，加之投资的部分不可逆性，较高的经济政策不确定性减弱了需求冲击对投资的影响，增加了实物期权价值，使企业投资决策更为谨慎而往往减少融资需求（Bloom 等，2007），继而导致投资水平的下降。不仅如此，经济政策不确定性会降低生产率增长比率、阻碍物质资本和人力资本积累，对经济增长产生消极影响，导致企业预期资本调整收益下降，加之基于寻求财务弹性的考量（Graham 和 Harvey，2001），企业缺乏资本结构调整的动力。（2）以银行为代表的金融中介不确定性规避，影响企业资本结构动态调整的资金供给或可行性。随着经济政策不确定性增加，贷款人与借款人之间的信息不对称将进一步加剧，一方面打击了银行批准新的信贷申请的意愿，对银行信贷增长造成显著的负向影响，银行信贷可得性下降；另一方面，银行由于预期企业未来的现金流波动加大、违约概率上升，而通过提高贷款定价以期有效补偿风险，导致企业外部融资成本上升，增加了企业的资本调整成本。在企业不确定性规避和金融中介不确定性规避的综合作用下，经济政策不确定性加剧了企业在融资时面临的各种摩擦，融资成本上升，融资灵活度下降，调整成本的增加负向影响目标资本结构的调整速度；再加上对未来缺乏稳定的预期，企业的融资需求也有所下降，从而放慢了资本结构的调整过程。据此，本文提出如下研究假设。

假设1：经济政策不确定性影响企业资本结构调整速度，不确定性越高，调整速度越慢，即经济政策不确定性会对企业资本结构调整产生阻碍作用。

假设2：经济政策不确定性通过企业的不确定性规避影响企业资本结

调整速度，即企业不确定性规避是经济政策不确定性影响企业资本结构调整速度的中介变量。

假设3：经济政策不确定性通过金融中介的不确定性规避影响企业资本结构调整速度，即金融中介不确定性规避是经济政策不确定性影响企业资本结构调整速度的中介变量。

# 三 研究设计

为了检验上述研究假设及中介效应存在与否，本文将依据变量间的作用机制假设以及中介效应的因果步骤分析方法，结合资本结构动态调整模型建立实证回归方程，使用中国工业企业数据库及同期经济金融数据实证分析经济政策不确定性、企业不确定性规避、金融中介不确定性规避与企业资本结构调整速度之间的关联，并按照温忠麟和叶宝娟（2014）总结的中介效应检验流程检验相应中介效应的存在性。首先，建立研究经济政策不确定性影响资本结构调整速度的方程，即自变量对因变量的总效应方程；其次，建立经济政策不确定性影响企业不确定性规避或金融中介不确定性规避的方程，即自变量影响中介变量的方程；最后，建立经济政策不确定性与企业不确定性规避或金融中介不确定性规避联合影响资本结构调整速度的方程，即控制中介变量时自变量影响因变量的方程。

## （一）资本结构动态调整模型

由于调整成本的存在，企业的实际资本结构和最优水平之间的偏离不能立刻消除，可能需要一个较长的时期，此期间内企业资本结构的偏离只能被部分纠正，因而该期间内资本结构的调整只能是部分调整，实际资本结构不能迅速完全地达到最优水平。Flannery 和 Rangan（2006）、Huang 和 Ritter（2009）等认为，部分调整模型能够全面真实地反映企业资本结构动态调整的基本原理。因此，本文采用部分调整模型来描述资本结构的动态调整过程。

$$lev_{i,t} - lev_{i,t-1} = v_{i,t}(lev_{i,t}^* - lev_{i,t-1}) \tag{1}$$

式（1）中，$v_{i,t}$ 是调整系数，即 $t$ 年资本结构的调整速度，表示在一个年度内公司资本结构向其最优水平调整的速度。$lev_{i,t}$ 表示企业 $i$ 在 $t$ 年末的资本结构（总负债/总资产），$lev_{i,t}^*$ 表示 $t$ 年末的目标资本结构。目标资本结构无法直接观测得到，但只要恰当选择能够反映负债融资成本及收益的变量建立资本结构拟合回归模型，就可以近似拟合出目标资本结构，并且这种用代理变量拟合最优资本结构的方法有较强的稳健性（Huang 和 Ritter，2009）。参考 Flannery 和 Rangan（2006）的做法，本文使用线性函数拟合目标资本结构：

$$lev_{i,t}^* = \alpha + \varphi I_t + \beta control_{i,t} + \varepsilon \tag{2}$$

其中，$I_t$ 为自变量，此处主要指经济政策不确定性（$epu$），$control_{i,t}$ 表示控制变量，主要包括公司特征指标和宏观经济指标两类，[①] 前者如企业规模（$size$）、固定资产率（$fix$）、总资产收益率（$prof$）、企业年龄（$age$）、行业杠杆中值（$medlev$）、行业层面总资产收益率的标准差（$sdprof$）等，后者如货币供应量（$\ln M2$）、企业家信心指数（$eei$）等。

本文研究的是经济政策不确定性（$epu$）对资本结构调整速度（$v$）的影响，以及企业不确定性规避（$uoe$）、金融中介不确定性规避（$uof$）在这一影响机制中是否扮演了中介效应的角色，所以需要假设以上三个因素会影响资本结构的调整速度。参考姜付秀等（2008）以及龚朴和张兆芹（2014）等的做法，设定调整速度是常数项和影响因子的线性函数：

$$v_{i,t} = \delta_0 + \delta_1 C_{i,t} \tag{3}$$

其中，$C_{i,t}$ 为影响资本结构调整成本的变量，即代指 $epu$、$uoe$ 和 $uof$。[②] 本文所关心的是这三个变量对 $v$ 的影响，也就是系数 $\delta_1$，由于对式（3）直接进行回归容易造成回归偏误，[③] 参照龚朴和张兆芹（2014）等，对式（1）～式（3）进行联立后一步回归，直接估算 $C_{i,t}$ 的参数 $\delta_1$。首先将式（2）代入式（1）并化简，得到：

---

① 此处的 $control_{i,t}$ 表示的公司特征指标为面板数据，宏观经济指标为时间序列数据。

② 此处的 $C_{i,t}$ 表示的 $epu$ 为时间序列数据，$uoe$ 及 $uof$ 为面板数据。

③ 有些文献采用两步法来估计调整速度，即首先计算公司的最优杠杆率水平，然后用最优杠杆率水平的拟合值来估计资本结构调整速度，这种"两步"的方法不仅会因为"目标资本结构"的拟合度不高而引起调整速度的较大偏差，而且没有考虑资本结构决定因素与调整因素的相互作用（黄辉，2010），因此可能会导致变量误差偏移。

$$lev_{i,t} = v_{i,t}(\varphi I_t + \beta control_{i,t}) + (1 - v_{i,t})lev_{i,t-1} + \varepsilon \tag{4}$$

将式（2）代入式（4），化简整理得到：

$$
\begin{aligned}
lev_{i,t} &= (\delta_0 + \delta_1 C_{i,t})(\varphi I_t + \beta control_{i,t}) + (1 - \delta_0 - \delta_1 C_{i,t})lev_{i,t-1} + \varepsilon \\
&= (1 - \delta_0)lev_{i,t-1} - \delta_1 C_{i,t} \times lev_{i,t-1} + \delta_1 \beta C_{i,t} \times control_{i,t} + \delta_1 \varphi I_t \times \\
&\quad C_{i,t} + \delta_0 \varphi I_t + \beta control_{i,t}
\end{aligned}
\tag{5}
$$

式（5）为资本结构动态调整模型的复合一步式回归方程。将影响调整成本的变量 $C$ 所指代的变量分别引入式（5）进行回归，这里需要关注的是 $epu$、$uoe$ 和 $uof$ 对调整速度的影响参数 $\delta_1$，即（$C_{i,t} \times lev_{i,t-1}$）系数的相反数。

根据中介效应检验的因果步骤法，当 $C$ 指代 $epu$ 时，对式（5）进行回归可以得到 $epu$ 对 $v$ 的影响系数，即自变量对因变量的总效应；当 $C$ 指代 $epu$ 以及 $uoe$ 或 $uof$ 时，对式（5）进行回归可以得到控制 $uoe$ 或 $uof$ 情况下 $epu$ 对 $v$ 的影响系数，即因果步骤法中控制中介变量时自变量对因变量的影响。同时，为了测度自变量对中介变量的影响，本文同时建立自变量对中介变量的回归方程：

$$M_{i,t} = \varphi epu_t + \eta control_{i,t} + \varepsilon \tag{6}$$

其中，$M_{i,t}$ 指代中介变量 $uoe$ 或 $uof$，$control_{i,t}$ 为控制变量。[①]

## （二）变量选取

（1）解释变量选取。第一，经济政策不确定性（$epu$）。采用由 Baker 等构建、由斯坦福大学和芝加哥大学联合披露的中国经济政策不确定指数加以测度。该指数以中国香港最大的英文报纸《南华早报》为分析对象，在每条新闻报道里搜寻有关经济政策波动的词条，进行手工甄别筛选之后进行统计，在此基础上计算有关经济政策不确定性信息的文章出现的频率，构建出实现序列正规化均值为 100 的月度的经济政策不确定性指数，被经验研究证明为具有更好的连续性和时变性，能够更为准确地反映经济政策的不确定性程度。第二，企业不确定性规避（$uoe$）。企业不确定性规避的主要表征为减少投资，考虑到投资与产值的正向关系、数据可得性及中国工

---

① 当 $M_{i,t}$ 为企业不确定性规避（$uoe$）时，控制变量为企业特征变量，数据形式为面板数据；
  当 $M_{i,t}$ 为金融中介不确定性规避时，控制变量为宏观变量，数据形式为时间序列数据。

业企业数据库的特征，本文采用企业当年工业总产值与总资产的比值作为企业不确定性规避的代理变量。第三，金融中介不确定性规避（uof）。鉴于中国金融体系以银行业为主导，且本文所选取的中国工业企业数据库之样本多以银行贷款为主要外部融资来源，故采用企业所在省份金融机构本外币信贷余额占本省 GDP 的比重衡量金融中介不确定性规避程度。

（2）控制变量选取。本文根据下列原则选择资本结构及其调整速度的影响因素：一是包括权衡理论等主流理论所论及的影响因素；二是国内外学者在相关研究中曾经使用过的变量；三是中国的制度和国情以及实际经济状况所决定的影响因素；四是数据的可得性。在此基础上，本文选取了以下几个变量。第一，企业规模（size）。取企业资产对数加以表示。规模大往往意味着更强的风险分散能力、更低的破产风险以及更强的融资能力，故预期企业规模对资本结构的影响为正。第二，企业年龄（age）。采用企业开业至今总年限的对数表示。企业存续的时间越长，表明其生产经营和投融资积累的经验越多、具有更好的稳定性以及更加良好的预期、更易获得权益融资和银行贷款，预期影响为正。第三，有形资产率（fix）。采用企业非流动资产与总资产的比值加以表示。由于固定资产的担保能力能够在一定程度上降低债务的代理成本、增强企业的融资能力，故预期影响为正。第四，盈利能力（prof）。取企业息税前净利润与总资产之值。依据优序融资理论，企业盈利能力越强，越有可能保留更多的盈余资金满足企业融资需要，继而导致债务融资比例下降，故预期影响为负。第五，行业杠杆中值（medlev）。行业资本有机构成、行业生命周期阶段差异、不同行业的产业壁垒高低不同等都会导致行业因素对资本结构有显著影响（张太原等，2007）。本文按二位数行业代码将制造业企业分为 30 个大类，并取每一年每个行业大类的企业杠杆中位数作为行业杠杆中值指标，以此控制行业效应。第六，收益波动率（sdprof）。由于经济政策不确定性增大时，行业内企业经营差异变大，从而资产收益率的标准差变大（饶品贵等，2017），故取每个二位数行业大类中企业总资产收益率的标准差，以在更大程度上控制不确定性对资本结构调整速度的影响。第七，行业政策敏感度（d_sen）。经济政策在向微观企业传导过程中，会受到行业异质性的影响，政策的冲击效果在行业层面是非对称的。为控制因行业异质性引起的政策敏感度不同带来的影响，本文参照 Akey 和 Lewellen（2016）用经济政策不确定性指数对行业内企业收益率进行回归，提取 p 值小于 0.01 的行业作为政策敏感行业，其余为政策中立行业。第八，货币供应量（ln$M2$）。考虑到货币政策的调整变动会影响金融机构的信贷供给以及企业的财务状况和外部融资能力，故取货币供应量的对数对货币政策加以控制。第九，企业家信心指数（$eei$）。由于企业家对宏观经济环境的感受与信心影响到企业的投融资行为，故取企业家信心指数中的一致指数加以控制。

### （三）数据来源与处理

本文衡量经济政策不确定性的指标使用由 Baker 等构建、由斯坦福大学和芝加哥大学联合披露的中国经济政策不确定指数。由于该指标为月度数据，本文将该指数取一年的平均值除以 100 作为该年整体的经济政策不确定性指数。本文宏观控制变量中的货币供应量、企业家信心指数数据来源于 Wind 数据库，各省金融机构本外币信贷余额数据来自历年《中国区域金融运行报告》中各省市金融运行报告。

企业样本数据来源于中国工业企业数据库。中国工业企业数据库包括"采掘业""制造业以及电力""燃气及水的生产和供应"三个门类的规模以上企业。为了保证企业样本的完整性和可比性，本文以制造业企业作为研究样本进行实证分析。制造业的统计口径包括 30 个大类（二位数行业，13～43，无 38），本文以该分类计算行业杠杆中值。中国工业企业数据库样本量大，且存在大量缺失值和异常统计值。为了保证实证分析的可行性和有效性，本文对 1998～2013 年的制造业企业数据进行了如下处理：（1）剔除关键指标值缺失的观测值；（2）剔除关键指标值异常的观测值，如总资产 < 所有者权益、总资产 < 流动资产、实收资本 < 0 等情形；（3）仅保留营业状态为正常营业的观测值；（4）剔除样本内观测值少于 5 的企业；（5）剔除样本每年的重复观测；（6）对关键指标进行前后 1% 的缩尾处理。在进行以上处理后，本文最终得到 243098 家企业样本和 1740092 条观测值。

## 四　实证过程与结果分析

### （一）拟合目标资本结构

这里用前文假设的影响因素对资本结构进行回归，再用回归结果得到的参数计算资本结构的拟合值。为了保证资本结构拟合模型的有效性，本文首先对模型进行了 Wald 检验，以确定是否存在异方差以及自相关问题。结果显示，Wald 异方差检验和 Wald 自相关检验都强烈拒绝了原假设，证明模型存在一定程度上的异方差和自相关问题。本文还注意到，在对目标资本结构进行拟合时，模型可能会面临内生性的问题，主要原因包括：（1）经济政策不确定性等宏观变量除了通过融资渠道影响企业资本结构之外，也可能通过其他渠道如产品市场的竞争状况（姜付秀等，2008）等发挥作用，因而宏观变量可能与随机误差项相关；（2）一些不随时间变化的公司特征可能与解释变量相关，而这些固定效应被包含在误差项中。

对此，本文采用两步最优广义矩估计法对资本结构进行拟合，并对标准误进行聚类稳健修正。由于中国经济政策不确定性（*epu*）与美国经济政策不确定性（*uepu*）之间存在较强的相关性（饶品贵等，2017），本文采用美国经济政策不确定性（*uepu*）作为中国经济政策不确定性（*epu*）的工具变量。

如表 1 所示，结果（1）是资本结构拟合的 GMM2S 聚类稳健回归结果，结果显示模型中设定的解释变量以及控制变量都有较高水平的显著性，经济政策不确定性与企业资本结构水平显著正相关，各控制变量对资本结构的影响方向也与前文预期一致。此外，不可识别检验强烈拒绝了原假设；弱工具变量检验接受原假设，说明工具变量与内生性变量有较强相关性；过度识别检验报告了模型恰足确认的结论，非聚类的 GMM2S 回归结果也基本一致，表明美国经济政策不确定性（*uepu*）是中国经济政策不确定性（*epu*）的合理工具变量，模型的 GMM2S 估计结果稳健有效。

本文注意到，已有相关研究并未涉及的变量——行业政策敏感度（*d_sen*）对企业资本结构有显著影响。究其原因，可能是不同行业的企业之间在诸如竞争强度、公司规模、融资能力、成本和利润、财务费用分担、流动性等方面存在异质性，使不同行业企业对同一经济政策的反应程度存在较大差异，因此形成了行业对政策变化冲击的不同敏感程度。这一研究发现与干杏娣和吉红云（2014）基于上市公司数据所得出的不同行业由于自身资产负债状况、行业属性等的不同，在面对同样的货币政策冲击时会有不同的反应是相契合的。另外，这些体现行业异质性的因素又是影响资本结构的重要因素（姜付秀等，2008）。从企业资本结构调整的角度来看，每个行业中企业的特征因素存在异质性，其融资需求和融资能力对经济政策的反应存在行业差异，因此其资本结构的调整行为对经济政策变动的反应也会存在行业差异。这一发现揭示出我们在制定相关经济政策时，必须重视政策实施及其变动的影响在不同行业的异质性是否会导致政策实施效果偏离预期的目标。

**表1　资本结构拟合 GMM2S 回归**

| | （1）<br>GMM2S | （2）<br>GMM2S | （3）<br>FE | （4）<br>FE |
|---|---|---|---|---|
| | *lev* | *lev* | *lev* | *lev* |
| *epu* | 0.0330 *** <br> （49.8838） | 0.0330 *** <br> （44.4544） | − 0.0058 *** <br> （− 2.8393） | − 0.0058 *** <br> （− 5.4683） |
| *d_sen* | 0.0078 *** <br> （11.2454） | 0.0078 *** <br> （11.3608） | − 0.0058 *** <br> （− 2.8393） | − 0.0058 *** <br> （− 5.4683） |
| *control* | 是 | 是 | 是 | 是 |
| Underidentification test<br>Chi-sq（1）P-val | 0.0000 | 0.0000 | | |
| Weak identification test<br>C-D Wald F statistic | 9.0e + 05 | 5.7e + 05 | | |
| Overidentification test | equation exactly identified | | | |
| Robust | 是 | 否 | 是 | 否 |
| 样本量 | 1740092 | 1740092 | 1740092 | 1740092 |
| 调整后 $R^2$ | 0.117 | 0.117 | 0.045 | − 0.110 |

注：观测值为企业层面，\*\*\* 表示参数的估计值在 1% 的水平下显著，括号内为 t 统计值。

### （二）经济政策不确定性与资本结构调整速度

为研究经济政策不确定性对资本结构调整速度的总效应，将式（5）中的 $C$ 定义为中国经济政策不确定性（*epu*），由于是联立方程的一步式回归，此处并不适用两步最优 GMM 回归，因此这里采用固定效应进行拟合，并且采用稳健的标准误进行处理。如表 2 所示，中国经济政策不确定性（*epu*）与企业杠杆率的滞后一期值（$lev_{t-1}$）的交乘项（$epu \times lev_{t-1}$）的参数是 0.0041，且在 1% 的水平下显著，说明经济政策不确定性程度越高，企业资本结构调整速度越慢。这意味着经济政策不确定性会阻碍企业对资本结构的调整，从而支持了假设1。这一研究发现与顾研和周强龙（2018）以2001～2014年中国A股上市公司为研究样本所得到的结论是一致的。换言之，要顺畅企业资本结构动态调整、促进稳中降杠杆，经济政策的制定应着眼于稳定市场对宏观经济政策的预期，避免政策变动频仍影响企业的外部经济环境和投资者预期而加剧市场摩擦，继而增大资本调整成本，对企业资本结构动态调整造成负面影响。某种意义上，资本结构调整速度意味着外部制度环境对企业达到目标资本结构的障碍（Drobetz和Wanzenried，2006），降低经济政策不确定性，塑造稳定、透明、可预期的营商环境也应是优化外部制度环境的题中之义。

表2　联立方程回归：经济政策不确定性与资本结构调整速度

| | （1）<br>FE | （2）<br>FE | （3）<br>RE |
|---|---|---|---|
| | *lev* | *lev* | *lev* |
| $lev_{t-1}$ | 0.3022***<br>（165.2567） | 0.3022***<br>（229.8676） | 0.5940***<br>（453.1484） |
| $epu \times lev_{t-1}$ | 0.0041***<br>（3.8292） | 0.0041***<br>（4.3477） | 0.1395***<br>（142.0810） |
| $C \times control$ | 是 | 是 | 是 |
| $C \times I$ | 是 | 是 | 是 |
| $I$ | 是 | 是 | 是 |
| *control* | 是 | 是 | 是 |
| Robust | 是 | 否 | 否 |
| 样本量 | 1357132 | 1357132 | 1357132 |
| 调整后 $R^2$ | 0.162 | -0.021 | |

注：观测值为企业层面，***表示参数的估计值在1%的水平下显著，括号内为t统计值。

### （三）经济政策不确定性、企业不确定性规避与资本结构调整速度

根据前文研究设计中因果步骤法的要求，此处首先检验自变量中国经济政策不确定性（*epu*）与中介变量企业不确定性规避（*uoe*）的关系，依据对应的式（6）进行回归。如表3所示，结果（1）是对固定效应模型的聚类稳健回归结果，中国经济政策不确定性（*epu*）对企业不确定性规避

（uoe）的影响显著为 - 0. 0203，表明随着经济政策不确定性的提高，企业
的不确定性规避行为更为强烈，其产能利用明显下降。这与中国经济现实
中观察到的现象是一致的，由于政策变化往往意味着行业内企业的利益再
分配，保持宏观政策的稳定性和连续性几乎是历年《中国企业经营者问卷
跟踪调查报告》的永恒诉求（中国企业家调查系统，2015）。对该模型非
聚类的固定效应模型回归以及随机效应模型回归结果依然支持了这一
结论。

表 3    经济政策不确定性与企业不确定性规避

| | （1）<br>FE | （2）<br>FE | （3）<br>RE |
|---|---|---|---|
| | uoe | uoe | uoe |
| epu | - 0. 0203 ***<br>（ - 4. 1112） | - 0. 0203 ***<br>（ - 4. 9927） | - 0. 1777 ***<br>（ - 45. 5828） |
| control | 是 | 是 | 是 |
| Robust | 是 | 否 | 否 |
| 样本量 | 1740092 | 1740092 | 1740092 |
| 调整后 R² | 0. 165 | 0. 029 | |

注：观测值为企业层面，*** 表示参数的估计值在 1% 的水平下显著，括号内为 t 统计值。

为了研究假设中的中介变量企业不确定性规避（uoe）是否能够对因变
量资本结构调整速度（v）产生影响，这里将式（5）中的 C 定义为企业不
确定性规避（uoe）进行回归，得到结果（2），如表 4 所示。同时，按照因
果步骤法的要求，本文要研究控制企业不确定性规避（uoe）情况下中国经
济政策不确定性（epu）对资本结构调整速度（v）的影响，故将式（5）中
的 C 定义为中国经济政策不确定性（epu）以及企业不确定性规避（uoe），
进行回归得到表 4 结果（3）。此处同样采用固定效应进行拟合回归，并且
采用聚类稳健的标准误。结果（2）显示，企业不确定性规避（uoe）与企
业杠杆率的滞后一期值（$lev_{t-1}$）的交乘项（$uoe \times lev_{t-1}$）的系数显著为
- 0. 0008，表明企业的不确定性规避显著正向影响企业资本结构调整速度，
证实了本文之前的逻辑推演。即在经济政策不确定性上升时，为应对由此
带来的资本调整成本上升、资本调整收益下降，企业基于预防动机、财务
弹性及风险收益权衡等多方面的考量，更倾向于观望，投资决策更为谨慎，

导致融资需求下降、资本结构调整速度放缓。结果（3）中，中国经济政策不确定性（$epu$）与企业杠杆率的滞后一期值（$lev_{t-1}$）的交乘项（$epu \times lev_{t-1}$）的系数显著为 0.0042，表明在控制了中介变量企业不确定性规避（$uoe$）的影响后，中国经济政策不确定性（$epu$）对资本结构调整速度（$v$）的影响仍旧为负。换言之，经济政策不确定性越高，越不利于企业资本结构动态调整，这一研究结论始终没有改变。

表 4　经济政策不确定性、企业不确定性规避与资本结构调整速度

|  | （1） | （2） | （3） |
|---|---|---|---|
|  | $lev$ | $lev$ | $lev$ |
| $lev_{t-1}$ | 0.3022 *** <br> (165.2567) | 0.3095 *** <br> (171.1453) | 0.3043 *** <br> (147.2856) |
| $epu \times lev_{t-1}$ | 0.0041 *** <br> (3.8292) |  | 0.0042 *** <br> (3.9224) |
| $uoe \times lev_{t-1}$ |  | −0.0008 ** <br> (−2.1424) | −0.0008 ** <br> (−2.0753) |
| $C \times control$ | 是 | 是 | 是 |
| $C \times I$ | 是 | 是 | 是 |
| $I$ | 是 | 是 | 是 |
| $control$ | 是 | 是 | 是 |
| Robust | 是 | 是 | 是 |
| 样本量 | 1357132 | 1357132 | 1357132 |
| 调整后 $R^2$ | 0.162 | 0.162 | 0.162 |

注：观测值为企业层面，*** 、** 分别表示参数的估计值在 1% 、5% 的水平下显著，括号内为 t 统计值。

### （四）经济政策不确定性、金融中介不确定性规避与资本结构调整速度

按照因果步骤法的要求，此处检验中国经济政策不确定性（$epu$）与中介变量金融中介不确定性规避（$uof$）的关系，依据对应的式（6）进行回归。如表 5 所示，[①] 结果（1）是对固定效应模型的聚类稳健回归结果，相关系数显著为 −0.0475，说明自变量中国经济政策不确定性（$epu$）对中介

---

　①　由于金融中介不确定性规避指标是基于宏观层面构建的，此处控制变量选取宏观变量。

变量金融中介不确定性规避（*uof*）有着负向影响。换言之，经济政策不确定性的上升导致银行贷款占 GDP 之比下降，表明银行为了规避不确定性而采取"惜贷"政策、贷款投放积极性不高，证实了金融中介对经济政策不确定性规避行为的存在。与之相佐证的，是经济政策不确定性指数不断提升的近几年，由于风险溢价难以覆盖风险，中国银行业"慎贷""惜贷"现象日益明显的现实（连俊，2017）。这一结论与 Alessandri 和 Bottero（2017）以意大利为背景的研究发现是一致的。对该模型非聚类的固定效应模型回归以及随机效应模型回归结果依然支持这一结论。

表 5　经济政策不确定性与金融中介不确定性规避

|  | （1）<br>FE | （2）<br>FE | （3）<br>RE |
| --- | --- | --- | --- |
|  | *uof* | *uof* | *uof* |
| *epu* | − 0.0475 *** <br>（ − 4.6e + 02） | − 0.0475 *** <br>（ − 2.6e + 02） | − 0.0475 *** <br>（ − 2.6e + 02） |
| *control* | 是 | 是 | 是 |
| Robust | 是 | 否 | 否 |
| 样本量 | 1739706 | 1739706 | 1739706 |
| 调整后 $R^2$ | 0.437 | 0.345 | |

注：观测值为企业层面，＊＊＊表示参数的估计值在 1% 的水平下显著，括号内为 t 统计值。

为了研究假设中的中介变量金融中介不确定性规避（*uof*）是否能够对因变量资本结构调整速度（*v*）产生影响，此处将式（5）中的 C 定义为金融中介不确定性规避（*uof*），得到表 6 结果（2）；按照因果步骤法的要求，还需研究控制中介变量金融中介不确定性规避（*uof*）情况下中国经济政策不确定性（*epu*）对资本结构调整速度（*v*）的影响，将式（5）中的 C 定义为中国经济政策不确定性（*epu*）以及金融中介不确定性规避（*uof*），得到表 6 结果（3）。此处同样采用固定效应进行拟合回归，并且采用聚类稳健的标准误。结果（2）显示，金融中介不确定性规避（*uof*）与企业杠杆率的滞后一期值（$lev_{t-1}$）的交乘项（$uof \times lev_{t-1}$）的系数显著为 − 0.0107，说明金融中介放贷意愿下降增大了资本结构调整成本，导致企业资本结构调整速度放慢。结果（3）显示，中国经济政策不确定性（*epu*）与企业杠杆率的滞后一期值（$lev_{t-1}$）的交乘项（$epu \times lev_{t-1}$）的系数显著为正值

0.0044，表明在控制了中介变量金融中介不确定性规避（uof）的影响后，中国经济政策不确定性（epu）对资本结构调整速度（v）的影响仍旧为负，表明较高的经济政策不确定性对企业资本结构动态调整始终发挥的是抑制作用。

表6　经济政策不确定性、金融中介不确定性规避与资本结构调整速度

| | （1） | （2） | （3） |
|---|---|---|---|
| | *lev* | *lev* | *lev* |
| $lev_{t-1}$ | 0.3024*** | 0.3191*** | 0.3075*** |
| | （165.3904） | （113.9638） | （100.6794） |
| $epu \times lev_{t-1}$ | 0.0043*** | | 0.0044*** |
| | （4.0034） | | （4.1073） |
| $uof \times lev_{t-1}$ | | -0.0107*** | -0.0050** |
| | | （-5.1249） | （-2.2903） |
| $C \times control$ | 是 | 是 | 是 |
| $C \times I$ | 是 | 是 | 是 |
| $I$ | 是 | 是 | 是 |
| *control* | 是 | 是 | 是 |
| Robust | 是 | 是 | 是 |
| 样本量 | 1357132 | 1356882 | 1356882 |
| 调整后 $R^2$ | 0.162 | 0.162 | 0.162 |

注：观测值为企业层面，***、**分别表示参数的估计值在1%、5%的水平下显著，括号内为 t 统计值。

## （五）中介效应判断

依据以上回归结果，本文按照温忠麟和叶宝娟（2014）总结的中介效应检验流程对企业不确定性规避（uoe）及金融中介不确定性规避（uof）的中介效应进行推断。（1）由于依次检验的结果都显著，故因果步骤法的检验结果优于其他中介效应检验方法；（2）经济政策不确定性能够显著负向影响企业资本结构调整速度，且这一影响路径中包含两个中介变量，分别是企业不确定性规避以及金融中介不确定性规避，支持了本文提出的研究假设2、假设3（见表7）。

表7　中介效应检验结果及推断

| 检验步骤 | ①检验自变量 *epu* 对因变量 *v* 的总效应 *c* | ②检验自变量 *epu* 对中介变量 *M* 的效应 *a*；以及控制自变量 *epu* 的影响后，中介变量 *M* 对因变量 *v* 的效应 *b* | ③控制中介变量 *M* 的影响之后，检验自变量 *epu* 对因变量 *v* 的直接效应 *c′* | ④检验 *ab* 与 *c′* 是否同号，进行中介效应推断 |
|---|---|---|---|---|
| 检验关系 | 经济政策不确定性（*epu*）- 企业不确定性规避（*uoe*）- 资本结构调整速度（*v*） | | | |
| 检验结果 | $c = -0.0041^{***}$ 可能存在中介效应 | $a = -0.0203^{***}$，$b = 0.0008^{***}$ *a*、*b* 均显著，说明在 *epu* 影响 *v* 的路径中，*uoe* 影响 *v* 的间接效应显著 | $c' = -0.0042^{***}$ 直接效应显著，可能存在其他中介 | *ab* 与 *c′* 同号，说明在 *epu* 影响 *v* 的路径中，存在 *uoe* 的部分中介效应，中介效应程度 $ab/c = 0.0039$ |
| 检验关系 | 经济政策不确定性（*epu*）- 金融中介不确定性规避（*uof*）- 资本结构调整速度（*v*） | | | |
| 检验结果 | $c = -0.0043^{***}$ 可能存在中介效应 | $a = -0.0475^{***}$，$b = 0.0107^{**}$ *a*、*b* 均显著，说明在 *epu* 影响 *v* 的路径中，*uof* 影响 *v* 的间接效应显著 | $c' = -0.0044^{***}$ 直接效应显著，可能存在其他中介 | *ab* 与 *c′* 同号，说明在 *epu* 影响 *v* 的路径中，存在 *uof* 的部分中介效应，中介效应程度 $ab/c = 0.1155$ |

注：＊＊＊、＊＊分别表示在1%、5%的水平下显著。

# 五　结论与启示

本文从攸关企业资本结构动态调整的融资需求与供给匹配的角度出发，揭示了经济政策不确定性经由企业不确定性规避、金融中介不确定性规避影响企业资本结构动态调整的机理。本文研究结论如下：（1）经济政策不确定性的提高会显著降低企业资本结构调整速度，换言之，经济政策不确定性阻碍了资本结构向目标资本结构进行调整；（2）经济政策不确定性影响企业的不确定性规避行为，继而影响其投融资而导致资本结构调整速度放慢；（3）经济政策不确定性的加剧使银行这一代表性的金融中介以"惜贷"来规避不确定性，继而导致企业信贷可得性下降，影响了企业的资本结构调整速度。此外，不同行业对政策变动的敏感度存在差异，这一异质性影响其资本结构的动态调整。换言之，经济政策不确定性提高导致企业和以银行为代表的金融中介对不确定性的规避，已经构成企业资本结构动态调整的阻碍。

　　以上结论事实上证明了稳定经济政策预期的重要性和必要性，也为深刻理解杠杆率变动和"去杠杆""降杠杆""稳杠杆"等政策提供了启示。2017年7月召开的第五次全国金融工作会议上指出，"要推动经济去杠杆，坚定执行稳健的货币政策……要把国有企业降杠杆作为重中之重"；同年年底召开的中央经济工作会议强调，"稳中求进工作总基调是治国理政的重要原则，要长期坚持"。本文研究为在新形势下重新审视宏观经济政策的波动提供了微观经验证据，为理解企业转型升级、产业结构优化和经济高质量发展提供了启发。杠杆率与资本结构是一个硬币的两面，无论去杠杆、降杠杆还是稳杠杆，微观上都是资本结构动态调整过程。无论杠杆率何种方式的调整，其目的是要达到一个合意的杠杆率水平而不是降为零，即在微观层面上让企业实现最优资本结构。

　　本文研究证明，宏观经济政策应以科学性、可信性、稳定性为基本特征，做好顶层设计和统筹规划。（1）稳定宏观政策预期是稳经济的重要基础。为了避免市场过度反应，以及由此引发的市场预期改变和微观主体的过度反应，经济政策时应加强政策的前瞻性，尽可能保持政策的长期一致性，不断提高政府行为的稳定性。（2）由于资本结构的动态调整受企业及金融中介对经济政策不确定性规避行为的双重影响，实现预期目标不能仅仅依靠货币金融政策，而是要忧企业之所忧、想金融机构之所想，针对影响企业长期投资信心和金融中介融资供给的痛点，营建透明、公正、预期稳定的政策环境。（3）考虑到不同行业对政策变化的敏感度存在差异，在制定经济政策时，既要综合考量宏观经济政策对微观个体行为的多重影响，又要把握宏观经济政策调整变化、相互叠加对不同行业微观主体的复杂影响，增强对不同行业不同特征微观主体的政策靶向性，实现政策工具的协调配合，确保政策目标与实施效果相契合。

## 参考文献

　　[1] 陈冬、范蕊、唐建新：《财政自决压力、货币政策与国企资本结构调整》，《山西财经大学学报》2014年第5期。

［2］陈国进、王少谦：《经济政策不确定性如何影响企业投资行为》，《财贸经济》2016 年第 5 期。

［3］干杏娣、吉红云：《我国货币政策对服务业的结构调整效应》，《社会科学家》2014 年第 5 期。

［4］龚朴、张兆芹：《资本结构动态调整速度的异质性研究》，《管理评论》2014 年第 9 期。

［5］顾研、周强龙：《政策不确定性、财务柔性价值与资本结构动态调整》，《世界经济》2018 年第 6 期。

［6］黄辉：《企业资本结构调整速度影响因素的实证研究》，《经济科学》2010 年第 3 期。

［7］姜付秀、屈耀辉、陆正飞、李焰：《产品市场竞争与资本结构动态调整》，《经济研究》2008 年第 4 期。

［8］连俊：《破融资之难，当求供给之变》，《人民日报》2017 年 3 月 29 日。

［9］马宇：《出口退税不宜用作"短期政策工具"》，《中国海关》2010 年第 9 期。

［10］饶品贵、岳衡、姜国华：《经济政策不确定性与企业投资行为研究》，《世界经济》2017 年第 2 期。

［11］谭小芬、张文婧：《经济政策不确定性影响企业投资的渠道分析》，《世界经济》2017 年第 12 期。

［12］田磊、林建浩：《经济政策不确定性兼具产出效应和通胀效应吗？来自中国的经验证据》，《南开经济研究》2016 年第 2 期。

［13］温忠麟、叶宝娟：《中介效应分析：方法和模型发展》，《心理科学进展》2014 年第 5 期。

［14］伍中信、张娅、张雯：《信贷政策与企业资本结构——来自中国上市公司的经验证据》，《会计研究》2013 年第 3 期。

［15］许志峰、吴秋余、欧阳洁、王观：《去杠杆，企业过得怎么样？——对苏鲁冀黑四省企业债务处置情况的调查（上）》，人民日报 2016 年 8 月 29 日。

［16］余明桂、范蕊、钟慧洁：《中国产业政策与企业技术创新》，《中国工业经济》2016 年第 12 期。

［17］张太原、谢赤、高芳：《利率对上市公司资本结构影响的实证研究》，《金融研究》2007 年第 12 期。

［18］中国企业家调查系统：《企业经营者对宏观形势及企业经营状况的判断、问题和建议——2015·中国企业经营者问卷跟踪调查报告》，《管理世界》2015 年第 12 期。

［19］Aisen, A., and Veiga, F. J., "How does Political Instability Affect Economic

*Growth?*", *European Journal of Political Economy*, 29 (568), 2013: 151 – 167.

[20] Akey, P., and Lewellen, S., "Policy Uncertainty, Political Capital, and Firm Risk-Taking", Working Paper, University of Toronto and London Business School, 2016.

[21] Alessandri, P., and Bottero, M., "Bank Lending in Uncertain Times", Banca D'Italia Working Paper 1109, April 2017.

[22] Ashraf, B. N., and Shen, Y., "Economic Policy Uncertainty and Banks' Loan Pricing", *Journal of Financial Stability*, 44, 2019: 100 – 695.

[23] Baker, S. R., Bloom, N., and Davis, S. J., "Measuring Economic Policy Uncertainty", Center for Economic Performance Discussion Paper, London School of Economics and Political Science, 2013.

[24] Bloom, N., "The Impact of Uncertainty Shocks", *Econometrica*, 77 (3), 2009: 623 – 685.

[25] Bloom, N., Bond, S., and Reenen, J. V., "Uncertainty and Investment Dynamics", *Review of Economic Studies*, 74 (2), 2007: 391 – 415.

[26] Bonciani, D., and Roye, B. V., "Uncertainty Shocks, Banking Frictions and Economic Activity", *Journal of Economic Dynamics and Control*, 73, 2016: 200 – 219.

[27] Bordo, M. D., Duca, J. V., and Koch, C., "Economic Policy Uncertainty and the Credit Channel: Aggregate and Bank Level U. S. Evidence over Several Decades", *Journal of Financial Stability*, 26, 2016: 90 – 106.

[28] Cesa-Bianchi, A., and Corugedo, E. F., "Uncertainty in a Model with Credit Frictions", Bank of England Working Papers 496, 2014.

[29] Cook, D. O., and Tang, T., "Macroeconomic Conditions and Capital Structure Adjustment Speed", *Journal of Corporate Finance*, 16 (1), 2010: 73 – 87.

[30] D'Mello, R., and Toscano, F., "Economic Policy Uncertainty and Short-Term Financing: The Case of TradeCredit", *Journal of Corporate Finance*, 2020: 101 – 686.

[31] Drobetz, W., and Wanzenried, G., "What Determines the Speed of Adjustment to the Target Capital Structure?", *Applied Financial Economics*, 16 (13), 2006: 941 – 958.

[32] Flannery, M. J., and Rangan, K. P., "Partial Adjustment Toward Target Capital Structures", *Journal of Financial Economics*, 79 (3), 2006: 469 – 506.

[33] Francis, B. B., Hasan, I., and Zhu, Y., "Political Uncertainty and Bank Loan Contracting", *Journal of Empirical Finance*, 29, 2014: 281 – 286.

[34] Frijns, B., Gilbert, A., Lehnert, T., and Tourani-Rad, A., "Uncertainty Avoidance, Risk Tolerance and Corporate Takeover Decisions", *Journal of Banking*

*and Finance*, 37 (7), 2013: 2457 – 2471.

[35] Graham, J. R., and Harvey, C. R., "Expectations of Equity Risk Premia, Volatility and Asymmetry from a Corporate Finance Perspective", National Bureau of Economic Research Working Paper 8678, 2001.

[36] Harford, J., Klasa, S., and Walcott, N., "Do Firms Have Leverage Targets? Evidence from Acquisitions", *Journal of Financial Economics*, 93 (1), 2009: 1 – 14.

[37] Hofstede, G., "Culture and Organizations", *International Studies of Management and Organization*, 10 (4), 1980: 15 – 41.

[38] Huang, R., and Ritter, J. R., "Testing Theories of Capital Structure and Estimating the Speed of Adjustment", *Journal of Financial and Quantitative Analysis*, 44 (02), 2009: 237 – 271.

[39] Jory, S. R., Khieu, H. D., Ngo, T. N., and Phand, H. V., "The Influence of Economic Policy Uncertainty on Corporate Trade Credit and Firm Value", *Journal of Corporate Finance*, 2020: 101 – 671.

[40] Kim, H., and Kung, H., "The Asset Redeployability Channel: How Uncertainty Affects Corporate Investment", *Review of Financial Studies*, 30 (1), 2017: 245 – 280.

[41] Li, X., and Dan, S., "How Does Economic Policy Uncertainty Affect Corporate Debt Maturity?", September 15, 2019 Available at SSRN: https://ssrn.com/abstract = 3404690or http://dx.doi.org/10.2139/ssrn.3404690.

[42] McMullen, J. S., and Kier, A. S., "Trapped by the Entrepreneurial Mindset: Opportunity Seeking and Escalation of Commitment in the Mount Everest Disaster", *Journal of Business Venturing*, 31 (6), 2016: 663 – 686.

[43] Nakamura, E., Sergeyev, D., and Steinsson, J., "Growth-Rate and Uncertainty Shocks in Consumption: Cross-CountryEvidence", *American Economic Journal: Macroeconomics*, 9 (1), 2017: 1 – 39.

[44] PástorL., and Veronesi, P., "Political Uncertainty and Risk Premia", *Journal of Financial Economics*, 110 (3), 2013: 520 – 545.

[45] Popp, A., and Zhang, F., "The Macroeconomic Effects of Uncertainty Shocks: The Role of the Financial Channel", *Journal of Economic Dynamics and Control*, 69, 2016: 319 – 349.

[46] Quagliariello, M., "Macroeconomic Uncertainty and Banks' Lending Decisions: The Case of Italy", *Applied Economics*, 41 (3), 2009: 323 – 336.

[47] Rajan, R. G., and Zingales, L., "What Do We Know about Capital Structure?

Some Evidence from International Data", *The Journal of Finance*, 50 (5), 1995: 1421 – 1460.

[48] Ramirez, A. , and Tadesse, S. , "Corporate Cash Holdings, Uncertainty Avoidance, and the Multinationality of Firms", *International Business Review*, 18 (4), 2009: 387 – 403.

[49] Stokey, N. L, *The Economics of Inaction: Stochastic Control Models with Fixed Costs* (New Jersey: Princeton University Press, 2008).

[50] Zhang, G. , Han, J. , Pan, Z. , and Huang, H. , "Economic Policy Uncertainty and Capital Structure Choice: Evidence from China", *Economic Systems*, 2015, 39 (3): 439 – 457.

# 金融风险与金融投资篇

# 经济波动、银行风险承担与金融周期[*]

## 方　意　陈　敏[**]

**摘　要**　基于理论和实证，本文考察在经济波动冲击下以银行风险承担为核心的金融周期微观形成机理，并以银行风险承担来测度中国金融周期。具体如下，（1）提出经济波动通过影响市场的波动率水平进而影响银行资产负债表能力并最终影响风险承担的传导渠道。（2）提出以市场型资产变动率指标作为银行风险承担的衡量指标，并证实该指标具有前瞻性。（3）通过考察经济扩张与收缩对银行风险承担的差异性影响，验证明斯基"金融不稳定假设"，并以此证实中国的金融周期具有中期频率，且金融周期长度大约为11年。（4）提出监管当局要高度关注低波动率带来银行过度风险承担、加剧系统性风险积聚的顺周期现象，且需要同时加强宏观审慎政策与货币政策的相互搭配的政策建议。

**关键词**　经济波动　资产负债表能力　银行风险承担　金融周期

## 一　引言与文献回顾

2008 年全球金融危机之后，关于金融活动繁荣与衰退交替运行的金融周期问题成为学术界研究的焦点问题。目前，中国金融业的发展已经进入

---

[*]　原文发表于《世界经济》2019 年第 2 期；原文标题为《经济波动、银行风险承担与中国金融周期》。

[**]　方意，中央财经大学金融学院副教授、博士；陈敏，山东理工大学经济学院副教授、博士。

一个新阶段，呈现规模越来越大、业务越来越复杂等特征。因此，关注金融周期，尤其是上行金融周期带来的系统性风险累积，对宏观审慎当局预警金融危机、制定合理的监管政策具有重要的理论和现实意义。

关于金融周期的定义及其衡量指标，目前学术界并未达成统一。从广义上来看，金融周期是指包含数量和价格在内的各种金融变量的持续性波动。对于如何刻画金融周期，学者们通常采取两类处理方式。第一类是运用一定技术方法，以多个金融指标为基础构建金融指数，以此来度量金融周期。如主成分分析方法（邓创、徐曼，2014）、滤波法和拐点法（伊楠、张斌，2016）等。这类方法虽然综合全面，但由于不同金融变量的驱动因子和形成机制存在差异，合成的金融周期指数如同一个黑箱，人们很难把握和探究众多金融变量的背后机理。第二类是类似于采用 GDP 指标刻画经济周期，利用代表性金融指标来衡量金融周期。如陈雨露等（2016）直接选用私人部门信贷/GDP 作为衡量金融周期的基础变量；Adrian 等（2010）采用银行的资产规模变化反映金融周期；Rey（2015）直接采用 VIX 指数代表全球金融周期。该方法虽然较为单一，但能够比较清晰地揭示和理解金融周期的微观生成机制。

对于金融周期如何形成，Borio（2014）、袁梦怡和陈明玮（2017）认为金融周期来源于经济主体对市场风险和价值的认知、风险承担与融资约束之间的相互作用和强化放大。Adrian 和 Shin（2008）将金融中介的盯市资产负债表与金融周期相结合，从实证角度检验了资产负债表的资产增长率对杠杆率、资产价格和风险偏好的正向作用。随后，Adrian 和 Shin（2010）进一步建立了银行主动风险承担的理论框架，强调了银行风险承担在驱动杠杆、风险价格等金融变量中的核心作用，但该理论并未与金融周期相关联。

基于以上理论研究发现，银行风险承担是金融周期形成的根本驱动力，也是防范金融危机爆发的关键所在。目前，学者们对银行风险承担的研究主要集中于指标刻画以及影响因素分析两个方面。

对于银行风险承担指标的刻画，大量文献选择从事后风险承担进行衡量，包括 $Z$ 值（汪莉，2017）、不良贷款率（方意，2015）、风险资产占比（方意等，2012）、尾部依赖风险指标（Adrian 和 Brunnermeier，2016）等。然而，这些指标反映的仅仅是银行风险承担的事后结果，在风险实现或者爆发时才发出信号，只能作为风险的同步监测指标。为此，学者们开始转向考察银行的事前风险承担。例如，Dell′Ariccia 等（2017）基于美联储企业贷款期限调查数据库（STBL），利用银行每一笔新增贷款的风险评级来测度银行的事前风险承担；Jiménez 等（2014）利用西班牙银行信贷登记数据库，采用向具有更高事后违约率的企业发放贷款及无抵押要求的贷款来综合衡量银行事前的风险承担。然而，无论基于银行层面还是企业层面，这些研究均需要以完整的微观信贷数据库为前提，但这类数据往往不可公开获取。

为此，利用公开可得的数据度量事前风险承担难能可贵。Adrian 等（2010）、Adrian 和 Shin（2010）等在这方面做了不少工作，其利用银行资产负债表中资产增长率、杠杆率等公开可得的宏观指标来刻画银行事前风险承担，但这些指标在国内很少使用。基于以上探讨，利用金融中介资产负债表尤其是对市场价格变动敏感的盯市资产项目来刻画中国的银行事前风险承担，是本文构建银行事前风险承担指标的努力方向。

对于银行风险承担的影响因素，已有研究主要集中在货币政策、汇率、波动性等视角。从货币政策视角看，一般认为一国货币政策通过估值效应、追逐收益效应等作用机制影响银行对风险的感知和偏好，从而改变银行的风险承担，即所谓的货币政策风险承担渠道（Borio 和 Zhu，2012；徐明东、陈学彬，2012；方意等，2012；金鹏辉等，2014；项后军等，2016；王晋斌、李博，2017；何德旭、张捷，2018）。关于汇率与银行风险承担，Bruno 和 Shin（2014）指出，当本币升值时，存在货币错配的本国借款人资产负债表增强，这导致本国银行承担的信贷风险被动降低，银行的资产负债表能力也随之增强，最终本币升值带来银行更大的风险承担。值得注意的是，这些研究其实都隐约地涉及银行资产负债表能力（Balance Sheet Capacity，BSC）这一重要概念。

对于波动性与银行风险承担，Minsky（1992）提出"金融不稳定假说"，认为在经济扩张中，低风险的环境使经济主体更容易通过承担风险而获利。基于这一假说，Danielsson 等（2018）将波动性分为高波动和低波动，检验了高、低波动与金融危机发生可能性之间的关系，在此基础上证实了低波动对银行风险承担的正向作用，为明斯基"金融不稳定假说"提供了经验证据。但是，该研究采用的是股票市场的波动性，而中国仍是以银行间接融资为主导的金融体系。因此，在充分考虑中国金融体系特点的基础上，对明斯基"金融不稳定假说"在中国的适用性做进一步的实证检验也尤为必要。

综上所述，本文对已有研究所做的主要拓展与贡献如下。

第一，将 Adrian 和 Shin（2010）、Danielsson 等（2018）的思想进行结合，建立了以银行风险承担为核心的金融周期理论框架。其中，Adrian 和 Shin（2010）提供了银行风险承担的供求均衡模型，Danielsson 等（2018）提供了波动性作用银行风险承担的实证检验。结合两大文献的思想，建立金融周期的微观生成机制。

第二，提出市场型资产变动率指标，实现对银行风险承担衡量指标的创新。本文利用上市银行公开可得的财务数据，充分考虑理论模型蕴含的盯市效应、系统性风险指标体现的关联性以及中国银行业实践反映的银行影子业务特色等因素，将银行资产分为市场型和非市场型两类资产，并采用市场型资产变动率度量银行事前风险承担，体现了中国金融体系的自身特点。

第三，从理论和实证两个层面考察经济波动与银行风险承担的关系，并测度了中国的金融周期。理论方面，分析经济波动对银行风险承担的作用机制，并强调了银行资产负债表能力（BSC）的核心作用。实证方面，考察中国经济波动与银行事前、事后风险承担之间的关系，在证实了银行事前风险承担呈现顺周期特点的同时，为明斯基假设提供了我国的证据支持。此外，本文基于所构造的银行事前风险承担指标度量了中国的金融周期，并分析了中国金融周期的特点，改进了传统金融周期测度的主观性。

## 二　金融周期形成理论框架

基于文献研究发现，银行风险承担是金融周期形成的根本驱动力。事实上，作为关键性的金融变量，银行风险承担不仅是驱动其他金融变量变化的根本力量，其自身也会呈现周期性的变化，并且与其他金融变量保持较高的联动性。因此，可采用银行风险承担代表金融周期，即狭义上的金融周期。本部分的核心任务是构建一个导入经济波动冲击下的银行风险承担模型，建立金融周期的形成理论框架。

### （一）纳入经济波动冲击的银行主动风险承担模型

银行等金融中介的规模面临在险价值（VaR）的约束。正向冲击下，随着风险资产价格的上涨，银行资本金约束趋向于放松，进而提升其资产负债表能力，最终诱发银行购买更高数量的风险资产以主动承担风险（刘冲等，2017）。本文在以下两个方面对已有研究进行拓展。

（1）对 Adrian 和 Shin（2010）银行风险承担模型中的资产负债表能力（BSC）进行准确的界定。银行的典型特点之一在于其会根据风险资产市场状况和资本金的变动积极管理资产负债表。当资产价格受到正向冲击时，银行资本金会随着风险资产市值的增加而增加。当银行资本金超过监管部门所要求的最低门槛值时，银行则有多余的资本金可以利用，也即银行资产负债表能力（BSC）的增强。为了充分利用"闲置"的资产负债表能力，银行会选择增加负债以购买风险资产，银行风险承担随之改变。本文认为，银行资产负债表能力可以表示为冲击发生时（$t'$）银行资本金暂时超过监管资本要求的程度，即 $BSC_{t'} = e_{t'} - VaR_t$（其中，$e_{t'}$ 为 $t$ 期冲击后且银行未进行任何杠杆操作的银行资本金水平，$VaR_t$ 为 $t$ 期冲击前的在险价值）。这意味着，冲击引起银行资本金超过监管资本要求的程度越大，银行资产负债表能力就越强，银行风险承担的潜力就越大。

（2）将 Danielsson 等（2018）高低波动的思想引入银行风险承担模型，建立了加入经济波动冲击的银行风险承担模型。具体来说，首先，在 $T_{t',0}$ 阶段，受基本面风险冲击，风险资产价格上升（$p_t \rightarrow p_{t'}$）；然后，在 $T_{t',0}$ 阶段，风险资产价格上升带来银行资本金增加（$e_t \rightarrow e_{t'}$）；随后，在 $T_{t',0}$ 阶段，银行资本金的增加带来银行资产负债能力随之增强（$BSC_t \rightarrow BSC_{t'}$）；最后，在 $T_{t',1}$ 阶段，银行增持风险资产，风险承担提高（$y_{a,t} \rightarrow y_{a,t'}$）。即风险资产市场的风险水平下降，在带来均衡价格上升的同时，均衡风险资产的持有量也会上升，风险资产市场的风险与银行风险承担行为呈反向变动关系。

为了更为直观地描述银行风险资产持有量、银行杠杆和风险资产市场的风险水平之间的关系，本文通过参数校准，对模型进行数值模拟。本文根据 2007 年以来中国人民币活期存款利率的平均值，确定无风险利率 $i = 0.5\%$。根据中国 2007 年以来 A 股上市公司 ROA 平均值，取 $q_t = 1.03$。借鉴陈彦斌等（2009）的判定确定中国相对风险厌恶系数为 1.5，取风险容忍度为相对风险厌恶系数的倒数，即 $\tau = 1/1.5$。同时，将风险资产的总供给和银行初始自有资本金分别设定为 1 单位和 3 单位（见表 1）。

表 1　参数校准

| 基准参数 | 定义 | 取值 |
|---|---|---|
| $i$ | 无风险利率 | 0.5% |
| $q$ | 风险资产市场的期望收益 | 1.03 |
| $\tau$ | 消极投资者的风险容忍度 | 1/1.5 |
| $e_t$ | 银行初始资本金 | 1 |
| $S$ | 风险资产市场总供给 | 3 |

本文假设基本面风险的取值范围为 $z_t \in (0.5, 1)$。为考察风险资产市场各变量的比较静态变动，给定一个基本面风险水平，对其做 $-0.001$ 的冲击。如图 1 所示，在每个给定的基本面风险水平下，风险资产价格（$p_t$）的增量均大于 0。由此可知，随着基本面风险的降低，风险资产价格会上涨。由图 1 还可以发现，风险资产价格增量随初始基本面风险的增加而上升，即该模拟曲线向上倾斜。这表明，在更高的基本面风险水平下，消极和积极两类投资者对基本面风险的变动会更敏感。当基本面风险出现小幅降低时，两类投资者的风险资产需求会大幅增加，从而推动风险资产价格呈非线性增加的特点。类似地，银行资产负债表能力（$BSC_t$）也会增加，且增加的幅度呈非线性上升趋势。

对基本面风险水平做 $-0.001$ 的冲击，风险资产持有量（$y_{a,t}$）和杠杆率（$leverage_t$）也都会增加。与风险资产价格变化趋势不同的是，风险资产持有量和杠杆率的增量随基本面风险增加而下降。主要原因在于，消极和积极投资者在风险资产市场上的投资力量随基本面风险而变动。在较高的基本面风险水平下，风险资产主要由积极投资者持有。当基本面风险水平出现下降，由于风险资产供给有限且消极投资者持有极少的风险资产，因此已拥有较高风险资产存量的积极投资者增持空间相对有限。最终，风险资产持有量和杠杆率的增速放缓，两个变量的增加呈非线性下降的特点。

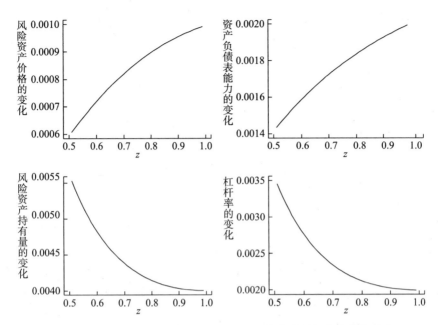

**图 1  风险资产市场基本面风险（z）对风险资产市场各变量的冲击**

注：横坐标表示在每一个风险资产基本面风险（z）水平下发生 0.001 的冲击。

### （二）经济波动对银行风险承担的影响机制

在经济扩张阶段，市场整体风险降低，风险资产市场受到正向冲击，风险资产风险水平降低（$z$ 下降为 $z'$），这一利好消息引起市场对风险资产的投资意愿显著增强，进而驱动风险资产当期价格上升（$p_t$ 上升为 $p_{t'}$）。价格的变动会立即引起银行资本金的同向变动，资本金由 $e_t$ 上升为 $e_{t'}$；$VaR$ 约束相对放松，银行资产负债表能力上升。为此，银行会选择持有更多的风险资产使 $VaR$ 约束满足更高的资本金水平，银行的风险承担不断提高，这就是上行的金融周期阶段。然而，伴随金融周期上行阶段的不断推进，风险累积也在不断加剧，当达到明斯基时刻，金融和经济进入急速收缩通道。此时，风险资产市场的风险上升，银行资产负债表能力下降，从而带来银行风险资产的持有量不断下降，银行的风险承担在不断压缩，这是下行的金融周期阶段。

可见，在经济扩张阶段，伴随着市场的低波动率，银行风险承担同向扩张，系统性风险累积；在经济收缩阶段，市场处于高波动率状态，带来银行风险承担的同向收缩和系统性风险的不断释放，从而形成银行风险承担的周期性波动，此即金融周期的形成过程。

# 三　实证模型构建与结果分析

## （一）实证模型构建

本文建立的反映经济波动与银行风险承担之间关系的基准模型为：

$$Risk_{it} = \alpha_0 + \alpha_1 \, gap_t + \beta_1 \, I\_Control_{it} + \beta_2 \, M\_Control_t + u_t + \varepsilon_{it} \tag{1}$$

式（1）中，$i$ 表示不同银行，$t$ 表示不同时间。被解释变量为银行风险承担变量 $Risk_{it}$，核心解释变量为经济波动 $gap_t$，其他解释变量为反映银行个体特征 $I\_Control_{it}$ 和其他宏观变量 $M\_Control_t$ 的一组控制变量，$u_t$ 为个体固定效应，$\varepsilon_{it}$ 为误差扰动项。

## （二）数据说明与变量描述

金融周期更强调时间维度上金融变量的变化，中期低频特点使足够的时间跨度尤为重要。Bankscope 数据库虽然包括较多的样本银行，但由于数据库合作公司存在版权纠纷问题，该数据库在 2013 年之前与之后的指标统计方式发生变化，数据缺乏可比性，能够利用的是 1998～2013 年的年度数据，从而无法更好地揭示金融周期在当前阶段具有的特点。为此，本文的基准模型选择了以中国上市银行为样本银行，同时考虑到大部分上市银行是在 2006 年之后完成上市的，样本期确定为 2006 年 12 月～2017 年 3 月。样本中共包含 14 家上市银行（中国农业银行和光大银行因 2010 年之后上市，数据缺失严重未加入）。样本数据均来自 Wind 数据库。各变量的描述性统计结果如表 2 所示。

表 2　基准模型变量选取及描述性统计

| 变量类型 | 变量标识 | 定义 | 观察值 | 均值 | 标准差 | 最小值 | 最大值 |
|---|---|---|---|---|---|---|---|
| 银行风险承担 | *Masset* | 市场型资产（总资产 - 贷款额）的对数变动率（%） | 574 | 5.286 | 8.194 | -24.22 | 46.99 |

| 变量类型 | 变量标识 | 定义 | 观察值 | 均值 | 标准差 | 最小值 | 最大值 |
|---|---|---|---|---|---|---|---|
| 经济波动 | *gap* | 经济总波动 | 588 | 0 | 3.245 | -4.836 | 6.670 |
| | *up_gap* | 经济扩张波动 | 588 | 1.425 | 1.976 | 0 | 6.670 |
| | *down_gap* | 经济收缩波动 | 588 | 1.425 | 1.600 | 0 | 4.836 |
| 控制变量 | *Size* | 银行资产/样本银行总资产对数 | 588 | 0.0714 | 0.0798 | 0.0023 | 0.303 |
| | *ROA* | 银行资产收益率对数 | 579 | 0.276 | 0.0830 | -0.590 | 0.503 |
| | *CIR* | 成本收入比率对数 | 588 | 30.66 | 6.432 | 15.60 | 47.74 |
| | *Deposit* | 存款/总资产 | 588 | 0.706 | 0.0893 | 0.432 | 0.891 |
| | *Shibor* | 上海同业七天拆放利率 | 588 | 2.335 | 0.746 | 0.829 | 3.929 |
| | *CPI* | CPI | 588 | 144.3 | 11.87 | 120.9 | 162.5 |

1. 银行风险承担变量

对于银行事前风险承担，依据本文的理论模型，一方面，银行等金融中介资产负债表中资产的规模在很大程度上代表着银行的风险承担水平；另一方面，理论机制潜在地要求银行等金融中介的资产负债表对均衡资产价格的变化要敏感，即资产负债表具有盯市效应。因此，利用盯市金融中介的资产负债表能够更好地反映这一要求。

本文依据中国银行资产业务的市场化特点，将银行资产分为市场型和非市场型两类。非市场型资产以银行贷款为主，而市场型资产则是非市场型资产之外的资产项目，采用银行总资产扣除银行贷款额表示，主要包括银行间业务、投资类业务等形式。

本文采用扣除贷款的市场型资产刻画银行风险承担，并非否定银行贷款项目的风险问题，而是强调相比于非交易性的银行贷款项目，市场型资产能够更敏感、更有前瞻性地反映银行风险承担的累积过程。主要的理论依据如下。

（1）市场性资产比银行贷款资产的市场反应敏感度更高。银行贷款为主的非市场型资产在很大程度上属于典型的关系型借贷。这类资产对市场反应不够敏感，甚至在危机时期受信贷承诺或长期客户关系的约束出现逆周期现象，成为经济下滑的缓冲剂。相反，市场型资产变动对市场波动反应敏感，包含着更多反映信贷市场条件变动的可靠信息。

（2）市场型资产中包含了大量"类贷款"的银行影子业务，更能代表银行承担的风险水平。与美国影子银行以非银行金融机构为主导、依托资产证券化和金融衍生品业务操作不同，中国影子银行是以银行为主导，在资本充足率、信贷额度等监管约束下，银行为了绕过监管壁垒和贷款相关限制，会以不规范的会计记账为手段，从事大量"类贷款"的银行影子业务。这些"类贷款"的银行影子主要包括以其他银行和非银行金融机构为通道开展的同业、理财和资产管理等业务。这些业务虽然未反映在银行信贷指标上，但在本质上是银行传统贷款业务的异化，其在创造信用和货币的同时造成资产扩张，并更倾向于投向受产业政策限制、风险更高的实体领域（如"两高一剩"僵尸企业），而且借助资产管理业务增加了资产价格的波动。这表明，相对于银行贷款指标，市场型资产指标更能代表市场信贷扩张和银行风险承担的真实水平。

（3）市场型资产更多地反映了银行业内部的关联性，这是系统性风险的核心。从根本上来看，银行贷款主要反映的是银行业的直接风险敞口，在很大程度上是银行业冲击的来源，而不是系统性风险的核心，因为系统性风险往往是银行信贷受到冲击之后由银行之间的关联性导致的传染风险（方意，2016）。此外，根据 Shin 和 Shin（2011）的研究，银行之间的关联性与银行同业、证券投资、金融理财等非信贷业务紧密相关。银行非信贷业务膨胀越快，银行关联性越强；银行之间的业务链条越长，对冲击的脆弱性也越强。由此可见，银行风险承担上升，更多的不是体现在银行贷款的膨胀而是银行体系内部关联性的膨胀。

综合来看，银行贷款更关注的是宏观经济运行，其变化更多地反映了经济周期问题。而扣除银行贷款的市场型资产主要包括银行的同业间业务、投资类业务等形式，市场交易性强，对市场反应更为敏感，而且包含了大量"类贷款"的银行影子业务，能够更多地反映银行业内部的关联性。因此，市场性资产的变化能够更好地反映金融周期。这与本文研究金融周期的主旨是相符的。

2. 经济波动变量

经济波动衡量了宏观经济的周期性运行。对于经济周期性波动的测度，大多数文献采用 HP 滤波法（Hodrick 和 Prescott，1997）将宏观经济变量趋势项剔除得到周期性成分。然而，Hamilton（2017）认为，HP 滤波会造成滤波值在样本末端和样本中段的数学意义存在显著的差异，这会产生显著不同于通常平滑参数取值的生成值。为克服这些不足，本文借鉴 Hamilton（2017）剔除趋势的稳健方法，对已经过物价、季节调整后的实际 GDP 同比增长率（$gdprate$）剔除趋势项，得到 GDP 实际增长率缺口（$gap$），以此来反映中国的经济总波动。其中，预测期选择 8 期，滞后期选择 4 期。

同时，基于理论模型，经济波动会对银行事前风险承担产生影响，且经济扩张与收缩分别产生了上行和下行金融周期的传导机制。为了验证这一传导逻辑，本文需要进一步识别出经济波动的扩张（$up\_gap$）和收缩（$down\_gap$）阶段。本文借鉴 Danielsson 等（2018）将波动率分解并划分高低波动的思想，也将经济波动进行类似的分解 [见式（2）]。其中，当实际经济增长率在长期趋势之上，即 $gap_t > 0$，代表超过预期的 GDP 实际增长率，可视为经济扩张；当实际经济增长率在长期趋势之下，即 $gap_t < 0$，代表低于预期的 GDP 实际增长率，可视为经济收缩。

$$
\begin{aligned}
up\_gap_t &= \begin{cases} gap_t & if\ gap_t \geqslant 0 \\ 0 & 其他 \end{cases} \\
down\_gap_t &= \begin{cases} -gap_t & if\ gap_t < 0 \\ 0 & 其他 \end{cases}
\end{aligned} \tag{2}
$$

此外，这种经济扩张与经济收缩的划分，不同于传统经济周期的上行（低谷到高峰）与下行（高峰到低谷）阶段。主要原因在于，金融周期的频率特点不同于经济周期。依据传统经济周期阶段的划分，只能得到与经济周期频率完全一致的金融周期，无法识别金融周期频率的特殊性。此时，反映经济波动的变量分化为经济周期性总波动（$gap$）、经济扩张（$up\_gap$）和经济收缩（$down\_gap$）三个具体的波动指标。

3. 控制变量

银行微观个体特征可能会对银行风险承担行为产生影响。借鉴已有文献，本文基准模型选取银行资产相对规模（$Size$）、资产收益率（$ROA$）、成本收入比（$CIR$）、存款占比（$Deposit$）四个银行个体特征变量。具体而言，以每家银行资产额占样本银行总资产额之比（$Size$）代表银行的相对规模（Delis 和 Kouretas，2011），以银行资产收益率（$ROA$，净利润占总资产的比率）代表银行的盈利能力（方意等，2012），以成本收入比（$CIR$）代表银行的成本管理水平（方意，2015），以存款占总资产之比（$Deposit$）代表银行所受的市场纪律约束（汪莉，2017），并将这四个银行个体特征指标作为控制变量引入模型中。由于银行当期风险承担行为与其资产相对规模、资产收益率、成本收入比等指标存在相互影响的关系，为降低内生性问题，本文对上述指标采取滞后一期方式处理。对于基准模型的宏观经济变量，本文控制了货币政策指标。在中国，利率市场化进程不断推进和完善，上海同业拆借利率（Shibor）的基准利率属性也日益增强（方意、方明，2012），为此本文采用上海同业拆借7天利率（马勇、李镏洋，2015）作为货币政策的代理变量。

### （三）实证结果与分析

#### 1. 经济波动与银行事前风险承担

基准回归模型中，本文以市场型资产变化率指标作为银行事前风险承担的代理指标。静态面板主要包括 OLS 混合模型、固定效应模型和随机效应模型三类。本文通过 F 统计量检验、LM 统计检验以及 Hausman 检验，最终选择固定效应模型进行实证分析。

如表3所示，不管是否加入控制变量，经济的扩张和收缩波动对银行事前风险承担都有显著影响。具体而言，从影响方向上看，经济扩张波动与银行事前风险承担具有显著的正向作用，而经济收缩波动则具有显著的负向作用。从影响程度上看，经济扩张与收缩波动对银行事前风险承担的作用程度存在一定的差异，经济扩张波动对银行事前风险承担的作用力更大（两者对银行事前风险承担的回归系数绝对值分别为0.467和0.437）。这也在一定程度上表明银行事前风险承担对经济扩张波动的反应会更敏感。

值得指出的是，上述实证结果恰恰印证了本文理论模型的推演结论。依据前述理论模型，在经济扩张波动期，低风险的外部环境会放松银行的资本金监管约束，从而提高银行资产负债表能力。资产负债表能力的提升促使银行增持风险资产，银行的事前风险承担随之增强。因此，经济扩张波动与银行事前风险承担呈现负向变动关系，上述推演的过程恰好对应上行金融周期。在经济收缩波动期情形恰好相反，外部环境风险的加大进一步弱化了银行资产负债表能力，银行事前的风险承担也随之降低，金融周期处于下行阶段。

表3　经济波动与银行事前风险承担关系的实证结果

| 变量 | 市场型资产变动率 | | | | | |
| --- | --- | --- | --- | --- | --- | --- |
| | 经济总波动 | 经济扩张波动 | 经济收缩波动 | 经济总波动 | 经济扩张波动 | 经济收缩波动 |
| 经济波动类型 | 0.349*** (4.19) | 0.543*** (4.96) | -0.602** (-3.01) | 0.276** (2.76) | 0.467** (2.96) | -0.437* (-2.12) |
| 银行 ROA $(t-1)$ | | | | 11.36 (1.61) | 12.63 (1.73) | 10.00 (1.45) |
| 资产占比 $(t-1)$ | | | | -93.97 (-1.50) | -95.23 (-1.51) | -90.95 (-1.44) |
| 成本收入比 $(t-1)$ | | | | 0.316*** (3.42) | 0.318*** (3.60) | 0.330*** (3.52) |
| 存款占比 | | | | -19.78** (-2.52) | -21.03** (-2.61) | -17.89** (-2.20) |
| 上海同业拆借利率 | | | | -1.083** (-2.94) | -1.141*** (-3.09) | -0.994** (-2.61) |
| 常数 | 5.320*** (646.42) | 4.547*** (30.56) | 6.165*** (21.12) | 15.49* (2.06) | 15.52* (2.01) | 14.26* (1.93) |
| 观测值 | 574 | 574 | 574 | 565 | 565 | 565 |
| 银行数 | 14 | 14 | 14 | 14 | 14 | 14 |
| 调整后 $R^2$ | 0.018 | 0.016 | 0.013 | 0.042 | 0.041 | 0.039 |
| F | 17.54 | 24.62 | 9.068 | 11.68 | 11.33 | 10.28 |

注：表内变量系数对应的括号内数值为 t 值，***、**、*分别表示在1%、5%、10%的水平下显著。

2. 经济波动与银行事后风险承担

经济波动在改变银行事前风险承担的同时，银行系统的整体风险也在发生潜在的累积。当银行部门风险累积到一定程度，可能会引发银行出现不良贷款等风险的爆发，而银行风险的爆发或者实现，实质上是前期银行风险承担所引发的事后结果。为了进一步检验经济波动对银行事后风险承担的影响，本文以不良贷款率的变动率指标作为被解释变量，分别以当期和滞后期的经济波动为解释变量进行面板固定效应回归。

实证结果（见表4）显示，从当期来看，经济波动与银行不良贷款率之间呈显著的反向变动关系。在经济扩张期间，企业因外部环境的改善在经营绩效和盈利能力方面都有很大提升，当期的债务违约率相应降低，从而带来银行不良贷款率的变动率下降，这对应于金融周期的上升阶段；在经济收缩期间，企业利润空间压缩甚至出现亏损，当期的债务违约率随之攀升，从而带来银行不良贷款率变动率的上升，这对应于金融周期的下降阶段。可以发现，面对经济波动，银行当期的事后风险承担与事前风险承担呈现相反的变化特点。

这意味着，在研究银行风险承担问题时，采用不良贷款率变动率这一事后风险承担指标来衡量是不尽合理的。原因在于，该指标仅仅刻画银行风险实现的结果，无法揭示银行潜在风险的累积程度，并在危机到来之前无法做出有效的预警。此外，回归结果同样证实，经济扩张和收缩波动对银行事后风险承担的影响也存在一定的差异，即经济收缩波动带来的影响程度要大于经济扩张波动（0.735 > 0.675），银行事后风险承担对经济收缩波动的反应更敏感。

表4　经济波动与银行事后风险承担关系的实证结果

| 变量 | 不良贷款率的变动率 | | | | | |
| --- | --- | --- | --- | --- | --- | --- |
| | 经济总波动 | 经济扩张波动 | 经济收缩波动 | 经济总波动 | 经济扩张波动 | 经济收缩波动 |
| 经济波动类型 | − 0.770 *** （ − 6.17） | − 1.347 *** （ − 6.66） | 1.105 *** （3.98） | − 0.428 *** （ − 3.78） | − 0.675 *** （ − 3.62） | 0.735 ** （2.60） |
| 控制变量 | 是 | 是 | 是 | 是 | 是 | 是 |
| 观测值 | 573 | 573 | 573 | 564 | 564 | 564 |
| 银行数 | 14 | 14 | 14 | 14 | 14 | 14 |
| 调整后 $R^2$ | 0.048 | 0.054 | 0.024 | 0.156 | 0.153 | 0.154 |
| F | 38.12 | 44.31 | 15.81 | 28.55 | 28.41 | 27.13 |

注：表内变量系数对应的括号内数值为 t 值，***、**分别表示在1%、5%的水平下显著。

综上所述，可以得到以下主要结论。

第一，银行事前风险承担呈现顺周期特点。所谓顺周期，是指经济扩张波动增强了银行事前风险承担，二者呈同向变动关系。银行事前风险承担的这一顺周期特征恰恰印证了理论模型关于经济波动与银行风险承担之间的作用关系，即经济扩张会降低风险资产市场的基本面风险，银行面临的 $VaR$ 约束相对放松，从而增强了银行资产负债表能力，进而助推了银行持有更多的市场型资产，银行事前风险承担增加。这一结论也进一步表明，中国银行业也具有内在的不稳定性，为明斯基的"金融不稳定假说"提供了中国的证据支持。

第二，银行事后风险承担呈现逆周期特点。这里的逆周期，是指经济扩张波动带来银行当期事后风险承担的降低，二者呈反向的变动关系。究其原因在于，从当期来看，经济扩张波动，改善了企业当前的经营业绩和盈利能力，银行当期不良贷款率也随之下降，即银行事后风险承担下降。由此表明，银行事后风险承担反映的是银行当前风险暴露或实现的结果。

第三，银行事前风险承担能够揭示银行系统性风险的累积过程。面对经济波动，银行当期的事后风险承担与事前风险承担呈反向的变化特点。这一特征进一步证实银行事后风险承担指标实际上掩盖了银行体系当期所承载的潜在风险水平，无法揭示银行系统性风险的累积程度。然而，以市场型资产变动率指标衡量的银行事前风险承担，因为包含了大量"类贷款"的银行影子业务，能够综合反映银行业内部的关联性，因而能够揭示银行系统性风险的累积过程。

# 四 稳健性检验

为确保实证模型估计结果的可靠性和有效性，本部分从切换风险承担指标、扩充控制变量、考虑银行异质性、扩大样本时间跨度、剔除"四万亿"刺激政策干扰、调整估计方法、运用工具变量法解决内生性问题等多个方面进行稳健性检验。

## （一）替换被解释变量

第一，选用银行调整杠杆变动率作为商业银行事前风险承担行为的代理指标。传统杠杆是资产/股权，反映的是资产相对于稳定性资产的比例，以此衡量银行的风险承担水平。而 Shin 和 Shin（2011）认为，银行负债可大致分为核心负债和非核心负债两类。其中，核心负债主要指银行存款，其规模与家庭财富紧密相关，变化速度较为缓慢，具有相对稳定性；当银行进行资产快速扩张时，核心负债无法支撑资产增长速度，银行只能通过非核心负债方式融资，非核心负债表现出较强的非稳定性特征（方意，2017）。基于此，对于商业银行而言，股权和作为核心负债的银行存款额可共同视为银行的稳定性资产。使用银行总资产/（存款额＋股权），即调整杠杆（*Leverage*），更能反映银行真正的杠杆水平。本文以银行调整杠杆变动率作为被解释变量进行回归，估计结果与基准模型是一致的。

第二，选用银行影子业务的变动率作为商业银行事前风险承担行为的代理指标。据前文可知，市场型资产主要包括银行间资产业务和投资类业务，这些资产在很大程度上具有"类贷款"的银行影子业务性质。为此，本文选择代表性的银行影子业务对被解释变量[①]进行稳健性检验。回归结果与表4结论基本一致，进一步验证了实证结果的稳健性。

### （二）扩充控制变量

本文在基准模型控制变量的基础上，进一步增加了通货膨胀率、房地产价格等宏观经济变量，考虑了银行业竞争度、集中度、银行特许经营权价值等行业层面变量，并补充了银行绝对规模变量等个体层面变量。具体来说，对于通货膨胀率、房地产价格变量，本文分别利用CPI和70个大中城市新房住宅价格的月度环比价格指数，通过计算定基价格指数和月度平均得到季度数据；对于银行业的竞争度，本文借鉴申创和赵胜民（2018）的做法，采用Boone指数来反映；对于银行业的集中度，本文沿用谭之博和赵岳（2012）等文献的度量方法，采用一国前三家银行的资产之和占全部商业银行资产之和的比重来衡量；对于银行特许权经营价值，本文采用比较成熟的托宾Q方法（李伟、韩立岩，2008），公式为托宾Q值（特许权价值）＝（银行股权价值＋负债账面价值）/总资产账面价值。回归结果表明，当扩充了控制变量，本文的实证结论仍然稳健。

### （三）调整样本范围进行异质性检验

基准模型选择了包括大型商业银行、股份制商业银行、城市商业银行等在内的14家商业银行为研究样本进行了估计。本文通过调整样本范围对模型进行重新估计。估计结果显示，除仅有的四家大银行的样本外，在其他调整后的样本范围下，经济扩张和收缩波动的估计系数均显著。且回归

---

① 分别以同业存款、同业拆出与可供出售金融资产三项加总的变动率，同业存款、同业拆出与交易性金融资产三项加总的变动率以及同业存款、同业拆出与持有到期金融资产三项加总的变动率作为被解释变量。

结果表明，随着对四家大型银行样本的逐步剔除，经济扩张波动的回归系数呈上升态势，表明中小银行的风险承担累积受经济扩张波动的影响更大。这意味着，在经济扩张冲击下，随着资本充足率监管约束的放松，中国中小银行的风险承担行为会更激进，并在系统性风险累积过程中发挥更大的作用，而大型银行却发挥着逆周期、稳定市场的作用。

### （四）扩大样本区间，考虑完整金融周期

考虑到金融周期比经济周期具有更长的周期频率，本文利用 Bankscope 数据库，将样本频率由季度调整为年度，样本跨度扩大为 1998～2013 年共计 16 年 245 家样本银行。回归结果表明，核心解释变量的估计系数和显著性与表 4、表 5 基本一致，实证结论是稳健的。同时，通过对比基准模型的回归系数，本文发现，在更长的样本区间内，经济波动对银行事前和事后风险承担的影响程度会更大。这意味着，随着样本期的扩大，银行风险承担行为对经济波动的反应越敏感，银行风险承担的周期性变化越明显。

### （五）剔除"四万亿"刺激政策干扰

2009～2010 年，中国实行"四万亿"刺激计划，这使在此阶段中国银行贷款额占总资产的比例出现异常激增（Cong 等，2017）。为了剔除这个阶段的政策冲击效应，本文加入时间虚拟变量（在 2009～2010 年虚拟变量取值为 0，在其余样本期虚拟变量取值为 1）。实证结果与基准模型的结论是一致的。同时，通过对比两个模型中经济波动的估计系数，本文还发现，当剔除政策冲击因素后，经济波动对市场型资产变动率的影响强度和作用效果明显增强，这进一步证实了本文事前风险承担指标选取的合理性。

### （六）改变估计方法，避免估计偏差

银行风险承担具有持续性（方意等，2012），同时经济波动、存款占比、市场利率可能存在内生性问题，为避免模型可能带来的估计偏差，本文构建动态面板模型，并采用"系统 GMM"法进行估计。估计中，将市场型资产变动率、经济波动、存款占比、市场利率作为内生变量，将滞后一期的资产占比、成本收入比和 ROA 视为工具变量。从估计结果看，AR（2）、Sargan 统计量的 p 值均大于 0.05，GMM 估计有效，经济波动与市场型资产

变动率的回归系数显著，说明本文结论不太受估计方法选取的影响。此外，为排除估计方法选择的主观性，本文分别采用混合 OLS 方法、差分 GMM 方法进一步证实了基准模型结论的稳健性。

### （七）使用工具变量法解决内生性问题

本文的经济波动变量也不可避免地存在内生性问题。为了确保内生性问题的有效解决，本文进一步采用了工具变量法。本文除了采用常用的内生变量滞后期（经济波动滞后一期）作为工具变量外，还选择政府换届作为工作变量进行检验。对于政府换届变量，笔者对同一届政府赋予相同的取值，根据中国五年一届的规则，将 2006Q4~2007Q4 设定为 1，2008Q1~2012Q4 设定为 2，2013Q1~2017Q1 设定为 3。主要依据在于，每届政府的管理理念和治理风格会存在差异，对经济波动产生直接的影响，但与银行风险承担的关系相对较弱。通过工具变量法证实，本文的结论依然是稳健的。

## 五　传导渠道检验

根据前述理论模型可知，中国经济波动与银行事前风险承担之间的传导实现在很大程度上依赖风险资产市场的基本面风险、风险资产价格、银行资产负债表能力等多个中间环节。而本部分的目的就在于填补这一中间传导环节，检验经济扩张波动是否会引起风险资产市场的基本面风险下降、风险资产价格上升以及银行资产负债表能力提升。为此，本文采用交乘项法检验单个中间传导环节的有效性。

### （一）风险资产市场基本面风险（$z_t$）的传导有效性

经济波动对银行事前风险承担的作用首先是借助风险资产市场的基本面风险来传递。为此，本文将风险资产市场的基本面风险及基本面风险与经济波动的交乘项纳入模型中，回归模型演变为：

$$Risk_{it} = \alpha_0 + \alpha_1\, gap_t + \alpha_2\, z_t + \alpha_3\, gap_t \times z_t + \beta_1\, I\_Control_{it} + \beta_2\, M\_Control_t + u_t + \varepsilon_{it}$$

$$(3)$$

理论模型中风险资产市场的基本面风险，主要表现为风险资产的供给者即资金的需求方自身经营业绩的波动性。资金需求者经营业绩波动越大，代表风险资产市场的基本面风险越大。同时，目前中国经济中的资金需求者是以非金融企业为主。因此，本文基于数据的可得性，选取上海证券交易所非金融行业上市公司加权资产收益率（WROA）的平均滚动标准差来衡量风险资产市场的基本面风险（$z_t$）。此外，为确保结果的稳健性，滚动标准差窗口分别选择 12 期、16 期和 20 期。由回归结果可以看出，在不同期的滚动窗口下，样本公司加权资产收益率的标准差与经济扩张波动的交乘项系数均显著为负，与经济收缩波动的交乘项系数也基本显著为正。由此说明，经济波动与银行事前风险承担之间的关系受风险资产市场基本面风险（$z_t$）显著影响：当风险资产市场基本面风险降低时，经济扩张与银行事前风险承担之间的正向关系会显著增强；当风险资产市场的基本面风险提高时，经济收缩波动降低银行事前风险承担的作用也会增强。

**（二）风险资产价格（$p_t$）的传导有效性**

风险资产价格（$p_t$）的变动，会引起银行盯市资产价值的变动，进而带来银行资产负债表能力的变化，其在经济波动对银行事前风险承担的作用机制中也发挥着重要作用。为此，本文将风险资产价格变量及其与经济波动的交乘项同时纳入模型，回归模型演变为：

$$Risk_{it} = \alpha_0 + \alpha_1\ gap_t + \alpha_2\ p_t + \alpha_3\ gap_t \times p_t + \beta_1\ I\_Control_{it} + \beta_2\ M\_Control_t + u_t + \varepsilon_{it}$$

$$(4)$$

理论模型中的风险资产市场，更侧重于风险资产交易的二级市场。考虑到中国信贷资产交易性较为有限、银行不允许持有股票资产等因素，本文最终选取上海证券交易所企业债券价格指数来衡量风险资产价格（$p_t$）。实证检验发现，风险资产价格与经济扩张波动的交乘项显著为正，这表明风险资产价格对经济扩张波动与银行事前风险承担的正向关系具有强化作用。与之相对应，风险资产价格与经济扩张波动交乘项系数的显著为负表明，当风险资产价格下降，经济收缩波动与银行事前风险承担的负向关系会进一步加强。

**（三）银行资产负债表能力（$BSC_t$）的传导有效性**

银行的资产负债表能力在经济波动对银行事前风险承担的作用机制中

发挥着核心作用。为此，本文将银行的资产负债表能力及其与经济波动的交乘项纳入模型，回归模型演变为：

$$Risk_{it} = \alpha_0 + \alpha_1\, gap_t + \alpha_2\, BSC_t + \alpha_3\, gap_t \times BSC_t + \beta_1\, I\_Control_{it} + \beta_2\, M\_Control_{it} + u_t + \varepsilon_{it}$$
（5）

从理论模型看，银行的资产负债表能力可表示为 $BSC_{t'} = e_{t'} - VaR_t$，它取决于冲击后的银行资本金与上一期的风险值水平。对于银行资本金水平，本文使用银行股权变化率来刻画；对于上一期风险值的变化，本文选择滞后一期的银行不良贷款率变动率表示。如表 5 所示，从回归结果来看，银行资产负债表能力与经济扩张波动的交乘项显著为正，这表明银行资产负债表能力越强，经济扩张波动带来的银行事前风险承担就越大。同样，银行资产负债表能力与经济扩张波动交乘项系数的显著为负表明，当银行资产负债表能力下降，经济收缩波动与银行事前风险承担的负向关系会进一步加强。银行负债表能力在经济波动与银行事前风险承担之间发挥着重要的传导作用。

表5　银行资产负债表能力传导效果的实证检验

| | 市场型资产变动率 | | |
|---|---|---|---|
| | 经济波动 | 经济扩张波动 | 经济收缩波动 |
| 经济波动类型 | 0.183<br>(1.58) | 0.363*<br>(1.88) | −0.346<br>(−1.66) |
| 银行资产负债表能力 | 0.00828<br>(0.30) | 0.0103<br>(0.36) | 0.192***<br>(3.05) |
| 经济波动类型×银行资产负债表能力 | 0.0893***<br>(3.66) | 0.0858***<br>(3.89) | −0.0453**<br>(−2.81) |
| 控制变量 | 是 | 是 | 是 |
| 观测值 | 555 | 555 | 555 |
| 银行数 | 14 | 14 | 14 |
| 调整后 $R^2$ | 0.072 | 0.073 | 0.060 |
| F | 9.921 | 8.772 | 15.99 |

注：表内变量系数对应的括号内数值为 t 值，***、**、* 分别表示在 1%、5%、10% 的水平下显著。

# 六　中国金融周期的测度与特征

本文运用实证方法对中国金融周期的中期频率特点进行检验，并以此为基础，采用衡量银行事前风险承担的市场型资产变动率指标来刻画中国金融周期的特点。

### （一）中国金融周期的测度

实证研究表明，从当期来看，经济的扩张波动带来银行事前风险承担的上升和银行事后风险承担的下降，这是上行的金融周期过程。下行金融周期过程与之相反。为了进一步判定中国金融周期的频率，本文分别用经济扩张和收缩波动的滞后1期至33期对银行事后风险承担进行回归，并提取回归系数。如图2所示，随着滞后期数的增加，经济扩张波动与不良贷款率变化率的回归系数整体呈上升趋势，逐步由负转正，并在滞后29期后（7年后）会引起不良贷款率增长率的显著上升。这表明，在经济扩张期，虽然银行当期的事后风险承担下降，但随着银行事前风险承担的增加，银行业整体的系统性风险在不断累积，最终在大约7年后，长期积聚的风险被触发和实现，银行部门发生巨大损失，银行事后的风险承担即不良贷款率的变动率显著增加。与之相对应，伴随着滞后期数的增加，经济收缩波动与不良贷款率变化率的回归系数则呈逐步由正转负的递减趋势，且也在滞

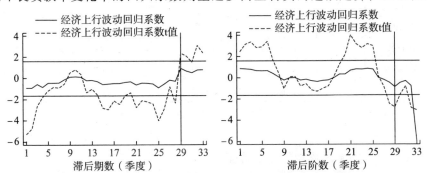

**图2　经济波动滞后期对银行事后风险承担的预测效果**

注：左图为经济扩张波动各期滞后变量对银行事后风险承担的回归系数及 t 值，右图为经济收缩波动各期滞后变量对银行事后风险承担的回归系数及 t 值，水平线为在10%置信水平下的 t 值（±1.65）。

后 29 期时 (7 年后) 回归系数显著为负。

由此可见，经济波动在当期带来银行事前风险承担同向变动的同时，在滞后大约 7 年会引起银行事后风险承担的同向变动。这也意味着，从经济波动视角看，银行事前风险承担对事后风险承担具有一定的前瞻预测性。为了更准确地刻画事前风险承担的这一特点，本文以不良贷款率的变动率为被解释变量，以市场型资产变动率的当期和滞后期为解释变量，再加入控制变量的情况重新进行检验 (见表 6)。回归结果表明，银行事前风险承担在当期与银行事后风险承担之间是负向关系，但在滞后 28 期后，二者呈现显著的正向关系，这意味着银行体系当前风险的累积会带来 7 年后风险的释放与实现。这与经济波动视角下对银行事前风险承担指标的前瞻预测性判断是完全一致的。银行事前风险承担的上升对应着上行金融周期，而银行事后风险承担的上升对应着下行金融周期，这在一定程度上论证了中国金融周期的长度至少在八年以上。由此证实金融周期频率属于中期低频范围。

**表 6　银行事前风险承担与事后风险承担关系的实证结果**

| 市场型资产<br>变动率 | 不良贷款率的变动率 | | | | | | | |
|---|---|---|---|---|---|---|---|---|
| | 当期 | 滞后<br>1 期 | 滞后<br>2 期 | 滞后<br>26 期 | 滞后<br>27 期 | 滞后<br>28 期 | 滞后<br>29 期 | 滞后<br>32 期 |
| 滞后期数 | − 0.0141<br>( − 0.30) | − 0.00927<br>( − 0.14) | − 0.018<br>( − 0.41) | − 0.0163<br>( − 0.39) | − 0.0348<br>( − 0.72) | 0.109 **<br>− 2.58 | 0.0176<br>− 0.56 | − 0.0168<br>( − 0.31) |
| 控制变量 | 是 | 是 | 是 | 是 | 是 | 是 | 是 | 是 |
| 观测值 | 564 | 554 | 543 | 209 | 195 | 181 | 167 | 153 |
| 银行数 | 14 | 14 | 14 | 14 | 14 | 14 | 14 | 14 |
| 调整后 $R^2$ | 0.143 | 0.149 | 0.146 | 0.038 | 0.073 | 0.107 | 0.106 | 0.117 |
| F | 36.24 | 28.86 | 69.49 | 3.858 | 7.77 | 25.45 | 7.653 | 10.13 |

注：表内变量系数对应的括号内数值为 t 值，＊＊表示在 5% 的水平下显著。

**(二) 中国金融周期的波动特征**

基于前文的理论和实证研究，本文最终选择银行事前风险承担指标来刻画中国的金融周期。为了全面刻画中国金融周期的波动特点，本文在利用中国上市银行 2006 年第四季度~2017 年第一季度样本数据的基础上，又利用中国商业银行 1998 ~ 2013 年的年度样本数据进行 BP 滤波。此外，本文已证实中国的金融周期具有低频中周期特点，因此在进行滤波时，最小滤波参数的下限采用中周期的下限，即设定为 32 个季度（或 8 年），同时基于滤波上限不能超过数据长度的原则，滤波上限设定为 41 个季度（或 15 年）。

如图 3 和表 7 所示，在 1999 ~ 2013 年样本期，中国经历了一个相对完整的金融周期，金融周期的长度大约为 11 年，这一结论与范小云等（2017）的观点基本一致。其中，在 2000 年和 2010 年分别达到金融周期的峰顶，在 2005 年达到金融周期的波谷，上行（波谷到波峰）和下行（波峰到波谷）波幅分别为 189.1% 和 - 208.6%，呈现一定的非对称性。

从季度数据看，自 2007 年第一季度以来，中国经历了一个波峰（2008Q4）和一个波谷（2013Q2），这个周期单个阶段（从波峰到波谷）的长度大约为 5 年，下行波幅为 - 192.8%，尚未形成一个完整的金融周期。显然，在 2008 年之前，中国经济的过度扩张在带来了银行事前风险承担大幅攀升的同时，也加剧了银行业系统性风险的积聚；在 2008 年全球金融危机的冲击下，经济泡沫被刺破，银行事后风险承担加速实现。随后，在 2009 ~ 2010 年"四万亿"刺激计划的冲击下，中国政府及地方融资平台迅速膨胀，在银行信贷规模快速增长的同时，银行市场型资产呈下降趋势。但在 2013 年之后，中国信贷政策开始收紧，银行的表内新增贷款受到规模和投向（如

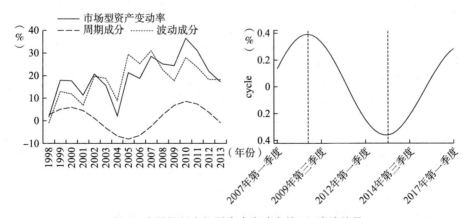

**图 3　中国银行市场型资产变动率的 BP 滤波结果**

注：左图根据 1998 ~ 2013 年样本数据获得，右图根据 2006 年第四季度 ~ 2017 年第一季度样本数据获得。

融资平台和房地产）的严格限制。为绕开监管约束，银行开始通过与其他银行、信托公司、证券业机构和保险公司等的合作，大力发展同业、理财、资产管理等市场型业务（刘丽娜，2017），这也促使中国银行事前风险承担开始大幅上升。

表7　中国金融周期的波动特点

| 样本区间 | 周期拐点 | | 周期长度 | | | 周期波动性 | | |
|---|---|---|---|---|---|---|---|---|
| | 波峰 | 波谷 | 上行持续期 | 下行持续期 | 整周期持续期 | 上行波幅 | 下行波幅 | 非对称性 |
| 1999～2013年 | 2000年，2010年 | 2005年 | 11年 | 6年 | 5年 | 189.1% | -208.6% | 1.10 |
| 2007Q1～2017Q1 | 2008Q4 | 2013Q2 | | 19季度 | — | — | -192.8% | — |

注：上行波幅的变化是指上行周期变量从波谷至波峰的变化幅度，下行波幅的变化是指下行周期变量从波峰至波谷的变化幅度。非对称性是指上行期波动幅度的绝对值／下行期波动幅度的绝对值。

## 七　结论与政策建议

本文构建了纳入经济波动冲击的银行风险承担模型，并以银行风险承担的周期性变化来衡量和考察金融周期，为金融周期的测度提供了一个微观基础。主要结论如下。

（1）市场型资产变动率指标可以用来衡量银行事前风险承担和金融周期。市场型资产变动率指标综合反映了理论模型蕴含的盯市效应、系统性风险指标体现的关联性以及中国银行业实践反映的银行影子业务特色等因素。

（2）经济波动会通过改变风险资产市场的基本面风险和风险资产价格，进而影响银行的资产负债表能力，使银行事前风险承担呈现顺周期特点。此外，本文进一步发现，在经济波动冲击下，中国中小银行的风险承担行为会更激进，并在系统性风险的累积过程中发挥更大的作用，而大型银行却发挥着逆周期、稳定市场的作用。

（3）应用市场型资产变动率指标构建金融周期，证实中国金融周期具有中期频率特点。以不良贷款率变化率衡量的银行事后风险承担呈现逆周期特点，且以市场型资产变动率衡量的银行事前风险承担在滞后 29 期（大约 7 年）与事前风险承担呈显著正相关关系。由此论证银行事前风险承担对事后风险承担具有前瞻预测性以及中国金融周期的中期频率特点。

（4）本文对中国金融周期进行 BP 滤波，发现中国金融周期的长度大约为 11 年。

基于以上结论，提出以下政策措施。第一，考虑到市场型资产变动率指标在敏感性、前瞻性等方面的良好性态，监管当局应将该指标纳入系统性风险的预警指标体系，以便更精准地监测银行事前风险承担的变化。第二，监管当局应充分意识到银行事前风险承担的顺周期性和银行事后风险承担的逆周期性。在经济扩张时，对系统性风险的累积过程给予高度关注；而在经济收缩时，关注系统性风险的释放与实现。第三，监管当局尤其要警惕在经济快速增长阶段，伴随着风险资产市场的低波动率，银行会过度风险承担，从而带来系统性风险的过度积累，即所谓的明斯基"不稳定假说"。建议监管当局在经济快速增长期同时采取宏观审慎政策，实时监控银行的新兴业务，有效控制银行业的系统性风险。

**参考文献**

［1］陈彦斌、霍震、陈军：《灾难风险与中国城镇居民财产分布》，《经济研究》2009年第 11 期。

［2］陈雨露、马勇、阮卓阳：《金融周期和金融波动如何影响经济增长与金融稳定？》《金融研究》2016 年第 2 期。

［3］邓创、徐曼：《中国的金融周期波动及其宏观经济效应的时变特征研究》，《数量经济技术经济研究》2014 年第 9 期。

［4］邓向荣、张嘉明：《货币政策、银行风险承担与银行流动性创造》，《世界经济》2018 年第 4 期。

［5］范小云、袁梦怡、肖立晟：《理解中国的金融周期：理论、测算与分析》，《国际金融研究》2017 年第 1 期。

［6］方意：《货币政策与房地产价格冲击下的银行风险承担分析》，《世界经济》2015 年第 7 期。

［7］方意：《系统性风险的传染渠道与度量研究——兼论宏观审慎政策实施》，《管

理世界》2016 年第 8 期。

[8] 方意：《中国银行业系统性风险研究——宏观审慎视角下的三个压力测试》，《经济理论与经济管理》2017 年第 2 期。

[9] 方意、方明：《中国货币市场基准利率的确立及其动态关系研究》，《金融研究》2012 年第 7 期。

[10] 方意、赵胜民、谢晓闻：《货币政策的银行风险承担分析——兼论货币政策与宏观审慎政策协调问题》，《管理世界》2012 年第 11 期。

[11] 何德旭、张捷：《金融周期下的货币政策展望：环境、挑战与选择》，《上海金融》2018 年第 6 期。

[12] 金鹏辉、张翔、高峰：《货币政策对银行风险承担的影响——基于银行业整体的研究》，《金融研究》2014 年第 2 期。

[13] 李伟、韩立岩：《外资银行进入对我国银行业市场竞争度的影响：基于 Panzar-Rosse 模型的实证研究》，《金融研究》2008 年第 5 期。

[14] 刘冲、郭峰、傅家范、周强龙：《政治激励、资本监管与地方银行信贷投放》，《管理世界》2017 年第 10 期。

[15] 刘丽娜：《银行同业业务模式的演化、风险特征和监管启示》，《新金融评论》2017 年第 4 期。

[16] 马勇、李镕洋：《金融变量如何影响实体经济：基于中国的实证分析》，《金融评论》2015 年第 1 期。

[17] 申创、赵胜民：《市场竞争度、非利息收入对银行收益的影响研究》，《南开经济研究》2018 年第 1 期。

[18] 谭之博、赵岳：《企业规模与融资来源的实证研究——基于小企业银行融资抑制的视角》，《金融研究》2012 年第 3 期。

[19] 王晋斌、李博：《中国货币政策对商业银行风险承担行为的影响研究》，《世界经济》2017 年第 1 期。

[20] 汪莉：《隐性存保、"顺周期"杠杆与银行风险承担》，《经济研究》2017 年第 10 期。

[21] 项后军、李昕怡、陈昕朋：《理解货币政策的银行风险承担渠道——反思与再研究》，《经济学动态》2016 年第 2 期。

[22] 徐明东、陈学彬：《货币环境、资本充足率与商业银行风险承担》，《金融研究》2012 年第 7 期。

[23] 伊楠、张斌：《度量中国的金融周期》，《国际金融研究》2016 年第 6 期。

[24] 袁梦怡、陈明玮：《风险偏好与金融周期：一个简明的分析框架》，《经济问题》2017 年第 2 期。

[25] Adrian, T. , Boyarchenko, N. , and Shin, H. S. , "The Cyclicality of Leverage", Federal Reserve Bank of New York Staff Report No. 743, 2015.

[26] Adrian, T. , and Brunnermeier, M. K. , "CoVaR", *American Economic Review*, 106 (7), 2016: 1705 – 1741.

[27] Adrian, T. , and Shin, H. S. , "Financial Intermediaries and Monetary Economics", Federal Reserve Bank of New York Staff Report No. 398, 2010.

[28] Adrian, T. , and Shin, H. S. , "Liquidity and Financial Cycles", BIS Working Paper No. 256, 2008.

[29] Adrian, T. , Estrella, A. , and Shin, H. S. , "Monetary Cycles, Financial Cycles and the Business Cycle", Federal Reserve Bank of New York Staff Report No. 421, 2010.

[30] Borio, C. , "the Financial Cycle and Macroeconomics: What Have We Learnt?", *Journal of Banking & Finance*, 45, 2014: 182 – 198.

[31] Borio, C. , and Zhu, H. , "Capital Regulation, Risk-Taking and Monetary Policy: a Missing Link in the Transmission Mechanism?", *Journal of Financial Stability*, 8 (4), 2012: 236 – 251.

[32] Bruno, V. , and Shin, H. S. , "Cross-border Banking and Global Liquidity", *The Review of Economic Studies*, 82 (2), 2014: 535 – 564.

[33] Cong, L. , Gao, H. , Ponticelli, J. , and Yang, X. , "Credit Allocation under Economic Stimulus: Evidence from China", Chicago Booth Research Paper No. 17 – 19, 2017.

[34] Danielsson, J. , Valenzuela, M. , and Zer, I. , "Learning from History: Volatility and Financial Crises", *The Review of Financial Studies*, 2018, 31 (7): 2774 – 2805.

[35] Delis, M. D. , and Kouretas, G. P. , "Interest Rates and Bank Risk-Taking", *Journal of Banking & Finance*, 35 (4), 2011: 840 – 855.

[36] Dell'Ariccia, G. , Laeven, L. , and Suarez, G. A. , "Bank Leverage and Monetary Policy's Risk-Taking Channel: Evidence from the United States", *The Journal of Finance*, 72 (2), 2017: 613 – 654.

[37] Hamilton, J. D. , "Why You Should Never Use the Hodrick-Prescott Filter", National Bureau of Economic Research Working Paper No. 23429, 2017.

[38] Hodrick, R. J. , and Prescott, E. C. , "Postwar US Business Cycles: an Empirical Investigation", *Journal of Money, credit, and Banking*, 29, 1997: 1 – 16.

[39] Jiménez, G. , Ongena, S. , Peydró, J. L. , and Saurina, J. , "Hazardous Times

for Monetary Policy: What Do Twenty-Three Million Bank Loans Say About the Effects of Monetary Policy on Credit Risk-Taking?", *Econometrica*, 2014, 82 (2): 463 – 505.

[40] Laeven, M. L., Ratnovski, L., Tong, H., "Bank Size and Systemic Risk", International Monetary Fund, 2014.

[41] Minsky, H. P, "The Financial Instability Hypothesis", The Jerome Levy Economics Institute Working Paper No. 74, 1992.

[42] Rey, H., "Dilemma not Trilemma: the Global Financial Cycle and Monetary Policy Independence", National Bureau of Economic Research Working Paper No. 21162, 2015.

[43] Shin, H. S., and Shin, K., "Procyclicality and Monetary Aggregates", National Bureau of Economic Research Working Paper No. 16836, 2011.

# 地方债扩张与系统性金融风险触发机制[*]

毛　锐　刘楠楠　刘　蓉[**]

**摘　要**　中国地方债规模迅速扩张导致金融和经济杠杆率快速上升，债务风险引致的潜在系统性金融风险成为中国政府关注的重点领域。本文通过构建一个地方债作用于商业银行流动性约束和私人信贷投资的 DSGE 模型，模拟债务－金融风险的累积叠加机制触发系统性金融风险的可能性。研究表明，地方政府投资冲动驱使地方债规模呈现顺周期特征，商业银行对地方债的大量认购使债务风险转化为金融风险，商业银行是地方债扩张所致风险的载体。在中央隐性担保率不断下降的情况下，金融风险的累积性质扭曲了信贷配给效率，并使居民和金融部门持有地方债的风险不断叠加，在达到临界值时触发系统性金融风险。本文模拟出的中央政府合理担保区间为 $[0.71, 0.99]$；同时模拟出中央政府运用金融审慎政策去杠杆的最优政策时机为年新增债务量占 GDP 比重达 2.88% 之时，对应的中央隐性担保率为 0.79。中央政府防范债务－系统性金融风险时不可"一刀切"，应循序渐进地降低隐性担保率。

**关键词**　地方债扩张　系统性金融风险　中央担保率

---

[*]　原文发表于《中国工业经济》2018 年第 4 期；原文标题为《地方政府债务扩张与系统性金融风险的触发机制》。

[**]　毛锐，西南财经大学财政税务学院博士研究生；刘楠楠，西南财经大学财政税务学院讲师、博士；刘蓉，西南财经大学财政税务学院院长、教授。

# 一 引言

近年来，中国政府部门和非金融企业的杠杆率总体呈现上升趋势。根据"明斯基时刻"理论，高杠杆是宏观金融脆弱性的总根源，杠杆率上升容易从经济系统内部滋生系统性金融风险，陷入去杠杆周期的风险。系统性金融风险将导致金融机构倒闭、金融市场崩溃、货币贬值与资本外逃（张晓朴，2010；马勇，2011），对宏观经济和社会财富造成巨额损失（Reinhart 和 Rogoff，2011）。十九大报告中指出，守住不发生系统性金融风险的底线、保障金融安全是国家安全的重要组成部分，而准确判断风险隐患是重要前提。目前，中国杠杆率水平不断上升，特别是地方政府债务（简称"地方债"）潜在的风险应引起重视，一是地方债规模的增长在一定程度上加剧了经济波动（项后军等，2017），二是地方债存在较多担保或有类债务，从而埋下债务风险的隐患（马建堂等，2016）。因此，本文主要研究地方债扩张风险是否会触发系统性金融风险，以及风险防范与救助政策。

根据金融风险理论，地方债一般可通过内部因素和外部因素触发系统性金融风险。在内部因素中，一方面，地方债券市场不健全导致信息不对称和资产价格非市场化波动，引发金融体系内在脆弱性（Minsky，1978；Diamond 和 Dybving，1983）；另一方面，在地方债扩张背景下，政府部门杠杆率的过度应用与金融机构之间业务关联、风险传递，将触发系统性金融风险（Gramlich 等，2011）。在外部因素中，地方债风险顺周期变动，易导致商业银行挤兑、资产抛售等破坏经济系统自我稳定的机制。现有文献已提出中国作为转型中国家，其地方政府大量举债投资基础设施建设推动经济增长，暴露出较为严重的地方债扩张问题（谢思全、白艳娟，2013），滋生信用风险（Hempel，1972）、资源错配风险（王永钦等，2007）、商业银行流动性风险甚至系统性金融风险（匡小平、蔡芳宏，2014；缪小林、伏润民，2015）。然而，鲜有文献模拟量化研究地方债扩张对系统性金融风险的诱发作用与传导机制。

财政与金融审慎政策是防范与救助地方债-系统性金融风险的两类重要政策。财政政策主要包括两方面：一是完善预算硬约束制度，从制度根源上消解地方债扩张风险隐患；二是中央政府对地方政府的债务有担保和救助责任。[①] 本文主要关注的是第二类财政政策，即中央对地方债的担保与救助政策。一方面，当地方债扩张引发的金融风险危害到金融系统自身安全时，就具有公共风险属性，应由财政分担金融风险（刘尚希，2003）；另一方面，地方政府具有地区治理的重要责任，并承担着发展经济、平抑经济波动等经济职能，如果地方政府到期无法偿还的债务不适用破产保护规则，中央政府则会对地方政府的过度举债行为实行事前约束与事后救助。然而，在这种央地博弈逻辑与预算软约束下，地方政府易对中央政府的"公共池"产生道德风险，扩大地方债规模，更加提高了诱发系统性金融风险的可能性。在这一问题上，国内外学者观点不一。国内学者认为在一定条件下中央政府应救助地方政府的债务风险（黄国桥、徐永胜，2011；郭玉清，2011），国外学者认为财政分担金融风险将会加大公共财政负担引发政府债务风险，并存在明显的事前效应，金融风险的压力主要转移到当代人身上（Bohn，2009；Bierbrauer，2014）。但现有文献较少关注中央政府担保地方债诱发系统性金融风险的可能性，没有模拟量化分析中央政府对地方债担保率的合理区间。

金融审慎政策是指从宏观的、逆周期的视角来防范由金融体系顺周期波动和跨部门传染导致的系统性金融风险，即通过限制收缩金融机构信贷供给额度等"降杠杆政策"来防范地方政府举债的道德风险问题。国外学者认为金融审慎政策能够在一定程度上缓解并防范金融危机（Barth 等，2013）。国内学者观点不一，有学者认为金融审慎政策对金融风险治理的效果可能会受商业银行资本状况影响（张雪兰、何德旭，2012）；有学者认为政府实施金融监管并不能稳定商业银行体系，反而会引发金融风险（洪正，2011）；有学者认为政府监管成本低，效果较为直接，政府应加强宏观和微观审慎监管（于维生、张志远，2013）；有学者从银行利差形成机制出发，认为最优审慎政策能完全消除稳态利差，从而有利于金融稳定（何国华等，2017）；也有学者认为财政和金融"分家"是化解债务风险和"去杠杆"成败的关键所在（钟辉勇、陆铭，2017）。然而，针对中国的地方债－系统性金融风险的金融审慎政策问题，现有文献定性分析较多，缺乏对去杠杆时

---

① 在中国不完全分权体制下，虽然国办函〔2016〕88 号文中明确指出中央对地方债不提供担保，但对于地方债引发的财政－金融风险，中央政府仍然为最终救助者，因此，中央政府依旧相当于提供了隐性担保，后文的中央担保均指中央政府的隐性担保。

机的量化研究。

综上，本文基于 Meh 和 Moran（2010）的基本框架构建了一个地方债作用于商业银行流动性约束和私人信贷投资的 DSGE 模型，通过引入内生化的商业银行流动性风险来模拟地方债－金融风险的累积叠加效应与系统性金融风险的触发机制；在此基础上，引入中央政府担保率模拟系统性金融风险的临界值，从系统性金融风险防范的角度探讨金融审慎政策降低经济系统杠杆率的有效性和去杠杆时机。本文的主要创新点是：（1）结合特征事实分析，发现地方政府强烈的投资冲动导致债务规模呈现顺周期；（2）内生化商业银行流动性风险并使其与地方债风险发生联动，产生债务－金融风险的累积叠加效应，同时将不完全信息下商业银行存在的双重道德风险引入 DSGE 模型，模拟论证中国地方债扩张诱发系统性金融风险的可能性与发生时机；（3）引入中央政府隐性担保政策，综合分析不同担保率所产生的风险分担，以及因道德风险导致的地方政府增发债务问题，求解不同政策目标下中央政府的隐性担保率取值；（4）引入金融审慎政策，模拟信贷收紧政策的宏观经济效应，求解中央政府在化解地方债存量过程中去杠杆的最优时机。

## 二 地方债规模与宏观经济波动的特征事实分析

2008 年全球金融危机后中国出台的"四万亿"刺激政策所带来的配套压力导致地方政府主要通过举债来弥补资金缺口。随着刺激政策效力的逐步实现，中国经济进入平稳增长的"新常态"，但同时地方债规模也呈现不断增长的态势。如图 1 所示，样本时间维度是 2009 年第一季度～2016 年第四季度。GDP、地方政府投资支出与地方债规模的波动在一定程度上存在共动关系（Co-movement）。从三者波动时序看，地方政府投资支出的波动具有先行性，GDP 与地方债发行规模随后而动。地方债发行规模波动在绝大多数时段表现为顺周期，全样本期内与 GDP 波动的相关系数为 0.84。地方政府投资波动在样本期内同样表现出明显的顺周期特征，与 GDP 波动的相关系数为 0.87，且相比于 GDP 具有先行性，该结果与中国地方政府通过投资性支出进行基础设施建设以刺激经济的实际相一致。

为进一步揭示中国地方债顺周期的成因与债务扩张下的金融风险形成

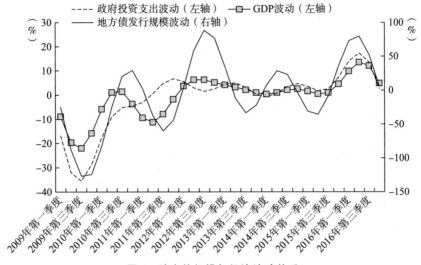

**图 1　地方债规模与经济波动关系**

注：参考钟辉勇和陆铭（2017）的研究，选择城投债季度发行数据表征中国地方债
发行规模，变量经 X－12 季节调整后取对数和 HP 滤波。

资料来源：Wind 资讯、CEI 数据库。

机制，参考 Liu 等（2013）、周建和况明（2015）等的研究，本文运用
BVAR 模型对地方债规模扩张下的系统性金融风险传导机制给出实证支持。
为保持与理论模型的可比性，本文选择地方债规模（$b$）、GDP、地方政府
投资（$g$）、商业银行净值（$bk$）、商业银行杠杆率（$leb$）与 CPI 等变量组
成一个中等规模的 BVAR 模型系统，相关内生变量向量表示为 $Y_t = [b_t$、
$GDP_t$、$g_t$、$bk_t$、$leb_t]$，外生变量向量表示为 $X_t = [CPI_t]$；其中，采用商业银
行一级资本表征商业银行净值、商业银行贷款存款比表征商业银行杠杆率，
以上数据均来自 Wind 资讯、CEI 数据库。[①] 由于是季度数据，所有变量的
数据均经 X－12 季节调整后取对数，并通过 HP 滤波得到扰动序列。在单位
根平稳性检验、Granger 因果检验与 VAR 系统稳定性检验后，采用 Sims-Zha
的 Normal-Wishart 分布作为 BVAR 的先验分布进行估计。同时，为使相关参
数及冲击得以更好识别，参照因果关系检验结果，对系统施加 Choleski 结构
性约束。结构性约束下的内生变量排序为地方政府投资（$g$）、地方债规模

① 出于部分变量数据可获得时间维度的考虑，本文将 BVAR 估计的时间维度调整为 2009 年第
三季度～2017 年第一季度。

（$b$）、商业银行净值（$bk$）、商业银行杠杆率（$leb$）、$GDP$，该顺序设定保证了与理论模型的动态传导机制相一致，使实证结果与理论模拟结果具有可比性。主要内生变量在 GDP 与政府投资支出正向冲击下的脉冲响应如图 2 所示。[①] 在 GDP 冲击下，地方债规模先上升后大幅减少，商业银行净值下降，杠杆率先小幅上升后大幅下降。在政府投资支出冲击下，地方债规模增加，商业银行净值上升，杠杆率在小幅下降后上升。因此，从中长期看，经济增长（GDP 正向冲击）会降低地方债规模与商业银行杠杆率，而地方政府投资支出会扩大地方债规模、提高商业银行杠杆率。正如 Chari 等（1996）所论述，在政府税收收入相对固定时，最优政府债务作为政府支出

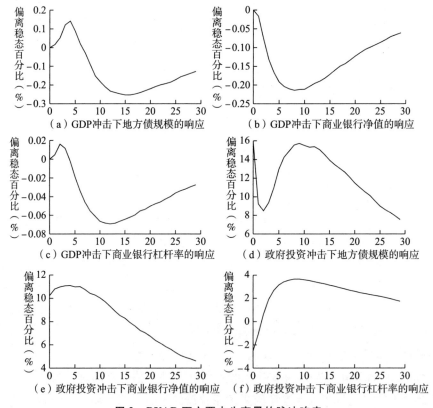

图 2　BVAR 下主要内生变量的脉冲响应

① BVAR 系统参数估计的置信度为 90%，为保证脉冲图中纵轴刻度的可辨识性，这里略去了90% 置信区间的绘制。

波动的吸收器（absorber），应具有与政府支出相同的周期性质。因此，中国地方债规模顺周期特征的主要诱因是地方政府不断增加的投资支出，地方债规模扩张进一步提升了金融部门杠杆率。

## 三　理论模型构建

本文在包含资本品厂商、商业银行及其流动性约束的新凯恩斯黏性价格框架下引入金融摩擦，基于 Meh 和 Moran（2010）的基本框架通过不完全信息下最优合约的机制设计，构建了一个地方债作用于商业银行流动性约束从而挤出私人信贷投资的 DSGE 模型。

### 1. 家庭

假设存在无限期生存的同质性家庭，时间维度标记为 $t$，家庭通过选择消费、储蓄、实物资本、实际货币余额与地方政府债券以最大化其效用水平，家庭效用函数设定为：

$$E_0 \sum_{t=0}^{\infty} \beta^t \left[ \lg(c_t^h) - v\, l_t + \zeta \lg\left(\frac{M_{t+1}}{P_t}\right) \right] \tag{1}$$

其中，$\beta$ 为家庭的主观贴现率，$v$ 为效用函数中的劳动偏好系数，$\zeta$ 为效用函数中实际货币余额的系数，家庭预算约束表示为：

$$c_t^h + q_t I_t^h + D_{t+1} + \frac{M_{t+1}}{P_t} + (z_t - 1) B_{t+1}^h \leqslant \frac{(1 + r_t^n)}{\pi_{t+1}} D_t + Z_t^k K_t^h + (1 - \Delta) z_t B_t^h +$$

$$\frac{W_t}{P_t} l_t + \frac{M_t}{P_t} + \Pi_t - T_t \tag{2}$$

其中，$c_t^h$ 为家庭消费，$I_t^h$ 为家庭投资，$q_t$ 为资本重置价格，$D_{t+1}$ 为家庭期末选择的储蓄，$D_t$ 为期初储蓄额，$M_{t+1}/P_t$ 为家庭期末货币持有量，$M_t/P_t$ 为家庭期初实际货币余额，$B_{t+1}^h$ 为家庭期末持有的债券存量，假定家庭持有的债券在每期期初支付 1 单位利息，$z_t$ 为地方政府债券的实际含息价格，$\pi_{t+1}$ 为通胀率，$K_t^h$ 为家庭持有的实物资本，$Z_t^k$ 为实物资本出租租金率，$r_t^n$ 为上一期储蓄的收益率，$W_t/P_t$ 为家庭实际工资收入，$l_t$ 为期初劳动供给量，$\Pi_t$ 为企业对家庭的利润转移，$T_t$ 为家庭的一次性总付税。假定家庭在期初将所持有的债券存量以实际含息价格 $z_t$ 出售，且家庭出售的债券会因为债务风险而面临违约预期损失率 $\Delta$，在期末重新购入地方政府债券，由于债券利息在每期期初支付，家庭只需支付不含息实际价格 $z_t - 1$。家庭资本动态方程为：

$$K_{t+1}^h = (1 - \delta) K_t^h + I_t^h \tag{3}$$

其中，$\delta$ 为资本折旧率。家庭在满足式（1）和式（2）的约束条件下选择消费、储蓄、资本、债券、劳动与货币，以最大化家庭效用水平。

2. 生产部门

生产部门主要包括中间品厂商和最终品厂商，考虑到中国是不完全竞争市场，本文依据 Dixit 和 Stiglitz（1977）设定中间品厂商为垄断竞争厂商。同时，考虑到厂商在现实中较难及时调整价格，存在一定的价格黏性，因此，在中间品厂商中引入价格黏性。

（1）最终品厂商。关于垄断竞争的中间品厂商设定，参考 Yun（1996）关于价格加总的方法，设定最终品厂商利用（0，1）连续分布且单个厂商标定为 $j$ 的垄断竞争中间品厂商生产的产品作为投入品来生产最终产品。其生产函数采用 CES 形式，即：

$$Y_t = \left[ \int_0^1 y_{jt}^{(\xi_p - 1)/\xi_p} \, d_j \right]^{\xi_p/(\xi_p - 1)}, \xi_p > 1 \tag{4}$$

其中，$\xi_p$ 为中间品的常替代弹性。根据利润最大化规则，中间产品的最优产量为：

$$y_{jt} = \left( \frac{p_{jt}}{P_t} \right)^{-\xi_p} Y_t \tag{5}$$

在完全竞争性市场与零利润的假设条件下，得到价格离散方程：

$$P_t = \left( \int_0^1 p_{jt}^{1-\xi_p} \, d_j \right)^{1/(1-\xi_p)} \tag{6}$$

（2）中间品厂商。中间品厂商生产函数采用希克斯中性技术进步的假定，在固定要素比例的前提下单纯模拟技术进步带来的增长效应，可对应实证部分 GDP 正向冲击所导致的经济增长。另外，中国地方政府主要通过基础设施建设刺激经济增长，而基础设施建设具有公共品的正外部性特征，在一定程度上提高了生产者的边际产出。据此，本文参照 Barro（1990）、吴化斌等（2011），将政府投资性支出引入中间品厂商的生产函数，以考察其对经济系统中生产者最优决策的影响机制：

$$y_{jt} = A_t \, (g_{pt})^{\omega} \, (k_{jt})^{\alpha} \, (l_{jt})^{1-\alpha} \tag{7}$$

其中，$A_t$ 为全要素生产率（TFP），$g_{pt}$ 为政府投资性支出，$k_{jt}$ 为中间品厂商租用的实物资本，$l_{jt}$ 为中间品厂商雇用的劳动量。根据成本最小化规则，中间品厂商的最优决策为：

$$\min_{\{k_t, l_t\}} Z_t^k \, k_{jt} + w_t \, l_{jt}$$

$$\text{s. t. } A_t \, (g_{pt})^{\omega} \, k_{jt}^{\alpha} \, l_{jt}^{1-\alpha} - y_{jt} \geqslant 0$$

边际成本为：

$$mc_t = \frac{1}{A_t \, (g_{pt})^{\omega}} \left[ \frac{W_t}{P_t (1 - \alpha)} \right]^{1-\alpha} \left( \frac{Z_t^k}{\alpha} \right)^{\alpha} \tag{8}$$

参照 Calvo（1988），假定中间品厂商以 $(1 - \varphi_p)$ 的概率可以重新定价，而以 $\varphi_p$ 的概率不能重新定价，不能重新定价的厂商采用修正的定价策略：

$$p_{jt+1} = \pi_{t+1} \, p_{jt} \tag{9}$$

能够重新定价的中间品厂商最大化其利润：

$$\max_{\tilde{p}_t} E_t \sum_{s=0}^{\infty} (\beta \, \varphi_p)^s \, \lambda_{t+s} \left( \frac{\tilde{p}_{jt+s} \, y_{jt+s}}{P_{t+s}} - mc_{t+s} \, y_{jt+s} \right)$$

$$\text{s. t. } y_{jt} = \left( \frac{p_{jt}}{P_t} \right)^{-\xi_t} Y_t$$

同时根据价格演化方程：

$$p_{jt} = \left[ (1 - \varphi_p) \, \tilde{p}_{jt}^{1-\xi_t} + \varphi_p \, (\pi_{t-1} \, p_{jt-1})^{1-\xi_t} \right]^{\frac{1}{1-\xi_t}} \tag{10}$$

最终推导得出向前看（Forward - looking）的新凯恩斯菲利普斯曲线：

$$\hat{\pi}_t = \beta \, \hat{\pi}_{t+1} + \frac{(1 - \varphi_p)(1 - \beta \, \varphi_p)}{\varphi_p} \, \hat{mc}_t \tag{11}$$

（3）商业银行与资本品厂商。商业银行依赖债务融资和自身资本进行贷款发放，资本品厂商则从商业银行获得贷款来生产资本品。由于 MM 定理失效，[①] 内部融资成本更低，均衡时二者将完全依赖内部融资而脱离信贷市

---

① 不完全信息下商业银行和资本品厂商面临道德风险问题并产生信贷溢价，因此，二者外部融资成本均高于依靠自身净值累积所产生的成本。

场。为了防止上述情况发生，本文设定商业银行和资本品厂商均为风险中性和有限期生存的经济人，商业银行和资本品厂商每期有一定的概率退出市场。当二者退出时，均消费其剩余资本；若不退出，则将其资本在期末完全储蓄。设定二者退出概率分别为 $\gamma^b$ 和 $\gamma^e$，相应的净值为 $BK_t$ 和 $NW_t$。参考 Holmstrom 和 Tirole（1997），家庭、商业银行、资本品厂商之间的动态博弈时序为：给定厂商的生产函数，三个博弈主体于 $t$ 时期签订激励相容的最优合约，合约规定的总投资量记为 $I_t$；家庭向商业银行提供储蓄，商业银行向资本品厂商提供贷款，资本品厂商于 $t+1$ 期完成资本品生产，然后将新生产的资本品出租给中间品厂商，待最终品生产完毕且实现销售后分配相关利润。然而，资本品厂商对生产部门提供的信贷投资结果存在不确定性，资本品厂商于 $t$ 期进行投资，如果成功，则在 $t+1$ 期获得 $RI_t$ 单位的资本品；如果失败，则得到 0。资本品厂商通过自身净值 $NW_t$ 和外部融资 $I_t - NW_t$ 来为该笔投资融资。资本品厂商可以选择三个不同风险的项目进行投资。项目1：具有高成功率（$p_h$），但私人利润为零；项目2：具有低成功率（$p_l$），但私人收益为 $bI_t$；项目3：具有低成功率（$p_l$），但其私人收益为 $BI_t$，且 $b <B$。在不完全信息下，家庭、商业银行、资本品厂商三者之间存在双重道德风险。

第一重道德风险。相比于高成功概率项目的 0 私人收益，资本品厂商更偏好于成功概率低但私人收益最高的项目 3，此时家庭和商业银行获得低期望收益，资本品厂商与商业银行之间形成道德风险。商业银行可以采取监督措施来制止资本品厂商的寻租行为，但监督存在成本 $cI_t$，且不能完全阻止资本品厂商的寻租行为，即商业银行的监督可以阻止资本品厂商选择项目3，但是不能阻止资本品厂商选择项目 2。

第二重道德风险。商业银行的监督成本由自身承担，参与项目的净收益会降低，这将产生第二重道德风险，即商业银行倾向于完全利用作为其负债的家庭储蓄来进行信贷供给而保留自身净值，并降低其监督动机。因此，家庭要求商业银行将自身净值 $BK_t$ 的一部分投入对资本品厂商的贷款当中，以解决该道德风险问题。商业银行的总资本通过自身资本积累和家庭储蓄获得，商业银行的支出则分为监督成本和购买抵押品两部分，而该抵押品便是政府债券 $B_t^b$。因此，商业银行的预算约束为：

$$(I_t - NW_t) + (z_t - 1) B_t^b \leq BK_t - cI_t + D_t \qquad (12)$$

设定利润分配份额在三者之间为 $s_t^h$、$s_t^e$、$s_t^b$，其总和为 1。一般来说，只有将要退出的商业银行和资本品厂商才有激励寻租，商业银行和资本品厂商事前（Ex-ante）知晓自己的退出概率，因此合约设计只需针对即将退出的商业银行和资本品厂商即可。设定政府债券的实际回报率 $r_t^g$ 为：

$$1 + r_t^g = (1 - \Delta) \frac{z_t}{z_t - 1} \tag{13}$$

如果 $t$ 期进行的项目成功，则 $t+1$ 期的总回报为：

$$\prod_{t+1}^{success} = [Z_{t+1}^k + q_{t+1}(1 - \delta)] R I_t + \frac{(1 + r_{t+1}^g)}{\pi_{t+1}}(z_t - 1) B_t^b \tag{14}$$

总收益由生产实物资本的回报和购买政府债券的实际回报构成。将上述总回报进行分解：

$$\prod_{t+1}^{success} = \hat{\prod}_{t+1}^{success} + \frac{(r_{t+1}^g - r_t^n)}{\pi_{t+1}}(z_t - 1) B_t^b \tag{15}$$

$$\hat{\prod}_{t+1}^{success} = [Z_{t+1}^k + q_{t+1}(1 - \delta)] R I_t + \frac{(1 + r_t^n)}{\pi_{t+1}}(z_t - 1) B_t^b \tag{16}$$

政府债券溢价 $r_{t+1}^g - r_t^n$ 作用于商业银行购买债券抵御流动性风险的决策，与合约无关，因此相关收益只留存在商业银行内部。最终，收益分成表示为：

$$\prod_{t+1}^e = s_t^e \hat{\prod}_{t+1}^{success} \tag{17}$$

$$\prod_{t+1}^b = s_t^b \hat{\prod}_{t+1}^{success} + \frac{(r_{t+1}^g - r_t^n)}{\pi_{t+1}}(z_t - 1) B_t^b \tag{18}$$

$$\prod_{t+1}^h = s_t^h \hat{\prod}_{t+1}^{success} \tag{19}$$

资本品厂商作为博弈的后行方和利润的产生者，其优化问题为最大化其折现净值：

$$\max_{\{I_t, BK_t, NW, D_t, B_t^b, s_t^e, s_t^b, s_t^h\}} V_t$$

相关约束条件如下。

资本品厂商的激励相容约束（Incentive Compatibility Constraint），设定下一期项目 1 的回报高于项目 2：

$$E_t \{ \Lambda_{t,t+1} [ Z^k_{t+1} + q_{t+1} (1 - \delta) ] p_h \, s^e_t R I_t \} \geq E_t \{ \Lambda_{t,t+1} [ Z^k_{t+1} + q_{t+1} (1 - \delta) ] p_l \, s^e_t R I_t \} + q_t b I_t$$

其中，$\Lambda_{t,t+1} = \beta \dfrac{u'(c_{t+1})}{u'(c_t)}$ 为随机折现因子，代入资产价格，得到：

$$q_t \, p_h \, s^e_t R I_t \geq q_t \, p_l \, s^e_t R I_t + q_t \, I_t b \tag{20}$$

商业银行的激励相容约束，设定商业银行实施监督的回报高于不监督的回报：

$$E_t \{ \Lambda_{t,t+1} [ Z^k_{t+1} + q_{t+1} (1 - \delta) ] p_h \, s^b_t R I_t \} \geq E_t \{ \Lambda_{t,t+1} [ Z^k_{t+1} + q_{t+1} (1 - \delta) ] p_l \, s^b_t R I_t \} + c I_t$$

代入资产价格，上式简化为：

$$q_t \, p_h \, s^b_t R I_t \geq q_t \, p_l \, s^b_t R I_t + c I_t \tag{21}$$

商业银行参与约束，商业银行 $t$ 期折现资本大于 $t$ 期退出并消费其 $t-1$ 期的累积净值所获得的回报[1]，即：

$$V^b_t \geq B K_{t-1} (1 + r^n_t) \tag{22}$$

$$V^b_t = E_t \sum_{i=1}^{\infty} \gamma^b (1 - \gamma^b)^{i-1} B K_{t+i} \tag{23}$$

家庭储蓄参与约束，家庭项目参与回报大于无风险存款回报，即：

$$E_t (\Lambda_{t,t+1} \, \Pi^h_{t+1}) \geq E_t [ \Lambda_{t,t+1} (1 + r^n_t) D_t ]$$

将资本代入可得：

$$s^h_t [ q_t \, p_h R I_t + (z_t - 1) B^b_t ] \geq D_t \tag{24}$$

分成约束：

$$s^h_t + s^e_t + s^b_t = 1 \tag{25}$$

根据 Holmstrom 和 Tirole（1998），商业银行为应对潜在挤兑所导致的流动性危机，需要留存一部分流动性资产作为抵押物。本文设定商业银行将持有地方政府债券作为流动性抵押资产，同时对商业银行的流动性约束进行拓展，引入内生化的商业银行挤兑概率。假定家庭通过接收各种关于地方债的信息来获得对本地区地方政府债务水平的主观判断，如部分地方政

----

① 在实际数值模拟中，该约束始终满足。

府出现债务违约或者虚报 GDP 和财政收入等，从而提高家庭对于事件发生地的地方政府债务水平的判断。家庭事前（Ex - anti）知晓地方商业银行大量认购了地方政府发行的债券，则家庭会依据地方政府债务水平的高低来判断商业银行资产的风险水平，[①] 最终确定其对商业银行储蓄存款的挤兑概率。定义内生挤兑概率为：

$$\rho_{t+1} = \frac{(1 - \eta)(z_t - 1) B_t^{stock}}{T_t + (z_t - 1) B_t^{stock}} \tag{26}$$

其中，$\eta$ 为中央政府对地方政府债券违约的担保率，取值 [0, 1]。中央的隐性担保政策一方面分担了地方债风险，并通过直接降低家庭对商业银行挤兑的概率达到减少商业银行流动性风险的效果，但另一方面也可能因预算软约束的"公共池"问题产生增发地方债的道德风险。因中央政府对债券进行担保，家庭预期的债券违约损失率则为中央政府未担保份额，即 $\Delta = 1 - \eta$。此外，商业银行的流动性约束条件为：

$$(z_t - 1) B_t^b \geq \rho_t D_t + \chi \, mac_t \tag{27}$$

由于中央政府的担保分担地方债风险，并出于金融审慎监管与流动性约束趋紧从而保证稳态唯一的考虑，[②] 中央银行设定商业银行持有担保资产应高于家庭存款的期望挤兑额，$\chi$ 为中央银行要求的额外担保资产的持有额度，该变量均衡时取决于中央政府的担保率 $\eta$ 与商业银行对政府债券的需求量 $B^b$，$mac_t$ 为中央银行对应的金融审慎政策，为外生过程。

相比于传统流动性约束文献将挤兑概率外生设定的做法，本文设定内生挤兑概率的原因是：（1）将内生的违约风险作用于商业银行流动性约束，使政府债务存量、中央担保率的变动传递至商业银行的信贷决策，导致政府债务风险与宏观经济、商业银行信贷产生联动；（2）由式（26）可知，债务风险随着地方债存量的增加而增大，并作用于流动性约束即式（27），导致商业银行对政府债券需求的增加，政府由此增加债券发行会反作用于式（26）使债务风险进一步提高，形成一种循环叠加机制，最终使商业银

---

① 商业银行因持有大量政府债券作为抵押担保资产，因此，债务风险直接反应为商业银行资产风险。

② 由于本文未刻画中央政府行为与约束条件，其隐性担保政策外生分担了风险而未考虑其成本效应，因此审慎监管政策引入流动性约束的做法保证了系统均衡存在的唯一性。

行挤兑概率趋于 1，流动性风险形成系统性金融风险，这种财政 – 金融风险相互反馈作用的机制体现了当前中国地方债累积叠加的风险效应；（3）内生挤兑概率具备良好的数理性质，取决于 $\eta$，相应取值为 $[0, 1]$。

商业银行的 $t$ 期净值来源于前期投资收益与前期购买政府债券所获得的利息，因为 MM 定理失效，内部融资成本更低，因而每期存活下来的商业银行和资本品厂商均将当期净值全部储蓄。相应的商业银行净值累积过程为：

$$BK_t = (1 - \gamma^b)\left[Z_t^k + q_t(1 - \delta)\right] p_h\, s_t^b\, q_{t-1}\, I_{t-1} + (z_{t+1} - 1) B_t^b \tag{28}$$

同理，资本品厂商净值为：

$$NW_t = (1 - \gamma^e)\left[Z_t^k + q_t(1 - \delta)\right] p_h\, s_t^e\, q_{t-1}\, I_{t-1} \tag{29}$$

在资本品生产市场上同时存在许多竞争性资本品厂商，服从 $[0, 1]$ 均匀分布，最终品生产之后，资本品厂商购买投资品 $I_{jt}$ 和资本 $K_{jt}$ 生产新资本，并以 $q_t$ 价格出售，相应的资本品生产函数为：

$$Y_{jt}^k = \varphi(I_{jt} / K_{jt-1}) K_{jt-1} \tag{30}$$

资本调整成本为 $\kappa = -\varphi''\left(\dfrac{I}{K}\right)\dfrac{I}{K}\Big/ \varphi'\left(\dfrac{I}{K}\right)$ 且满足条件 $\varphi'(\cdot) > 0, \varphi''(\cdot) < 0, \varphi(0) = 0$，在稳态时，满足 $\varphi(I/K) = I/K$，$I/K$ 为稳态时的投资 – 资本比。资本品厂商的优化问题可以表示为[①]：

$$\max_{I_s}\left[ q_t\varphi(I_{jt} / K_{jt-1}) K_{jt-1} - I_{jt} - Z_t^k K_{jt-1} \right]$$
$$\text{F. O. C}: q_t\, \varphi'(I_{jt} / K_{jt-1}) = 1 \tag{31}$$

由于稳态时 $\varphi(I/K) = I/K$，因此 $\varphi'(I/K) = 1$，且 $q = 1$。

（4）政府财政和货币政策。地方政府向家庭和商业银行发行债券，并从家庭获得一次性总付税收入并进行投资性支出，[②] 地方政府债券的积累方程为：

---

① 这里的资本品生产商的优化问题仅涉及投资的选择，因为总资本存量是由金融合约参与者自身净值优化路径的选择唯一确定。

② 本文研究重点聚焦于地方债的系统性风险效应，政府消费性支出相较投资性支出比例较小，且与地方政府举债融资主要用于基础设施建设的投资性支出实际不符，因此忽略地方政府消费性支出。对于忽略消费性支出可能导致校准的政府投资产出弹性过高的问题，笔者对 $\omega$ 取低于 0.1 的多组校准值进行稳健性检验后发现，其取值对本文的模拟结果并无明显影响。

$$B_t^{stock} = B_t^{issue} + B_{t-1}^{stock} / \pi_t \qquad (32)$$

债券加总方程为：

$$B_t^{stock} = B_t^b + B_t^h \qquad (33)$$

政府的预算约束为：

$$T_t + (z_t - 1) B_t^{stock} = z_t B_{t-1}^{stock} / \pi_t + g_{pt} \qquad (34)$$

政府的货币政策采取泰勒规则，盯住产出缺口与通胀缺口，表示为：

$$r_t^n = (1 - \rho_m) r^n + \rho_m r_{t-1}^n + (1 - \rho_m) [\rho_\pi (\pi_t - \overline{\pi}) + \rho_y \hat{y}_t] + \varepsilon_{mt} \qquad (35)$$

其中，$r^n$ 为稳态无风险利率，$\overline{\pi}$ 为中央银行盯住的通胀目标值，$\hat{y}_t$ 为产出缺口。$\varepsilon_{mt}$ 为 $iid$ 货币供给冲击，标准差为 $\sigma_m$。

（5）加总条件。定义每期退出市场的商业银行和资本品生产商的消费：

$$C_t^b = \gamma^b q_t p_h s_t^b I_t \qquad (36)$$

$$C_t^e = \gamma^e q_t p_h s_t^e I_t \qquad (37)$$

竞争性均衡条件为：

$$K_t^h + BK_t + NW_t = \int_0^1 K_{jt} \mathrm{d}j = K_t \qquad (38)$$

$$Y_t = C_t^h + C_t^e + C_t^b + I_t + c I_t + g_{pt} \qquad (39)$$

$$K_{t+1} = (1 - \delta) K_t + p_h R I_t \qquad (40)$$

通货膨胀表示为：

$$\pi_t = P_t / P_{t-1} \qquad (41)$$

由于本文未探讨政府投资支出的内生决定机制，并且中国地方政府通过大量政府投资刺激经济，参考传统 DSGE 文献的设定，将政府投资性支出与 TFP 一同设定为外生过程，定义为 $\hat{A}_t = \rho_A \hat{A}_{t-1} + \varepsilon_{At}$ 和 $\hat{g}_{pt} = \rho_g \hat{g}_{pt-1} + \varepsilon_{gt}$，$\varepsilon_{At}$ 与 $\varepsilon_{gt}$ 均为 $iid$，标准差分别为 $\sigma_A$、$\sigma_g$。

# 四　参数校准及估计

模型涉及的相关参数分为两类。

第一类为标准结构参数，本文采用校准法（Calibration）进行确定，待确定的参数有 $\alpha$、$\beta$、$\delta$、$\omega$、$\xi_p$、$\varphi_p$、$\zeta$、$\kappa$、$v$、$c$、$\gamma^b$、$\gamma^e$、$R$、$p_h$、$p_l$、$\eta$。

依据传统的生产函数文献，资本产出弹性 $\alpha$ 取值一般在 $0.36 \sim 0.6$，本文取值 $0.45$，与许志伟和林仁文（2011）、吕朝凤等（2013）校准的全国平均值一致。主观折现因子 $\beta$ 为 $0.98$，即稳态时季度利率为 $2\%$，年度利率为 $8\%$，资本折旧率 $\delta$ 为 $0.025$，即年折旧率为 $10\%$，与陈昆亭和龚六堂（2004）的估计一致。对于公共资本的产出弹性 $\omega$，校准为 $0.1$，与饶晓辉和刘方（2014）、吴化斌等（2011）的研究一致。基于 Zhang（2008）的研究结果，中间品价格需求弹性 $\xi_p$ 取 $6$。参照许志伟等（2015）中间品厂商不能调整价格的概率 $\varphi_p$ 设定为 $0.33$，货币在效用中的权重系数 $\zeta$ 参照王君斌等（2011）取 $0.12$，$v$ 为效用函数中的劳动偏好系数，本文取 $6$，符合大部分文献的取值范围。资本品对投资资本比的弹性系数 $\kappa$ 取 $0.42$。金融摩擦相关参数参考 Meh 和 Moran（2010），商业银行对于投资项目的监督成本参数 $c$、商业银行当期退出概率 $\gamma^b$ 与资本品厂商退出概率 $\gamma^e$ 分别取值 $0.025$、$0.28$、$0.22$，投资收益率取 $1.21$，低成功概率低收益率项目的收益率 $b$ 设定为 $0.16$，高收益项目概率 $p_h$ 与低收益项目的概率 $p_l$ 依 Carlstrom 和 Fuerst（1997）的计算方法，依据中国不完全市场的实际情况适当调减，分别取值 $0.8$、$0.4$。中央政府对地方政府的担保率参数 $\eta$，在国办函〔2016〕88 号文出台之前，中央政府实际对于地方政府债务几乎全额担保，因此其值取 $0.9$。

第二类待估参数为外生冲击的自回归系数、标准差，以及货币规则中通胀和产出的反应系数，本文采用与前文一致的 2009～2016 年相关变量的季度数据，参考王君斌等（2011）、郭长林（2016）的估计方法，得出参数校准和估计结果（见表 1）。为保证模型估计结果与样本数据的匹配性，本文对估计结果进行矩匹配实验。从 K－P 方差比率结果看，由于模型只引入 3 种冲击①，忽略了一些相对重要的冲击，如偏好冲击、投资专有技术冲击等，所以理论上 K－P 比率并不会接近 $100\%$。K－P 比率结果显示，模型解释了样本期内中国宏观经济大部分的波动，再结合相对标准差结果，模型的矩匹配效果整体较好，主要变量的估计差异在可接受范围内（见表 2）。

---

① 矩匹配并未包括金融审慎政策冲击，对应审慎政策实施之前的情况。

**表 1　参数的校准/估计结果**

| 参数 | 校准/估计值 | 参数 | 校准/估计值 |
|---|---|---|---|
| $\alpha$ | 0.4500 | $p_h$ | 0.8000 |
| $\beta$ | 0.9800 | $p_l$ | 0.4000 |
| $\delta$ | 0.0250 | $\eta$ | 0.9000 |
| $\omega$ | 0.1000 | $\rho_\pi$ | 1.5000 |
| $\xi_p$ | 6.0000 | $\rho_y$ | 0.1000 |
| $\varphi_p$ | 0.3300 | $\rho_A$ | 0.6100 |
| $\zeta$ | 0.1200 | $\rho_g$ | 0.6900 |
| V | 6.0000 | $\rho_m$ | 0.5200 |
| $\kappa$ | 0.4200 | $\sigma_A$ | 0.0360 |
| c | 0.0250 | $\sigma_g$ | 0.0240 |
| $\gamma^b$ | 0.2800 | $\sigma_m$ | 0.0120 |
| $\gamma^e$ | 0.2200 | $\rho_{mac}$ | 0.8000 |
| R | 1.2100 | $\sigma_{mact}$ | 0.0100 |
| b | 0.1600 | $\Delta$ | 0.1000 |

**表 2　矩匹配结果**

| 变量 | 相对标准差（$\sigma_k/\sigma_y$） | | K - P 方差比率（%） |
|---|---|---|---|
| | 数据 | 模型 | |
| Y（产出） | 1.0000 | 1.0000 | 47.11 |
| $c^h$（消费） | 0.5926 | 0.5401 | 42.94 |
| I（投资） | 1.0808 | 1.3530 | 58.98 |
| $\pi$（通胀） | 0.5797 | 0.5508 | 44.77 |

注：K - P 方差比率为模型产生值与实际数据值之比。

# 五　债务-金融风险传导与风险防范政策模拟

## 1. 顺周期地方债成因与金融风险叠加效应模拟

本文通过相关变量的脉冲响应结果分析 2008 年全球金融危机后中国地方债顺周期的驱动因素，以及商业银行特别是地方商业银行大量认购政府债券所带来的债务风险向金融风险的传递机制。（1）通过方差分解确定各外生冲击对主要内生变量波动的贡献程度。如表 3 所示，政府投资支出冲击对产出波动的贡献率为 57.96%，进一步证明了地方政府通过基础设施投资对经济增长具有显著影响的事实；利率冲击通过影响资本和债券的价格对各合约参与者的自身净值以及债券相关变量影响较大。（2）研究内生变量对供给侧冲击的脉冲响应以探究地方政府投资性支出对经济产出与债务发行的影响。如图 3 所示，在 TFP 正向冲击下产出增加，债券存量下降。这是因为随着生产率的提高，家庭和企业均在冲击当期提高投资而减持债券，债券存量由此下降。由于债券价格由家庭优化条件决定，在政府债券供给固定时家庭对债券需求的减少导致债券价格下降，持有大量政府债券的商业银行净值也因此大幅下降。债券存量下降导致债务风险与商业银行流动性风险均有所下降。资本品厂商的收益分成依其激励相容约束式（20）是一个定值，结合式（29）其净值唯一取决于总投资，因而在 TFP 冲击下，资本品厂商净值的反应呈现驼峰（Hump – shape）状态，并与存在资本调整成本的总投资响应一致。商业银行净值随政府债券发行数量和价格的下降而降低，与实证结果基本吻合，表明债务风险主要为商业银行所承担。如图 4 所示，由于政府投资性支出对厂商的边际产出具有正外部性，其正向冲击对产出的影响在当期达到最大值。政府投资支出通过政府预算约束导致顺周期的政府债务，引发商业银行流动性风险。在商业银行流动性约束作用下，商业银行增持政府债券导致其信贷供给减少，从而挤出了资本品厂商的投资并降低其资产净值水平，但商业银行增加政府债券持有量所带来的净值增加效应大于投资减少所导致的净值减少效应，且债券存量的大幅增加提高了债券风险进而导致债券价值的下降。

**表 3 方差分解结果**

单位：%

| 外生冲击 | | TFP 冲击 | 利率冲击 | 政府投资支出冲击 |
|---|---|---|---|---|
| 变量 | 定义 | | | |
| $Y$ | 产出 | 2.84 | 39.20 | 57.96 |
| $B^{stock}$ | 债券存量 | 40.27 | 56.65 | 3.08 |
| $NW$ | 资本品厂商净值 | 35.39 | 61.88 | 2.73 |

| 外生冲击 | | TFP 冲击 | 利率冲击 | 政府投资支出冲击 |
|---|---|---|---|---|
| 变量 | 定义 | | | |
| $BK$ | 商业银行净值 | 27.80 | 69.46 | 2.73 |
| $I$ | 投资 | 25.52 | 71.32 | 3.15 |
| $z$ | 债券实际价格 | 1.37 | 91.00 | 7.63 |

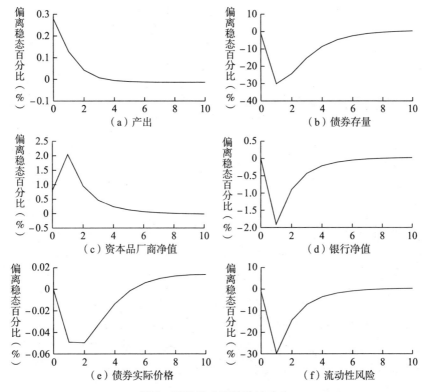

图 3  TFP 冲击下的脉冲响应

综上，地方政府不断增加的投资支出使地方债务呈现顺周期特征，这与实证结论一致。地方政府投资支出的增加带来融资需求的增加，政府提高债券供给导致家庭对商业银行的内生挤兑概率提高。据商业银行流动性约束式（27），商业银行对债券的需求也相应提高，这进一步提高了地方政府债务融资的动力。另外，由于地方债规模不断扩张，家庭对政府债券的预期风险上升，其优化决策为减持政府债券，债券实际收益降低，在式

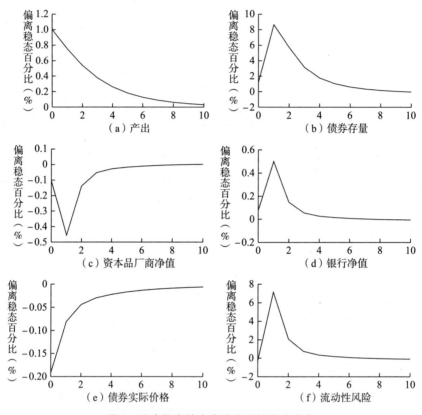

图4　政府投资性支出冲击下的脉冲响应

（27）左侧债券存量不变的情况下，商业银行需要持有更多的政府债券以达到流动性要求，又进一步增加了商业银行对政府债券的需求。由此，该机制在地方债与金融风险传导的同时形成了金融风险的内部叠加，使所有内生变量的波动在短时间内达到峰值并快速收敛，这对风险管控政策的制定提出了严格的时效要求。

2. 杠杆率变动与信贷缺口的顺周期性成因分析

债务风险作用于商业银行流动性约束，改变了商业银行信贷供给，从而使家庭、商业银行和资本品厂商的信贷水平发生变化，商业银行与经济系统的杠杆率均发生改变。商业银行杠杆率的变动在一定程度上反映了金融风险水平变动，且内生挤兑风险所产生的商业银行对政府债券的叠加需求扭曲了商业银行的信贷头寸配置，导致不同经济周期下信贷供给与需求的错配，产生了顺周期的信贷缺口。具体表现为：在经济增长区间，商业银行存在过剩的贷款供给；在经济下行区间，企业无法进行充分信贷，最终会放大短期经济波动。可见，信贷资源配置的无效率对社会经济发展产生了负面影响（谢平、邹传伟，2010），为进一步揭示风险聚集与传导机制，本文针对相关杠杆率和信贷缺口进行了脉冲响应分析。

在风险中性假设下，本文将商业银行杠杆率的指标设定为 $LE_t^b = I_t/$ $(1 - \rho_t) D_t$，由于模型未引入商业银行同业拆借，因此商业银行可借贷的家庭储蓄为 $(1 - \rho_t) D_t$，即商业银行只能将不存在预期挤兑风险的家庭储蓄予以借贷。设定总体经济杠杆率的指标为 $LE_t^T = I_t/[BK_t + NW_t + (1 - \rho_t) D_t]$，该指标反映了总投资与参与金融合约的三个主体资产之间的比率。另外，设定资本品厂商资金缺口为 $LD_t = I_t - NW_t$，商业银行可借贷资金总额为 $LS_t = (1 - \rho_t) D_t + BK_t - (z_t - 1) B_t^b$。以上四个变量在外生冲击下的脉冲响应如图5和图6所示。

如图5所示，在流动性风险降低和设置调整成本的条件下，TFP的正向冲击使商业银行可借贷储蓄数额大幅上升，由于投资存在调整成本，其增长速度慢于商业银行可借贷储蓄的增长速度，商业银行杠杆率呈现逆周期特征，与前文实证结果一致。总体经济杠杆率在 TFP 正向冲击下显示顺周期特征，这是由于商业银行净值的下降在一定程度上减缓了资本品厂商和商业银行可借贷资金的增长。总投资上升使总经济杠杆呈现顺周期特征，其波动幅度小于商业银行杠杆的波动。另外，从信贷供给与需求波动的角度看，随着生产率的提高，企业投资需求旺盛，信贷需求上升；同时由于存在财富效应，家庭储蓄增加，商业银行可借贷资金增加，伴随内生流动性风险的降低，商业银行可借贷数额进一步加大，最终导致商业银行的信贷资金供给在经济上升时略微高于企业信贷需求，出现信贷超额供给。相反地，在经济下行时由于流动性风险加大，商业银行持有更多政府债券，致使政府债券挤出了商业银行的信贷供给，资金供给下降幅度超过资金需求下降幅度，导致信贷资金供给不足。

如图6所示，政府投资性支出的正向冲击使商业银行杠杆率上升，这是因为政府投资挤出了总投资，但家庭储蓄会相应减少且流动性风险的增加进一步加剧了家庭储蓄的下降；同时商业银行净值上升，与总投资的减少共同导致了经济杠杆率的下降。从信贷供需方面看，政府投资支出一方面挤出私人投资，另一方面增加的融资需求导致地方债规模扩张，通过挤占商业银行流动性而缩减商业银行信贷有效供给，导致商业银行信贷供给的下降幅度小于信贷需求。

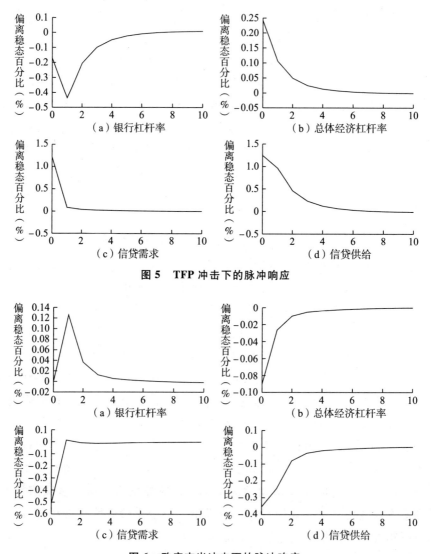

图 5　TFP 冲击下的脉冲响应

图 6　政府支出冲击下的脉冲响应

综上，商业银行的信贷缺口具有顺周期效应，即在经济增长与政府投资支出上升背景下，地方债通过作用于商业银行流动性约束而使信贷供给大于信贷需求，出现信贷超额供给；在经济下行与政府投资减少背景下，地方债使商业银行信贷需求大于供给，出现信贷供给不足。因此，地方债挤占商业银行信贷导致了金融资源错配。另外，经济杠杆率与商业银行杠杆率本应共同表现为顺周期效应，但在 TFP 冲击下出现背离，这表明中国地方债风险的实际载体为大量认购地方政府债券的商业银行。为了防控地方债风险引致系统性金融风险，政府应把政策重点放在以商业银行为代表的金融中介的管理与监督上。

3. 中央政府隐性担保率确定与系统性金融风险防范

本文模拟发现，中央政府担保率 $\eta$ 的合理设置可以使经济在形成系统性金融风险前达到均衡，且其变动将对相关变量的动态响应幅度产生显著影响，因此，就不同中央担保率进行政策模拟，对于中央政府制定与评估系统性金融风险防范政策具有十分重要的意义。

结合理论模型设定，系统性金融风险的发生对应两种不同的情况：（1）商业银行流动性风险趋于 1，家庭对商业银行进行挤兑；（2）随着地方债规模的不断扩张，家庭持有债券的风险增大，债券实际收益降低，稳态时家庭选择抛售全部政府债券。中央政府隐性担保率在 [0，1] 的不同取值，会对整体经济稳态产生巨大的影响。经稳态计算，当中央政府担保率逐渐降低时，诱发系统性金融风险的第二种原因率先发生，对应中央政府隐性担保率的稳态值为 0.71，此时家庭全部抛售政府债券。因此，保证系统性金融风险不发生的中央政府担保率区间为 [0.71，0.99]，这表明中央政府对于地方债规模的管理应循序渐进，不可简单地通过"不兜底的一刀切政策"来降低地方债规模。不同稳态时政府债券存量、总经济杠杆水平和担保率变化关系的模拟结果如图 7 所示，表明因道德风险的存在，中央隐性担保率与稳态债券存量呈现正向关系。随着担保率的提高，整体经济杠杆率先升后降，相应的最高经济杠杆率担保为 0.82，最低为 0.99。

对 0.71、0.82、0.90 三档担保率下主要变量的脉冲响应分析如图 8 和图 9 所示。中央政府的高担保率一方面会造成地方政府增发债务的道德风险问题从而增加地方债供给；另一方面，在内生债务风险设定下，中央政府的高担保率产生的风险分摊效应会降低债务－金融风险叠加的速度，抑制商业银行对于政府债务需求的增速，从而降低政府债务的增速。这两种相反的作用机制促使高担保率下债券存量的波动在冲击初期较低，但在达到峰值过程中逐渐超过低担保率下的波动幅度，最后在收敛前又体现出波动降低的性质，即高担保率对债务存量的影响在波动的尾部呈现抑制特征，

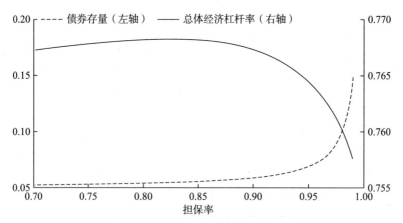

图 7　担保率政策模拟分析

而在峰值附近呈现放大特征。产出、总体经济杠杆与商业银行杠杆对于不
同担保率的波动幅度变化与债务相反，在波动的尾部呈现放大特征，而在
峰值附近呈现抑制特征。根据以上不同担保率选择的静态与动态模拟分析
可知，中央政府的隐性担保率与总体经济杠杆率呈非线性关系。从波动的
角度看，隐性担保率对不同变量及其脉冲响应的不同区段的影响是不同的。
因此，对于不同的政策目标应选择不同的担保率取值。具体而言，如果中

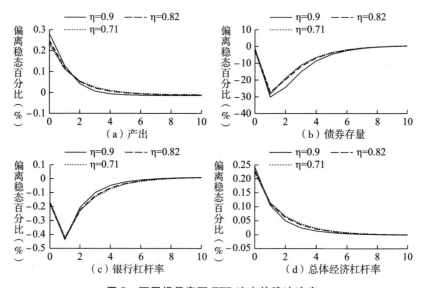

图 8　不同担保率下 TFP 冲击的脉冲响应

央政策目标是保证经济平稳增长并适当控制经济波动，则选择 0.82 的隐性担保率；如果目标是降低总体经济杠杆率与商业银行杠杆率，抑制地方债扩张并防范系统性金融风险，则选择 0.71 的隐性担保率。

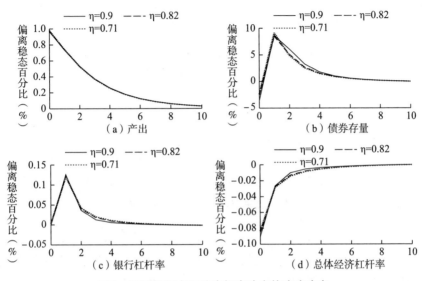

**图 9　不同担保率下政府投资冲击的脉冲响应**

4. 金融审慎政策与去杠杆

中央银行出台金融审慎政策的目的是抑制地方政府的道德风险所引致的潜在经济波动，本文将中央银行增加额外担保资产额度作为主要的金融审慎政策，并探讨其动态效应。设定该担保额度比率 $mac$ 为外生过程：$mac_t = \rho_{mac} mac_{t-1} + \varepsilon_{mact}$，$\varepsilon_{mact}$ 为 $iid$，标准差为 0.01，自回归系数 $\rho_{mac}$ 取 0.8。如果中央银行实施金融审慎政策以应对道德风险，则给予 $\varepsilon_{mact}$ 0.01 个标准差的正向冲击，如图 10 所示，在提高额外担保额度的条件下，商业银行信贷供给收缩，名义利率提高，致使商业银行持有更多的政府债券以作为安全担保资产（Safe Assets），但家庭持有债券的实际收益会因此下降，家庭将减少政府债券的持有量使债券存量在当期下降约 12%。同时，商业银行杠杆率和总体经济杠杆率均在当期下降，流动性风险也下降近 12%。因此，金融审慎政策能够有效降低债务风险、金融与经济杠杆率，但总投资与产出均相应减少，故使用金融审慎政策降低杠杆率的做法应该慎重考虑，以避免在降低杠杆率的同时造成产出下降。

面对地方债风险引致金融风险叠加效应可能导致的系统性金融风险，

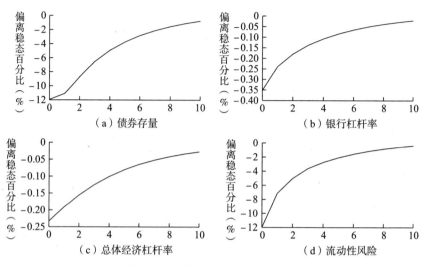

图 10　金融审慎冲击下的脉冲响应

中央政府可以采取隐性担保和金融审慎监管的两种政策手段，但单一政策的效果均具有两面性。债务担保在分摊风险的同时存在地方政府增发债务的道德风险；一味地降低担保率可能会触发系统性金融风险。金融审慎政策可能有效地降杠杆，但对产出与投资具有负向效应，传导至家庭消费与劳动供给时则会降低社会福利水平。因此，中央政府应合理组合财政与金融政策来防范系统性金融风险。本文通过求解使金融审慎政策带来最小累积福利损失的稳态来确定最优去杠杆的时机，即 $\min_{\Gamma} |\sum_{t=0}^{\Theta} (\hat{U}_t | \Gamma)|$，$U_t$ 为式（1）表示的代表性家庭的效用函数以表征社会福利水平，$\Gamma$ 为不同担保率下的稳态集合，$\hat{U}_t$ 为金融审慎政策冲击下社会福利偏离稳态的水平，$\Theta$ 为社会福利回归稳态水平的期数。经模拟可知，当担保率 $\eta$ 取值 0.79 时，累积社会福利损失最小，对应的稳态新增债务存量占产出的比重为 2.88%。相比中国政府资产负债表与审计署发布的《全国政府性债务审计结果》中 2013 年地方债增量占 GDP 的比重为 4.95%，本文估算的最优降杠杆时机对应的债务 GDP 比值更低，年新增债务占 GDP 比重为 2.88%，其对应的中央政府隐性担保率为 0.79。基于中央政府隐性担保与地方债发行规模的关系结论，以及中央政府逐步降低担保率的模型背景，本文估算的最优去杠杆政策时机区间应是较为合理的。

# 六　结论与政策建议

本文从地方政府刺激经济增长的角度出发，探讨了地方政府在财政压力不断累积下持续扩大债务规模所产生的债务－金融风险；通过内生化地方债风险所引致的流动性风险，模拟不同中央政府担保率条件下地方债的金融风险传导与累积叠加机制，分析了触发中国当前系统性金融风险的可能性。最后，结合党的十九大精神，从防范系统性金融风险的角度出发，求解了不同政策目标下中央政府对地方债的隐性担保率选择问题，同时模拟了中央政府采取金融审慎政策降低经济杠杆水平的最优政策时机。主要结论如下。

（1）地方政府投资冲动导致地方债顺周期，债务规模的不断扩张通过作用于商业银行内生流动性风险最终引致金融风险，同时累积叠加的金融风险可能触发系统性金融风险。

（2）地方债风险的主要载体为以商业银行为代表的金融中介部门。具体表现为，在外生冲击下，商业银行净值和杠杆率始终与债务风险及流动性风险的响应方向一致，而资本品厂商的净值始终与债务风险及流动性风险的响应方向相反。信贷供给在经济增长时呈现超额供给，而在经济下行时存在供给不足，信贷缺口的顺周期效应在整个经济周期中对经济增长产生了负面影响。

（3）中央政府的隐性担保在一定程度上可以分担地方债风险，从而遏制系统性金融风险的发生，但同时也会因"公共池"问题带来地方政府增发地方债的道德风险。在不发生系统性金融风险的前提下，中国当前的合理担保区间为 [0.71，0.99]，且依据不同的宏观调控政策目标担保率存在不同取值，如期望保证经济平稳增长的同时带来相对较小的经济波动，担保率应取 0.82；如果期望降低地方债存量，降低杠杆率，则担保率应取 0.71，但这会在一定程度上加大经济的波动。因此，中央政府为降低地方债存量切不可采取"一刀切"的政策，而应当循序渐进、逐步降低担保率，切实防范系统性金融风险的发生。

（4）金融审慎政策能有效降低经济系统中的杠杆率，但也会造成投资与产出的下降。随着中央政府对地方债隐性担保的逐渐降低，存在相应的最优实施金融审慎政策的时机以有效降低经济杠杆率，同时保证经济增长不受明显影响，模拟的最优去杠杆率时机为年新增地方债规模占 GDP 的比重达到 2.88%，对应的中央政府隐性担保率为 0.79。

基于此，本文提出以下政策建议。

（1）按照党的十九大报告确定的目标，加快建立现代财政制度，建立权责清晰、财力协调、区域均衡的中央和地方财政关系。逐步适当增加地方财政收入，如大力发展地方税收体系，增加对地方的一般性转移支付，从而减少地方政府由事权与支出责任不匹配导致的巨大资金缺口，减少地方政府的债务融资需求。同时改变政府投资为主导的经济增长方式，适度降低地方政府投资性支出。

（2）以财政与金融"分家"为目标，建立隔离债务 - 金融风险传导的体制。在地方债管理上，应"开前门堵后门"、促进投融资平台转型，放开地方市政债券的发行，取消城投债等非规范债务融资形式，从根源上抑制地方政府不规范的举债行为，让地方债发行与管理规范透明有序。同时加强金融部门与财政部门之间的协调，针对商业银行信贷资金错配的问题，在经济下行时宜采用稳健财政政策与货币政策，刺激信贷供给，使资金配置脱虚入实。

（3）为维护社会经济安全稳定的局面，当金融风险恶化到危害社会稳定时，中央政府应适当提供隐性担保。鉴于来自中央政府的隐性担保会引发道德风险问题，导致地方政府债券进一步增发，加剧风险的传递，中央政府应逐步降低对地方债的隐性担保率，以达到减少地方债规模、防控债务风险的效果。但中央政府对于地方债的管理不可"一刀切"，应循序渐进，以防系统性金融风险的发生。

（4）配合中央政府逐步降低地方债规模、不断去杠杆的政策，选择适当时机积极采取金融审慎政策，提高金融机构的安全担保资产持有份额，从而降低商业银行及经济总体杠杆率，降低内生债务风险。同时，在资产配置方面，要求商业银行多元化风险头寸，从而减弱债务风险对商业银行流动性风险的影响，通过债务 - 流动性反馈机制减缓债务风险的累积叠加速度，最终降低债务风险引致金融风险的可能性。

（5）建立地方财政破产或债务重整制度，保护债权人的合法权益。借鉴美国的地方财政破产法律《地方政府债务调整法》和日本的《地方财政再建促进特别措施法》，在地方政府财政收支状况严重恶化或者无力支付到期债务本息时可以向法院提请破产保护，债权人也可以向法院提起诉讼；并且制定地方财政重整制度，如精简地方政府各类支出、开展债务重组、偿还到期债务、变现政府资产等，实现财政与经济的良好互动，走出财政困境。

## 参考文献

［1］陈昆亭、龚六堂：《中国经济增长的周期与波动的研究——引入人力资本后的RBC模型》，《经济学（季刊）》2004年第3期。

［2］郭长林：《财政政策扩张、纵向产业结构与中国产能利用率》，《管理世界》2016年第10期。

［3］郭玉清：《逾期债务、风险状况与中国财政安全——兼论中国财政风险预警与控制理论框架的构建》，《经济研究》2011年第8期。

［4］何国华、李洁、刘岩：《金融稳定政策的设计：基于利差扭曲的风险成因考察》，《中国工业经济》2017年第8期。

［5］黄国桥、徐永胜：《地方政府性债务风险的传导机制与生成机理分析》，《财政研究》2011年第9期。

［6］洪正：《新型农村金融机构改革可行吗？——基于监督效率视角的分析》，《经济研究》2011年第2期。

［7］匡小平、蔡芳宏：《论地方债的预算约束机制》，《管理世界》2014年第1期。

［8］刘尚希：《财政风险：一个分析框架》，《经济研究》2003年第5期。

［9］吕朝凤、黄梅波、陈燕鸿：《政府支出、流动性冲击与中国实际经济周期》，《金融研究》2013年第3期。

［10］马建堂、董小君、时红秀、徐杰、马小芳：《中国的杠杆率与系统性金融风险防范》，《财贸经济》2016年第1期。

［11］马勇：《系统性金融风险：一个经典注释》，《金融评论》2011年第4期。

［12］缪小林、伏润民：《权责分离、政绩利益环境与地方政府债务超常规增长》，《财贸经济》2015年第4期。

［13］饶晓辉、刘方：《政府生产性支出与中国的实际经济波动》，《经济研究》2014年第11期。

［14］王君斌、郭新强、蔡建波：《扩张性货币政策下的产出超调、消费抑制和通货

膨胀惯性》，《管理世界》2011 年第 3 期。

[15] 王永钦、张晏、章元、陈钊、陆铭：《中国的大国发展道路——论分权式改革的得失》，《经济研究》2007 年第 1 期。

[16] 吴化斌、许志伟、胡永刚、鄢萍：《消息冲击下的财政政策及其宏观影响》，《管理世界》2011 年第 9 期。

[17] 项后军、巫姣、谢杰：《地方债务影响经济波动吗》，《中国工业经济》2017 年第 1 期。

[18] 谢平、邹传伟：《金融危机后有关金融监管改革的理论综述》，《金融研究》2010 年第 2 期。

[19] 谢思全、白艳娟：《地方政府融资平台的举债行为及其影响分析——双冲动下的信贷加速器效应分析》，《经济理论与经济管理》2013 年第 1 期。

[20] 许志伟、樊海潮、薛鹤翔：《公众预期、货币供给与通货膨胀动态——新凯恩斯框架下的异质性预期及其影响》，《经济学（季刊）》2015 年第 4 期。

[21] 许志伟、林仁文：《我国总量生产函数的贝叶斯估计——基于动态随机一般均衡的视角》，《世界经济文汇》2011 年第 2 期。

[22] 于维生、张志远：《国际金融监管的博弈解析与中国政策选择》，《国际金融研究》2013 年第 1 期。

[23] 张晓朴：《系统性金融风险研究：演进、成因与监管》，《国际金融研究》2010 年第 7 期。

[24] 张雪兰、何德旭：《货币政策立场与银行风险承担——基于中国银行业的实证研究》，《经济研究》2012 年第 5 期。

[25] 钟辉勇、陆铭：《财政与金融分家——中国经济"去杠杆"的关键》，《探索与争鸣》2017 年第 9 期。

[26] 周建、况明：《中国宏观经济动态传导、可靠性及货币政策机制》，《经济研究》2015 年第 2 期。

[27] Barro, R., "Government Spending in a Simple Model of Endogenous Growth", *Journal of Political Economy*, 98 (5), 1990: 103 – 25.

[28] Barth, J., Caprio, G., and Levine, R., "Bank Regulation and Supervision in 180 Countries from 1999 to 2011", *Journal of Financial Economic Policy*, 5 (2), 2013: 111 – 219.

[29] Bierbrauer, F., "Tax Incidence for Fragile Financial Markets", *Journal of Public Economics*, 120, 2014: 107 – 125.

[30] Bohn, H., "Intergenerational Risk Sharing and Fiscal Policy Original Research Article", *Journal of Monetary Economics*, 56 (6), 2009: 805 – 816.

[31] Calvo, G. A. , "Staggered Prices in a Utility – MaximizingFramework", *Journal of Monetary Economics*, 12 (3), 1983: 383 – 398.

[32] Carlstrom, C. T. , and Fuerst, T. S. "Agency Costs, Net Worth, and Business Fluctuations: A Computable General Equilibrium Analysis", *American Economic Review*, 87 (5), 1997: 893 – 910.

[33] Chari, V. V. , Christiano, L. J. , and Kehoe, P. J. , "Optimality of the Friedman Rule in Economies with Distorting Taxes", *Journal of Monetary Economics*, 37 (2 – 3), 1996: 203 – 223.

[34] Diamond, D. W. , and Dybving, P. H. , "Bank Runs, Deposit Insurance, and Liquidity", *Journal of Political Economy*, 91, 1983: 401 – 419.

[35] Dixit, A. K. , and Stiglitz, J. E. , "Monopolistic Competition and Optimum Product Diversity", *American Economic Review*, 67 (3), 1977: 297 – 308.

[36] Gramlich, D. , and Oet, M. R. , "SAFE: An Early Warning System for Systemic Banking Risk", Federal Reserve Bank of Cleveland Working Paper, 2011.

[37] Hempel, G. , "An Evaluation of Municipal Bankruptcy Laws and Proceedings", *The Journal of Finance*, 27, 1972: 1012 – 1029.

[38] Holmstrom, B. , and Tirole, J. , "Financial Intermediation, Loanable Funds, and the RealSector", *Quartely Journal of Economics*, 112, 1997: 663 – 691.

[39] Holmstrom, B. , and Tirole, J. "Private and Public Supply of Liquidity", *Journal of Political Economy*, 106 (1), 1998: 1 – 40.

[40] Liu, Z. , Wang, P. , and Zha, T. , "Land – Price Dynamics and Macroeconomic Fluctuations", *Econometrica*, 81 (3), 2013: 1147 – 1184.

[41] Meh, C. A. , and Moran, K. , "The Role of Bank Capital in the Propagation of Shocks", *Journal of Economic Dynamics and Control*, 34 (3), 2010: 555 – 576.

[42] Minsky, H. , "The Financial Instability Hypothesis: A Restatement", Thames Papers on Political Economy, 1978.

[43] Reinhart, C. M. , and Rogoff, K. S. , "From Financial Crash to Debt Crisis", *American Economic Review*, 101 (5), 2011: 1676 – 1706.

[44] Yun, T. , "Nominal Price Rigidity, Money Supply Endogeneity, and Business Cycles", *Journal of Monetary Economics*, 37 (4), 1996: 345 – 70.

[45] Zhang, W. , "China's Monetary Policy: Quantity Versus Price Rules", *Journal of Macroeconomics*, 31 (3), 2008: 473 – 484.

# 金融周期对自然利率的影响

## ——基于金融失衡视角[*]

王　博　陈开璞[**]

**摘　要**　本文以 Krustev（2018）的框架为基础，在自然利率的估算中加入金融周期因子，构建状态空间模型，对中国的自然利率进行估算，并考察金融失衡对自然利率的影响。研究发现，金融周期因子对自然利率有显著影响，表征为金融加杠杆和去杠杆的金融失衡都会使自然利率偏离其长期趋势。通过分析产出缺口的估计结果发现，产出缺口受金融周期的显著影响，金融杠杆率越高产出缺口越大，相应的趋势产出越低。同时，自然利率还受风险溢价、政策不确定性的显著影响，但全球储蓄对中国自然利率的影响不显著。

**关键词**　自然利率　金融周期　半结构化模型

# 一　引言

自然利率是经济学中的一个重要货币政策变量，它是均衡政策利率的基准。这一概念最早由瑞典经济学家 Wicksell（1936）提出，他认为自然利

---

[*]　本文受国家社会科学基金重大项目"基于结构性数据分析的我国系统性金融风险防范体系研究"（17ZDA074）、国家社会科学基金重大专项"我国债务危机风险的防范治理与有效缓解对策研究"（18VFH007）和国家自然科学基金"基于大数据的中国金融系统性风险测度及演化规律研究"（71873070）资助。原文发表于《经济学动态》2019 年第 10 期。

[**]　王博，南开大学金融学院教授；陈开璞，南开大学金融学院博士研究生。

率是使资本供求平衡的利率，从这个角度看，自然利率可以解释为对应于资本边际产量的均衡利率。从长期看，资本的供给和需求是均衡的，所以可以用长期实际利率作为自然利率的近似值（Wicksell，1936）。由于Wicksell（1936）仅给出了自然利率的思想而没有给出明确的定义，所以这一概念在当时并未引起学术界的重视。直至20世纪90年代，一些国家基本实现了利率市场化并且货币政策转向利率调控，"均衡实际利率"和"自然利率"的概念才引起了广泛的关注。Woodford（2003）在新凯恩斯理论的框架下提出了"均衡利率"的概念，并把这一利率定义为价格完全灵活情况下与经济达到均衡时对应的实际短期利率。在这种均衡中，自然利率不一定是恒定的，可以在各种冲击的影响下波动。如果经济不平衡，例如，由于价格不能自由调整，实际市场利率就会偏离自然利率，这将导致通胀或通缩压力。在这种定义下，央行可以通过观察真实的短期市场利率与自然利率之间的差异来判断自己的货币政策立场，即放松或收紧货币政策的程度。Laubach和Williams（2003）在描述自然利率时，强调的是一个中期价格稳定的概念，它是使实际产出等于潜在产出并且通胀保持稳定的自然利率相一致的实际利率，这一定义在Woodford（2003）定义的基础上，强调了价格保持稳定。Rungcharoenkitkul（2015）定义了金融中性利率，这一利率是使全球信贷总量接近其自然稳定状态的利率。这一定义与Woodford（2003）定义的自然利率的区别在于，金融中性利率要保证金融市场稳定，而自然利率要保证宏观经济稳定，宏观经济条件下的中性利率不需要与保证金融稳定的金融中性利率相一致，这一定义同样不要求价格保持稳定。Krustev（2018）在金融中性利率的框架下，把金融周期因子加入Laubach和Williams（2003）构建的模型中，考察了金融周期因子对自然利率的影响，他构建的自然利率既使经济保持均衡，又使金融保持均衡，还保证了价格稳定。

本文采用Krustev（2018）的框架来研究中国金融周期对自然利率的影响。长期以来，我国采用的是以数量型调控为主、量价调控相结合的货币政策框架。近年来，随着国内外经济金融形式的发展变化，强化价格型调控的必要性和迫切性不断上升。2015年10月，中国人民银行放开存款利率上限，标志着我国的利率管制已经基本取消。利率管制的基本放开增强了利率的价格杠杆功能，为货币政策调控方式由数量型为主向价格型为主的转变创造了条件。"十三五"规划指出，"十三五"时期，我国将继续推动货币政策由数量型为主向价格型为主转变，进一步发展金融市场，完善国债收益率曲线，继续改善金融生态环境，进一步疏通利率传导机制。所以准确估计自然利率，为价格型货币调控提供可靠的利率锚，对制定货币政策、推动货币政策向价格型转型非常重要。但由于自然利率与潜在产出一样都是不可观测的，并且一致被认为是难以估计和预测的，因此一直到近十多年国内外才逐渐展开对自然利率估算的研究。

近期的研究发现，全球范围的自然利率都呈现下降的趋势（Christensen 和 Rudebusch，2019；Brand 和 Mazelis，2019）。国际清算银行提出的金融周期假说认为低自然利率与金融繁荣和萧条相关。在危机爆发前，有些国家积累了巨大的金融失衡，而 2008~2009 年的全球经济深度衰退就是由金融失衡崩溃导致的。为应对这一衰退，各国央行纷纷降息。而家庭和企业的去杠杆化削弱了政策的影响，导致扩张性货币政策持续了相当长的时间。根据金融周期假设，持续的低政策利率有助于降低自然利率，因为宽松的货币条件导致生产要素的错配，从而抑制生产增长。因此，低自然利率与金融周期有关（Krustev，2018）。Gorton 和 Ordoñez（2016）的昂贵抵押品质量信息模型也提出了信贷繁荣与超过长期趋势水平的产出增长有关的理论依据。这一模型是指在开始时随着技术扩散，产出高速增长导致内生的信贷繁荣，之后关于抵押品质量的信息难以获取导致抵押品质量低劣，进而导致信贷和产出崩溃。根据本文的假设，自然利率与产出趋势增长率相关，而产出趋势增长率又受到信贷繁荣与萧条的影响，所以金融周期因子会影响自然利率。Borio 等（2019）指出，现有分析自然利率的框架不包含金融不稳定性和金融繁荣与萧条，也就是说，在定义均衡利率的同时忽视了金融部门产生的跨期权衡，这是一个严重的疏忽，因为利率是典型的跨期价格。将金融周期纳入模型，可以计算围绕可持续增长的金融顺风和逆风，并评估它们在短期内对自然利率的影响。与既有研究相比，本文的贡献在于，本文使用 Krustev（2018）的模型和方法估算了中国的自然利率。既有将金融周期纳入分析框架来估算自然利率的研究大多针对发达国家，鲜有针对新兴市场和中国的，而国内在这方面的研究还很欠缺，因此，本文的研究可对现有研究形成有益补充。此外，本文还分析了风险溢价、政策不确定性和全球储蓄对中国自然利率中长期成分的影响。

## 二 文献综述

现有文献中估计自然利率的模型可以分为三类：时间序列模型、半结构化模型和一般均衡模型。常用的时间序列模型有时变参数向量自回归模型和多元趋势周期分解方法，在这一模型中自然利率被视为实际利率中的长期趋势。这一趋势作为不可观测变量可以从数据中被过滤出来（Del Negro等，2015）。在近期的研究中，Fiorentini等（2018）采用具有随机波动的局部水平模型，估计了17个发达经济体的自然利率。Del Negro等（2018）通过趋势周期分解的方法，从债券收益率中得到对自然利率的估计。Johannsen和Mertens（2018）采用了类似的方法，使用影子利率来考虑许多国家的政策利率在其利率下限受到限制时的自然利率。但上述时间序列模型的不足之处在于它的结果对估计过程上施加的假设非常敏感，并且模型缺乏实际经济意义，难以考察自然利率背后的驱动因素。

在一般均衡模型中，经济主体基于对经济当前和未来状态的理性预期，做出关于消费和投资等方面的最优决策，还可以估计这些模型，并从数据中过滤出不可观测的变量，如自然利率及其驱动因素。DSGE模型的优势是在面对自然利率上升或下降时，也可以方便地评估最优的货币政策响应（Andrade等，2018）。最近使用一般均衡模型估计自然利率的文献包括Del Negro等（2017）、Gerali和Neri（2017）。一般均衡模型的缺点是它假设风险溢价冲击是外生的，这限制了在这类模型中对自然利率的合理解释（Bonam等，2018）。并且估计的自然利率对模型的稳态特征较敏感，如果数据质量欠佳，结果会不稳健（李宏瑾等，2016）。此外，一般均衡框架难以嵌入金融周期因子，因此这些模型中没有包含金融失衡，而忽略金融周期因子会影响产出波动（Taylor和Wieland，2016）。

半结构模型是基于理论建立的，并且足够灵活来拟合数据。最流行的估计自然利率的半结构模型由Laubach和Williams（2003）（后文简写为LW模型）以及Holston等（2017）给出。这个模型给出了自然（短期）利率和潜在经济活动之间的关系，然后从这些数据中过滤出不可观测的自然利率。除了自然利率，该模型还估计了潜在产出和趋势增长。Wynne和Zhang（2018）把LW模型扩展到两个国家，从而可以考虑不同国家间自然利率的相互影响。Laubach 和 Williams 的研究表明，对自然利率的估计有很高的不确定性，并且对模型的设定很敏感。但与纯时间序列模型相比，半结构性方法明确地模拟了自然利率与宏观经济基本面之间的联系，具有一定的经济理论含义，并且考虑了变量的时间序列特征，估计结果相对更稳健。自全球金融危机以来，利用 LW 模型对产出缺口的最新估计与根据生产函数方法得出的结果有很大偏差，因此，它们的合理性受到了一定的质疑（Pescatori 和 Turunen，2015）。这种怀疑延伸到与商业周期状况密切相关的自然利率估算的合理性。但 Krustev（2018）在 LW 模型基础上加入了金融周期因子来估计自然利率，很好地回复了以上质疑。

对中国自然利率的估计。贺聪等（2013）构建了一个四部门 DSGE 模型来估算均衡利率。潘淑娟和叶斌（2013）采用 Laubach 和 Williams（2003）提出的 LW 模型估计自然利率，得到的结果在 0 附近波动，并且波动较大。He 等（2014）根据欧拉方程推导出自然利率，通过数据校准的方法求解自然利率，但是他们的结果并不稳健，并且与现有自然利率的定义不一致（李宏瑾等，2016）。中国人民银行营业管理部课题组（2013）在 Woodford（2003）的框架下利用 DSGE 模型对中国自然利率进行了估计，其结果与 LW 方法的结果非常接近。李宏瑾等（2016）、李宏瑾和苏乃芳（2016）在估算自然利率时加入了人口和货币政策因素，发现样本期内中国自然利率的均值约为 2.5%，与中国资本回报率的典型性事实相符。黄晶（2018）采用 Holston 等（2017）模型分析了长期利率扭曲与产出缺口之间的关系，提出长期不适宜的货币政策可能成为冲击源损害经济增长的基础。王曦和陈中飞（2018）从自然利率的角度解释了长期停滞现象。现有研究没有考虑金融周期因子对自然利率的影响，而 Krustev（2018）认为自然利率可以分为一个长期趋势项和一个短期波动项，其中金融周期因子使自然利率在其长期值附近波动。如果遗漏变量会使对自然利率的估计有较大误差。因此本文在估计自然利率时加入金融周期因子，利用既有一定经济意义又充分考虑变量的时间序列特征的半结构模型来测算金融失衡对中国自然利率的影响，弥补了国内在这方面研究的不足。

# 三　模型构建

## （一）模型构建

基于 Krustev（2018）的方法，本文把金融周期因子引入自然利率的估计中。模型的测量方程由三个公式组成。

第一个是 IS 方程，这一方程描述的是产出缺口和利率缺口的关系。

$$\widetilde{y_t} = a_1 \widetilde{y_{t-1}} + a_2 \widetilde{y_{t-2}} + a_3 (r_{t-1} - r_{t-1}^*) + \varepsilon_{5t} \tag{1}$$

其中，$\widetilde{y_t}$ 表示传统意义上的产出缺口，即实际产出与潜在产出之差。$\widetilde{y_{t-1}}$ 表示传统产出缺口的一阶滞后，$\widetilde{y_{t-2}}$ 表示传统产出缺口的一阶滞后，$r_{t-1}$ 表示实际利率的一阶滞后项，$r_{t-1}^*$ 表示自然利率的一阶滞后项。

第二个方程是菲利普斯曲线，它描述的是产出缺口和通货膨胀之间的关系。

$$\pi_t = b_1 \pi_{t-1} + b_2 \widetilde{y_{t-1}} + \varepsilon_{6t} \tag{2}$$

其中，$\pi_t$ 表示通货膨胀，$\pi_{t-1}$ 表示通货膨胀的一阶滞后项。

与 Krustev（2018）模型的不同之处在于方程滞后项的设定，这里参考李宏瑾等（2016）的结果，在用半结构模型研究中国产出缺口与通货膨胀和自然利率的动态关系时，采用一阶滞后就能很好地刻画。所以为了简化起见，方程（1）采用自然利率的一阶滞后，方程（2）采用产出缺口的一阶滞后。

第三个方程刻画的是金融周期缺口和自然利率缺口之间的关系。[①]

$$\widetilde{c_t} = c_1 \widetilde{c_{t-1}} + c_2 (r_{t-1} - r_{t-1}^*) + \varepsilon_{7t} \tag{3}$$

其中，金融周期项 $\widetilde{c_t}$ 表示的是金融周期变量与其长期趋势的偏差，用非

---

①　由于样本长度较短，并且为了简化起见，本文采用一阶滞后的形式。为了考虑这一做法的合理性，还估计了 Krustev（2018）原文中一个带四阶周期滞后项和二阶自然利率滞后项的模型，发现四阶滞后模型估计的自然利率和一阶滞后模型估计的自然利率的变化趋势基本一致，不影响文章后续对结果的讨论。

金融部门实际信贷作为代理变量，实际信贷的长期趋势被建模为一个 I（2）过程：

$$c_t^* = 2 c_{t-1}^* - c_{t-2}^* + \varepsilon_{3t} \tag{4}$$

其中，$c_t^*$ 表示金融周期变量的长期趋势，$c_{t-1}^*$ 表示金融周期变量长期趋势的一阶滞后，$c_{t-2}^*$ 表示金融周期变量长期趋势的二阶滞后。

Krustev（2018）与 Laubach 和 Williams（2003）的标准模型的区别在于加入了金融周期因子。他首先把每一期的产出分解为一个"金融中性"潜在产出和"金融中性"产出缺口，进而把"金融中性"产出缺口分解为传统的产出缺口和金融周期项。产出分解的表达式为：

$$y_t = \underbrace{y_t^{*fn} + \widetilde{y_t} + \gamma \, \widetilde{c_t}}_{\widetilde{y_t^{fn}}} \tag{5}$$

其中，$y_t^{*fn}$ 表示"金融中性"趋势产出，$\widetilde{y_t^{fn}}$ 表示"金融中性"产出缺口。"金融中性"趋势产出 $y_t^{*fn}$ 是指既没有价格压力并且金融稳定情况下的经济活动水平。假设它服从 I（2）过程：

$$y_t^{*fn} = y_{t-1}^{*fn} + g_{t-1} + \varepsilon_{1t} \tag{6}$$

$$g_t = g_{t-1} + \varepsilon_{2t} \tag{7}$$

其中，$g_t$ 表示"金融中性"趋势产出的潜在增长率。

相应地与传统产出缺口相对应的传统潜在产出的表达式为：

$$y_t^* = y_t^{*fn} + \gamma \, \widetilde{c_t} \tag{8}$$

由式（8）可以发现，传统的产出缺口等于"金融中性"产出缺口加上一个周期项。对这一式子做差分，可以得到传统潜在产出增长率和"金融中性"潜在产出增长率之间的关系式：

$$g_t^{in} = g_t + \gamma \Delta \, \widetilde{c_t} \tag{9}$$

其中，$g_t^{in}$ 表示传统意义上的潜在产出增长率。其中 $\Delta \widetilde{c_t}$ 表示两期金融周期项之差，$\Delta \widetilde{c_t} > 0$ 表示加杠杆的过程；$\Delta \widetilde{c_t} < 0$ 表示去杠杆的过程。在 Krustev（2018）的表述中，这一差值被称为"金融顺风"和"金融逆风"。由于

"金融顺风"和"金融逆风"能够影响潜在产出增长率，所以理论上它也能影响自然利率。

最后引入对自然利率的建模：

$$r_t^* = c\,g_t^{in} + z_t = c\,g_t + z_t + c\gamma\Delta\,\widetilde{c_t} \tag{10}$$

其中，$r_t^*$ 表示自然利率。把自然利率建模为"金融中性"潜在产出增长率和"金融顺风、逆风"项的函数以及一个 $z_t$ 项，其中 $z_t$ 项表示其他影响自然利率的因素，假设 $z_t$ 服从随机游走：

$$z_t = z_{t-1} + \varepsilon_{4t} \tag{11}$$

## （二）估计方法

我们用状态空间的形式刻画前文中的模型，可以得到如下形式。

1. 测量方程

$$\begin{pmatrix} y_t \\ \pi_t \\ c_t \end{pmatrix} = \begin{pmatrix} 1 & -a_1 & -a_2-a_3c & -a_3 & -\gamma+c\gamma\,a_3 & a_1\gamma-c\gamma\,a_3 & a_2\gamma \\ 0 & -b_1 & 0 & 0 & 0 & 0 & b_2\gamma & 0 \\ 0 & 0 & 0 & -c_2c & -c_2 & 1 & -c_1 & 0 \end{pmatrix} \begin{pmatrix} y_t^{*fn} \\ y_{t-1}^{*fn} \\ y_{t-2}^{*fn} \\ g_{t-1} \\ z_{t-1} \\ c_t^* \\ c_{t-1}^* \\ c_{t-2}^* \end{pmatrix} +$$

$$\begin{pmatrix} a_1 & a_2 & a_3 & 0 & \gamma-a_3c\gamma & -a_1\gamma+a_3c\gamma & -a_2\gamma \\ b_2 & 0 & 0 & b_1 & 0 & -\gamma\,b_2 & 0 \\ 0 & 0 & c_2 & 0 & 0 & c_1 & 0 \end{pmatrix} \begin{pmatrix} y_{t-1} \\ y_{t-2} \\ r_{t-1} \\ \pi_{t-1} \\ c_t \\ c_{t-1} \\ c_{t-2} \end{pmatrix} + \begin{pmatrix} \varepsilon_{5t} \\ \varepsilon_{6t} \\ \varepsilon_{7t} \end{pmatrix} \tag{12}$$

2. 转移方程

$$
\begin{pmatrix} y_t^{*fn} \\ y_{t-1}^{*fn} \\ y_{t-2}^{*fn} \\ g_{t-1} \\ z_{t-1} \\ c_t^{*} \\ c_{t-1}^{*} \\ c_{t-2}^{*} \end{pmatrix} = \begin{pmatrix} 1&0&0&1&0&0&0&0 \\ 1&0&0&0&0&0&0&0 \\ 0&1&0&0&0&0&0&0 \\ 0&0&0&1&0&0&0&0 \\ 0&0&0&0&1&0&0&0 \\ 0&0&0&0&0&2&-1&0 \\ 0&0&0&0&0&1&0&0 \\ 0&0&0&0&0&0&1&0 \end{pmatrix} \begin{pmatrix} y_{t-1}^{*fn} \\ y_{t-2}^{*fn} \\ y_{t-3}^{*fn} \\ g_{t-2} \\ z_{t-2} \\ c_{t-1}^{*} \\ c_{t-2}^{*} \\ c_{t-3}^{*} \end{pmatrix} + \begin{pmatrix} \varepsilon_{1t} + \varepsilon_{2t} \\ 0 \\ 0 \\ \varepsilon_{2t-1} \\ \varepsilon_{4t-1} \\ \varepsilon_{3t} \\ 0 \\ 0 \end{pmatrix} \tag{13}
$$

遵循 Laubach 和 Williams （2003）、Krustev（2018）的滤波初始化和计算不可观测状态周围的不确定性的方法，使用卡尔曼滤波通过最大似然估计方法估计参数。该程序可以共同估计不可观测的自然产出、自然利率和经济的可持续趋势增长率。在给估计参数赋初始值时，使用产出和金融周期缺口的初步估计，通过假设相应的可持续产出和金融周期有分段趋势水平，加上一个产出缺口对金融缺口的辅助回归获得的通胀缺口初始估计。

# 四　数据描述、估计结果与分析

## （一）数据描述

本文中金融周期项 $\tilde{c}_t$ 是指金融周期变量 $c_t$ 与其长期趋势 $c_t^{*}$ 的偏差，在本文中用非金融部门实际变量作为金融周期变量 $c_t$ 的代理变量。金融失衡指的是金融加杠杆和去杠杆，用本文的符号表示为 $\Delta \tilde{c}_t > 0$ （金融顺风）或 $\Delta \tilde{c}_t < 0$ （金融逆风），表示的是金融周期项的变化，即金融周期的一阶差分。金融周期因子则是金融周期变量、金融周期项以及金融失衡的统称，它表示文中与金融周期相关的变量，包括金融周期项 $\tilde{c}_t$ 和金融周期的一阶差分项，即金融失衡 $\Delta \tilde{c}_t$。

以中国 2004 年第一季度～2018 年第一季度的季度数据为样本估算自然利率，选取货币市场中交易量较大的银行间债券隔夜质押式回购利率作为名义利率。通货膨胀率使用月度同比 CPI 的季度值，实际利率用名义利率减预期通货膨胀率表示，其中预期通货膨胀率通过 AR（2）方程求得。可以由名义 GDP 与 GDP 同比增长率和环比增长率得到实际 GDP 的值，以 2011年第一季度作为基期，对实际 GDP 进行对数处理并采用 X - 13 进行季节调整。用非金融部门实际信贷作为金融周期的代理变量，用 GDP 平减指数求得，并且取对数。数据来源为 CEIC 数据库和 BIS 数据库。

### （二）自然利率的估计结果

如表 1 所示，给出了自然利率估计结果的描述性统计。表中，*rcstar* 是加入金融周期因子后估计的自然利率，表示的是短期自然利率。*rstar* 则表示自然利率的长期趋势，短期中受"金融顺风"和"金融逆风"的影响，自然利率会暂时偏离其长期趋势。*rreal* 表示的是实际利率。*rlw* 表示的是采用 Laubach 和 Williams（2003）模型估计的自然利率，这个自然利率是不受金融周期因子影响的自然利率。根据模型估计出的自然利率有以下几个特点：自然利率水平为 1.21% ~ 4.41%，平均值为 3.03%，高于泰勒规则设定的 2% 的自然利率水平，并且这一均值与用 LW 模型估计的自然利率均值非常接近，符合我国经济长期保持高速增长的特征。加入金融周期因子的自然利率的标准差约为 0.69%，实际利率的标准差约为 1.91%，这表示自然利率比实际利率更加平稳。*rlw* 和 *rstar* 都表示的是中长期较为平稳的自然利率，可以发现采用 Krustev（2018）的模型估计的自然利率的长期趋势比用 LW 模型估计的自然利率更加平稳。图 1 给出了本文估计的自然利率运行情况。图中，中短虚线表示自然利率的长期成分，实线表示短期自然利率，即加入金融周期影响的自然利率，长虚线表示用 LW 模型估计的自然利率。从长期来看，自然利率的长期成分表现出向下的趋势，这一趋势是由持久性产出增长的下跌和其他自然利率决定因素的下跌导致的。实线是短期自然利率的估计，它在自然利率长期成分之上包含了金融顺风和逆风的成分。

表 1　自然利率的描述性统计

| 变量 | *rcstar* | *rstar* | *rreal* | *rlw* |
|---|---|---|---|---|
| 均值 | 3.025 | 2.873 | 0.139 | 3.041 |
| 标准差 | 0.694 | 0.201 | 1.913 | 0.508 |

续表

| 变量 | rcstar | rstar | rreal | rlw |
|------|--------|-------|-------|-----|
| 方差 | 0.482 | 0.040 | 3.659 | 0.259 |
| 峰度 | −0.013 | 2.574 | 0.803 | −0.653 |
| 偏度 | −428 | 1.122 | −0.492 | −0.690 |
| 最小值 | 1.212 | 2.535 | −5.453 | 1.903 |
| 最大值 | 4.414 | 3.599 | 4.256 | 3.695 |

注：表中 rcstar 表示加入金融周期因子后估计的短期自然利率，rstar 表示自然利率的长期趋势估计值，rreal 表示的是实际利率，rlw 表示用 Laubach 和 Milliams（2003）方法估计的自然利率。

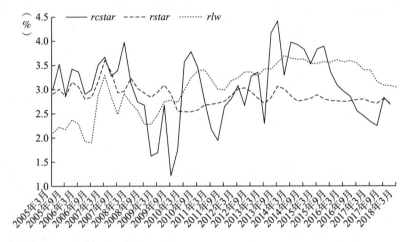

**图 1　包含周期的短期自然利率和自然利率长期趋势以及 LW 模型估计的自然利率**

注：rcstar 表示包含金融周期因子时短期自然利率的估计值，rstar 表示自然利率的长期趋势估计值，rlw 表示用 Laubach 和 Williams（2003）方法估计的自然利率。

由图 1 可以看出，金融失衡对自然利率有显著的影响，尤其是在金融危机期间和 2013～2015 年。金融危机期间，金融去杠杆使自然利率比它的长期趋势降低 1.7 个百分点。在经济平稳较快发展时期，金融加杠杆使自然利率向上偏离其长期趋势 1.4 个百分点。加入金融周期因子使自然利率总体的波动更大。2005～2007 年，我国经济平稳高速增长，自然利率处于较高水平，此时金融杠杆持续累积，信贷缺口几乎不间断地增长，这一时期自然利率在其潜在趋势之上，金融周期使短期自然利率向上偏离其潜在趋势。2007 年末，美国次贷危机爆发，中国进入一个缓慢去杠杆的过程，随着金融危机逐渐通过进出口渠道和资本流动渠道传染到中国，2008 年 9 月开始加速去杠杆，这一过程使自然利率向下偏离其潜在趋势。为了应对这一危机，中国政府于 2008 年 11 月推出了进一步扩大内需、促进经济平稳较快发展的十项措施，简称"四万亿"计划，2009 年初杠杆开始增加，去杠杆的趋势得到缓解。2010 年初到 2011 年初，随着资金的投放，受金融"顺风"的影响，自然利率回升并且达到危机之前的水平。但好景不长，2011 年以后产能过剩使制造业投资增速持续下滑，短期自然利率暂时低于其长期趋势，并在 2011 年下半年回到其长期水平。2013 年初，受政府非标融资影响，信贷增速迅速上涨，并带动社会融资总量的增长，这一时期自然利率受金融"顺风"的影响高于其长期趋势。2015 年中央经济工作会议提出去杠杆的任务，中国经济缓慢进入去杠杆时期，这一时期的平均自然利率低于其潜在趋势。注意到在金融危机之后和 2015 年之后，去杠杆的过程会在一定程度上削弱降息在刺激经济和将通货膨胀拉回目标水平的有效性。表 2 总结了上述金融事件发生的时间以及对自然利率的影响。

**表 2　金融失衡的影响总结**

| 时间区间 | 金融事件 | 金融失衡表现 | 自然利率如何偏离长期趋势 |
|---|---|---|---|
| 2005 年初～2007 年末 | 经济平稳高速增长 | 杠杆累积 | 向上偏离 |
| 2007 年末～2008 年末 | 美国次贷危机逐渐传染到中国 | 缓慢去杠杆 - 加速去杠杆 | 向下偏离 |
| 2008 年末～2011 年初 | "四万亿"计划 | 去杠杆趋势缓解 - 加杠杆 | 向下偏离 - 向上偏离 |
| 2011 年初～2011 年末 | 产能过剩 | 去杠杆 | 向下偏离 |
| 2013 年初 | 政府非标融资 | 加杠杆 | 向上偏离 |
| 2015 年 | 中央经济工作会议提出去杠杆的任务 | 缓慢去杠杆 | 向下偏离 |

## （三）产出缺口估计

图 2 给出了通胀产出缺口的估计和金融中性产出缺口的估计。对比通胀产出缺口与金融中性产出缺口可以发现，2005 年至今，产出缺口始终受到金融周期的影响。在 2008 年金融危机之前经济处于平稳增长时期，这一时期金融中性产出缺口略高于通胀产出缺口。2008 年金融危机之后经济有一个去杠杆的时期，这一时期金融中性产出缺口显著低于通胀产出缺口，2009

年底随着"四万亿"救市计划逐步展开，杠杆作用显著增强，受金融因子的影响，经济更早地回暖。2011年之后，随着危机的影响消散，经济进入平稳增长阶段，杠杆效应对潜在产出的影响显著。2015年之后，随着供给侧结构性改革的推进，金融中性产出缺口与通胀产出缺口的差距逐渐减小。金融杠杆率越高，产出缺口越大，相应的趋势产出越低，这一发现与Borio等（2013）的研究结果相符，即信贷繁荣往往会破坏生产率增长，因为信贷繁荣会导致劳动力向生产率增长较低的经济部门转移。

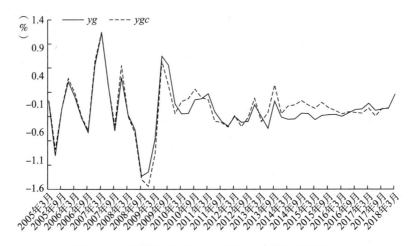

**图2 包含周期的产出缺口和不包含周期的产出缺口**

注：ygc表示包含金融周期因子的短期产出缺口估计，yg表示包含金融周期因子的长期产出缺口估计。

总体上看，中国的产出缺口变动可以分成四个阶段。第一阶段是2005年至2006年第四季度，经济高速增长，产出缺口平稳波动，这一时期的标准差在0.6%左右。第二阶段是2007年第二季度至2011年，这一时期经历了泡沫的产生、金融危机爆发和政策应对，这一时期的产出缺口波动非常大，标准差达1.72%。2007年初，通货膨胀加剧，产出缺口持续上升，直到2008年初国际金融危机的影响逐渐传染到中国，通胀率和产出缺口急剧下降。2009年末，国家出台了"一揽子"救市计划，随着政策效应的显现，金融危机的影响衰退，产出缺口上升。第三阶段是2011~2015年，这一时期总体上经济在潜在产出附近波动，经济发展较为平稳，受"四万亿"计划影响，债务出现了跃升，金融中性产出缺口明显高于通胀产出缺口。第四阶段，随着债务增速持续下滑，名义 GDP 增速下滑速度更快，这一时期产出缺口逐渐下降。2015 年底中央经济工作会议提出"去产能、去库存、去杠杆、降成本、补短板"五大任务，这之后的两年时间产出下降，实际产出低于潜在产出，产出缺口反向增加。

### （四）自然利率的影响因素

根据本文对自然利率的定义可以发现，自然利率受到潜在产出增长率、周期因子和其他因素（$z$）的影响。前文中假设 $z$ 服从一个随机游走过程，理论上应该在 0 附近波动，但是实证结果发现，其他因素（$z$）也对自然利率有影响（见图 3）。$z$ 捕捉了自然利率中没有被趋势增长捕捉到的决定因素。一些因素是明显的不可观测的并且很难捕捉的，例如，由人口结构变化导致的时间偏好变化，羊群效应或者金融摩擦，等等（Pescatori 和 Turunen，2015），然而还有一些与通胀和产出增长正交的自然利率影响因子是可以观测的。所以，我们对 $z$ 做进一步假设来分析其他自然利率的影响因子。

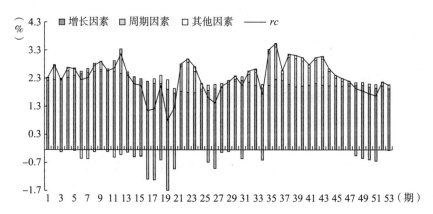

**图 3　自然利率的影响因素**

注：增长因素表示"金融中性"潜在产出增长率；周期因素表示"金融顺风和逆风"；其他因素表示除了潜在产出增长率和金融失衡之外其他影响自然利率的因素；$rc$ 表示加入"金融顺风和逆风"的自然利率估计值。

根据 Blanchard 等（2014）的研究，我们把自然利率看作是由三个因素决定的。第一个因素是可贷资金的供给，即全球储蓄。假设产出处于潜在水平：储蓄的变化可以由许多因素引起，包括当前和预期收入的变化、影响预防性储蓄的不确定性的变化、人口变化、金融创新和公共储蓄的变化。

第二个因素是可贷资金的需求。投资的变化也可以由许多因素引起，从预期投资收益率的变化，到投资品的相对价格的变化，再到金融中介的变化。第三个因素是安全资产相对于风险资产的相对需求。由于风险的增加、市场风险厌恶的增加或金融监管的改变，投资者对安全资产偏好的转变，在其他条件相同的情况下，将导致安全资产的利率降低而风险资产的利率升高。安全资产短缺假说（Caballero 等，2016，2017）指出金融市场欠发达的新兴市场国家对安全资产的需求不断增长，在危机前推高了全球储蓄，压低了安全资产生产国的均衡实际利率。这种下跌反过来又推动了风险的累积，最终导致了全球金融危机。危机后，安全资产供应的减少导致均衡利率变得更低。这三个因素，加上安全资产的供求相等和产出处于潜在水平的条件，决定了自然利率。

为了检验这些因素对自然利率的影响，我们在 z 的变化中引入外生变量，包括全球储蓄、债券的风险溢价和政策不确定性。其中债券风险溢价和政策不确定性是用来捕捉由于更严格的监管要求、投资组合变动或更高的消费不确定性而增加的安全资产需求（Pescatori 和 Turunen，2015）。假设 z 服从：

$$z_t = d_1 z_{t-1} + d_2 z_{t-2} - d_c \Delta S_t - d_e \Delta E_t - d_p \Delta P_t + \in_t^z \tag{14}$$

用新兴和发展中经济体的经常账户盈余（以美国 GDP 计算）来代表全球储蓄盈余；用政策不确定性指数来代表政策不确定性；用 10 年期国债和 1 天期国债的利差以及中国和美国 10 年期国债的利差度量风险溢价。采用前文的框架并把新的 $z_t$ 表达式代入可以估计出全球储蓄、债券的风险溢价和政策不确定性对自然利率的影响。结果发现，全球储蓄的影响不显著，其余因素的影响都显著。表 3 给出了 z 成分的系数估计和显著性检验，z 成分分解的结果如图 4 所示。

表 3　z 成分的系数估计和显著性

| 项目 | 政策不确定性 | 中美国债利差 | 国债利差 | 经常账户盈余 |
|---|---|---|---|---|
| 系数<br>（t 统计量） | 0.012 *<br>（1.871） | 0.054 ***<br>（2.283） | 0.019 ***<br>（2.834） | 0.023<br>（0.678） |
| 是否显著 | 显著 | 显著 | 显著 | 不显著 |

注：＊＊＊、＊分别表示在 1%、10% 的水平下显著。

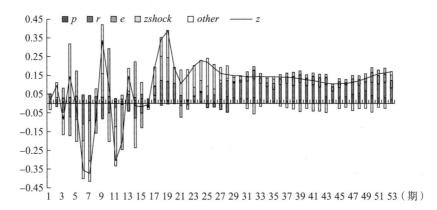

**图 4　z 成分分解**

注：p 表示政策不确定性，r 表示中美长期国债利差，e 表示中国国债长短期利
差，zshock 表示 z 的滞后项对 z 的影响，other 表示其他因素，z 表示除了潜在产出增
长率和金融失衡之外，自然利率的其他影响因素。

由上述中性利率方程可知，中性利率取决于趋势增长率等因素。同时，我们的研究结果显示，趋势增长确实是一个重要因素，但不是长期中性利率的唯一驱动因素（见图 3）。然而，如上所述，除了趋势增长的变化，其他因素（z）可能也会发挥关键作用。事实上，Hamilton 等（2015）认为，在决定平均实际利率方面，其他因素发挥着至关重要的作用。我们发现国债收益利差对自然利率有反向作用（系数为负），当利差越大时，说明风险溢价越大，反映了投资者对安全资产的偏好，此时安全资产价格升高，利率降低。同样的中美债券利差也对自然利率有反向作用。政策不确定性越高，意味着投资者越偏好安全资产，此时安全资产价格升高，利率降低。由图 4 可以发现，债券风险溢价和政策不确定性都对自然利率有显著影响，但是在金融危机前后，自然利率还受到其他不可观测因素的影响，并且影响较大，危机时期投资者容易产生恐慌心理，发生羊群效应，但是这一因素是不可观测的，难以度量。在 z 平稳时期，可以发现债券利差和政策不确定性可以很好地刻画 z 的特征，其他不可观测因素的影响较小。

需要特别说明的是，在本文的分析中发现，全球储蓄的影响对自然利率的影响不显著，可能因为潜在产出增长中包含储蓄的信息。关于增长对储蓄的影响，理论上有两个方向的影响：收入增长越快，人们对未来收入增长的预期越高，储蓄越少，从而导致增长对储蓄的负面影响；但是，更高的经济增长会导致年轻人（他们的收入相对高于老年人）的储蓄规模相对更大，从而产生积极的影响。习惯意味着消费滞后于收入，并在增长和储蓄之间产生正相关关系。在 Blanchard 等（2014）的工作中，确实发现增长和储蓄之间存在很强的正相关关系，本文为了检验这一关系，对潜在产出增长序列和全球储蓄序列进行相关性检验，发现二者的相关系数为 -0.52273，二者显著相关。而本文中研究的 $z$ 表示的是不包含在增长中的关于自然利率的信息，所以这里全球储蓄对自然利率的影响并不显著。

# 五　稳健性检验

本节采用其他金融周期的代理变量做稳健性检验。基于数据可得性，本文选取 2006 年第一季度至 2018 年第一季度的房地产价格、家庭信贷和非金融企业信贷作为金融周期的代理变量，其中房地产价格用国房景气指数作代表，数据来自 CEIC 数据库；家庭信贷和非金融企业信贷数据来自 BIS 数据库，对数据做对数处理，并进行季节调整，用 GDP 平减指数求得实际数据。稳健性检验的结果如表 4 所示。

表 4　金融周期因子对自然利率的影响系数

| 周期变量 | 非金融部门信贷 | 家庭信贷 | 非金融企业信贷 | 房地产价格 |
|---|---|---|---|---|
| $\gamma$ 系数值<br>（t 统计量） | 2.287***<br>(4.315) | 0.476***<br>(3.787) | 0.465***<br>(3.231) | 0.800***<br>(4.196) |
| 影响是否显著 | 显著 | 显著 | 显著 | 显著 |
| $c$ 系数值<br>（t 统计量） | 0.996***<br>(3.876) | 0.930***<br>(3.325) | 0.926***<br>(3.196) | 0.999***<br>(3.927) |
| 影响是否显著 | 显著 | 显著 | 显著 | 显著 |
| $c \times \gamma$ 值 | 2.278 | 0.443 | 0.431 | 0.799 |

注：***表示在 1% 的水平下显著。

系数 $\gamma$ 的值代表金融周期因子对潜在产出的影响 [见式（1）]，也表示金融失衡对通胀中性潜在产出增长率的影响 [见式（5）]，通过估计发现，不同金融周期因子的代理变量都对产出缺口有显著影响，其中非金融部门实际信贷的影响最大，其次是房地产价格。系数 $c$ 的值表示通胀中性潜在产出增长率对自然利率的影响 [见式（7）]，通过估计发现，通胀中性潜在产出增长率对自然利率有显著影响。系数 $c \times \gamma$ 的值表示金融失衡对自然利率的影响 [见式 (7)]，通过估计发现，不同代理变量表示的金融失衡因子都对自然利率有显著影响，其中基本模型中非金融部门信贷表示的金融失衡对自然利率的影响最为显著。这表明，本文得到的金融失衡对自然利率有显著影响的结论是稳健的。

表 5 给出了用不同金融周期的代理变量估计出的 $z$ 成分的影响因子和影响系数。可以发现在四种情况下，中美国债利差和中国国债利差都对 $z$ 成分和自然利率有显著影响，也就表明，债券风险溢价对自然利率有显著影响的结论是稳健的。全球储蓄盈余对自然利率的影响在大多数情况下是不显著的，只在用家庭信贷作为金融周期的代理变量时有一定的影响。

表 5    不同周期变量估计的 $z$ 的影响因子

| $Z$ 的影响因子 | 非金融部门信贷 $Z$ | 非金融企业信贷 $Z1$ | 家庭信贷 $Z2$ | 房地产价格 $Z3$ |
| --- | --- | --- | --- | --- |
| 政策不确定性 | 0.012 * <br> (1.871) | 0.113 *** <br> (4.477) | 0.104 *** <br> (4.225) | − 0.016 <br> (0.516) |
| 中美国债利差 | 0.054 *** <br> (2.283) | 0.076 *** <br> (4.784) | 0.075 *** <br> (4.771) | 0.091 *** <br> (4.636) |
| 国债利差 | 0.019 *** <br> (2.834) | 0.061 *** <br> (3.131) | 0.062 *** <br> (3.072) | 0.080 *** <br> (3.783) |
| 经常账户盈余 | 0.023 <br> (0.678) | 0.035 <br> (1.499) | 0.044 * <br> (1.941) | 0.011 <br> (0.397) |

注：*** 、* 分别表示在 1% 、10% 的水平下显著。

然而，表 5 给出的估计结果表明，政策不确定性对自然利率有显著影响的结论是不稳健的。当选取房地产价格作为金融周期代理变量时，政策不确定性对自然利率的影响是不显著的，原因可能是中国的房地产价格在一定程度上反映了政策的不确定性，特别是近年来，国家出台了一系列房价调控政策来控制房价，导致房地产价格与政策不确定性的联系越来越紧密，这使政策不确定性中包含的关于自然利率的信息反映在房地产价格中，从而使政策不确定性对自然利率的影响不显著。为了进一步验证这一假设，对房地产价格和政策不确定性做相关性检验，发现二者的相关系数为 − 0.579，并且显著。

# 六 结论

本文在 Krustev（2018）的框架下，采用半结构化模型研究了中国的金融周期因子对自然利率的影响，并且进一步分析了其他影响自然利率的因素。研究发现，金融周期因子对自然利率有显著影响，金融失衡即金融加杠杆和去杠杆的过程都会使自然利率偏离其长期趋势。在加入金融周期因子之后，自然利率的平均值为 3.03%，大于不加金融周期因子的水平值 2.87%，并且自然利率的波动更大。在金融危机时期和 2015 年政府提出"去杠杆"的任务之后，自然利率有明显的下降，这会削弱稳健中性的货币政策对经济的刺激效果。通过对产出缺口的估计结果分析，发现产出缺口受金融周期的显著影响，金融杠杆率越高产出缺口越大，相应的趋势产出越低，这一发现与既有研究相符。此外，本文还发现，债券风险溢价和政策不确定性都对自然利率有显著的影响，但是全球储蓄对中国的自然利率影响不显著。稳健性检验发现，债券风险溢价对自然利率有显著影响的结论是稳健的，并且全球储蓄盈余对自然利率在大多数情况下没有影响，而政策不确定性对自然利率有显著影响的结论是不稳健的。

自然利率是货币政策制定的重要依据，当自然利率高于实际利率时，经济呈现繁荣的态势，产出增速较高，通货膨胀率较高，经济繁荣高速发展，此时应适当收紧利率以防通货膨胀率过高。同时，自然利率是价格型货币政策调控中的利率锚，只有更全面准确地测算出自然利率，才能在此基础上根据产出缺口和通货膨胀的变化制定更加有效的政策。根据本文的估计，在金融减杠杆时期，应采取更加宽松的货币政策来抵消去杠杆对自然利率的影响，以此抵消自然利率降低对货币政策的削弱作用。今后应进一步加强对自然利率的测算，逐步实现自然利率的利率锚作用，只有这样才能实现货币政策从数量型调控向价格型调控的转变，促进中国经济平稳健康发展。

## 参考文献

[1] 贺聪、项燕彪、陈一稀：《我国均衡利率的估算》，《经济研究》2013 年第

8 期。

[2] 黄晶:《基于长期均衡利率测算的我国利率扭曲现象》,《数量经济技术经济研究》2018 年第 5 期。

[3] 李宏瑾、苏乃芳:《货币理论与货币政策中的自然利率及其估算》,《世界经济》2016 年第 12 期。

[4] 李宏瑾、苏乃芳、洪浩:《价格型货币政策调控中的实际利率锚》,《经济研究》2016 年第 1 期。

[5] 潘淑娟、叶斌:《中国自然利率及其货币政策意义——基于 1998~2012 年度数据的实证分析》,《金融经济学研究》2013 年第 1 期。

[6] 王曦、陈中飞:《发达国家长期停滞现象的成因解析》,《世界经济》2018 年第 1 期。

[7] 中国人民银行营业管理部课题组:《中央银行利率引导——理论、经验分析与中国的政策选择》,《金融研究》2013 年第 9 期。

[8] Andrade, P., Calí, J., Bihan, H. L., and Matheron J., "The Optimal Inflation Target and the Natural Rate of Interest", Technical report, National Bureau of Economic Research, No. 24328, 2018.

[9] Blanchard, O. J., Furceri, D., Pescatori, A., "A Prolonged Period of Low Real Interest Rates?", in Baldwin, R. and Teulings, C., eds., *Secular Stagnation: Facts, Causes and Cures* (CEPR Press, 2014).

[10] Bonam, D., Els, P. V., End, JWVD., Haan, L. D., and Hindrayanto, I., "The Natural Rate of Interest from a Monetary and Financial Perspective", Netherlands Central Bank, Research Department Working Paper, No. 1603, 2018.

[11] Borio, C., Disyatat, P., and Juselius, M., "Rethinking Potential Output: Embedding Information about the Financial Cycle", BIS Working Paper, No. 404, 2013.

[12] Borio, C., Disyatat, P., and Rungcharoenkitkul. P., "What Anchors for the Natural Rate of Interest?", BIS Working Paper, No. 777, 2019.

[13] Brand, C., and Mazelis, F., "Taylor – rule Consistent Estimates of the Natural Rate of Interest", ECB Working Paper, No. 2257, 2019.

[14] Caballero, R. J., Farhi, E., and Gourinchas, P., "Safe Asset Scarcity and Aggregate Demand ", NBER Working Paper, No. 22044, 2016.

[15] Caballero, R. J., Farhi, E., and Gourinchas, P., "The Safe Assets Shortage Conundrum", *Journal of Economic Perspectives*, 31 (3), 2017: 29 – 46.

[16] Christensen, J. H., and Rudebusch, G. D., "A New Normal for Interest Rates? Evidence from Inflation – indexed Debt", Federal Reserve Bank of San Francisco

Working Paper, 2019.

[17] Del Negro, M. , Giannone, D. , Giannoni, M. P. , and Tambalotti A. , "Global Trends in Interest Rates", Federal Reserve Bank of New York Staff Reports, 2018.

[18] Del Negro, M. , Giannone, D. , Giannoni, M. P. , and Tambalotti A. , "Safety, Liquidity, and the Natural Rate of Interest", *Brookings Papers on Economic Activity*, (1), 2017: 235 – 316.

[19] Del Negro, M. , Giannoni, M. P. and Schorfheide, F. , "Inflation in the Great Recession and New Keynesian Models", *American Economic Journal: Macroeconomics*, 7 (1), 2015: 168 – 196.

[20] Fiorentini, G. , Galesi, A. , Pérez – Quirós, G. , and Sentana, E. , "The Rise and Fall of the Natural Interest Rate", Banco de Espana Working Paper, No. 1822, 2018.

[21] Gerali, A. , and Neri, S. , "Natural Rates across the Atlantic. Bank of Italy Temi di Discussion", Working Paper, No. 1140, 2017.

[22] Gorton, G. , and Ordoñez, G. , "Good Booms, Bad Booms", NBER Working Paper 22008, 2016.

[23] Hamilton, J. D. , Harris, E. S. , Hatzius, J. , and West, K. D. , "The Equilibrium Real Funds Rate: Past, Present, and Future", NBER Working Paper, No. 21476, 2015.

[24] He, D. , Wang, H. L. , and Yu, X. R. , "Interest Rate Determination in China: Past, Present, and Future", Hong Kong Institute for Monetary Research Working Paper, No. 4, 2014.

[25] Holston, K. , Laubach, T. , and Williams, J. C. , "Measuring the Natural Rate of Interest: International Trends and Determinants", *Journal of International Economics*, 108 (S1), 2017: 59 – 75.

[26] Johannsen, B. K. , and Mertens, E. , "A Time Series Model of Interest Rates with the Effective Lower Bound", BIS Working Papers, No. 715, 2018.

[27] Krustev, G. , "The Natural Rate of Interest and the Financial Cycle", ECB Working Paper, No. 2168, 2018.

[28] Laubach, T. , and Williams, J. C. , "Measuring the Natural Rate of Interest", *Review of Economics and Statistics*, 85 (4), 2003: 1063 – 1070.

[29] Pescatori, A. , and Turunen, J. , "Lower for Longer: Neutral Rates in the United States", IMF Working Paper, No. 135, 2015.

[30] Rungcharoenkitkul, P. , "Bank Competition and Credit Booms", Bank for International Settlements Working Paper, No. 488, 2015.

[31] Taylor, J. B. , and Wieland, V. , "Finding the Equilibrium Real Interest Rate in a Fog of Policy Deviations", Economics Working Paper, No. 16109, 2016.

[32] Wicksell, K. , *Interest and Prices* (Ludwig von Mises Institute, 1936). Translation of the 1898 edition by R. F. Kahn.

[33] Woodford, M. , *Interest and Prices: Foundations of a Theory of Monetary Policy* (Princeton University Press, 2003).

[34] Wynne, M. A. , and Zhang, R. , "Estimating the Natural Rate of Interest in an Open Economy", *Empirical Economics* 55, (3), 2018: 1291 – 1318.

# 中国非金融企业的金融投资
# 行为影响机制研究[*]

张成思　郑　宁[**]

**摘　要**　本文构建了中国非金融企业的金融投资行为影响机制理论模型。我们基于微观企业面对实业投资和金融投资两大类资产的投资组合选择背景，拓展已有研究关于微观企业投资组合模型中金融投资无风险的假设，同时考虑金融投资风险和固定投资风险，推演出与现实情况更加贴近的理论模型。本文证明，拓展模型与传统模型的机制存在本质区别。基于中国 A 股非金融上市公司面板数据的实证结果表明，中国非金融企业金融投资行为的显著驱动因素是固定资产投资的风险占比，而不是金融资产与固定资产的投资收益率缺口。

**关键词**　金融投资　固定资产投资　投资组合　风险与收益

## 一　引言

企业的投资行为受到诸多因素影响，一般而言，不同企业的个体投资决策行为并不一定受到决策层或者学术界的普遍关注。然而，非金融企业的金融投资上升而实业投资持续下降的情况（即非金融企业出现金融化趋势）则值得注意——毕竟非金融企业是实业部门的代表，如果一国实体部

---

[*]　原文发表于《世界经济》2018 年第 12 期。

[**]　张成思，中国人民大学财政金融学院副院长、教授；郑宁，中国人民大学财政金融学院博士研究生。

门都普遍追求金融投资，都热衷于金融运营，甚至金融投资主导了企业的运转，那么这一现象就值得严重关切。本文正是基于近年来中国非金融企业日益热衷于金融投资的背景下引出所要研究的主题，即中国非金融企业的金融投资行为影响机制问题。特别是作为市场主力的上市公司，其金融投资行为究竟受到哪些因素影响？回答这一问题成为理解中国代表性实业部门微观行为特征的重要内容。

从相关文献发展的脉络层次来看，关于非金融企业金融投资行为的一些文献集中讨论全球范围内新自由主义思潮发展带来的公司治理理念和企业投资行为的变化，关注微观企业日渐金融化的趋势。相关研究发现，非金融企业越来越多地参与金融市场和金融交易（Stockhammer 和 Grafl，2010），而且非金融企业的利润来源渠道越来越多地倚靠金融渠道获得（Krippner，2005），从而导致经济发展的核心从生产制造部门（还有一些外延的服务部门）变为金融部门（Foster，2007）。在这一领域的研究中，非金融企业的金融投资行为受到股东价值论的影响（Froud 等，2000）。特别是 20 世纪 70 年代以后西方资本市场大发展改变了非金融企业的公司治理理念，由追求长期增长转变为短期股东价值最大化，表现为非金融企业增加金融交易而减少生产性投资，即形成金融化特征。国内有一些文献也研究了非金融企业的金融化现象，不过是从非金融企业的影子银行化角度进行分析，包括非金融企业影子银行活动的识别（王永钦等，2015）和融资结构对非金融企业从事影子银行业务的影响（韩珣等，2017）。

无论是从新自由主义思潮视角考察非金融企业的投资结构变化，还是从影子银行角度分析非金融企业的金融化现象，本质上都是非金融企业的金融化或者说金融投资行为问题。虽然以上研究都与本文的研究主题有着较强相关性，但这些研究的关注点与本文主题有所不同——这些研究分析的是企业金融投资行为形成的结果和状态（即金融化以及影子银行化），当然也包括这种结果的度量和识别等，对理解企业金融化问题的后端具有重要意义；而本文的研究目标则是非金融企业进行金融投资的影响因素和驱动机制，是企业金融化问题的前端。

事实上，针对中国非金融企业的金融投资问题，多数文献集中于对中国非金融企业进行金融投资会带来什么样的影响和冲击等问题，而且研究结论出奇一致，都认为非金融企业的金融投资行为对企业的各方面影响都是坏的、负面的甚至是破坏性的，包括对企业经营收益率的冲击（宋军、陆旸，2015），对企业经营性业务的全要素生产率的显著抑制（刘笃池等，2016），对实体企业技术创新能力的严重破坏（谢家智等，2014），对企业进行实业投资具有排挤效应（张成思、张步昙，2016），长期来看会显著抑制企业进行技术创新的动力（王红建等，2016），而且不仅没有缓解反而增加了企业的融资难度（徐军辉，2013），最终还损害了实体企业未来主业的发展（杜勇等，2017），导致市场扭曲和经济结构失衡（罗来军等，2016）。

　　仔细阅读以上文献，能够感受到实体企业金融投资行为导致的负面效应，却不容易找到企业选择金融资产投资的影响因素和机制。为厘清这一问题，我们需要调整一下待研究问题的逻辑：既然非金融企业热衷于金融投资会带来如此多的破坏性影响，那么比分析其破坏性影响的表现、范围和程度可能更重要的一个问题应该是中国非金融企业为什么进行金融资产投资的问题。也就是说，我们需要深入研究非金融企业的金融投资行为机制。只有弄清楚这一问题，才有可能对症下药，对企业金融投资行为进行针对性的引导、干预或者管理，进而才能立足国家实业部门长久发展战略层面制定相应宏观政策。从这个层面看，研究非金融企业的金融投资行为影响机制可能更具有现实意义和战略意义。

　　目前，有部分文献开始注意到中国非金融企业从事金融资产投资的影响机制问题。例如，谢家智等（2014）从纯实证角度分析什么因素驱动了中国制造业企业的金融化投资行为。他们并没有提供一个基础的理论框架来阐释金融投资行为的可能影响要素，而是有所选择地（ad hoc）指出制造业创新发展能力弱化、金融投资收益虚高以及机构投资者的公司治理对企业投资行为的控制因素共同驱动和强化了制造业的金融投资行为。由于该文献缺乏理论框架约束，同时影响因素的指标本身存在争议，特别是"金融投资收益虚高"这一变量并不能反映金融投资与实业投资的收益率缺口信息，而且也得不到数据验证，这一研究结论的可信度降低。

　　与此相比，宋军和陆旸（2015）的研究则重点更加集中，分析更加细致，结论更加具有针对性。他们基于2007～2012年中国A股上市的非金融企业会计报表获得企业金融资产和金融收益，重点研究了非金融企业的主业经营收益率如何影响金融资产投资（配置），其研究思路与 Orhangazi（2008）比较相似。宋军和陆旸（2015）的一个亮点和创新是他们从金融资产配置与主业经营收益的非线性关系构建模型。注意，这篇文献把企业金融投资的影响因素重点放在经营业绩上，所以本质上实证模型的设立也是基于这一定向因素的纯实证模型，而不是从企业投资组合的基础理论出发。

另外，江春和李巍（2013）也曾经接近非金融企业金融投资影响因素这一问题，他们通过中国 A 股上市公司非金融企业 2003～2012 年的微观数据探寻非金融企业持有金融资产的决定因素和可能原因，发现非金融企业随着公司规模增大持有金融资产的比例就会上升，笔者认为非金融公司进行金融投资主要是为了投机。这一研究虽然提出了一个好问题，但是没有真正提供非金融企业金融投资行为的影响因素，只是从变量的时序特征做出主观判断，缺乏相对严谨的理论逻辑（模型框架）论证，也缺乏科学的计量分析。

从相对科学和规范的层面看，Demir（2009）是基于底层理论来研究非金融企业金融投资行为的代表性文献。笔者构建了一个企业投资组合选择模型，分析了南美三国（阿根廷、墨西哥和土耳其）微观企业面板数据，认为非金融企业进行金融投资的影响因素主要是金融资产和固定资产投资收益率缺口（即收益率差）和固定资产投资的绝对风险水平：收益率缺口越大，企业的金融投资占比越高；固定资产投资的风险水平越高，企业的金融投资占比也会越高。

这一结论初看上去既符合直觉又很有解释力，似乎可以直接用来分析中国对应的问题。然而，本文并非简单地套用 Demir（2009）的模型然后将南美国家数据换成中国数据进行复制研究，而是指出既有文献理论模型存在的重要问题，即假定金融资产投资的收益率恒定不变且金融投资无风险，阐释这一问题对理论模型终解表达式的实质影响，并对这一问题进行修正和完善，从而构建更具竞争力的投资组合模型，进而实证分析中国非金融企业的金融投资行为机制问题。有鉴于此，本文的研究将首先着重构建微观企业的投资组合选择模型，强调金融资产投资与固定资产投资都存在风险，然后进行理论模型推导，获得理论模型的解析表达式后，以理论模型为基础进行实证模型设立，最后基于中国 A 股非金融上市企业 2006～2016 年的面板数据，实证检验企业金融资产投资行为的影响因素。

本文的理论模型和实证研究结论与已有文献不同。我们发现，中国非金融上市公司的固定资产投资相对风险而非绝对风险主导了企业的金融投资行为，而金融资产与固定资产投资收益率缺口并非企业金融投资行为的显著影响因素。这些不同发现反映了理论模型的底层设定与现实情况相符至关重要，决定了我们能否获得相关问题的科学结论。

## 二 理论模型的对比与竞争

随着 20 世纪八九十年代金融自由化思想的兴起，现代企业特别是上市公司经营理念开始发生微妙的变化，企业投资决策过程中日益关注股东价值最大化问题。与此相对应，企业的投资决策本质上就是面对可选资产的投资组合选择问题。对绝大多数上市公司来讲，这种投资组合选择所面临的资产按大类可以划分为实业资产投资（即固定资产投资）和金融资产投资。Demir（2009）发表于 *Journal of Development Economics* 的文章认为，微观企业日益受到金融市场投资吸引，特别是相对金融投资而言，固定资产投资面临的不确定性（风险）可能更高，所以实体企业进行金融投资既有现实动力又有可行性。

为此，要考察实体企业的金融投资行为机制，投资组合选择模型提供了很好的理论框架基础。接下来，我们首先简要阐释已有文献（Demir，2009）关于实体企业进行投资选择的理论模型，用以指出此模型假设存在的现实问题，进而对已有理论进行拓展，提出更具竞争力的理论框架。我们要证明，底层模型的假设不同会导致终解表达式截然不同，从而造成对实体企业金融投资行为机制的错误理解，并且会造成实证结论出现误导性。

Demir（2009）的理论模型设计是在 Tobin（1965）、Huang 和 Litzen-berger（1988）、Tornell（1990）以及 Le 和 Zak（2006）的研究基础上，对实体企业两期投资组合选择进行优化设计。首先假定代表性企业可以选择的投资标的可以划分为固定资产和金融资产，企业的投资效用来自他们将可用财富或者说资本投资于对应资产所获的收益。当然，要实现模型推导的可行性，还需要假设金融资产和固定资产的品种各自具有同质性，可以各自被视为一大类（即可以加总为一大类），且人口数量在两期内没有显著变化。

注意，Demir（2009）进一步的重要假设是 $t$ 期金融资产投资 $I_t^f$ 没有风险（上标 $f$ 为 finance 的缩写，下标 $t$ 表示时间），对应收益率在分析期内就是恒定的，因此金融投资收益率下标省略 $t$，记作 $r^f$。按照类似的符号标记规律，企业的固定资产投资可以写成 $I_t^k$，固定资产投资有风险，收益率随时间波动，所以固定资产投资收益率有下标 $t$，记作 $r_t^k$，假设其服从正态分布，即 $r_t^k \sim N(\mu, \sigma^2)$。

进一步假定企业拥有的初始资本（Demir 称之为初始财富）$W_0$ 可以在期初同时用于固定资产和金融资产两类投资。另外还要假设企业效应函数为严格增函数，且为连续凹函数，并使用（·）和 Var（·）表示期望和方差。

基于以上假设，代表性企业的预期效用的标准优化问题就可以写成：

$$\max E \sum_{t=0}^{\infty} \beta^t U(W_t) \tag{1}$$

约束条件为：

$$W_t = (1 + r_t^k) I_t^k + (1 + r^f) I_t^f \tag{2}$$

因为初始资本 $W_0 = I_t^f + I_t^k$，所以式（2）可以写成：

$$W_t = W_0(1 + r^f) + I_t^k(r_t^k - r^f) \tag{3}$$

由于假设了金融投资风险为 0，所以根据协方差的斯坦因引理（Stein's Lemma），即 $\mathrm{cov}[f(x),y] = E[f'(x)]\mathrm{cov}(x,y)$，企业的最优资产配置条件可以写成如下非常简单的形式：

$$I_t^{k^*} = \frac{E(r_t^k - r^f)}{\gamma \mathrm{Var}(r_t^k)} \tag{4}$$

其中，Var（$r_t^k$）表示固定资产投资收益率对应的方差，$\gamma$ 是效用函数期望式的二阶导数与一阶导数比值的负数，代表了企业不变风险厌恶水平。

另外，因为企业投资的总资本 $K_t^\alpha$ 包括固定资产和金融资产，所以有：

$$K_t^\alpha = I_t^{k^*} + I_t^f \tag{5}$$

将式（5）代入式（4）中可以得到均衡状态时金融投资的表达式：

$$I_t^f = K_t^\alpha - \frac{E(r_t^k - r^f)}{\gamma \mathrm{Var}(r_t^k)} \tag{6}$$

将式（6）两侧同时除以总投资资本 $K_t^\alpha$，得到金融投资占比的解析表达式：

$$\frac{I_t^f}{K_t^\alpha} = 1 - \frac{1}{K_t^\alpha} \times \frac{E(r_t^k - r^f)}{\gamma \mathrm{Var}(r_t^k)} \tag{7}$$

需要再次强调的是，我们之所以能够推导出式（7）这样的简洁表达式，关键是金融投资无风险的假设。我们稍后会证明，这一假设一旦放松，金融投资占比的影响因素具体表达形式就不再像式（7）这样简单。

Demir（2009）声称，式（7）两侧取自然对数可以进一步推导得到企业投资占比更加显性的影响机制表达式：

$$\ln\left(\frac{I_t^f}{K_t^\alpha}\right) = \ln\left[E(r_t^k - r^f)\right] + \ln(\gamma) + \ln\left[\mathrm{Var}(r_t^k)\right] + \ln(K_t^\alpha) \tag{8}$$

从式（8）可以看出，实体企业的金融投资占比主要由两大因素决定，一是受固定资产投资收益率与金融投资收益率差的负向影响，二是受固定资产投资的绝对风险水平影响。据此，Demir（2009）关于实体企业金融投资占比的实证模型设立形式可以概括为：

$$\left(\frac{I^f}{K^\alpha}\right)_{it} = \alpha_1 Rgap_{it}^{k-f} + \alpha_2 Risk_{it}^k + 控制变量 + 随机扰动项 \tag{9}$$

简单地说，就是企业金融投资行为受到投资收益率差 $Rgap_{it}^{k-f}$（上标 $k-f$ 表示固定资产投资收益率减去金融投资收益率）和固定资产投资面对的风险水平 $Risk_{it}^k$ 的影响。

然而，即使不考虑 Demir 理论模型推导过程存在的问题，金融投资收益率恒定且金融投资无风险这一假设也显然与事实情况不相符。企业的金融投资并不局限于国债类无风险产品，还包括诸如股票、期货等各种风险资产。因此，在企业投资组合选择模型的设立过程中，必须对金融资产投资的风险给予考虑，同时需要放松金融投资收益率恒定的假设，注意此时金融资产收益率符号下标需要有时间 $t$。

需要注意的是，在放松了金融资产无风险假设之后，金融资产投资收益率和固定资产投资收益率的相关性将影响投资组合的收益和风险，故此时可以根据相关性是否为 0 进行分类讨论。在本文的实证分析样本中，两类资产收益率的相关系数经过计算仅为 0.001，所以在理论推导层面我们直接以二者不相关的假设作为起点推导模型，以简化模型最终表达式的形式。

更细致的推导过程和分类讨论情形不再赘述，下面给出核心推导内容。

我们假设固定资产投资收益率和金融资产投资收益率均服从正态分布：

$$\begin{cases} r_t^f \sim N[E(r_t^f), \mathrm{Var}(r_t^f)] \\ r_t^k \sim N[E(r_t^k), \mathrm{Var}(r_t^k)] \end{cases} \tag{10}$$

在此条件下，我们重新推导实体企业的投资优化问题。通过推导一阶条件并整理可以得到金融资产投资收益率与固定资产投资收益率差（期望值）的关系：

$$E[r_t^f - r_t^k] = \alpha[\mathrm{Var}(r_t^f)I_t^f - \mathrm{Var}(r_t^k)(K_t^\alpha - I_t^f)] \tag{11}$$

进而可以得到金融资产投资的最优配置行为等式：

$$\frac{I_t^f}{K_t^\alpha} = \frac{\mathrm{Var}(r_t^k)}{\mathrm{Var}(r_t^f) + \mathrm{Var}(r_t^k)} + \frac{E[r_t^f - r_t^k]}{\alpha K_t^\alpha[\mathrm{Var}(r_t^f) + \mathrm{Var}(r_t^k)]} \tag{12}$$

相应的实证模型则可以概括为：

$$\left(\frac{I^f}{K^\alpha}\right) = \beta_1\left(\frac{Rgap^{f-k}}{total\ risk}\right) + \beta_2\left(\frac{Risk^k}{total\ risk}\right) + 控制变量 + 随机扰动项 \tag{13}$$

其中，$\beta$ 表示系数。显然，尽管在优化过程中仅增加了金融资产投资的风险项，但推导出来的结果与之前的结果在含义上大相径庭［对比式（12）与式（7）或式（13）与式（9）］：第一，影响实体企业的金融投资行为并不是单纯的固定资产投资风险，而是固定资产投资的风险占比；第二，金融投资行为也不是单纯由两种投资收益率之差驱动，而是经过总风险调整后的投资收益率之差。

# 三 基于理论模型的实证假说及变量说明

由理论模型（12）可以看到，企业的金融投资行为主要受到两个核心因素影响，一个是经过风险调整后的收益率缺口，另一个是固定资产投资的风险占比。在保持核心变量和理论模型一致的基础上，我们还分别从融资约束水平、杠杆率、资产规模、资产有形性、成长性、股权结构特征等方面综合考虑了企业财务指标对企业投资选择的影响，并引入相应的控制变量，以避免遗漏变量问题。这样，用来刻画企业面板数据的实证模型可以写成如下的简约形式：

$$fk_{it} = \beta_1 gap_{it}^{f-k} + \beta_2 risk_{it}^k + \chi V_{it} + \beta_3 d_t + \beta_4 c_i + \eta_{it} \tag{14}$$

其中，下标 $i$ 表示企业，$t$ 对应于时间，$d_t$ 用来刻画时间固定效应，$c_i$ 刻画个体固定效应。$\eta_{it}$ 是模型设立随机扰动项，$\beta$、$\chi$ 为各变量对应的系数，$V_{it}$ 为控制变量矩阵。下面对变量进行具体说明。

$fk$ 表示金融资产投资占比，使用企业金融资产除以企业总资产进行计算，根据我国企业会计准则的相关内容以及张成思和张步昙（2016）的设计，企业的金融资产包括货币资金、持有至到期投资、交易性金融资产、投资性房地产、可出售金融资产、应收股利和应收股息七项。

$gap$ 项是金融资产投资收益率与固定资产投资收益率之间的差再除以总投资风险，即经过风险调整后的收益率缺口。这一指标的具体计算首先需要获得金融资产投资收益率和固定资产投资收益率，然后需要分别获得金融投资风险和固定资产投资风险再进行加总获得总投资风险。

参考张成思和张步昙（2016）的设计，金融投资收益率和固定资产投资收益率具体计算公式为：

$r^f$ =（投资净收益 + 公允价值变动损益 + 汇兑净收益 – 对联营和合营企业的投资净收益 + 利息收入 – 利息支出）/（货币资金 + 持有至到期投资 + 交易性金融资产 + 投资性房地产 + 可供出售的金融资产 + 应收股利 + 应收利息）

其中分子部分去除"对联营和合营企业的投资净收益"，原因在于这部分投资收益本质上是实体企业间的资金往来，是经营活动而非金融投资，不涉及金融市场，因此应该除去，出于同样的原因，分母中对应地未加入"长期股权投资"科目。

$r^k$ =（营业收入 – 营业成本 – 营业税金及附加 – 期间费用 – 资产减值损失）/（营运资本 + 固定资产 + 无形资产等长期资产的净值）

需要说明的是，我国的企业会计准则中并没有"固定资产收益率"的严格定义，因此本文用主营业务收益率来代表固定资产收益率。

对于投资风险，参考 Demir（2009）的设计，我们对 $r^f$ 和 $r^k$ 分别设立 GARCH（1，1）模型：

$$r_t = c + u_t$$

$$\sigma_t^2 = \delta_0 + \delta_1 \sigma_{t-1}^2 + \delta_2 u_{t-1}^2$$

其中，$r_t$ 指代金融（或固定）资产投资收益率，$c$ 和 $\delta_0$ 分别是均值方程和方差方程中的常数项，$\delta_1$ 和 $\delta_2$ 为系数，$u_t$ 是随机扰动项。方差方程中，$\sigma_t^2$ 是 $u_t$ 的条件方差，即本文用于度量 Var（$r_t^f$）和 Var（$r_t^k$）的值。通过 GARCH（1，1）模型得到金融资产收益率和固定资产收益率在每个时点上的投资风险后，进行加总即获得总投资风险，然后通过收益率和风险变量计算出 gap 变量。

控制变量的设计，我们参考 Hovakimian（2009）、Shi 和 Zhang（2017）、张成思和张步昙（2016）的设计，共引入 8 个可能影响企业投资选择的控制变量，分别如下。

fc = 经营性现金净流量/企业总资产，代表企业的融资约束水平。

lev = 企业总负债/所有者权益，即企业的财务杠杆率。

asset = ln（企业总资产），代表企业的资产规模。需要说明的是：尽管在 gap 的计算中已经包含了总资产科目，但纳入回归后并不能直接看出企业规模对投资的影响，因此有必要重新引入企业资产规模进行控制。

tangi = 有形资产/企业总资产，即企业的有形资产比率。

sales = 营业收入同比增长率，代表企业的成长性。

fslack =（现金及现金等价物余额 + 0.7 × 应收账款 + 0.5 × 存货 – 应付账款）/固定资产净额，该指数代表企业的流动性水平。

bm = 所有者权益/企业总市值，代表企业的资产价值。

share = 公司前十大股东持股比例之和，代表企业的股权特征。

另外，为了从总体上了解各变量间的相关性特征，我们计算了各主要变量的相关系数，结果显示（为节省篇幅未做汇报），金融资产收益率和固定资产收益率间的相关系数仅为 0.001，故从样本总体的角度可以视为无相关性。在控制变量中，fc、fslack 和 share 和 fk 呈正相关关系，其余控制变量则为负相关关系。当然，这一系数矩阵由样本的总体平均情形得到，不一定能够准确地展示解释变量和被解释变量基于企业个体的特征，故解释变量的系数为正或为负需要通过回归分析进一步确定。

为进一步规避样本极端值的影响，我们对模型（14）中除 fk 之外的所有变量均进行了 winsorize 处理，将样本数值限定至 2.5% ~ 97.5% 的分位区间。同时给出各主要变量的描述性统计，如表 1 所示。可见，被解释变量 fk

均值为 0.2114，也即中国实体企业的金融投资占比水平约为 21%，标准差较大说明这一比值在不同企业间差异较大，最小值为 0 和最大值为 1 分别对应企业不持有金融资产和持有资产均为金融资产的情形。

表 1　各主要变量描述性统计

| 变量 | 均值 | 标准差 | 最小值 | 最大值 |
|---|---|---|---|---|
| $fk$ | 0.2114 | 0.1583 | 0.0000 | 1.0000 |
| $r^f$ | 0.0270 | 0.0681 | − 0.0215 | 0.3366 |
| $r^k$ | 0.0753 | 0.1310 | − 0.2379 | 0.4451 |
| $risk$ | 0.6000 | 0.3847 | 0.0000 | 1.0000 |
| $gap$ | − 0.0001 | 0.0028 | − 0.2099 | 0.3316 |
| $fc$ | 0.0304 | 0.0694 | − 0.1242 | 0.2061 |
| $lev$ | 1.2824 | 1.2195 | 0.0477 | 5.5561 |
| $asset$ | 21.5644 | 1.2948 | 19.0194 | 24.6988 |
| $tangi$ | 0.4162 | 0.2278 | − 0.0807 | 0.8690 |
| $sales$ | 0.1569 | 0.4125 | − 0.5107 | 1.7741 |
| $fslack$ | 4.6284 | 12.1394 | − 0.0868 | 66.8531 |
| $bm$ | 0.3518 | 0.2213 | 0.0170 | 0.9597 |
| $share$ | 0.5589 | 0.1557 | 0.2494 | 0.8606 |

两类资产的收益率表现出了不同的总体特征，具体来说，金融资产投资收益率均值要远低于固定资产投资收益率，且其标准差也小于固定资产投资收益率的标准差，这表明，平均来看，尽管投资金融资产的回报不如投资固定资产，但投资风险较小，这一特征暗示了实体企业投资金融资产也许并非出于对高收益的追求，而是与投资风险有密不可分的关联。进一步观察核心变量的总体指标，$risk$ 的均值为 0.6000，表明企业投资于金融资产和固定资产的总风险主要由固定资产投资风险构成，最小值为 0 和最大值为 1 分别对应企业仅持有金融资产和完全不持有金融资产的情形；$gap$ 均值为 − 0.0001，表明对多数企业个体而言，投资固定资产得到的回报要高于投资金融资产的回报。控制变量中，$fc$ 均值为 3% 左右，但从极值数值的差异来看，不同企业面临的融资约束不尽相同，且水平悬殊。$lev$ 的均值约为 1.28，最大值超过了 5，过高的财务杠杆率逐渐成为政策制定部门的关注

重点。

实体企业的资产规模同样存在巨大差异，极差达到了 5 左右，由于企业总资产经过自然对数处理，故在数值上每相差 $n$ 个单位就意味着实际资产水平相差 $e^n$ 倍。$tangi$ 的均值约为 41.6%，这一指标主要取决于企业的主营业务类型，若企业的生产经营依赖于厂房机器设备等有形资产，则该指标相对较高，而软件开发等有形资产占比较小的行业则相对较低。$sales$ 的均值约为 16%，标准差较大，表明不同企业的成长性差异巨大。$fslack$ 指数均值约为 4.6，这一指标主要用于衡量企业的财务宽松程度，当企业持有较多流动性资产时，这一指数将较高，至于企业持有高流动性资产的目的则有多种可能，或出于规避未来可能出现的流动性危机，或用于短期投资等。$bm$ 均值为 0.35 左右，标准差为 0.22 左右，表明不同企业间的资产质量差异较大。$share$ 均值高达约 56%，表明中国实体企业的股权结构仍然高度集中。

下面我们简短地说明实证模型对应的一些假说。根据本文的理论推导和 Demir 的实证假说，我们重点关注核心变量的系数。$gap$ 项系数估计值预计为正，因为金融资产投资收益率比固定资产投资收益率越高，则企业越有动力进行金融资产投资。另外，$risk$ 项是固定资产投资风险占比，因此对应系数估计值预计也为正，因为如果固定资产投资风险相对越高，那么企业就会越不愿意投资固定资产扩张生产或者制造，而会在投资组合选择上更青睐金融资产。

当然，以上系数估计的正负只是对应于理论框架提出的实证假说，至于是否能够得到实证结果的验证并不一定清楚。举一个简单的例子：如果企业在其金融投资行为机制中极端风险厌恶，更加关注风险因素而对投资收益率关注的权重很小，那么实证结果就可能会出现风险项系数显著而收益率缺口项不显著。相反，如果企业属于激进型，更关心投资收益率，则可能出现收益率缺口项系数估计值显著而风险项系数估计值不显著。因此，我们需要通过实证分析来检验中国实体企业的金融投资行为机制特征。

## 四　实证分析

### （一）　基础模型的估计结果

为了估计实证模型（14），我们通过 Wind 资讯数据库获得中国 A 股上市非金融企业（即上市公司中除金融业之外的所有企业）自 2006～2016 年的财务数据，剔除 ST 类企业和 2010 年之后上市的公司，共有样本企业 1902 家。Wind 资讯数据库提供了上市企业的各类财务指标，包括经营性数据和投资类数据等，为我们按照之前说明的方式计算各个变量指标提供了方便。

在计算好实证模型的关键变量指标之后，我们需要对模型进行估计方法的判断。面板数据中可能包含了无法准确观测到的个体效应，一般而言，个体效应是不随时间变化的，反映了不同个体的固有特质。个体效应存在与否、个体效应与解释变量间是否相关以及模型是否存在内生性问题决定了应选择何种估计方法来得到模型的系数估计值。具体可以通过以下几个步骤确定最优的估计方法。首先，若个体效应不存在，则可以直接使用混合最小二乘法进行估计；若个体效应存在且与解释变量相关，则应使用固定效应模型，若二者不相关则使用随机效应模型。其次，在确定了个体效应是否存在以及存在的方式之后，还应进一步检验模型是否存在内生性问题，从而引入工具变量用广义矩估计方法（以下略写为 GMM）得到更有效的系数估计值。最后，若确定了模型存在内生性问题，还应对引入的工具变量进行过度识别约束检验，考察工具变量是否有效。以上步骤是确定模型估计方法的必要过程，但我们要重点关注模型的内生性问题。基于以上分析，本文在实证过程中引入了一系列检验，对模型的设定进行了细致的考察，具体如下。

（1）对于模型的随机扰动项中可能存在的不随时间变化的个体效应，可以通过 Breusch 和 Pagan 拉格朗日乘数检验来判断，其原假设为不存在个体效应，在后文表格中用"LM – p"一行来表示检验统计的 p 值。

（2）通过 Hausman 检验判断是否使用固定效应模型，原假设为使用随机效应模型更有效。后文表格中用"Hausman – p"表示结果。

（3）判断模型是否存在内生性问题，通过异方差稳健的 C 统计量来考察模型的内生性问题（Hayashi，2000），内生性检验的原假设为模型不存在内生性问题。后文表格中用"endo – p"来表示。

（4）若模型存在内生性问题，就需要对引入的工具变量进行过度识别约束检验考察工具变量的有效性。过度识别约束检验使用了异方差稳健的 Hansen J 统计量，其原假设为工具变量集是有效的，后文用"HansenJ – p"表示这一结果；此外还报告了模型识别检验的 p 值，后文表格中用 "underid – p" 来表示。该检验实质是检验原变量矩阵和工具变量矩阵的乘积是否满秩，若该乘积非满秩，则说明使用的工具变量使模型无法被正确识别，其原假设为模型无法被正确识别（Kleibergen 和 Paap，2006）。

尽管我们可以通过一系列统计检验来直观地判断模型是否存在内生性问题，但从理论上讲，由于本文采用的变量均由企业的财务数据计算得到，复杂的报表钩稽关系使被解释变量和解释变量间不可避免地相互影响，同时，模型随机扰动项中包含的遗漏变量也可能与其他变量存在相关性，这些原因导致了模型必然存在内生性问题。结合理论分析和统计检验的结果，我们将本文所有的解释变量均视作内生变量（同方差情形下的 *risk* 视作外生变量），相应引入各变量的滞后项作为工具变量，同时结合统计检验的结果灵活调整工具变量阶数的设置，以得到科学稳健的系数估计值。

此外，由于本文的风险项 *risk* 是根据 GARCH（1，1）模型计算得到的，当我们使用不同的模型设计形式时将得到不同的风险时间序列，因此仅使用单一计算形式可能不够稳健，为此本文还采用另外两种不同的风险测度形式作为风险项进行回归，以增强结果的稳健性。

首先，我们采用时间窗口内的样本方差来衡量资产收益率的风险，从而计算出对应的风险占比 *risk* 和收益率缺口变量 *gap*，需要指出的是，采用时间窗口内的样本方差等同于假设资产收益率在时间窗口服从同方差分布，此时可以视作投资收益率在时间窗口内的平均风险，后文中用 "同方差" 来指代这一计算方式得到的结果。

其次，我们注意到，无论是使用 GARCH 模型的估计结果还是使用资产收益率时间窗口内的样本方差来度量风险，都是基于资产收益率服从正态分布的假设，从而方差可计算，但是在实践中这一假设往往无法满足，当资产收益率不服从正态分布时，收益率的方差可能发散或不存在，此时使用方差作为资产收益率的风险衡量指标将存在偏差（徐绪松、陈彦斌，2002）。为此，我们引入资产收益率的平均绝对离差（Mean Absolute Deviation，MAD）作为风险的第三个度量指标，以进一步检验估计结果的稳健性。平均绝对离差的计算公式为：

$$risk_{i,MAD} = \frac{1}{t} \sum_{j=1}^{t} \left| r_{i,j} - \bar{r}_i \right|$$

其中，$r$ 表示固定资产投资收益率或金融资产投资收益率，$\bar{r}_i$ 表示资产收益率在时间窗口内的均值。

可见，MAD 衡量的是资产收益率和平均收益率之间的平均偏差程度，由于公式中没有二次项，因此从理论的角度就可以直接进行计算得到，然后我们分别重新计算出 MAD 风险测度下的风险占比变量 risk 和经风险调整后的金融资产和固定资产投资收益率缺口 gap。同时，通过上述两种风险测度计算得到的 risk 不随时间变化，故若采用固定效应模型将无法得到系数估计值，因此采用随机效应模型，同时引入工具变量进行 GMM 估计，对应Hausman 检验的 p 值则不再报出。此外，由于 MAD 测度是资产收益率的线性组合，而资产收益率和被解释变量金融资产占比相互影响，因此应将 risk 视为内生变量，此时变量自身的滞后项不再是可用的工具变量，故我们使用收益率在时间窗口内的样本方差作为工具变量来解决 risk 的内生性问题。

最后，综合考虑模型扰动项可能存在的异方差和序列相关问题，本文在所有回归中使用了聚类（cluster）异方差稳健的标准误，以确保模型的系数估计值是异方差和序列自相关稳健的。

下面对回归结果进行汇报（见表 2）。观察核心解释变量 risk 和 gap 的系数估计值不难发现，无论是使用 GARCH 模型计算得到的风险项，还是使用 MAD 测度或同方差假设下进行计算得到的投资风险，结果一致显示，risk 的系数显著为正，而 gap 的系数则不具有统计显著性。这一结果表明，中国非金融企业的金融投资行为主要是出于规避生产经营业务风险的目的，而并非由不同资产投资收益率之差驱动，这与已有文献中针对其他发展中国家的研究结果形成鲜明对比——特别是 Demir（2009）的文献结果显示，不仅风险项对实体企业金融投资行为有显著影响，而且金融资产的收益率与固定资产的收益率之差也显著影响了企业的金融投资选择结果。

当然，我们在理论模型的对比部分已经说明，由于假设金融投资收益恒定且没有风险，已有文献的理论模型并不能真实刻画实体企业的金融投资行为，对应的实证结果自然不再具有可信性和可比性。工具变量的回归结果也完全一致，具体来说，表征融资约束的 fc 变量以及财务宽松指数 fs-lack 的系数显著为正，说明当企业现金流充足且流动性资金相对于固定资产较多时，将正向刺激金融投资活动，加大对金融资产的投资比例；资产有形性指标 tangi 和杠杆率 lev 的系数则显著为负，表明当企业有形资产占比较高时，企业将有更多的实物抵押品作为贷款支持来获取经营资金，因此通过金融资产投资获取额外资金的需求较小，但是较高的负债率将限制企业进一步投资的能力；asset 以及主营业务收入增长率 sales 的系数显著为负表明，当企业主营业务经营成长较快时，将倾向于进一步投资固定资产来扩大主营业务，相应的金融资产投资比例较低，反过来，当企业在主营业务经营上难以继续成长时，将选择投资金融资产来获得额外收益，长期来看，随着资产规模的不断扩大，企业已经达到稳定经营状态，此时对金融资产投资的需求也有所下降；账面市值比 bm 和股权集中度指标 share 的系数显著为正，说明当企业的资产质量较低时，企业难以吸引投资者投资，此时将倾向于投资金融资产来获取额外资金，同时较高的股权集中度将促使企业对金融资产的投资比例。

表 2　面板数据模型（14）的 GMM 估计结果

|  | GARCH 风险 | MAD | 同方差 |
|---|---|---|---|
| risk | 0. 0433 *** | 0. 0391 *** | 0. 0223 *** |
|  | （0. 0140） | （0. 0144） | （0. 0082） |
| gap | − 30. 3646 | 0. 0521 | 8. 5844 |
|  | （22. 5904） | （3. 4667） | （19. 0162） |
| fc | 1. 3659 *** | 1. 0008 *** | 1. 0386 *** |
|  | （0. 1844） | （0. 1060） | （0. 0956） |
| lev | − 0. 0397 ** | − 0. 0245 *** | − 0. 0257 *** |
|  | （0. 0176） | （0. 0074） | （0. 0076） |
| asset | − 0. 1019 *** | − 0. 0343 *** | − 0. 0412 *** |
|  | （0. 0178） | （0. 0048） | （0. 0049） |
| sales | − 0. 0685 ** | − 0. 0195 | − 0. 0062 * |
|  | （0. 0324） | （0. 0190） | （0. 0037） |
| tangi | − 0. 3765 ** | − 0. 0799 | − 0. 1064 * |
|  | （0. 1854） | （0. 0573） | （0. 0595） |
| fslack | 0. 0050 *** | 0. 0037 *** | 0. 0037 *** |
|  | （0. 0008） | （0. 0004） | （0. 0004） |
| bm | 0. 1794 *** | 0. 0599 *** | 0. 0777 *** |
|  | （0. 0420） | （0. 0168） | （0. 0166） |
| share | 0. 4079 *** | 0. 1402 *** | 0. 1523 *** |
|  | （0. 0671） | （0. 0242） | （0. 0217） |

续表

| | GARCH 风险 | MAD | 同方差 |
|---|---|---|---|
| *constant* | 2.3278 *** <br> (0.4164) | 0.8521 *** <br> (0.1144) | 1.0133 *** <br> (0.1188) |
| 样本量 | 29589 | 29412 | 29397 |
| 年份虚拟变量 | 是 | 是 | 是 |
| LM - p | 0.0000 | 0.0000 | 0.0000 |
| Hausman - p | 0.0000 | | |
| endo - p | 0.0000 | 0.0000 | 0.0000 |
| underid - p | 0.0237 | 0.0000 | 0.0000 |
| HansenJ - p | 0.2050 | 0.1779 | 0.2731 |

注：以上模型中，内生变量包括 *gap*、*fc*、*lev*、*asset*、*sales*、*tangi*、*fslack*、*bm*、*share*，GARCH 测度和 MAD 测度下 *risk* 视为内生变量，同方差测度下 *risk* 视为外生变量。工具变量的选择范围为对应内生变量的滞后 1 到 6 期项，具体滞后阶数根据诊断检验进行设定。小括号中报告的是聚类异方差稳健标准误；*** 、** 和 * 分别表示统计量在 1%、5% 和 10% 的水平下显著。

## （二）稳健性分析[①]

为了确保实证结果的稳健性和基本结论的可信性，我们首先在模型 (14) 的基础上增加额外两种模型，即滞后效应模型和动态模型。考虑解释变量时滞性的滞后效应模型的回归结果表明，无论使用哪一种风险的计算方式，均与基准模型保持一致，具有较强稳健性。动态模型的结果进一步表明，中国非金融企业的金融投资行为具有时间上的延续性，同时核心解释变量的系数估计结果也与基准模型一致，说明从长期来看，非金融企业进行金融投资主要是为了规避经营风险，而不是由两类资产的收益率缺口驱动。

另外，我们在综合考虑解释变量的滞后效应模型的基础上，还进一步从以下六个角度进行了稳健性分析，以增强基准模型结果的可靠性和科学性。

一是参考 Demir（2009）的设计，使用未经过总风险和总资产调整的 *gap* 替换模型中的 *gap*，重新进行估计，并和本文的设计进行对比。注意到

---

[①] 为节省篇幅，稳健性分析的计算结果未做汇报。

Demir（2009）一文中的回归模型（9）是基于金融资产无风险的假设进行推导得到的，与本文的推导过程和结果存在明显的差异，而差异核心正是资产收益率缺口的形式，故我们将本文的 *gap* 替换为 Demir（2009）中 *gap* 的计算形式，同时保持其他变量不变，从而验证理论模型基于不合理的假设将导致模型实证结果出现差异甚至不再可信。同时，由于在前文回归结果中已经验证了使用通过 GARCH（1，1）计算的风险项进行的回归结果具有很强的稳健性，故在接下来的稳健性检验中不再讨论使用 MAD 或同方差假设的相关结果，其余回归过程均与基准模型部分保持一致。实证结果表明，当使用 Demir（2009）定义的 *gap* 进行回归时，静态模型中 *gap* 的系数表现出了高度显著的负向效应，这与理论框架和直观判断均相悖，结果存在一定疑问。而无论是静态模型还是动态模型，*risk* 项的系数均表现出了统计显著性，表明风险规避因素是驱动实体企业金融化的主要因素。其余工具变量的系数估计结果均与基准模型保持一致。可见，从不合理的假设出发推导得到的实证模型，将导致出现结果不具说服力的情形，同时也进一步表明，在考虑资产收益率缺口的时候，不能忽略资产投资风险的复合影响。

二是根据企业的资产规模大小进行划分。为此我们首先计算各个企业在时间窗口内的平均总资产，然后取该均值截面数据的中位数作为划分大小规模企业的标准，将不小于中位数的企业样本视作大企业，小于中位数的企业样本视作中小企业。之后分别利用两个企业样本对实证模型重新进行估计。估计结果显示，规模较大的企业的金融化并非由固定资产投资风险占比和总风险调整后的资产收益率缺口推动，而是更多地受到企业规模 *asset*、成长性 *sales*、财务宽松水平 *fslack* 以及股权集中度 *share* 的影响。而中小企业的金融投资占比则显著地受到 *risk* 的正向影响，表明对中小企业而言，持有金融资产主要是出于规避固定资产投资风险的目的，同时没有证据显示资产收益率缺口推动企业的金融化。控制变量中值得关注的是，静态模型中中小企业样本中 *fc* 变量的系数值均大于大企业样本，表明在短期内，中小企业投资金融资产的意愿受同期盈余现金流量影响更大，但从动态模型的结果来看恰好相反，表明若考虑多期滞后的总效应，大企业的投资意愿对现金流水平更为敏感。其余工具变量的系数估计结果均非常稳健。

三是根据金融危机前后进行时间窗口的划分。由于本文使用的样本区间覆盖了 2008～2009 年金融危机时段，在 2010 年之前，金融市场波动较大，政策制定部门也出台了相应的措施，实体部门不可避免地遭到波及，这些政策、市场的冲击最终将反映到具体的财务数据上，因此我们将样本划分为 2006～2009 年和 2010～2016 年两段，分别对静态模型和动态模型重新进行估计，以探究金融危机前后实体部门金融化的驱动特征。从估计结果来看，在金融危机之前，由于本文剔除了晚于 2010 年上市的企业，故在 2006～2009 年上市的企业的数据有部分出现不连续或波动较大的情形，加之金融危机造成的市场动荡等因素，最后导致模型系数估计并未显示出十分显著的结果。静态模型中仅有 $fc$、$asset$ 等变量在 10% 的显著性水平显示出统计显著性，值得注意的是，$fc$ 的系数值为负，表明在这一阶段企业即便当期有较充裕的现金流，也不会用于投资金融资产，而是减持金融资产，这一事实反映了当时金融市场的动荡，同时在动态模型中 $fc$ 的系数显著为正，且数值相比金融危机后较大，表明这一时段内企业的金融投资水平与企业的现金流水平密切相关。若从整个时间段内来看，现金流水平的波动会极大地影响企业持有金融资产的意愿，这进一步说明了金融危机时期市场的高度不稳定性。2010～2016 年时段的样本回归结果则与基准模型部分高度一致，表明实体企业的金融投资行为是由风险规避因素而非资产的收益率缺口所驱动。

四是根据企业所在行业的类型进行划分。本文的实体企业样本是根据中国证券监督管理委员会颁布的上市公司行业分类指引（2012 年 10 月 26 日，第 31 号公告）中除了第 J 类"金融业"之外的所有企业，其中也包含了与金融市场关联较多、投资收益高且风险相对较低的房地产业。由于房地产行业和其他实体行业的主营业务存在本质的区别，其金融化的驱动特征可能也有所差异，因此我们将样本划分为房地产行业和非房地产实体企业，分别对静态、动态模型重新进行估计。结合静态模型和动态模型的结果，对于房地产企业，规避固定资产投资风险显然不是推动其金融化的驱动力。我们注意到，静态模型中收益率缺口 $gap$ 项系数显示出了较弱的显著性，表明投资金融资产的超额回报可能是其进行金融投资的推动因素，但动态模型中并未表现出这一特征。总体来说，出于房地产企业的特殊性，其持有金融资产的动机与其他实体企业有较大的差异，而非房地产实体企业的回归结果则与基准模型结果保持一致，此处不再赘述。

五是根据上市时间将企业划分为"年轻"企业和"年长"企业。具体来说，若某企业在某一年6月份及之前上市，则忽略月份在时间上的影响，仅用年份来表示上市时间，若企业是在6月份之后上市的，则在该年份的基础上加上0.5表示上市时间，例如，A企业上市时间为1994年4月，则上市时间为1994年，B企业上市时间为2001年9月，则上市时间为2001.5年。然后便可以计算出每个企业在样本时间窗口内每个时点对应的上市年龄，对于晚于某时间点上市的企业，该时间点及之前的数据视为缺失，直到该企业上市的时间点再从0开始计算年龄。得到所有企业的上市年龄后，我们计算各企业在样本时间窗口内的平均年龄，并以该平均年龄的中位数为分界点，小于该分界点的企业归类为"年轻"企业，大于该分界点的归类为"年长"企业。重新回归得到的结果与根据企业资产规模进行划分的回归结果十分相似，即年轻企业和中小企业配置金融资产是由风险规避因素所驱动，而年长企业和大企业则未体现这一特征，原因在于企业的年龄和资产规模一般呈正相关关系，随着经营时间增加，企业的规模也趋于扩张。同时，对于上市年龄较短的企业，其融资的渠道多样性和稳定性往往不如上市时间较长的企业，因此持有金融资产主要是为了规避固定资产投资风险，而非出于对收益的追逐。

六是根据企业所在经济区域划分样本重新进行回归分析。根据国家统计局于2011年6月13日发布的《东西中部和东北地区划分方法》，可将中国的经济区域划分为东部、中部、西部和东北四大地区。其中，东部包括北京、天津、河北、上海、江苏、浙江、福建、山东、广东和海南；中部包括山西、安徽、江西、河南、湖北和湖南；西部包括内蒙古、广西、重庆、四川、贵州、云南、西藏、陕西、甘肃、青海、宁夏和新疆；东北包括辽宁、吉林和黑龙江。依据这一标准，我们根据各企业的注册所在省份分别进行地区归类，最后得到东部地区共1183家企业、中部地区共293家企业、西部地区共304家企业、东北地区共122家企业。分别对各个地区的样本重新进行回归分析，结果显示，东部地区和西部地区的企业金融化主要由固定资产投资风险占比所驱动，中部地区则是由经风险调整后的金融资产和固定资产的投资收益率之差所驱动，东北地区的企业则未体现这些特点。动态模型中则仅有东部地区企业样本的金融投资占比受到风险规避因素的驱动，其他地区的核心变量系数估计结果均未显示统计显著性。控制变量的系数估计方向与基准模型的结果保持一致，尤其是东部地区样本，除了 *sales* 变量之外，其他变量的系数估计方向和显著性基本与基准模型相同，而其他三个地区的系数估计在统计显著性上有不同的表现。值得注意的是，无论是哪个地区的样本，*fc* 和 *fslack* 系数均为高度显著正向，表明无论位于哪一个经济区域，企业的金融投资占比均不同程度地受到内部现金流及现金等价物的约束。

# 五　结论与建议

随着现代企业经营理念的不断发展，特别是股东价值论的兴起，非金融企业不仅面临如何进行实业投资的问题，而且越来越多地面临金融资产投资问题。然而，毕竟非金融企业的主营业务并非金融投资，因此非金融企业从事金融投资的行为也日益受到各界普遍关注。同时，"脱实就虚""不务正业""资金空转"等媒体词汇生动地表达了包括国家政策制定部门对非金融企业从事金融资产投资的密切关注，在一定程度上也折射出各界对非金融企业进行金融投资会带来负面影响的印象，而这一印象似乎又被近年来的一系列学术研究所印证。然而截至目前，尚无相关研究深入分析过企业进行金融资产投资的原因，传统印象和大多数人的主观判断认为这是由于金融投资更容易"赚钱"。

事实是否果真如此？要回答这一问题，就亟须厘清中国非金融企业从事金融投资的驱动机制，通过严谨的理论逻辑和实证分析，掌握究竟是什么因素影响了微观企业的金融投资行为，这样各项政策才能有的放矢，宏观调控才有针对性。为此，本文构建了中国非金融企业的金融投资行为机制模型。我们基于微观企业面对实业投资和金融投资两大类资产的投资组合选择背景，拓展已有研究关于假设微观企业投资组合模型中金融投资无风险的假设，同时考虑金融投资风险和固定投资风险，推演出与现实情况更加贴近的理论模型。

本文证明，拓展模型与传统研究的模型机制存在本质区别，而这种区别可以带来实证分析结果的迥然不同。我们进一步基于中国 A 股非金融上市公司的面板数据进行实证检验，结果与以往的主观判断并不相同。实证结果表明，中国非金融企业的金融投资行为主要受到固定资产投资的风险占比驱动，而金融资产与固定资产投资的收益率缺口对其没有显著影响，稳健性检验的结果也支持这一结论。因此，金融投资更容易"赚钱"而导致实体企业"脱实向虚"这种传统印象和主观判断并非真实情况。

从政策层面看，本文的经济含义也非常明确：产业政策和宏观政策都需要更多关注微观企业的实业投资环境，降低实业投资的不确定性（风险）是完善企业投资决策行为、避免过度金融投资的对症良方。如果仅从对企业金融投资的种类、模式和范围进行限制，可能不仅会抑制我国现代化金融市场的正常发展，而且也无法有效引导非金融企业在实业投资和金融投资上实现合理均衡。

## 参考文献

［1］ 杜勇、张欢、陈建英：《金融化对实体企业未来主业发展的影响：促进还是抑制》，《中国工业经济》2017 年第 12 期。

［2］ 韩珣、田光宁、李建军：《非金融企业影子银行化与融资结构——中国上市公司的经验证据》，《国际金融研究》2017 年第 10 期。

［3］ 江春、李巍：《中国非金融企业持有金融资产的决定因素和含义：一个实证调查》，《经济管理》2013 年第 7 期。

［4］ 刘笃池、贺玉平、王曦：《企业金融化对实体企业生产效率的影响研究》，《上海经济研究》2016 年第 8 期。

［5］ 罗来军、蒋承、王亚章：《融资歧视、市场扭曲与利润迷失——兼议虚拟经济对实体经济的影响》，《经济研究》2016 年第 4 期。

［6］ 宋军、陆旸：《非货币金融资产和经营收益率的 U 形关系——来自我国上市非金融公司的金融化证据》，《金融研究》2015 年第 6 期。

［7］ 王红建、李茫茫、汤泰劼：《实体企业跨行业套利的驱动因素及其对创新的影响》，《中国工业经济》2016 年第 11 期。

［8］ 王永钦、刘紫寒、李嫦、杜巨澜：《识别中国非金融企业的影子银行活动——来自合并资产负债表的证据》，《管理世界》2015 年第 12 期。

［9］ 吴军、陈丽萍：《非金融企业金融化程度与杠杆率变动的关系——来自 A 股上市公司和发债非上市公司的证据》，《金融论坛》2018 年第 1 期。

［10］ 谢家智、王文涛、江源：《制造业金融化、政府控制与技术创新》，《经济学动态》2014 年第 11 期。

[11] 徐光伟、孙峥：《货币政策信号、实际干预与企业投资行为》，《财经研究》2015 年第 7 期。

[12] 徐军辉：《中国式影子银行的发展及其对中小企业融资的影响》，《财经科学》2013 年第 2 期。

[13] 徐绪松、陈彦斌：《绝对离差证券组合投资模型及其模拟退火算法》，《管理科学学报》2002 年第 3 期。

[14] 张成思、张步昙：《中国实业投资率下降之谜：经济金融化视角》，《经济研究》2016 年第 12 期。

[15] Arellano, M., and Bover, O., "Another Look at the Instrumental Variable Estimation of Error – Components Models", *Journal of Econometrics*, 68 (1), 1995: 29 – 51.

[16] Breusch, T. S., and Pagan, A. R., "The Lagrange Multiplier Test and Its Applications to Model Specification in Econometrics", *Review of Economic Studies*, 47, 1980: 239 – 253.

[17] Demir, F., "Financial Liberalization, Private Investment and Portfolio Choice: Financialization of Real Sectors in Emerging Markets", *Journal of Development Economics*, 88 (2), 2009: 314 – 324.

[18] Foster, J., "The Financialization of Ccapitalism", *Monthly Review*, 58 (11), 2007: 1 – 14.

[19] Froud, J., Haslam, C., Johal, S., and Williams, K., "Shareholder Value and Financialization: Consultancy Promises, Management Moves", *Economy and Society*, 29 (1), 2000: 80 – 120.

[20] Hansen, L. P., "Large Sample Properties of Generalized Method of Moments Estimators", *Econometrica*, 50, 1982: 1029 – 1054.

[21] Hausman, J., "Specification Tests in Econometrics", *Econometrica*, 46 (4), 1978: 1251 – 1272.

[22] Hayashi, F., *Econometrics* (Princeton University Press: Princeton, 2000).

[23] Hovakimian, G., "Determinants of Investment Cash Flow Sensitivity", *Financial Management*, 38 (1), 2009: 161 – 183.

[24] Huang, C., and Litzenberger, R. H., *Foundations for Financial Economics* (Netherlands: North – Holland, 1988).

[25] Kleibergen, F., and Paap, R., "Generalized Reduced Rank Rests Using the Singular Value Decomposition", *Journal of Econometrics*, 133 (1), 2006: 97 – 126.

[26] Krippner, G., "The Financialization of the American Economy", *Socio – Economic*

*Review*, 3（2）, 2005：173 – 208.

［27］ Lashitew, A. A. , "The Uneven Effect of Financial Constraints：Size, Public Ownership, and Firm Investment in Ethiopia", *World Development*, 97, 2017：178 – 198.

［28］ Le, Q. V. , and Zak, P. J. , "Political Risk and Capital Flight", *Journal of International Money and Finance*, 25（2）, 2006：308 – 329.

［29］ Orhangazi, Ö. , "Financialisation and Capital Accumulation in the Non – financial Corporate Sector：A Theoretical and Empirical Investigation on the US Economy：1973 – 2003", *Cambridge Journal of Economics*, 32（6）, 2008：863 – 886.

［30］ Sargan, J. D. , "The Estimation of Economic Relationships using Instrumental Variables", *Econometrica*, 26, 1958：393 – 415.

［31］ Shi, J. , and Zhang, X. , "How to Explain Corporate Investment Heterogeneity in China's New Normal：Structural Models with State – owned Property Rights", *China Economic Review*, 50, 2017：1 – 16.

［32］ Stockhammer, E. , and Grafl, L. , "Financial Uncertainty and Business Investment", *Review of Political Economy*, 22（4）, 2010：551 – 568.

［33］ Tobin, J. , "Money and Economic Growth", *Econometrica*, 33（4）, 1965：671 – 684.

［34］ Tornell, A. , "Real vs. Financial Investment：Can Tobin Taxes Eliminate the Irreversibility Distortion?", *Journal of Development Economics*, 32（3）, 1990：419 – 444.

# 数字货币与普惠金融篇

# 金融科技对传统银行行为的影响

## ——基于互联网理财的视角*

邱　晗　黄益平　纪　洋**

**摘　要**：本文使用 2011～2015 年 263 家银行的年报数据以及北京大学数字研究中心与蚂蚁金服合作构建的地市级数字金融发展指数，探究金融科技的发展对银行行为的影响。研究发现，金融科技的发展实质上推动了一种变相的利率市场化，改变了银行的负债结构，使银行零售存款比例下降而同业负债等批发性融资比例上升。负债结构的改变导致银行资产端风险承担偏好上升，但是借贷利率和净息差都出现了下降。即银行选择了更高风险的资产来弥补负债端成本上升所造成的损失，但并没有将成本向下游企业转移。此外，本文还发现规模越大的银行受到金融科技的冲击越小。

**关键词**：金融科技　银行负债结构　银行风险承担

## 一　引言

近年来，金融科技在中国迅速发展，余额宝等一批新兴的金融科技工具正在慢慢改变人们的理财方式。相比利率受到管制的传统银行存款，互

---

* 原文发表于《金融研究》2018 年第 11 期。
** 邱晗，北京大学国家发展研究院经济学博士研究生；黄益平，北京大学国家发展研究院教授；纪洋，厦门大学经济学院助理教授。

联网理财产品具有利率市场化、交易便捷等特点，一推出便受到人们热捧。以余额宝为例，2013 年推出，2017 年成为世界上规模最大的货币基金①，至 2018 年第一季度其规模已达 1.689 万亿元。蓬勃发展的金融科技加速了利率市场化的进程，不可避免地会冲击传统金融行业（战明华等，2018）。在这一背景下，探究新兴的金融科技与传统的银行体系之间的关系具有非常重要的理论与现实意义。

从金融科技推动存款利率变相市场化的角度切入，本文将分析其对银行的影响。中国在 2015 年宣布放开存款利率浮动上限，形式上已经实现了存款利率市场化。但由于存贷款基准利率、窗口指导、金融市场分割以及 MPA 利率定价考核指标的存在，存款利率仍被压低（纪洋等，2016）。而银行间市场利率由市场决定，高于存款利率。余额宝等互联网理财产品的大部分资金都会投向银行间市场，这为居民提供了投资银行间市场的渠道。凭借高额的回报和便捷的支付手段，余额宝等互联网理财产品吸引了大量居民储蓄存款（郑志来，2015）。这种模式的发展导致资金不断从传统的存款渠道向银行间市场转移，以市场化的利率价格重新进入银行体系。

在这一背景下，由于大量资金从存款市场流向银行间市场，银行从传统存款市场获得资金变得更加困难。但在银行间市场获取资金则更加容易。这一变化对于吸储能力较差的中小银行尤其显著。与此同时，高成本的批发性融资可能使银行资产端发生改变。一个自然的问题是，贷款利率、净息差与资产风险会随之发生怎样的变化？一方面，对于资产端的价格贷款利率而言，它可能因负债端成本上升而同步走高，也可能因金融科技带来的资金量增加出现下降。另一方面，从资产端的风险分析，银行可能会选择风险更高的投资项目，以弥补负债端的成本增加（Marcus，1984；郭品、沈悦，2015），也可能采取更加保守的投资策略，以应对批发性融资的流动性风险。因此，金融科技对银行行为的影响，现有研究与逻辑分析无法得到一致的结论，有待实证研究进行判断。

本文利用 2011～2015 年 263 家银行的年报数据以及北京大学数字研究

---

① https://www.ft.com/content/28d4e100-2a6d-11e7-bc4b-5528796fe35c.

中心与蚂蚁金服合作构建的地市级数字金融发展指数，系统探究数字金融发展对银行的影响。研究发现，互联网金融的发展影响了银行的负债结构与资产端的定价及风险。随着互联网金融的发展，在负债端，零售存款比例下降但同业负债等批发性融资比例上升；在资产端，银行风险承担偏好上升，但净息差与贷款利率降低。由此可见，为了弥补负债端成本上升所造成的损失，银行选择了更高风险的资产，但并没有证据显示银行将成本向下游企业转移。此外，规模越大的银行受到金融科技的冲击越小。总体看来，金融科技的发展推动了事实上的存款利率市场化。

## 二 文献综述与本文贡献

关于金融科技发展对银行行为的影响，受数据所限，现有研究以理论分析与统计描述为主。例如，郑志来（2015）通过利用全国层面的互联网发展与银行业务总量数据概述了互联网金融对存款业务的挤压效应。战明华等（2018）通过构建一般均衡模型分析互联网金融发展对货币政策银行信贷渠道传导的冲击，并利用16家上市银行数据与全国层面的第三方支付数据进行实证检验，发现互联网金融通过增加非准备金的理财产品来削弱货币政策的效果。郑志来（2015）与战明华等（2018）均指出了互联网金融对银行负债端的影响，但未对资产端展开分析。

此外，沈悦和郭品（2015）基于媒体词汇统计，利用"文本挖掘法"构建全国层面的互联网指数，并整合36家商业银行的信息，发现互联网金融对银行的全要素生产率有正面作用。利用同样的数据，郭品和沈悦（2015）发现互联网金融的发展对商业银行风险承担产生影响，在发展初期，互联网金融有助于商业银行减少管理费用、降低风险承担，但随后互联网金融将抬高资金成本，转而加剧风险承担。以上两篇文章在构建互联网指数时，曾尝试对不同的关键词进行识别，以区分互联网的渠道、支付、借贷、理财等不同效果。然而，由于这两篇文章均采用了全国层面的指标，且银行数量较为有限，难以对影响渠道进行进一步的剖析。

与现有的互联网金融研究相比，本文是利用蚂蚁金服的数据来衡量金融科技发展的程度，从用户数据的层面衡量地级层面金融科技发展的差异，提供了更为细致可靠的金融科技发展指标。另外，在银行数据方面，本文整理了中国 263 家银行数据，涵盖大量中小银行，结论更具普遍性。

　　而从影响渠道来看，本文强调金融科技发展实际上变相推动了中国的利率市场化，进而影响了银行的负债结构，最后影响银行的资产结构。现有文献对于利率市场化以及银行负债结构变化对资产端的影响有过较多的讨论，但并没有一致结论。例如，就利率市场化对利差影响的问题，Saunders 和 Schumacher（2000）指出利率市场化会加剧竞争，导致银行的存贷款利差降低。而 López-Espinosa 等（2011）认为利率市场化并不一定会导致银行的利差降低。彭建刚等（2016）利用中国 2003~2014 年 45 家银行的数据验证利率市场化与利差之间的关系，结论表明商业银行的利差呈现先扩大后缩小的变化。与此同时，关于利率市场化对银行风险的影响，Marcus（1984）研究了存款市场的竞争对银行风险承担的影响，提出"特许权价值假说"。他认为，存款市场上的竞争将导致银行的特许权价值降低，为了提高利润，银行会提高风险承担。Jiménez 等（2013）对西班牙银行进行了研究，佐证了这个假说。而 Ariss（2010）对 60 个发展中国家的银行进行了研究，得出了相反的结果，尽管银行再贷款市场上的市场力量会推高其信贷风险，但其整体风险不一定同步上升。张宗益等（2012）认为利率上限的取消并不直接影响银行的信贷风险调整行为，却有可能造成其阶段性的经营风险。此外，关于银行负债结构对其资产风险的影响，Huang 和 Ratnovski（2011）总结了银行的两种负债资金来源——零售存款和批发性融资，其中零售存款大多受到存款保险制度的保护，期限比较长，而批发性融资期限较短，在市场波动的时候可能会迅速撤离。因此，批发性融资可能会增加银行的脆弱性（Demirgüç-Kunt 和 Huizinga，2009；Shin，2009），从而导致银行风险策略的变化。

　　综上所述，关于金融科技对银行的影响及渠道分析，现有研究并没有一致的结论。本文借助数据优势可以在这一方面进行弥补与拓展。通过地市级的互联网金融发展指数，以及两百多家银行的详细财务数据，本文不仅可以更细致地验证现有研究中互联网金融对银行负债结构的影响，还可以进一步分析互联网金融如何推动事实上的利率市场化并对银行资产端的定价与风险产生冲击。

# 三 研究设计

## （一）模型设定

根据本文所要探究的问题，我们设计了两个主回归模型。第一个是金融科技对银行负债结构的影响。我们希望探究金融科技的发展是否使银行吸储能力下降，从而更依赖于银行间市场的批发性融资。参考 Demirgüç-Kunt 和 Huizinga（2009），我们构建了关于银行负债结构与金融科技发展的关系，考虑到内生性的问题，本文选择了下一期的负债结构作为因变量。当然，后文也采用了工具变量的方法进一步处理内生性问题。

$$Lia_{it+1} = \alpha_0 + \alpha_1 index_{it} + \alpha_2 bank_{it} + \alpha_3 city_{it} + \lambda_t + \delta_i + \varepsilon_{it}$$

第二个模型我们将探究金融科技的发展是否会对银行的资产选择造成影响。如果金融科技对银行负债结构有影响，这种影响是否会传导到资产端。我们主要从三个维度考虑：一是银行资产的风险情况，也就是银行的风险承担行为；二是银行单位资产的回报，主要是想衡量银行提供资金的价格；三是银行净息差，主要是想衡量银行利息收入的利润情况。因为风险承担行为一般具有时间平滑性，所以关于风险的回归本文加入了滞后一期的因变量，并采用系统 GMM 的方法。其余回归和模型一样，因变量选择下一期的值。

$$Asset_{it+1} = \beta_0 + \beta_1 index_{it} + \beta_2 bank_{it} + \beta_3 city_{it} + \lambda_t + \delta_i + \varepsilon_{it}$$

## （二）变量选择

银行负债结构方面，本文希望衡量银行对同业资金等批发性融资的依赖程度。考虑到中国有部分银行在同业市场从事拆借又拆出的套利行为，这种行为频繁其实并不代表银行更依赖批发性融资。为了避免这种干扰，我们参考了 Dinger 和 Hagen（2009），选择各银行在银行间市场上的净负债占总资产的比重（即银行同业净负债）作为银行负债结构的衡量指标。该指标是用银行的同业负债减去银行的同业资产，最后除以总资产。指标越大，则说明银行的同业需求相比于同业供给越高，银行越依赖同业资金。

当然，为了避免指标选择的偏误，本文之后也用了同业负债占总负债的比例以及非存款负债占总负债的比例进行稳定性检验。

关于银行风险承担的变量，文献中一般利用不良率、Z-score 的指标作为衡量银行资产端的风险的代理变量，但这些变量其实都是银行事后的风险衡量。本文参考 Delis 和 Kouretas（2011）及金鹏辉等（2014），选择风险加权资产占总资产的比例（风险资产比例）作为银行风险承担的指标，因为银行选择资产时并不知道之后这些资产会不会违约，所以这个指标度量的是银行事前风险承担行为。银行风险资产包括除现金、国债和储备资产外的所有资产。每一种资产都会根据其风险赋予不同权重。所以如果风险资产比例越高，则说明银行选择的资产风险越大，风险承担越高。

由于数据所限，本文选取利息收入与生息资产的比值作为借贷利率的衡量指标。当然，本文也参考了沈艳等（2015），采用营业收入与生息资产之比来衡量平均的借贷利率①，结果一致。

关于净息差的变量，本文参考彭建刚等（2016），选择利息净收入除以生息资产来衡量银行的利息收入利润情况。

金融科技发展程度的指标是使用北京大学数字金融研究中心和蚂蚁金融集团共同编制的地级市层面中国数字普惠金融指数（郭峰等，2020），该指数采用了蚂蚁金服的交易账户底层数据，从多个维度刻画了中国的金融科技发展水平。蚂蚁金服是中国影响力最大的数字金融企业之一，使用最为广泛的支付宝和全球最大的货币基金余额宝就是该公司旗下的产品，所以该公司的数据可以较好地反映中国金融科技的发展程度，尤其是基于互联网理财产品的视角。为了避免内生性问题的影响，本文选择其中覆盖广度作为衡量该地金融科技发展程度的代理变量。这个指标由三部分构成：每万人拥有支付宝账号数量、支付宝绑卡用户比例和平均每个支付宝账号绑定银行卡数。这个指标和当地经济情况相关，但是银行资产负债选择并不能直接影响这个指标。同时，我们计算的是地级层面上的平均值，所以更有助于缓解内生性问题。

除了上述核心变量，本文还控制了银行个体层面变量，控制了资产负债率（ROA）、资本充足率（CAR）和银行取对数后的规模（SIZE）。城市

---

① 沈艳等（2015）使用的是营业收入与贷款余额之比，考虑本文样本内银行也会持有一定比例的交易性金融资产（债券等），所以本文采用了营业收入与生息资产的比值。

层面控制了当地的经济发展程度（人均GDP）、当地的金融发展程度（存款总额占GDP的比例和贷款总额占GDP的比例）以及当地金融竞争的程度（五大行贷款占比）。同时，本文控制了年度效应和省份效应，以控制政策层面等因素的变化。

变量的描述性统计如表1所示。

**表1　变量描述性统计**

| 变量 | 观测值 | 均值 | 方差 | 最小值 | 最大值 |
|---|---|---|---|---|---|
| 净同业负债 | 1192 | -0.01041 | 0.111552 | -0.31962 | 0.278975 |
| 存款负债占比 | 1192 | 84.02811 | 13.44096 | 47.2944 | 100 |
| 同业负债占比 | 1192 | 8.728569 | 9.476763 | 0.0001 | 42.9191 |
| 资产风险 | 1192 | 63.0432 | 10.3748 | 35.1657 | 87.799 |
| 净息差 | 1192 | 0.030743 | 0.011267 | 0.006173 | 0.063192 |
| 借贷利率 | 1192 | 0.053854 | 0.01355 | 0.024749 | 0.098848 |
| 资本充足率 | 1192 | 14.47145 | 5.950682 | 9.61 | 52.86 |
| 资产收益率 | 1192 | 0.010404 | 0.005362 | -0.02425 | 0.049447 |
| 规模 | 1192 | 15.43053 | 1.839466 | 9.472425 | 21.05072 |
| 数字金融普惠指数（金融科技发展程度） | 1192 | 4.88405 | 0.410616 | 2.65956 | 5.492609 |
| 人均GDP | 1192 | 11.09195 | 0.709456 | 9.219109 | 13.10837 |
| 贷款/GDP | 1192 | 1.713715 | 0.883358 | 0.573467 | 5.635602 |
| 存款/GDP | 1192 | 1.201652 | 0.590584 | 0.165491 | 3.619528 |
| 五大行贷款占比 | 1192 | 0.85458 | 0.16967 | 0.05675 | 0.98902 |

# 四　实证结果

本文首先直观地展示金融科技发展程度与净同业负债、资产风险、净息差和借贷利率的关系。本文将金融科技发展指数按照分位数的方法等分成10个等级，每个等级求出对应指标的平均值。从图1可以看出，银行的负债和资产结构会随金融科技发达程度的不同而有所变化。从负债端来看，银行更加依赖同业负债等批发性融资；从资产端来看，银行会选择风险更高的资产；从收益上来看，银行的借贷利率并没有随着金融科技发展程度上升而下降，而净息差出现了下滑。由此可见，金融科技发展带来的存款端竞争使银行更依赖批发性融资，选择了更高风险的资产，但是银行的借贷利率并没有因此上升，利息收入受到了挤压。

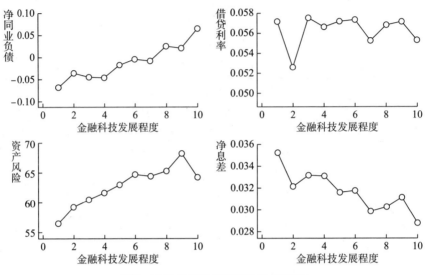

**图1　金融科技发展程度与银行指标**

金融科技发展对银行负债结构的影响如表2所示。可以看出，金融科技越发达的地方，银行越依赖批发性融资。这是因为中国的存款利率长期受到抑制，而银行间市场利率管制相对较少，金融科技的发展使居民可以更便捷地投资货币基金、理财产品等存款之外的金融产品，从而获得与银行间市场利率相当或者更高的回报，这导致了银行储蓄性存款流失。为了更好地参与竞争，在存款利率无法调整的情况下，银行也会推出自己的理财产品进行资金竞争，由此更加剧了银行的存款流失。由于获得零售存款越来越难，银行负债更加依赖银行间市场等批发性融资。总的来说，金融科技的出现实际上推动了存款端的利率市场化，资金从利率受到管控的传统存款向银行间市场等管制较少的批发性融资市场流动，银行的融资也越来越依赖这些市场的资金。为了避免指标选择的偏误，本文也使用了存款负债占总负债的比例和同业负债占总负债的比例，得到了相同的结果。同时我们发现，规模越大的银行受到的冲击越小，原因在于越大的银行吸储能力越强，而且低成本的、稳定的企业和政府存款更多，所以受到的冲击也就越小。

表2 金融科技发展与银行负债结构

| | (1) | (2) | (3) | (4) | (5) | (6) |
|---|---|---|---|---|---|---|
| | 净同业负债占比 | 净同业负债占比 | 存款负债占比 | 存款负债占比 | 同业负债占比 | 同业负债占比 |
| 金融科技发展程度 | 0.114*** | 0.455*** | -4.197* | -29.45*** | 8.180*** | 35.31*** |
| | (0.0231) | (0.0695) | (2.378) | (7.195) | (2.115) | (6.402) |
| 金融科技发展程度×规模 | | -0.0273*** | | 2.031*** | | -2.168*** |
| | | (0.00525) | | (0.547) | | (0.484) |
| 银行控制变量 | 是 | 是 | 是 | 是 | 是 | 是 |
| 城市控制变量 | 是 | 是 | 是 | 是 | 是 | 是 |
| 省份效应 | 是 | 是 | 是 | 是 | 是 | 是 |
| 年份效应 | 是 | 是 | 是 | 是 | 是 | 是 |
| 观测值 | 895 | 895 | 935 | 935 | 894 | 894 |
| 银行个数 | 249 | 249 | 259 | 259 | 248 | 248 |

注：括号内为标准误，***、*分别表示在1%、10%的水平下显著。

金融科技发展对银行资产结构的影响如表3所示。可以看出，金融科技发展推动银行选择了风险更高的资产。这可能是由于负债端成本上升使银行需要找寻回报更高但风险更高的资产。但是，金融科技发展并没有推高银行资产利率，反而起了反向的作用，这和人们的直观感受并不一致。我们通常认为金融科技的发展推高了银行的负债成本，银行应该将这些成本向下游转移，即选择更高的贷款利率。但是实际上利率是由借贷双方决定的。利率下降的一个可能是金融科技发展导致银行负债更依赖批发性融资，这部分钱虽然昂贵，但相比传统存款更加容易获得，同时银行间市场的资金并不需要缴纳20%的存款准备金，所以银行可能会向贷款方提供更多的资金，导致竞争加剧，单位资产价格降低；另外，金融科技发展导致银行的净息差出现下降，这也佐证了银行负债端上升的成本不能全部向下游转移，金融科技推动的存款利率市场化实际上使银行的利润不断向居民和企业转移。从资产风险上来看，金融科技越发达，银行会选择越高风险的资产，一个可能的原因是金融科技发展使银行负债更加昂贵，所以为了追求更高的利润来弥补负债端的损失，银行会选择更高风险的资产。同样，由于规模越大的银行负债端受到金融科技发展的冲击越小，其在资产的选择上也会更加保守。

表3 金融科技发展程度与银行资产结构

| | （1） | （2） | （3） | （4） | （5） | （6） |
|---|---|---|---|---|---|---|
| | 借贷利率 | 借贷利率 | 资产风险 | 资产风险 | 净息差 | 净息差 |
| 金融科技发展程度 | − 0. 0134 *** | − 0. 0279 *** | 9. 107 * | 23. 55 *** | − 0. 0132 *** | − 0. 0378 *** |
| | (0. 00309) | (0. 00754) | (5. 125) | (8. 868) | (0. 00224) | (0. 00534) |
| 金融科技发展程度×规模 | | 0. 00121 ** | | − 1. 134 * | | 0. 00206 *** |
| | | (0. 000573) | | (0. 628) | | (0. 000406) |
| 银行控制变量 | 是 | 是 | 是 | 是 | 是 | 是 |
| 城市控制变量 | 是 | 是 | 是 | 是 | 是 | 是 |
| 省份效应 | 是 | 是 | 是 | 是 | 是 | 是 |
| 年份效应 | 是 | 是 | 是 | 是 | 是 | 是 |
| 观测值 | 786 | 786 | 610 | 610 | 935 | 935 |
| 银行个数 | 239 | 239 | 203 | 203 | 259 | 259 |

注：回归（1）列、（2）列采用系统 GMM 方法，括号内为标准误，***、**、*分别表示在 1%、5%、10% 的水平下显著。

# 五 稳健性检验

表 2 和表 3 的回归结果证实了金融科技的发展对银行负债和资产都会产生影响，但并没有证明金融科技发展可以通过影响银行负债结构进而影响银行资产结构。表 4 的回归结果则显示，负债结构的改变是金融科技发展影响银行资产端的一个渠道，越依赖同业负债的银行，其资产风险越高、资产平均利率越低、净息差也越低，这与金融科技对资产端的影响方向一致，金融科技的确会通过影响银行负债结构影响资产选择进而对其利润产生影响。

表4 银行负债结构与银行资产结构

| | （1） | （2） | （3） |
|---|---|---|---|
| | 资产风险 | 借贷利率 | 净息差 |
| 净同业负债 | 13. 34 ** | − 0. 0213 ** | − 0. 00635 ** |
| | (6. 387) | (0. 00930) | (0. 00306) |
| 银行变量 | 是 | 是 | 是 |

| | （1） | （2） | （3） |
|---|---|---|---|
| | 资产风险 | 借贷利率 | 净息差 |
| 城市变量 | 是 | 是 | 是 |
| 省份效应 | 是 | 是 | 是 |
| 年份效应 | 是 | 是 | 是 |
| 观测值 | 653 | 809 | 975 |
| 银行个数 | 211 | 239 | 263 |

注：回归（1）列采用系统 GMM 方法，括号内为标准误，∗∗ 表示在 5% 的水平下显著。

当然，当地金融科技发展和传统金融肯定息息相关，可能有反向因果等的内生性问题。参考谢绚丽等（2018），本文选取互联网的普及率以及增长率作为金融科技发展的工具变量。如表 5 所示，在做过工具变量处理后，结果依然保持稳健（因为资产风险本身是用 GMM 方法，所以这里并没有讨论关于资产风险回归的内生性问题）。

表 5　工具变量调整后的金融科技影响结果

| | （1） | （2） | （3） |
|---|---|---|---|
| | 净同业负债 | 借贷利率 | 净息差 |
| 金融科技发展程度 | 0.2198 ∗∗∗ (0.06644) | − 0.02648 ∗∗∗ (0.00937) | − 0.02608 ∗∗∗ (0.00678) |
| 银行变量 | 是 | 是 | 是 |
| 城市变量 | 是 | 是 | 是 |
| 省份效应 | 是 | 是 | 是 |
| 年份效应 | 是 | 是 | 是 |
| 观测值 | 653 | 809 | 975 |
| 银行个数 | 211 | 239 | 263 |

注：括号内为标准误，∗∗∗ 表示在 1% 的水平下显著。

本文对金融科技的年份异质性影响也做了检验。互联网理财主要是以 2013 年"余额宝"的诞生为标志的，所以如果本文的推论成立，金融科技发展对银行的影响应该主要体现在 2013 年之后。本文将样本分为 2011～2012 年、2013～2015 年两个部分。如表 6 所示，金融科技发展对商业银行的影响主要体现在 2013 年之后，与本文的推论相符。

表 6 不同时间段金融科技对银行的影响

| | 净同业负债占比 | | 存款负债占比 | | 同业负债占比 | |
|---|---|---|---|---|---|---|
| | 2011 ~ 2012 年 | 2013 ~ 2015 年 | 2011 ~ 2012 年 | 2013 ~ 2015 年 | 2011 ~ 2012 年 | 2013 ~ 2015 年 |
| 金融科技发展程度 | - 0.00160 (0.0335) | 0.363 *** (0.0804) | - 0.572 (3.865) | - 13.58 * (7.511) | - 1.321 (3.250) | 23.86 *** (6.796) |
| 银行变量 | 是 | 是 | 是 | 是 | 是 | 是 |
| 城市变量 | 是 | 是 | 是 | 是 | 是 | 是 |
| 省份控制 | 是 | 是 | 是 | 是 | 是 | 是 |
| 年份效应 | 是 | 是 | 是 | 是 | 是 | 是 |
| 观测值 | 279 | 616 | 290 | 645 | 280 | 614 |
| 银行个数 | 161 | 236 | 167 | 249 | 162 | 235 |

注：括号内为标准误，*** 、* 分别表示在 1% 、10% 的水平下显著。

当然，金融科技的发展不仅会在负债端上（存款业务）与银行竞争，在资产端上（信贷业务）可能也会和银行有业务重合的地方。为了避免信贷业务的影响，我们控制了数字金融普惠指数的信贷业务分指数。结果如表 7 所示。因为两个指数都取了对数，所以其影响大小可以进行比较。从表 7 来看，信贷指数的确会对银行产生影响，但是影响都比较小。因为金融科技信贷服务的客户大部分都是无法从银行获得贷款的"长尾"群体，所以金融科技在信贷方面更多扮演的是银行补充者而非竞争者，其影响相对较小。可见，目前金融科技对银行的影响可能主要体现在理财渠道而非信贷渠道。

表 7 控制信贷渠道后的金融科技发展对银行的影响

| | (1) 净同业负债 | (2) 借贷利率 | (3) 资产风险 | (4) 净息差 |
|---|---|---|---|---|
| 金融科技发展程度 | 0.119 *** (0.0231) | - 0.0277 *** (0.00485) | 9.563 * (5.153) | - 0.0133 *** (0.00238) |
| 金融科技发展程度（信贷分指数） | - 0.0172 ** (0.00731) | - 0.00657 *** (0.00146) | - 0.575 (2.830) | - 0.000566 (0.000791) |
| 银行变量 | 是 | 是 | 是 | 是 |

| | （1） | （2） | （3） | （4） |
|---|---|---|---|---|
| | 净同业负债 | 借贷利率 | 资产风险 | 净息差 |
| 城市变量 | 是 | 是 | 是 | 是 |
| 省份效应 | 是 | 是 | 是 | 是 |
| 年份效应 | 是 | 是 | 是 | 是 |
| 观测值 | 894 | 785 | 674 | 934 |
| 银行个数 | 249 | 239 | 218 | 259 |

注：回归（3）列采用系统 GMM 方法，括号内为标准误，*** 、** 、* 分别表示在1%、5%、10%的水平下显著。

# 六　结论与政策建议

金融科技产品填补了传统金融服务的诸多不足，在中国存款利率还受到管制的背景下，余额宝等金融科技产品借助互联网平台吸收居民的闲散资金并通过货币基金等的形式参与银行间市场，帮助居民获得市场化收益，实质上推动了存款的利率市场化。这种利率市场化在提升居民福利的同时也冲击了传统的银行体系。

本文基于 2011～2015 年 263 家银行的年报数据以及北京大学数字金融研究中心和蚂蚁金服合作计算的地级市层面互联网发展对银行行为的影响，研究发现金融科技的发展会影响银行的负债结构。金融科技越发达，居民存款占比越低，同业负债占比越大。银行负债结构的改变使银行资产选择也发生了变化，由于金融科技推高了银行的负债成本，银行更加偏好选择高风险的资产来弥补损失；同时，银行的借贷利率减小，银行的净息差也有所下滑，即资金成本的上升并没有转移到下游企业。

总体而言，金融科技发展推动的利率市场化有利于提高居民的福利，将资金从存款市场引向银行间市场。吸储能力较差的中小银行通过变相的利率竞争会获取更多的资金（通过大额存单或者货币市场拆借），但昂贵的资金使银行的风险承担行为增加，这需要监管层加以关注。同时，银行负债过于依赖批发性融资会增加银行的流动性风险，这就需要我国稳步推进真正的存款利率市场化，使存款更有竞争力，让资金从银行间市场流回传统的存款市场。

基于本文的结果，我们提出以下政策建议。

第一，进一步完善利率市场化。中国在 2015 年宣布放开存款利率浮动上限，但目前由于存在各种现实原因，存款利率仍被压低，市场化程度有待进一步提升。从银行的负债结构来看，零售存款是最为稳定、风险最小的资金，且受到存款保险制度的保护。但是由于银行无法提高存款市场利率，零售存款并不具有竞争优势。只有继续推动利率市场化，让居民从存款中获得更高的收益，才能让资金回流。

第二，扩大中小银行融资渠道。负债难一直是制约中小银行发展的重要因素之一。中小银行在网点布局上无法与大银行竞争，科技获客方面又难以模仿大科技公司，很难依靠相对稳定的零售存款实现扩张。所以中小银行会选择在同业市场上加杠杆，但这种行为并不利于金融稳定，已经被监管部门限制。但需要注意的是，除了限制中小银行在同业市场上负债外，也应积极帮助中小银行扩大融资渠道，如鼓励中小银行发行期限较长、稳定性较好的金融债等。

第三，持续关注中小银行的负债端风险，加强监管协调，防范系统性风险。"包商银行"事件让中小银行风险备受关注。无论是规模、获取存款能力还是资产质量，中小银行都无法与四大行相比。中小银行也更容易受到金融科技等新型金融模式的冲击。在同业套利、金融科技等因素的影响下，批发性融资占中小银行负债端的比例已经大幅上升。大量证据显示，这种批发性融资并不稳定。"包商银行"事件发生后，中小银行在同业市场融资时遇到了流动性短缺问题，也验证了这个观点。我国政府已经出台了多项政策防止同业负债风险。例如，同业负债不能超过总负债的 1/3，同业存单进入 MPA 中的同业负债考核，等等，这些政策都取得了很大的成效。但中小银行负债难问题可能无法在短期内完全解决，同时各类金融创新也将继续冲击传统金融体系。这就需要监管机构持续关注中小银行负债端风险，平衡好创新与风险的关系，加强各部门间的监管协调，防范系统性金融风险。

当然，本文在论证中还有很多不足。一方面，由于金融科技发展时间较短，本文在研究中仅采用了 2011 ~ 2015 年的短面板数据；另一方面，本文只关注了金融科技通过影响银行负债从而影响银行资产这一个渠道，并没有关注其他渠道，这是未来可以继续深入研究的方向。

## 参考文献

[1] 郭峰、王靖一、王芳、孔涛、张勋、程志云：《测度中国数字普惠金融发展：指数编制与空间特征》，《经济学（季刊）》2020 年第 4 期。

[2] 郭品、沈悦：《互联网金融对商业银行风险承担的影响：理论解读与实证检验》，《财贸经济》2015 年第 10 期。

[3] 纪洋、谭语嫣、黄益平：《金融双轨制与利率市场化》，《经济研究》2016 年第 6 期。

[4] 金鹏辉、张翔、高峰：《货币政策对银行风险承担的影响——基于银行业整体的研究》，《金融研究》2014 年第 2 期。

[5] 彭建刚、王舒军、关天宇：《利率市场化导致商业银行利差缩窄吗？——来自中国银行业的经验证据》，《金融研究》2016 年第 7 期。

[6] 沈艳、边文龙、徐忠、沈明高：《利率管制与隐含利率的估算——兼论利率市场化对银行业利差之影响》，《经济学（季刊）》2015 年第 4 期。

[7] 沈悦、郭品：《互联网金融、技术溢出与商业银行全要素生产率》，《金融研究》2015 年第 3 期。

[8] 谢绚丽、沈艳、张皓星、郭峰：《数字金融能促进创业吗？——来自中国的证据》，《经济学（季刊）》2018 年第 4 期。

[9] 战明华、张成瑞、沈娟：《互联网金融发展与货币政策的银行信贷传导渠道》，《经济研究》2018 年第 4 期。

[10] 张宗益、吴恒宇、吴俊：《商业银行价格竞争与风险行为关系——基于贷款利率市场化的经验研究》，《金融研究》2012 年第 7 期。

[11] 郑志来：《互联网金融对我国商业银行的影响路径——基于"互联网＋"对零售业的影响视角》，《财经科学》2015 年第 5 期。

[12] Ariss, R. T., "On the Implications of Market Power in Banking: Evidence from Developing Countries", *Journal of Banking & Finance*, 34 (4), 2010: 765 – 775.

[13] Delis, M. D., and Kouretas, G. P., "Interest Rates and Bank Risk-taking", *Journal of Banking & Finance*, 35 (4), 2011: 840 – 855.

[14] Demirgüç-Kunt, A., and Huizinga, H, "Bank Activity and Funding Strategies: The Impact on Risk and Returns", *Journal of Financial Economics*, 98 (3), 2009: 626 – 650.

[15] Dinger, V., and Hagen, J. V., "Does Interbank Borrowing Reduce Bank Risk?",

*Journal of Money Credi & Banking*, 41 (2 - 3), 2009: 491 - 506.

[16] Huang, R. , and Ratnovski, L. , "The Dark Side of Bank Wholesale Funding", *Journal of Financial Intermediation*, 20 (2), 2011: 248 - 263.

[17] Jiménez, G. , Lopez, J. A. , and Saurina, J. , "How Does Competition affect Bank Risk-taking?", Journal of Financial stability, 9 (2), 2013: 185 - 195.

[18] López-Espinosa, G. , Moreno, A. , and Gracia, F. P. D. , "Banks' Net Interest Margin in the 2000s: A Macro-Accounting International Perspective", *Journal of International Money & Finance*, 30 (6), 2011: 1214 - 1233.

[19] Marcus, A. J. , "Deregulation and Bank Financial Policy", *Journal of Banking & Finance*, 8 (4), 1984: 557 - 565.

[20] Nicolo, G. D. , and Ariss, R. T. , "Bank Market Power Rents and Risk: Theory and Measurement", *SSRN Electronic Journal*, 2010.

[21] Saunders, A. , and Schumacher, L. , "The Determinants of Bank Interest Rate Margins: an International Study", *Journal of International Money & Finance*, 19 (6), 2000: 813 - 832.

[22] Shin, H. S. , "Reflections on Northern Rock: The Bank Run That Heralded the Global Financial Crisis", *Journal of Economic Perspectives*, 23 (1), 2009: 101 - 120.

# 法定数字货币对现行货币体制的优化及其发行设计[*]

姚 前[**]

**摘 要** 法定数字货币有助于优化传统法定货币支付功能，缓解对私人部门支付服务的依赖，减少央行监管负担和压力，提高法定货币地位。同时，法定数字货币的发行还可解决货币政策传导不畅、逆周期调控困难、货币"脱实向虚"、政策预期管理不足等现代货币政策困境。本文设计了法定数字货币发行的"前瞻条件触发"机制，"时点条件触发""流向主体条件触发""信贷利率条件触发"的货币生效设计可以实现货币政策实时传导、货币精准定向投放，避免货币空转；"经济状态条件触发"的设计可以实现逆周期货币调控；内置这些前瞻条件也使货币本身兼具前瞻指引功能。

**关键词** 法定数字货币 货币政策 前瞻指引

## 一 优化法定货币支付功能

### （一）传统法定货币支付功能的缺陷

法定货币的支付功能具有天然的不足。实物现金支付虽方便快捷，能

---

* 原文发表于《国际金融研究》2018年第4期。本文仅代表笔者个人学术观点，不代表所在机构意见。

** 姚前，中国证券监督管理委员会科技监管局局长，教授，高级工程师。

即时结算，但束缚于物理形态，无法进行快速的远程支付结算，也不适合大额支付。存款准备金账户支付仅适用于金融机构间的支付结算。

私人部门建立的银行支付、第三方支付等多层次支付体系丰富了支付方式，拓展了支付网络。银行支付借助电子化设备和电子数据交换（EDI）系统，实现了资金的远程支付。第三方支付机构利用现代信息技术，为市场交易者提供前台支付或后台操作服务，不仅填补了互联网线上支付的空白，还通过"二维码"等移动支付技术创新切入线下零售业务，进一步提高了支付效率。

正是因为法定货币的支付功能存在不足，而私人部门提供的支付服务则恰好能给予有效的补充，中央银行才"不得不"向私人部门让渡货币发行权，允许私人部门发行银行存款货币或电子货币，以创建覆盖面广泛、支付方式多样的社会支付体系，但也因此承担了相应的监管成本或政策代价。

第一，加重央行监管负担和压力，重复金融基础设施建设。从央行存款准备金账户、银行账户法定数字货币对现行货币体制的优化及其发行设计到第三方支付账户，社会支付链条不断延长。各层次账户支付体系分属不同部门，相互独立，容易产生数据鸿沟和信息孤岛。典型的例子是，第三方支付采取的直连银行接口模式，不仅接口重复，而且开设多个备付金账户，关联关系复杂，透明度低，央行无法准确掌握资金流动信息，难以实施穿透式监管。

因此，为提高信息透明度，以更好监控资金在全社会支付体系中的流动，强化金融监管，同时也为提高多层次账户支付体系的支付清算效率，央行基于不同场景，先后建立大额实时支付系统、小额批量支付系统、网上支付跨行清算系统（超级网银）、同城票据清算系统、境内外币支付系统、全国支票影像交换系统、银行业金融机构行内支付系统、银行卡跨行支付系统（银联跨行交易清算系统CUPS）、城市商业银行资金清算系统和农信银支付清算系统等多种支付清算系统，并组建了网联支付平台（非银行支付机构网络支付清算平台）；决定从 2018 年 6 月 30 日起，第三方支付公司受理的涉及银行账户的网络支付业务，都必须通过网联支付平台处理。

为保障社会支付体系的稳定，央行还对银行金融机构、第三方支付机构开展审慎监管，强化对各类机构支付服务的监督管理，防范金融风险。

基于现实状况，这些工作是必要的，但不免加重了央行监管负担和压力。

第二，加重央行对私人部门的价值担保，容易引发道德风险。本质上，银行存款货币、电子货币是私人部门创造的金融资产，虽具有货币支付功能，但没有计价功能。它们以法定货币计价，最终以法定货币偿付，事实上它们是法定货币的一种延伸性支付安排，是代用货币。诚如凯恩斯的观点，比起交易媒介功能，货币作为计价手段的功能是第一性的，而作为计价功能，货币价值的稳定性则至关重要。比如，美元之所以能成为世界货币，不在于美元全球支付体系的先进，而在于其货币价值的稳定。

近年来，非现金支付方式的使用率持续激增，"无现金社会""无现金城市"等词语在媒体上频频出现，甚至成为一些第三方支付机构推广业务的宣传口号。然而，断开非现金货币与现金之间的联系，不能一比一全额兑付法定货币时，非现金支付还会受到公众的广泛欢迎吗？人们接受非现金支付的前提，恰是银行存款货币、电子货币与现金的一比一可兑付性。现金的社会需求虽然会下降，但不会消失。根据欧洲中央银行对欧元区65000名居民的调查，近80%的交易笔数和一半以上的交易金额仍使用现金。事实上，在很多国家，现金流通数量的增长率一直维持在高于 GDP 增速的水平上。

银行存款货币和电子货币的可兑付性并非与生俱来。银行存款的兑付承诺来源于央行的价值担保。存款准备金、存款保险、央行最后贷款人、对银行隐含担保等制度安排保障了银行存款货币的价值清偿。基础货币 M0 是狭义货币 M1 和广义货币 M2 的价值基础。可以说，没有 M0，M1 和 M2 将是"无源之水、无本之木"。不过，央行的价值担保容易引发银行部门的道德风险。对此，美国在 2008 年国际金融危机发生以后提出了强化资本金管理和杠杆率要求，提高资本损失吸收能力；限制商业银行从事某些高风险业务，削弱不断扩张规模的冲动；建立有序的破产清算机制，遵循破产法的规定，要求公司股东首先承担破产带来的损失，并追究破产公司高管的责任等多项监管措施，以降低因央行危机救助而引起的道德风险。

对于第三方支付，目前的兑付承诺主要来源于商业银行的备付金存管以及或有的隐含担保。与银行存款货币相比，兑付承诺较为脆弱。截至目前，央行发放了 270 张第三方支付牌照，现存 254 张。其中，阿里巴巴的支付宝和腾讯的财付通，占据了超过九成的市场份额（支付宝和财付通的市场份额分别为 54.1% 和 37.02%）。两家支付机构凭借寡头市场地位，系统重要性特征日益明显，尤其是它们各自背后的互联网巨头均持有银行、证券、保险、征信、支付、财富管理等各类金融牌照，依靠用户流量和先进技术，已形成自己独有的金融生态圈。《中国区域金融运行报告（2017）》表示，将探索把规模较大、具有系统重要性特征的互联网金融业务纳入宏观审慎管理框架，对其进行宏观审慎评估，防范系统性风险。

诚如周小川（2011）所言："越是具有系统重要性，越不敢让它倒闭。如果真要让它倒闭，成本就特别高，就要考虑风险传递和成本如何分担的问题。"届时，中央银行的"大而不倒"名单里，不仅包含传统的大型金融机构，或许还将包含风险偏好型的互联网巨头。倘若央行最终不得不对互联网巨头进行价值担保，那么这将可能是社会福利的重大损害。风险偏好型的互联网巨头"达"时"富可敌国"，"穷"时却"大而不倒"，违背社会公平正义。未来如何对互联网金融寡头进行宏观审慎监管，并有效避免"大而不倒"的道德风险，将是考验央行监管能力的极大难题。

第三，削弱法定货币地位，降低货币政策有效性。依靠支付功能的便捷性和网络效应，银行存款货币与电子货币增加了货币乘数的内生性，使货币流通速度、货币乘数以及货币需求函数变得不稳定，货币需求难以预测。在货币需求函数不稳定情况下，货币统计量失效，利率是更好的货币政策中介目标。

然而，私人部门间的轧差净额清算，又减少了流动性需求，基础货币的重要性大为降低，导致基于央行储备金账户余额拆借而形成的基准利率无法有效传导至整个利率体系。同时，电子支付方式的便捷降低了货币与其他金融资产的转化成本，提高了货币需求对利率的敏感性。而货币需求对利率越敏感，货币政策越无效，甚至会出现凯恩斯所言的"流动性陷阱"。

因此总体上看，银行存款货币与电子货币削弱了法定货币地位，降低了货币政策有效性。当前，自由主义者倡导的去中心化货币或许还不足为虑，而"无现金社会"口号背后所显现的私人部门货币对央行地位的挑战更值得深思。

**（二）法定数字货币对传统法定货币支付功能的优化**

应该说，向私人部门有限让渡货币发行权是央行在法定货币支付功能存在缺陷情况下的不得已选择，是一定历史条件下的产物。然而，随着现代信息技术的发展和互联网基础设施的成熟，已然没有必要囿于成见，继续固守"私人部门提供支付服务，央行给以价值担保"的传统模式，央行完全可以吸纳采用现代信息技术，灵活设置现代信息网络和金融基础设施，主动创新法定货币发行和流通形式，推出法定数字货币，优化法定货币支付功能，以减轻对私人部门支付服务的依赖，从而减少央行监管负担和压力，并提高法定货币地位和货币政策有效性。

理想的法定数字货币具备不可重复花费性、可控匿名性、不可伪造性、系统无关性、安全性、可传递性、可追踪性、可分性、可编程性、公平性等特性。与传统法定货币相比，法定数字货币支付扬长避短，具有独特品质。

一是保留无须依赖第三方服务机构的现金支付特点。法定数字货币可基于账户，也可不基于账户。无须先有账户才有货币。"账"与"币"的绑定将被破除。法定数字货币可同现金一样，即时支付结算，方便快捷，并提供可控的匿名性，做到隐私保护。

二是法定数字货币的数字形式和系统无关性将极大地拓展法定货币的支付网络。法定数字货币能够在多种交易介质和支付渠道上完成交易，具有良好的普适性。理论上，银行存款货币、电子货币能达到支付网络边界，法定数字货币亦可达到。

三是法定数字货币将有效解决现金的缺陷。废除现金论者认为，现金存在以下缺陷：现金的存在会使非常规货币政策无法顺畅地调节到负利率区间，造成"零利率下限"困扰；现金会被用于偷税漏税行为和非法经济活动，造成治理困扰；现金存储、发行和处理成本高。而在法定数字货币环境下，这些缺陷将不会存在：法定数字货币可以酌情收取保管费，实质上等同于负利率，避免"零利率下限"困扰；法定数字货币的可追踪性，将被有效运用于反洗钱、反恐怖融资、反逃税和漏税监管；由于采用数字化的"铸造"、流通和存储，法定数字货币发行成本和交易成本将大幅下降。

## 二 优化传统货币政策有效性

经过多年政策实践，我国中央银行逐步摸索和建立了适合我国发展阶段和国情需要的、数量和价格与宏观审慎政策相结合的货币政策模式，取得了良好的货币调控效果，充分发挥了货币政策在推动经济平稳较快发展、保持物价基本稳定中的稳定器作用。但基于当前我国经济金融发展改革现状和未来趋势，我国货币政策仍面临不少挑战。

第一，进一步疏通货币政策传导渠道。近年来，理财、表外、通道、同业等影子银行业务的发展，使货币供应量中介目标的可测性、可控性以及与经济的相关性大为降低。针对这一变化，自2013年开始，我国中央银行通过正回购、逆回购操作，以及短期流动性调节工具（SLO）、常备借贷便利（SLF）、中期借贷便利（MLF）、抵押补充贷款（PSL）、再贷款等机制建设，逐步构建了以市场利率为操作目标、以利率走廊机制为框架、覆盖中长期利率的价格型调控机制。总体来看，成效显著。削峰填谷的流动性管理很好地平抑了银行间市场短期利率的波动。利率在资金配置中的价格导向作用日益突出。

但从利率传导效果来看，尤其是在信贷市场的利率传导方面，尚未达到理想的效果。主要体现在以下两点。

其一，市场利率向银行贷款利率传导不畅。美国的政策实践表明，美国联邦基金利率对最优贷款利率有着显著的先期引导作用（见图1），由此美联储货币政策得以有效传导至实体经济。而反观我国，贷款基础利率（LPR）与银行间市场利率之间的联动关系有限，甚至在2017年上半年出现

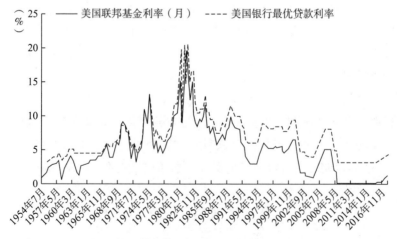

**图1　美国联邦基金利率引导贷款利率的变化**

资料来源：Wind资讯。

了不合常理的倒挂（见图2）。可以说，在很大程度上，我国 LPR 由信贷市场内生而成，而非央行利率调控决定。

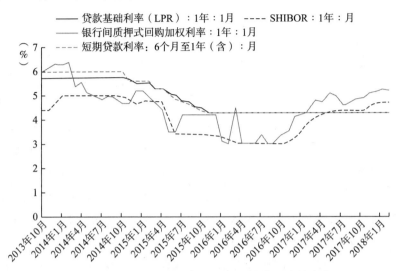

**图2 我国银行间市场利率无法引导贷款利率的变化**

资料来源：Wind 资讯。

其二，银行贷款重定价周期较长，对利率调整的反应滞后。美国的经验表明，只有银行贷款执行较短的重定价周期，存量与新增贷款才会对利率调整产生快速反应。而数据显示，截至 2015 年底，中、农、工、建四大行有近一半的存量信贷的重定价周期为 3 个月 ~1 年（见图3）。我国银行贷款重定价周期相对较长，导致货币政策传导滞后。

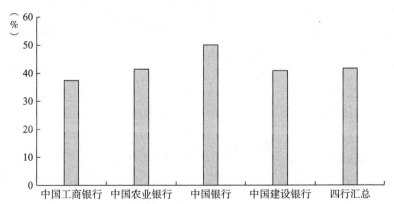

**图3 我国重定价周期为 3 个月 ~1 年的货款余额占比**

资料来源：根据 2015 年四大国有银行年报整理得到。

第二，进一步强化逆周期调控。金融顺周期性加剧了经济周期波动，日益成为各国央行的政策难题。为应对金融顺周期性，各国中央银行在实施逆周期货币调控的基础上，采取了前瞻性拨备、动态拨备、逆周期资本缓冲等宏观审慎监管措施，但从政策实践来看，仍面临不小挑战。在逆周期货币调控方面，存在"绳子能拉不能推"的难题。2008 年国际金融危机爆发后，美国实施多轮量化宽松货币政策，美联储资产负债表扩大了 4.5倍，但由于银行的恐慌情绪和风险厌恶程度较高，货币的极度宽松并没有起到增加贷款投放，拉动消费、投资和资本支出的刺激效果，约瑟夫·斯蒂格利茨将其称为新的"流动性陷阱"。当前，我国 M2 持续低于 M1 增速，这是否代表处于"流动性陷阱"尚存争议。但基于目前经济下行、放贷风险上升的背景，银行惜贷或者偏好安全性资产是不争的事实，如图 4 所示，当前银行信贷增速接近历史最低水平。在宏观审慎监管方面，商业银行则可以通过金融创新规避央行的逆周期调控。2010 年以来，为规避资本充足率、存贷比、行业投向限制等宏观审慎监管约束，银行将表内业务转移到表外和通道业务，影子银行业务的发展使央行对银行信贷的逆周期调控越趋困难。

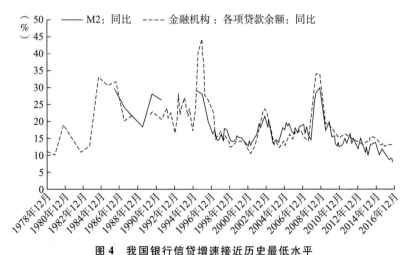

**图 4　我国银行信贷增速接近历史最低水平**

资料来源：Wind 资讯。

第三，避免货币"脱实向虚"，进一步提高金融服务实体经济能力。金融的根本目的是服务实体经济，但出于资本的逐利动机，资金往往会"脱实向虚"，货币空转，流向资产市场，形成资产价格泡沫，而非支持实体经济发展。Stiglitz（2017）认为，美国的银行信贷只有很小比例（3%～15%）流入实体经济，更多的是流向资产市场。在我国，货币"脱实向虚"的现象同样存在，2015年我国金融业增加值与GDP比例为8.5%，高于美国1.5个百分点，不少资金在金融体系内部自我循环，没有进入实体经济。不仅如此，在流向实体的资金配置上存在明显的"二元"特征：财务软约束的国有企业、大型企业和地方融资平台占用大量的金融资源，其中不乏过剩产能企业、低效率企业和僵尸企业，导致资金浪费，相较之下，民营企业和中小微企业融资难、融资贵的问题尚未得到根本性改善。同时，生态环保、农业水利、社会事业等领域一直是融资的薄弱环节，亟须金融业的进一步支持。对此，我国中央银行一方面积极为供给侧结构性改革营造适宜的货币金融环境；另一方面注重结构性货币政策操作，开发和运用抵押补充贷款（PSL）、支农支小再贷款等工具，实施有扶有控、区别对待的信贷政策，通过宏观审慎评估（MPA）加强银行信贷管理，引导货币投向重要领域和关键环节，有效提高了金融服务实体经济能力。然而，货币是流动的，商业银行也有自身的利益诉求，往往与货币政策目标激励不相容，如何更好地实施定向的结构性货币调控仍是央行正在探索的难题。

第四，加强货币政策沟通，完善预期管理。长期利率是影响经济个体投资消费决策的关键因素，而长期利率由短期利率预期构成，因此货币政策沟通十分重要。良好的沟通能让经济个体更好地理解和把握货币政策决策及其未来变化的逻辑，从而有助于提高货币政策的可信度和有效性。此次国际金融危机发生之前，欧美发达国家即已建立了包含货币政策框架沟通、货币政策决策沟通与经济信息沟通的货币政策沟通机制。危机之后，前瞻性指引（Forward Guidance）更是成为各国应对零利率下限所倚重的政策工具。

前瞻性指引可分为三类：第一类是开放式的前瞻指引（Open-ended Forward Guidance），央行定性地描述未来可能采取的政策路径；第二类是以时间为参照的前瞻指引（Time-contingent Forward Guidance），央行表示在某个时点前维持利率不变；第三类是以经济状况为参照的前瞻指引（State-contingent Forward Guidance），央行表示在经济状况达到某个状态前维持货币政策不变。实践表明，前瞻性指引确实起到了引导预期、提高货币政策效率的效果。

自1994年开始公布货币供应量以来，我国货币政策目标、决策机制以及相关信息的披露不断增强，货币政策透明度日益提高，但前瞻性指引尚未作为正式工具被引入货币政策执行框架中。

当然，法定数字货币同时可以对传统货币政策的有效性进一步优化。

传统货币政策之所以面临前文所言的传导机制不畅、逆周期调控困难、货币"脱实向虚"、货币政策沟通不足等困境，在于传统法定货币的难以追踪性、同质单一性和操作当下性。

难以追踪性是指央行难以追踪和监控货币投放后的流通路径。对于货币投放后是停留在金融部门还是实体部门，抑或流向资产市场，央行一无所知。央行只能依靠事后的粗略信息，大概地判断货币流向，然后进行政策调整或监管应对。无疑，这种反应是滞后的，难以起到真正效果。

同质单一性是指传统法定货币的要素仅有面额，货币间除了面额没有差异，因此传统货币政策是总量式调控，仅能在宏观层面上调控社会货币"量"与"价"的变化，进而在总体上影响私人部门的资金可获得性和资金成本，难以精准定向投放。

操作当下性是指传统法定货币的交易支付是实时、当下的。央行对货币的掌控也是实时、当下的。在货币投放的当下，央行即失去对货币的掌控，货币是否能最终流向实体部门，是否能实现央行所意图的政策目标，交予央行之外的各方力量和因素来决定，从而导致货币政策传导的不畅或失效，引起政策利率无法传导贷款利率、资金流向资产市场而非实体企业等政策困境。此外，货币政策操作的当下性意味着央行决策是基于当下之前的历史经济信息，即图5中 $t_{-1}$ 之前的经济信息，而当货币在 $t_1$ 时流向实体企业时，经济状态已经发生了变化，因此即使在货币政策操作的当下，央行决策是最优的，但时滞后则不一定最优。

目前，学者们已经敏锐地感知到，货币形式的数字化对于提高货币政策有效性能起到非常关键的作用。如Stiglitz（2017）研究了电子货币系统的宏观经济管理。针对现行体系下货币政策的局限性，他建议引入信贷拍卖机制，由中央银行通过信贷拍卖对商业银行的放贷行为直接施加影响（如施加放贷规模、资金流向等约束），约束商业银行行为，促使银行资金流向实体经济，并在信贷拍卖机制中引入宏观经济稳定和收入状态或有贷款设

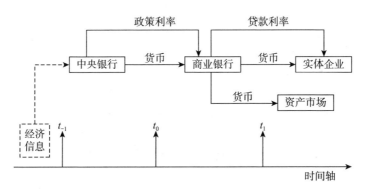

图5 传统货币政策操作

计，以降低商业银行风险偏好的顺周期性，从而降低基础货币向银行信贷传导的不确定性。但以上机制安排的前提是中央银行对经济状况、银行行为和资金流向等信息必须有全面的了解和掌控，于是电子货币系统成了关键的基础设施。Stiglitz指出，"即使没有电子货币，信贷拍卖机制……也能实施，但货币的电子化和数据化有助于提高中央银行监测货币流动和组织市场的能力，从而有效发挥这些机制创新的作用"。然而遗憾的是，Stiglitz对于如何从提高货币政策有效性的角度设计货币的数字化没有展开详细的讨论。对此，我们进行了研究。

研究发现，法定数字货币的可追踪性和可编程性将会使法定货币焕发全新功能，前者让中央银行可以追踪和监控数字货币投放后的流转信息，获取货币全息信息，后者则可通过"前瞻条件触发"（Forward Contingent）设计，让法定货币很好地解决传导机制不畅、逆周期调控困难、货币"脱实向虚"、政策沟通不足等传统货币政策困境。

一是通过"时点条件触发"（Time Contingent）货币生效设计，减少货币政策传导时滞，并避免货币空转。

二是通过"流向主体条件触发"（Sector Contingent）货币生效设计，精准定性货币投放，实施结构性货币政策，减少货币空转，提高金融服务实体经济能力。

三是通过"信贷利率条件触发"（Loan Rate Contingent）货币生效设计，实现基准利率向贷款利率的有效实时传导。

四是通过"经济状态条件触发"（Economic State Contingent）设计，根据宏观经济状态，逆周期调整商业银行对中央银行的资金归还利率，减少商业银行风险特征及其贷款行为的顺周期性，从而实现经济的逆周期调控。

同时，由于法定数字货币在发行时即内置了这些条件设定，并能被商业银行公开获知，而这些条件设定恰是央行货币政策逻辑和意图的反映，因此法定数字货币兼具了前瞻性指引（Forward Guidance）功能。

本文将在以下内容中详细阐述具体的条件设定和发行设计。

## 三　法定数字货币发行设计

### （一）法定数字货币发行

如图6所示，在法定数字货币发行时，即 $t_0$ 时点，央行预先设定好四个前瞻条件，包括法定数字货币生效的三个前瞻条件——"时点条件""流向部门条件""信贷利率条件"，以及未来调整商业银行对央行的归还利率的"经济状态条件"。这些条件在货币发行时设定但在货币投放之后才会触发，因此称为前瞻条件。

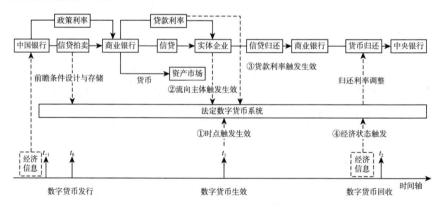

**图6　法定数字货币发行设计**

央行设计好前瞻条件后，通过信贷拍卖机制向商业银行发行法定数字货币。相应地，央行设定的前瞻条件以及拍卖后确定的政策利率、未来商业银行信贷利率与基准利率的基差等信息，由数字货币系统编程和存储。

### （二）法定数字货币生效

法定数字货币发行后，商业银行在 $t_1$ 时点向外贷款。商业银行将贷款信息发送法定数字货币系统，请求数字货币生效。根据贷款信息，数字货币系统判断"时点条件""流向部门条件""信贷利率条件"等前瞻条件是否触发（哪几个条件需要触发以及条件的内容，由央行根据政策目标在发行时灵活设定）。若前瞻条件触发，法定数字货币生效，否则不生效。

也就是说，在数字货币发行的当下，货币并不一定生效，而只有当未来央行设定的条件触发时，货币才生效。通过这一设计，央行的货币政策操作不再局限于当下，而是能掌控货币的后续流通，它不仅能减少货币政策传导的时滞，实现货币政策的有效传导，同时又能达到货币精准投放的目的。

货币生效的具体前瞻条件设计如下。

第一，时点触发生效。贷款发生时数字货币生效，否则不生效。也可由央行在货币发行时预先设定生效时点。比如，不晚于 $t_1$ 时点，否则不生效，从而激励商业银行在 $t_1$ 时点之前放出信贷。此条件设定可减少货币政策传导时滞，并避免货币空转。

第二，流向主体触发生效。贷款流向主体符合央行规定时数字货币生效，否则不生效。例如，流向资产市场，则不生效。此条件设定可实现货币精准投放，实施结构性调控，避免货币空转，脱虚向实。

第三，利率触发生效。在货币发行时预先规定，商业银行对企业的信贷利率需等于"在贷款发生时点 $t_1$ 的基准利率"加减"在货币发行时点 $t_0$ 拍卖确定的信贷基差"。当银行实际信贷利率符合这一规定时货币生效，否则货币不生效。通过这一条件设定，基准利率可实时有效传导至信贷利率。

### （三）法定数字货币收回

当商业银行收回信贷后（图6中的 $t_2$ 时点），将法定数字货币归还给中央银行。此时，可有两种模式。一种是归还利率不调整模式，即商业银行根据在货币发行时点 $t_0$ 拍卖确定的政策利率，归还央行。另一种是归还利率调整模式，即由法定数字货币系统根据 $t_2$ 时点的经济信息自动判定"经济状态条件"是否触发，如果触发（图6中的④经济状态触发）则调整归还利率，否则不调整归还利率，归还利率仍为在货币发行时点 $t_0$ 拍卖确定的政策利率。

归还利率调整的前瞻条件设定如下。

若归还时的经济状态正常，不调整归还利率。若经济状态非正常，则调整归还利率。所谓的经济状态非正常，是指宏观经济变量超出阈值范围。具体阈值范围由中央银行根据政策目标预先设定。例如，通胀率超出2%通胀目标上下某个区间，经济状态非正常；否则，经济状态正常。

可将归还利率的调整幅度设定为关于经济状态的逆周期函数。经济过热（例如，通胀率高于2%通胀目标），那么调增归还利率某一幅度；反之，经济衰退，则调降归还利率某一幅度，在极端情况下，甚至可将归还利率降至负利率。

显然，以上设计降低了商业银行面临的宏观经济风险。经济好时，提高商业银行的贷款资金成本；经济不好时，降低商业银行的贷款资金成本，甚至给予补贴，从而减少商业银行的顺周期性行为，并给予商业银行一个稳定的利润预期。即使在经济萧条时，商业银行也愿意放贷，从而有效解决因商业银行规避风险而引致的"流动性陷阱"难题。

### （四）法定数字货币发行量的前瞻式决定

前文提到法定数字货币在发行时即设定了多种前瞻生效条件，如生效时间、信贷利率、投向部门，由于这些条件均是前瞻性的，意味着货币发行时点 $t_0$ 的法定数字货币发行量其实是未来生效时点 $t_1$ 的发行量，中央银行需在发行当下即前瞻式地决定未来货币发行量。对此，本文考虑引入机器学习和人工智能思想，建立一种数字货币发行的 AI 模型来预测和决定未来法定数字货币发行量。下面仅以简单的多元线性回归方程为例简述大概思路，更为精细和智能的模型，笔者将另以专文阐述。

第一，定义模型的输入与输出变量，如表1所示。

**表1　模型输入与输出变量**

| 法定数字货币量 | 经济变量1 | 经济变量2 | 经济变量3 | 经济变量4 | …… | 经济变量 $n$ |
|---|---|---|---|---|---|---|
| $Y$ | $X_1$ | $X_2$ | $X_3$ | $X_4$ | …… | $X_n$ |

第二，假设多元线性回归方程。

$$h_\theta[x^{(i)}] = \theta_0 + \theta_1 x_1^{(i)} + \theta_2 x_2^{(i)} + \theta_3 x_3^{(i)} + \theta_4 x_4^{(i)} + \cdots + \theta_n x_n^{(i)} \tag{1}$$

其中，$\theta$ 表示参数；$x_j^{(i)}$ 表示第 $i$ 个样本的第 $j$ 个输入参数。

第三，设定目标函数。

$$J(\theta_0, \theta_1, \theta_2, \theta_3, \theta_4) = \frac{1}{2m} \sum_{i=1}^{m} \{h_{\theta}[x^{(i)}] - y^{(i)}\}^2 \tag{2}$$

其中，$m$ 为输入参数的数目。

第四，计算相应的梯度下降。

$$Repeat[\theta_j = \theta_j - \alpha \frac{\partial J(\theta)}{\partial \theta_j} = \theta_j - \alpha \frac{1}{m} \sum_{i=1}^{m} \{h_{\theta}[x^{(i)} - y^{(i)}] x_j^{(i)}\} \tag{3}$$

其中，$\theta_j$ 同时更新（Simultaneous Update）。

对原始数据进行归一化处理之后，基于上述算法进行模型训练，以此预测出未来某一时点法定数字货币的合理投放量。随后，根据前文设计的思路，确定法定数字货币的生效时点、投向部门以及归还利率调整的前瞻条件，并通过信贷拍卖机制市场化确定信贷利差，从而构建了可实现货币政策实时传导、避免货币空转、货币精准定向投放、逆周期调控并兼具前瞻指引功能的法定数字货币发行框架，为宏观经济调控提供一种新的工具。

## 参考文献

［1］姚前：《数字货币与银行账户》，《清华金融评论》2017 年第 7 期。

［2］中国人民银行货币政策分析小组：《中国区域金融运行报告（2017）》，中国金融出版社，2017。

［3］周小川：《金融政策对金融危机的响应——宏观审慎政策框架的形成背景、内在逻辑和主要内容》，《金融时报》2011 年 1 月 5 日。

［4］Mersch, Y., "Why Europe Still Needs Cash", 2017, https://www. World finance. com/banking/why-europe-still-needs-cash.

［5］Stiglitz, J. E., "Macro-economic Management in an Electronic Credit/Financial System", NBER Working Paper, No. 23032, 2017.

# 中国普惠金融发展水平测度与评价

## ——基于不同目标群体的微观实证研究[*]

齐红倩　李志创[**]

**摘　要**　在全面推进普惠金融发展的背景下，识别普惠金融对不同目标群体的服务水平，有助于提升普惠金融发展效率。本文借助最新公布的 2017 年全球普惠金融数据库，依据两个内在特征（年龄、性别）和三个外在特征（收入水平、受教育程度、就业状况）将目标群体进行分类，通过构建 Probit 模型，研究当前中国普惠金融发展过程中不同群体对正规和非正规金融服务、数字金融服务使用情况存在的差异。结果如下：首先，我国正规金融对青年和女性群体的包容程度相对有限，非正规金融和数字金融在一定程度上提升了这两类群体使用金融服务的可能性，但并未显著改善老年群体对金融服务的使用情况；其次，较低的收入水平导致我国居民对非正规金融较为依赖，数字金融的出现也并未明显改变这种现状；最后，受教育程度和就业水平的提升均能够促进普惠金融发展，但这种促进作用有待进一步加强。因此本文认为，在充分识别普惠金融对不同目标群体服务水平的基础上有针对性地增加普惠金融投入，是实现普惠金融高质量和可持续发展的关键。

**关键词**　普惠金融　非正规金融　数字金融　群体特征

---

\*　原文发表于《数量经济技术经济研究》2019 年第 5 期。

\*\*　齐红倩，吉林大学商学院教授、博士生导师；李志创，吉林大学商学院博士研究生。

# 一　引言

金融发展能够通过提升资源配置效率促进经济增长，而普惠金融发展强调的是在促进经济增长的同时能够有效缓解贫困，进而实现包容性经济增长。若金融发展不具有普惠性，低收入群体仅能依靠自身有限的储蓄进行创业或者支付教育费用等，小型企业也仅能依靠有限的盈利来扩大经营，这将在一定程度上导致持续的收入不平等，不利于经济的长期稳定增长（Demirgüç-Kant 和 Klapper，2012）。另外，通过向个人、家庭和小型企业等提供金融风险管理工具，高水平的普惠金融发展能够对金融稳定产生积极影响（Han 和 Melecky，2013）。可见，普惠金融是确保经济增长过程具有包容性和可持续性所必需的前提条件。因此，无论是在发展中国家还是在发达国家，发展普惠金融均被视为实现经济增长和减贫目标的有效途径，并受到各国学者和政策制定者的广泛关注。然而，尽管有关普惠金融的研究日益增多，但是由于普惠金融具有多维性质，不同国家（地区）因其经济、金融发展水平以及社会发展优先事项等存在较大差异，因而对普惠金融定义的侧重点也有所不同。一般而言，普惠金融是指以可负担的成本为社会中的所有个体提供及时和充足的正规金融服务的过程（Sarma 和 Pais，2011；Tita 和 Aziakpono，2017）。

发展普惠金融的倡议得到各国政府以及世界银行、国际货币基金组织、二十国集团和非洲开发银行等国际组织的认可，各国均在逐步推出多种政策以深化普惠金融发展，中国也积极参与其中。2015 年，国务院印发了我国首个发展普惠金融的国家级战略规划——《推进普惠金融发展规划（2016—2020 年）》，该规划基于我国的现实国情，提出了发展普惠金融的一系列政策措施和保障手段，将我国普惠金融推向了新的发展阶段。截至2017 年末，全国银行业金融机构的小微企业贷款余额和涉农贷款余额分别达到30.74 万亿元和30.95 万亿元，同比增速分别为 15.14% 和 9.64%。然而，全球普惠金融调查数据显示，2017 年中国仍有约 2.29 亿成年人未享受到最基础的金融服务，占成年人总数的1/5。可见，我国银行业金融机构对普惠金融的投入力度与当前普惠金融的实际发展水平存在较大反差。

现阶段中国普惠金融发展主要依赖于国家政策支持和政府推动，尚未形成较为有效的普惠金融发展机制（何德旭、苗文龙，2015）。因此，在全面推进普惠金融发展的背景下，如何提高普惠金融发展效率、促使更多群体能够真正享受到正规金融服务并从中获益，成为我国当前金融发展和改革过程中亟须解决的现实问题。普惠金融最初的服务对象主要是低收入群体，但随着经济社会不断发展，普惠金融的服务对象应该更为广泛。例如，当前中国正在逐渐进入老龄化社会，占人口总数近 1/5 的老年群体难以获得有效的金融服务，且更易陷入泛金融骗局；另外，近年频发的"校园裸贷"事件说明，青年群体尤其是大学生同样难以获得正规的金融服务。因此，实现普惠金融高效率发展的前提是充分识别普惠金融对不同目标群体的服务水平，从而及时地调整金融产品和服务以得到更多群体的认可（Abel 等，2018）。

自普惠金融概念提出以来，缺少金融服务可得性的相关数据是对各国（地区）普惠金融发展进行深入量化分析的主要障碍。为了解决这一问题，世界银行从 2011 年开始在世界范围内进行抽样问卷调查并形成了全球普惠金融数据库，这为普惠金融相关问题的实证研究提供了较为充分的数据支撑，也为合理评估中国普惠金融发展水平提供了参照。本文借助最新公布的 2017 年全球普惠金融数据库，在对中国普惠金融整体发展状况以及各项金融服务使用情况的群体分布进行直观描述的基础上，依据两个内在特征（年龄、性别）和三个外在特征（收入、受教育程度、就业状况）对目标群体进行分类，并通过构建 Probit 模型，研究不同群体在普惠金融发展过程中对正规和非正规金融服务、数字金融服务的使用情况存在的差异。在客观分析的基础上，为我国相关部门制定普惠金融政策提供更具针对性的对策建议。

## 二　文献综述

非正规金融不受国家相关部门的监管，对非正规金融的依赖程度过高将不利于金融稳定，同时也会妨碍经济的长期稳定发展，因此，发展普惠金融的最终目标是确保社会中的所有个体均能享受到正规金融服务（Hannig 和 Jansen，2010；Sarma 和 Pais，2011）。然而，在世界范围内，尤其在经济发展水平较低、法律制度不健全的发展中国家，相当比例的人口使用非正规途径进行储蓄、汇款或信贷，从而形成了正规金融和非正规金融并存的二元金融体系（Germidis 等，1991）。非正规金融与正规金融之间的关系一直是学术界关注的焦点，但是目前关于二者之间关系的研究并未形成较为一致的结论。例如，Dasgupta（2004）认为非正规金融与正规金融在储蓄、信贷等多种业务方面存在竞争（替代）关系；而 Koker 和 Jentzsch（2013）的研究发现，正规金融服务的可得性提高并未导致非正规金融服务的使用率下降，正规金融与非正规金融之间甚至表现出相互促进的正相关关系。一般情况下，我们认为正规金融与非正规金融之间不仅表现为竞争（替代）关系，同时也因各自的比较优势而表现出互补关系（刘民权等，2003）。例如，刘丹（2017）的研究发现，对于中、低收入农户群体而言，非正规金融主要表现为对正规金融的补充作用；对于高收入农户群体而言，非正规金融则主要表现为对正规金融的竞争。由此可见，对于不同群体而言，非正规金融与正规金融之间的关系可能存在显著差异，仅从整体上单纯地提高正规金融服务的可得性并不意味着会减少居民对非正规金融服务的使用。

为了更好地满足不同群体的金融服务需求，从而实现普惠金融的高效率发展目标，已有部分文献借助全球普惠金融数据库从群体特征角度研究了普惠金融的发展水平，包括对全世界（Demirgüç-Kunt 等，2015；Allen 等，2016）、发展中国家（Demirgüç-Kunt 等，2013）、非洲（Zins 和 Weill，2016）、中西非（Soumaré 等，2016）、尼日利亚（Musa 等，2015）等进行的相关研究。我们发现，以上研究主要集中在国际性的整体框架内，一些局部上的研究也较多地侧重在非洲内部的国家，并且研究结论存在较大差异。作为世界第二大经济体，中国的金融改革进程仍在继续，金融发展动向备受世界关注。然而，迄今为止，利用全球普惠金融数据库从群体特征角度对中国普惠金融发展的研究相对较少。仅 Fungáčová 和 Weill（2015）利用 2011 年全球普惠金融数据库，从群体特征角度对中国普惠金融发展的基本水平、障碍因素、信贷途径进行了研究。近年来新兴技术（互联网、智能手机等）快速发展，以网上银行、手机银行等为代表的数字金融服务日益普及。数字金融的出现，加强了金融产品和服务的有效分配，缩短了金融机构与目标客户之间的距离，促使原本被排斥在正规金融体系之外的群体能够以较低的成本相对容易地获取金融服务，并且越来越多的原有客户使用手机银行和网上银行等新兴业务替代传统银行业务，金融服务的可得性大幅提高（Duncombe 和 Boateng，2009；连耀山，2015）。从这个意义上讲，数字金融对普惠金融发展具有较强的推动作用，而 Fungáčová 和 Weill（2015）的研究却并未涉及数字金融服务。

综上所述，短期内非正规金融发展能够在一定程度上缓解居民受到的正规金融排斥，但是长期来看，非正规金融的过快发展不利于金融稳定，且与普惠金融发展的最终目标相悖；数字金融的快速发展有助于更多群体以较低的成本相对容易地获取金融服务，从而弥补了正规金融的不足，有效推动了普惠金融的发展进程。因此，识别非正规金融服务和数字金融服务使用群体的基本特征，有针对性地减少居民对非正规金融服务的使用、提升居民使用数字金融服务的可能性，对于实现普惠金融的高效率和可持续发展尤为重要。

鉴于此，本文的研究特点在于：第一，在已有文献的基础上，本文将群体特征划分为内在特征和外在特征，从而更有针对性地对目标群体进行分类；第二，本文的研究包含当前金融发展的两个重要领域——非正规金融和数字金融，扩大了有关普惠金融问题的研究边界；第三，为了使研究结论更加清晰，本文在实证分析过程中以世界范围内的基本情况作为参照，深入研究我国普惠金融发展的现状和特点。本文其余部分安排如下：首先，在详细介绍变量和数据的基础上，对中国普惠金融整体发展状况以及各项金融服务使用情况的群体分布进行直观描述，并与世界范围内的基本情况进行对比；其次，采用 Probit 模型研究中国范围内不同群体对正规和非正规金融服务、数字金融服务的使用情况，并且在研究不同群体对正规金融服务和数字金融服务的使用情况时，以世界范围内的基本情况作为参照；最后，通过分析不同群体对正规和非正规金融服务、数字金融服务使用情况存在的差异，得到相应的结论和政策启示。

## 三 变量设置与普惠金融发展概况描述

本文所使用的数据均来自最新公布的 2017 年全球普惠金融数据库，该数据库是世界银行依托盖洛普民意调查在世界范围内进行抽样问卷调查形成的。从 2011 年开始，每三年进行一次调查，受访者均为 15 岁以上的成年人。与 2011 年和 2014 年相比，2017 年的数据库除了包含正规和非正规金融服务使用情况的最新数据外，还增加了数字金融服务使用情况的相关数据，有助于更加清晰地捕捉普惠金融的最新发展状况。此外，2017年的数据库除了包含原有的年龄、性别、收入水平和受教育程度四个群体特征外，还增加了就业状况的相关数据，有助于对目标群体进行更加细致的分类。

## （一）变量设置

对于正规金融服务的使用情况，本文参照已有文献，从正规账户、正规储蓄和正规信贷三个角度进行考察。正规账户对应的问题是"是否持有银行或者其他形式正规金融机构的账户"；正规储蓄对应的问题是"在过去12个月内，是否使用银行或者其他形式正规金融机构的账户进行过储蓄（包含使用他人账户的情况）"；正规信贷对应的问题是"自己或者和他人一起，在过去12个月内是否通过银行或者其他形式的正规金融机构进行过借贷"。以上变量均为虚拟变量，若受访者的回答为"是"，则该变量赋值为1；若回答为"否"，则赋值为0。

对于非正规金融服务的使用情况，本文从非正规储蓄和非正规信贷两个角度进行考察。非正规储蓄对应的问题是"在过去12个月内，是否通过非正规的储蓄组织或者家庭以外的其他个人渠道进行过储蓄"。在非正规信贷方面，2017年全球普惠金融数据库包含了向亲戚朋友借贷和向非正规储蓄组织借贷两种非正规信贷途径。考虑到无论是在中国还是在世界范围内，向亲戚朋友借贷均是主要的非正规信贷途径（Fungáčová 和 Weill，2015），[①]本文使用向亲戚朋友借贷表示非正规信贷，对应的问题是"自己或者和他人一起，在过去12个月内是否向亲戚朋友借过钱"。非正规储蓄和非正规信贷均为虚拟变量，若受访者的回答为"是"，则变量赋值为1；若回答为"否"，则赋值为0。

对于数字金融服务的使用情况，考虑到变量设置的合理性和数据的可得性，本文从移动和互联网金融服务的角度进行考察，对应的问题是"在过去12个月内，是否通过手机或者互联网使用银行或者其他形式金融机构的账户进行过支付、购物或转账"。该变量为虚拟变量，若受访者的回答为

---

① 根据2017年全球普惠金融数据库，在所有中国受访者中，过去12个月内通过非正规储蓄组织进行过借贷的受访者占比为0.31%；在世界范围内的所有受访者中，这一比例为5.00%。因此，在中国和在世界范围内，向非正规储蓄组织借贷均不是主要的非正规信贷途径。

"是"，则该变量赋值为 1；若回答为"否"，则赋值为 0。需要说明的是，本文在对上述各变量的数据进行整理时，剔除了未回答（空值）或者回答为"不知道""拒绝回答"的受访者。

## （二）普惠金融整体发展状况

正规和非正规金融、数字金融各变量的描述性统计如表 1 所示。作为对比，表 1 同时报告了中国和世界范围内各变量的均值和标准差。

表 1　正规和非正规金融、数字金融各变量的描述性统计

| 变量 | 中国 | | | 世界 | | |
|---|---|---|---|---|---|---|
| | 样本量 | 均值 | 标准差 | 样本量 | 均值 | 标准差 |
| 正规账户 | 3627 | 0.7350 | 0.4413 | 154923 | 0.5998 | 0.4899 |
| 正规储蓄 | 3562 | 0.2951 | 0.4561 | 153279 | 0.2466 | 0.4311 |
| 正规信贷 | 3590 | 0.0716 | 0.2578 | 153664 | 0.1232 | 0.3287 |
| 非正规储蓄 | 3527 | 0.0349 | 0.1835 | 118066 | 0.1290 | 0.3352 |
| 非正规信贷 | 3593 | 0.2833 | 0.4506 | 153692 | 0.2280 | 0.4196 |
| 移动和互联网金融服务 | 2223 | 0.4381 | 0.4962 | 83797 | 0.3860 | 0.4868 |

资料来源：笔者根据 2017 年全球普惠金融数据库（https://globalfindex. worldbank. org/）计算整理得到。

正规账户是居民获取正规金融服务的第一道门槛，拥有正规账户的居民才有可能获取正规储蓄和正规信贷等服务，正规账户持有率也因此成为衡量普惠金融发展水平时广泛使用的指标。表 1 显示，2017 年中国有73.50% 的居民持有正规金融机构的账户，高于世界平均水平（59.98%）。Demirgüç-Kunt 和 Klapper（2013）的研究认为人均 GDP 和正规账户持有率之间存在正相关关系，但该结论并不适用于中国。国际货币基金组织公布的数据显示，2017 年世界人均 GDP 为 10728 美元，而中国人均 GDP 为 8643 美元，低于世界平均水平。中国的人均 GDP 相对较低，而正规账户持有率却高于世界平均水平，这说明从正规账户的持有情况来看，我国普惠金融发展水平相对较高。

从正规储蓄服务的使用情况来看，2017 年中国有 29.51% 的居民在过去 12 个月内使用正规金融机构账户进行过储蓄，高于世界平均水平

（24.66%），这种现象与中国居民偏爱储蓄的行为有关。根据国际货币基金组织公布的数据，2017 年中国国民总储蓄率为 46.00%，高于世界平均水平（26.51%）、发达经济体平均水平（22.76%）以及新兴市场和发展中经济体平均水平（32.23%）。中国居民家庭的高储蓄行为与不发达的社会保障和个人保险引起的预防性储蓄有关，同时性别比例失衡也是重要原因之一（Wei 和 Zhang，2011）。另外，从非正规储蓄服务的使用情况来看，2017 年中国有 3.49% 的居民在过去 12 个月内使用非正规途径进行过储蓄，低于世界平均水平（12.90%）。这说明尽管存在非正规储蓄途径，但中国居民依然更倾向于在正规金融机构进行储蓄。与美国、俄罗斯等国家不同，中国银行业近年来并未出现较大危机，因而居民对银行等正规金融机构的信任程度较高。

与正规账户和正规储蓄不同，2017 年中国仅有 7.16% 的居民在过去 12 个月内通过正规金融机构进行过借贷，远低于世界平均水平（12.32%）。Demirgüç-Kunt 和 Klapper（2013）以私人信贷占 GDP 的比重衡量金融发展水平并进行实证研究，发现在世界范围内，金融发展水平与正规信贷使用率之间表现为正相关关系。按照这一结论，以私人信贷占 GDP 比重衡量的中国金融发展水平应低于世界平均水平，但事实并非如此。《全球金融发展报告 2017/2018》显示，2013～2015 年中国银行业私人信贷占 GDP 的比重达到 132.4%，不仅高于世界平均水平（51.4%），而且高于发达国家平均水平（89.6%）。可见，我国金融发展在世界范围内处于较高水平，这与正规信贷较低的居民使用率形成明显反差。究其原因，我国正规信贷过度集中于大企业、大项目及优质客户，正规信贷较高的获取难度导致个人和中小企业只能通过非正规途径寻求信贷。2017 年中国有 28.33% 的居民在过去 12 个月内向亲戚朋友借过钱，高于世界平均水平（22.80%）。由此可见，我国居民在进行借贷时对人际关系的依赖程度大于正规金融机构，这与世界范围内的基本情况一致。

从数字金融服务的使用情况来看，2017 年中国有 43.81% 的居民在过去 12 个月内使用过移动和互联网金融服务，高于世界平均水平（38.60%），这说明中国数字金融的发展水平已经走在了世界前列。第 41 次《中国互联网络发展状况统计报告》显示，截至 2017 年末，中国互联网普及率达 55.8%，手机网民占比约为 54.17%，互联网和智能手机等移动终端的快速普及为互联网改造传统金融业创造了有利的现实条件，网上银行、手机银行、第三方支付等创新的数字金融服务在我国蓬勃发展。另外，传统金融部门供给不足、金融监管相对宽松等也为我国数字金融的快速发展提供了较好的政策环境。

### （三）各项金融服务使用情况的群体分布

本文依托于 2017 年全球普惠金融数据库，从年龄、性别、收入水平、受教育程度、就业状况五个角度对受访者进行分类。具体而言，依据年龄特征，将受访者划分为青年群体、中年群体和老年群体，对应的年龄段分别为 15～44 岁、45～59 岁和 60 岁以上；依据性别特征，将受访者划分为女性群体和男性群体；依据收入特征，将受访者的收入水平按照从低到高的顺序划分为五等份，依次为低收入、中等偏下收入、中等收入、中等偏上收入和高收入；依据受教育程度，将受访者划分为初级教育群体、中等教育群体和高等教育群体，初级教育群体的成员为仅接受过小学或者更低等级教育的受访者，中等教育群体的成员为接受过中学教育的受访者，高等教育群体的成员为接受过大学或者更高等级教育的受访者；依据就业状况，将受访者划分为有工作群体和无工作群体。同样，在数据整理过程中，剔除了未回答（空值）或者回答为"不知道""拒绝回答"的受访者。如表 2 和表 3 所示，分别报告了中国和世界范围内各项金融服务的使用者中不同群体所占的比重。

**表 2　中国范围内各项金融服务使用情况的群体分布**

| 群体 | 正规账户 | 正规储蓄 | 正规信贷 | 非正规储蓄 | 非正规信贷 | 移动和互联网金融服务 |
|---|---|---|---|---|---|---|
| 青年 | 45.90% | 55.42% | 54.51% | 63.03% | 37.56% | 79.24% |
| 中年 | 29.68% | 27.13% | 35.69% | 21.85% | 39.94% | 17.77% |
| 老年 | 24.42% | 17.45% | 9.80% | 15.13% | 22.50% | 3.00% |
| 女性 | 50.66% | 47.65% | 43.92% | 47.90% | 52.73% | 52.48% |
| 男性 | 49.34% | 52.35% | 56.08% | 52.10% | 47.27% | 47.52% |
| 低收入 | 19.62% | 8.72% | 18.04% | 10.92% | 34.19% | 7.33% |
| 中等偏下收入 | 16.98% | 12.46% | 14.90% | 11.76% | 22.20% | 9.61% |
| 中等收入 | 18.34% | 18.50% | 17.65% | 13.45% | 17.24% | 19.11% |

| 群体 | 正规账户 | 正规储蓄 | 正规信贷 | 非正规储蓄 | 非正规信贷 | 移动和互联网金融服务 |
|------|---------|---------|---------|-----------|-----------|----------------------|
| 中等偏上收入 | 22.27% | 28.48% | 22.35% | 27.73% | 14.57% | 28.10% |
| 高收入 | 22.80% | 31.83% | 27.06% | 36.13% | 11.79% | 35.85% |
| 初级教育 | 64.27% | 51.39% | 56.08% | 47.06% | 78.20% | 39.46% |
| 中等教育 | 30.85% | 41.13% | 35.69% | 41.18% | 19.82% | 50.52% |
| 高等教育 | 4.88% | 7.48% | 8.24% | 11.76% | 1.98% | 10.02% |
| 有工作 | 72.59% | 79.39% | 83.53% | 82.35% | 73.04% | 83.16% |
| 无工作 | 27.41% | 20.61% | 16.47% | 17.65% | 26.96% | 16.84% |

资料来源：笔者根据 2017 年全球普惠金融数据库（https：//globalfindex. worldbank. org/）计算整理得到。

表 3　世界范围内各项金融服务使用情况的群体分布

| 群体 | 正规账户 | 正规储蓄 | 正规信贷 | 非正规储蓄 | 非正规信贷 | 移动和互联网金融服务 |
|------|---------|---------|---------|-----------|-----------|----------------------|
| 青年 | 53.63% | 53.96% | 60.40% | 74.70% | 71.70% | 60.63% |
| 中年 | 23.55% | 24.29% | 26.57% | 17.31% | 18.54% | 24.48% |
| 老年 | 22.82% | 21.75% | 13.02% | 7.99% | 9.76% | 14.90% |
| 女性 | 50.80% | 48.83% | 48.95% | 57.53% | 51.07% | 48.28% |
| 男性 | 49.20% | 51.17% | 51.05% | 42.47% | 48.93% | 51.72% |
| 低收入 | 13.75% | 9.54% | 12.60% | 12.20% | 18.50% | 10.86% |
| 中等偏下收入 | 16.21% | 13.40% | 15.69% | 15.44% | 18.65% | 14.33% |
| 中等收入 | 18.68% | 17.87% | 18.52% | 18.36% | 19.17% | 17.61% |
| 中等偏上收入 | 22.04% | 23.08% | 22.54% | 23.07% | 20.63% | 22.89% |
| 高收入 | 13.75% | 9.54% | 12.60% | 12.20% | 18.50% | 10.86% |
| 初级教育 | 21.26% | 14.77% | 21.23% | 42.44% | 37.36% | 7.24% |
| 中等教育 | 54.38% | 53.08% | 51.90% | 48.00% | 49.46% | 54.31% |
| 高等教育 | 24.35% | 32.15% | 26.88% | 9.56% | 13.18% | 38.45% |
| 有工作 | 67.90% | 73.69% | 79.42% | 75.52% | 71.36% | 78.05% |
| 无工作 | 32.10% | 26.31% | 20.58% | 24.48% | 28.64% | 21.95% |

资料来源：笔者根据 2017 年全球普惠金融数据库（https：//globalfindex. worldbank. org/）计算整理得到。

从正规账户持有情况的群体分布来看，中国范围内正规账户的持有者中占比最高的分别是青年群体（45.90%）、女性群体（50.66%）、高收入群体（22.80%）、初级教育群体（64.27%）和有工作群体（72.59%）；世界范围内正规账户的持有者中占比最高的分别是青年群体（53.63%）、女性群体（50.80%）、中等偏上收入群体（22.04%）、中等教育群体（54.38%）和有工作群体（67.90%）。这说明从正规账户的角度来看，我国普惠金融对初级教育群体的服务程度明显优于世界平均水平，但是对青年群体的服务程度有待进一步提升；高收入群体和有工作群体仍然是主要服务对象。

从正规和非正规储蓄服务使用情况的群体分布来看，中国范围内正规储蓄服务的使用者中占比最高的分别是青年群体（55.42%）、男性群体（52.35%）、高收入群体（31.83%）、初级教育群体（51.39%）和有工作群体（79.39%）；非正规储蓄服务的使用者中占比最高的分别是青年群体（63.03%）、男性群体（52.10%）、高收入群体（36.13%）、初级教育群体（47.06%）和有工作群体（82.35%）。世界范围内正规储蓄服务的使用者中占比最高的分别是青年群体（53.96%）、男性群体（51.17%）、中等偏上收入群体（23.08%）、中等教育群体（53.08%）和有工作群体（73.69%）；非正规储蓄服务的使用者中占比最高的分别是青年群体（74.70%）、女性群体（57.53%）、中等偏上收入群体（23.07%）、中等教育群体（48.00%）和有工作群体（75.52%）。以上数据说明，从正规储蓄的角度来看，中国普惠金融能够较好地服务于青年群体和初级教育群体；男性、高收入和有工作群体仍然是主要服务对象。进一步分析发现，无论是在中国还是在世界范围内，非正规储蓄和正规储蓄的服务对象均具有较高的一致性，即非正规储蓄与正规储蓄之间存在明显的竞争关系。

从正规和非正规信贷服务使用情况的群体分布来看，中国范围内正规信贷服务的使用者中占比最高的分别是青年群体（54.51%）、男性群体（56.08%）、高收入群体（27.06%）、初级教育群体（56.08%）和有工作群体（83.53%）；非正规信贷服务的使用者中占比最高的分别是中年群体（39.94%）、女性群体（52.73%）、低收入群体（34.19%）、初级教育群体（78.20%）和有工作群体（73.04%）。世界范围内正规信贷服务的使用者中占比最高的分别是青年群体（60.40%）、男性群体（51.05%）、中等偏上收入群体（22.54%）、中等教育群体（51.90%）和有工作群体（79.42%）；非正规信贷服务的使用者中占比最高的分别是青年群体（71.70%）、女性群体（51.07%）、中等偏上收入群体（20.63%）、中等教育群体（49.46%）和有工作群体（71.36%）。以上数据说明，从正规信贷的角度来看，我国普惠金融能够较好地服务于青年群体和初级教育群体，但是对青年群体的服务程度低于世界平均水平；男性、高收入和有工作群体仍然是主要服务对象。作为对正规信贷的补充，非正规信贷提升了中年、女性和低收入群体对信贷服务的使用水平；但是对于初级教育和有工作群体而言，非正规信贷与正规信贷之间表现为竞争关系。在世界范围内，对于不同群体而言，非正规信贷与正规信贷之间同样表现为竞争或互补关系。

从数字金融服务使用情况的群体分布来看，中国范围内移动和互联网金融服务的使用者中占比最高的分别是青年群体（79.24%）、女性群体（52.48%）、高收入群体（35.85%）、中等教育群体（50.52%）和有工作群体（83.16%）；世界范围内该种金融服务的使用者中占比最高的分别是青年群体（60.63%）、男性群体（51.72%）、中等偏上收入群体（22.89%）、中等教育群体（54.31%）和有工作群体（78.05%）。对比分析发现，我国数字金融发展对青年和女性群体的服务程度优于世界平均水平；高收入和有工作群体仍然是主要服务对象。

青年、女性、收入水平或受教育程度较低、无工作群体均是容易受到金融排斥的弱势群体（Soumaré 等，2016）。当前我国普惠金融发展过程中，正规金融对青年和受教育程度较低的弱势群体具有较高的包容性，但是对青年群体的包容程度低于世界平均水平；男性、收入水平较高和有工作的非弱势群体仍然是正规金融的主要服务对象。非正规金融和数字金融均在一定程度上弥补了正规金融的不足，同时非正规金融也表现出对正规金融较为明显的竞争。

## 四　群体特征对各项金融服务使用情况影响的实证分析

### （一）模型设定

前文通过描述性统计对各项金融服务使用情况的群体分布进行了直观分析，本文进一步采用 Probit 模型识别群体特征对各项金融服务使用情况的影响及其显著性，回归方程为：

$$Y_i = \alpha + \beta * Age_i + \gamma * Gender_i + \varphi * Income_i + \rho * Education_i + \eta * Employment_i + \varepsilon_i$$

$$(1)$$

其中，被解释变量 $Y$ 为正规和非正规金融、数字金融的代理变量，$i$ 表示第 $i$ 位受访者。受访者的群体特征为解释变量，具体而言，按照前文对不同群体的分组，采用青年、中年和老年三个虚拟变量表示年龄特征（$Age$）；采用女性和男性两个虚拟变量表示性别特征（$Gender$）；采用低收入、中等偏下收入、中等收入、中等偏上收入和高收入五个虚拟变量表示收入水平（$Income$）；采用初级教育、中等教育和高等教育三个虚拟变量表示受教育程度（$Education$）；采用有工作和无工作两个虚拟变量表示就业状况（$Employment$）。若受访者属于某一群体，则对应的虚拟变量赋值为 1，否则赋值为 0。在所有群体特征中，年龄和性别属于生理特征，不受外部环境影响；而收入水平、受教育程度和就业状况可以随着外部环境（如经济、社会环境）的变化而发生改变。为使实证结果的分析更具针对性，本文将年龄和性别归纳为内在特征，将收入水平、受教育程度和就业状况归纳为外在特征，从内在和外在两个角度分析群体特征对各项金融服务使用情况的影响。另外，为避免产生多重共线性，我们未将中年、男性、高收入、初级教育和无工作五个虚拟变量引入实证模型。

### （二）群体特征对正规金融服务使用情况影响的估计结果分析

由于 Probit 模型估计参数的含义并不直观，难以进行具有经济意义的解释，因此本文进一步计算了各解释变量的边际效应。如表 4 所示，同时报告了中国和世界范围内群体特征变量对正规金融各变量影响的边际效应及其显著性。

表 4　群体特征对正规金融服务使用情况影响的估计结果

| | 正规账户 | | 正规储蓄 | | 正规信贷 | |
|---|---|---|---|---|---|---|
| | 中国 | 世界 | 中国 | 世界 | 中国 | 世界 |
| 青年 | 0.1445*** | 0.0055*** | 0.0810*** | 0.0032*** | 0.0076 | 0.0017*** |
| | (0.0168) | (0.0001) | (0.0168) | (0.0001) | (0.0101) | (0.0001) |
| 老年 | 0.0312* | 0.0170*** | 0.0078 | -0.0094** | -0.0615*** | -0.0755*** |
| | (0.0163) | (0.0043) | (0.0194) | (0.0039) | (0.0135) | (0.0034) |

| | 正规账户 | | 正规储蓄 | | 正规信贷 | |
|---|---|---|---|---|---|---|
| | 中国 | 世界 | 中国 | 世界 | 中国 | 世界 |
| 女性 | -0.0818***<br>(0.0137) | -0.0246***<br>(0.0023) | -0.0561***<br>(0.0142) | -0.0122***<br>(0.0021) | -0.0257***<br>(0.0086) | -0.0050***<br>(0.0017) |
| 低收入 | -0.2017***<br>(0.0241) | -0.0910***<br>(0.0036) | -0.2821***<br>(0.0233) | -0.1324***<br>(0.0035) | -0.0070<br>(0.0141) | -0.0285***<br>(0.0028) |
| 中等偏下收入 | -0.1672***<br>(0.0253) | -0.0702***<br>(0.0035) | -0.1831***<br>(0.0232) | -0.0970***<br>(0.0032) | -0.0179<br>(0.0145) | -0.0175***<br>(0.0026) |
| 中等收入 | -0.1274***<br>(0.0260) | -0.0569***<br>(0.0034) | -0.1073***<br>(0.0221) | -0.0661***<br>(0.0031) | -0.0130<br>(0.0139) | -0.0117***<br>(0.0025) |
| 中等偏上收入 | -0.0249<br>(0.0271) | -0.0379***<br>(0.0034) | -0.0142<br>(0.0213) | -0.0445***<br>(0.0029) | -0.0044<br>(0.0131) | -0.0057**<br>(0.0024) |
| 中等教育 | 0.1752***<br>(0.0201) | 0.2631***<br>(0.0022) | 0.1171***<br>(0.0166) | 0.1717***<br>(0.0025) | 0.0204*<br>(0.0105) | 0.0533***<br>(0.0020) |
| 高等教育 | 0.2836***<br>(0.0829) | 0.4891***<br>(0.003) | 0.1323***<br>(0.0370) | 0.3012***<br>(0.0029) | 0.0471**<br>(0.0200) | 0.0951***<br>(0.0025) |
| 有工作 | 0.0856***<br>(0.0143) | 0.1088***<br>(0.0024) | 0.0832***<br>(0.0163) | 0.0986***<br>(0.0024) | 0.0334***<br>(0.0105) | 0.0745***<br>(0.0021) |
| 样本量 | 3593 | 152630 | 3533 | 151087 | 3560 | 151473 |
| 虚拟判定系数 | 0.1549 | 0.1710 | 0.1392 | 0.1158 | 0.0539 | 0.0488 |
| 对数似然值 | -1752 | -85103 | -1845 | -74764 | -868 | -53901 |
| 预测准确率 | 75.31% | 70.97% | 73.85% | 76.37% | 92.84% | 87.64% |

注：括号内为标准差，***、**、*分别表示在1%、5%、10%的水平下显著。

## 1. 内在特征分析

从年龄特征上看，无论是在中国还是在世界范围内，表示青年的虚拟变量对正规账户和正规储蓄变量的影响系数均显著为正，且中国范围内的影响强度更大，即中国青年群体持有正规账户和使用正规储蓄服务的可能性均相对较高。但是，中国范围内表示青年的虚拟变量对正规信贷变量的影响不显著，而世界范围内表示青年的虚拟变量对正规信贷变量的影响系数显著为正，即中国青年群体使用正规信贷服务的可能性与中年群体类似，而世界范围内青年群体使用正规信贷服务的可能性显著高于中年群体，这说明与世界范围内的基本情况相比，中国正规信贷对青年群体的包容程度相对有限。对于老年群体而言：第一，与世界范围内的平均水平相比，中国老年群体持有正规账户的可能性相对更高；第二，中国范围内老年群体使用正规储蓄服务的可能性与中年群体类似，而世界范围内老年群体使用正规储蓄服务的可能性低于中年群体；第三，在中国和在世界范围内，老年群体使用正规信贷服务的可能性均低于中年群体，但中国范围内老年群体与中年群体之间的差距相对更小。由此可见，中国正规金融对老年群体的包容程度优于世界平均水平。

从性别特征上看，在中国范围内，表示女性的虚拟变量对正规账户、正规储蓄和正规信贷变量的影响系数均显著为负，即女性群体持有正规账户、使用正规储蓄和正规信贷服务的可能性均显著低于男性群体，这说明当前中国正规金融发展过程中仍然对女性群体存在较为明显的排斥。在世界范围内，表示女性的虚拟变量对正规金融各变量的影响系数均显著为负，且影响强度均小于中国范围内的平均水平。可见，正规金融对女性群体排斥现象在世界范围内普遍存在，且中国正规金融对女性群体的排斥程度高于世界平均水平。

2. 外在特征分析

从收入特征上看，在中国范围内，低收入、中等偏下收入、中等收入三个虚拟变量对正规账户和正规储蓄变量的影响系数均显著为负，且收入水平越低，负向影响强度越大；而表示收入水平的四个虚拟变量对正规信贷变量的影响均不显著。因此，从正规账户和正规储蓄来看，收入水平与正规金融服务的使用水平之间呈正相关关系，较低的收入水平是阻碍我国正规金融普惠水平提升的主要原因。在世界范围内，表示收入水平的虚拟变量对正规金融各变量的影响系数均显著为负，且对正规账户和正规储蓄变量的影响强度均小于中国范围内的平均水平。这说明正规金融对低收入群体的排斥现象在世界范围内普遍存在，而我国低收入群体在持有正规账户和使用正规储蓄服务方面受到的排斥更为严重；另外，与世界范围内的基本情况不同，我国低收入群体并未受到较为明显的正规信贷排斥，但是也未表现出对正规信贷服务较高的使用可能。因此，我国低收入群体仍然在一定程度上受到正规信贷排斥。

从受教育和就业特征上看，在中国和在世界范围内，表示受教育程度和就业状况的虚拟变量对正规金融各变量的影响系数均显著为正，且受教育程度越高，正向影响强度越大，即受教育程度和就业水平的提升均能够显著增加居民使用正规金融服务的可能性。进一步分析发现，在中国范围内，表示受教育程度和就业状况的虚拟变量对正规金融各变量的影响强度均小于世界范围内的平均水平，这说明我国正规金融对受教育程度较高和有工作群体的服务水平仍有待进一步提高。

3. 边际效应强度分析

从边际效应的大小来看，中国青年群体持有正规账户、使用正规储蓄服务的可能性分别比中年群体高 14.45% 和 8.10%，老年群体持有正规账户的可能性比中年群体高 3.12%，而使用正规信贷服务的可能性比中年群体低 6.15%；女性群体持有正规账户、使用正规储蓄和正规信贷服务的可能性分别比男性低 8.18%、5.61% 和 2.57%；低收入群体持有正规账户和使用正规储蓄服务的可能性分别比高收入群体低 20.17% 和 28.21%；高等教育群体持有正规账户、使用正规储蓄和正规信贷服务的可能性分别比初级教育群体高 28.36%、13.23% 和 4.71%；有工作群体持有正规账户、使用正规储蓄和正规信贷服务的可能性分别比无工作群体高 8.56%、8.32% 和 3.34%。可见，与年龄、性别和就业状况相比，收入水平和受教育程度对我国正规金融服务使用情况的影响更为明显。

以上分析表明，与世界范围内的基本情况相比，我国正规金融发展对青年和女性群体的包容程度相对有限；虽然正规金融对老年群体的包容程度优于世界平均水平，但是老年群体在获取正规信贷服务时依然面临较为明显的排斥；低收入群体受到较为严重的正规金融排斥，受教育程度较高和有工作群体对正规金融服务的依赖程度有待进一步提高。综合来看，外在特征中的收入水平和受教育程度均是影响我国正规金融普惠性发展的关键因素。

### （三）群体特征对非正规金融服务使用情况影响的估计结果分析

发展普惠金融的目的是将更多被正规金融排斥在外的群体纳入正规金融体系（Hannig 和 Jansen，2010），但是由于自身经历、心理因素等原因，一部分群体主动将自己排斥在正规金融体系之外（许圣道、田霖，2008）。发展普惠金融应更多地关注受到正规金融排斥且对非正规金融服务有需求的群体，对此，本文采用 Probit 模型研究中国范围内不同群体对非正规金融服务的使用情况，并进一步与正规金融服务的使用情况进行对比，回归估计结果如表 5 所示。

表 5　群体特征对非正规和正规金融服务使用情况影响的估计结果

|  | 非正规储蓄 | 正规储蓄 | 非正规信贷 | 正规信贷 |
|---|---|---|---|---|
| 青年 | 0.0179 ** <br>（0.0072） | 0.0810 *** <br>（0.0168） | 0.0152 <br>（0.0181） | 0.0076 <br>（0.0101） |
| 老年 | 0.0028 <br>（0.0093） | 0.0078 <br>（0.0194） | −0.1323 *** <br>（0.0195） | −0.0615 *** <br>（0.0135） |
| 女性 | −0.0056 <br>（0.0061） | −0.0561 *** <br>（0.0142） | −0.0188 <br>（0.0149） | −0.0257 *** <br>（0.0086） |
| 低收入 | −0.0282 *** <br>（0.0105） | −0.2821 *** <br>（0.0233） | 0.2161 *** <br>（0.0251） | −0.0070 <br>（0.0141） |
| 中等偏下收入 | −0.0230 ** <br>（0.0104） | −0.1831 *** <br>（0.0232） | 0.1442 *** <br>（0.0263） | −0.0179 <br>（0.0145） |
| 中等收入 | −0.0222 ** <br>（0.0099） | −0.1073 *** <br>（0.0221） | 0.0817 *** <br>（0.0263） | −0.0130 <br>（0.0139） |
| 中等偏上收入 | −0.0043 <br>（0.0085） | −0.0142 <br>（0.0213） | 0.0236 <br>（0.0259） | −0.0044 <br>（0.0131） |
| 中等教育 | 0.0127 * <br>（0.0069） | 0.1171 *** <br>（0.0166） | −0.0505 ** <br>（0.0197） | 0.0204 * <br>（0.0105） |
| 高等教育 | 0.0287 ** <br>（0.0126） | 0.1323 *** <br>（0.0370） | −0.1103 ** <br>（0.0468） | 0.0471 ** <br>（0.0200） |
| 有工作 | 0.0145 * <br>（0.0076） | 0.0832 *** <br>（0.0163） | 0.0716 *** <br>（0.0167） | 0.0334 *** <br>（0.0105） |
| 样本量 | 3499 | 3533 | 3562 | 3560 |
| 虚拟判定系数 | 0.0623 | 0.1392 | 0.0465 | 0.0539 |
| 对数似然值 | −487 | −1845 | −2024 | −868 |
| 预测准确率 | 96.60% | 73.85% | 72.15% | 92.84% |

注：括号内为标准差，*** 、** 、* 分别表示在 1%、5%、10% 的水平下显著。

1. 不同群体对非正规和正规储蓄服务使用情况的差异性分析

不同群体对非正规和正规储蓄服务使用情况的差异主要表现在性别、收入特征方面。具体而言，表示女性的虚拟变量对非正规储蓄变量的影响并不显著，而对正规储蓄变量的影响系数显著为负，即女性群体使用非正规储蓄服务的可能性与男性群体类似，而使用正规储蓄服务的可能性显著低于男性群体，这说明非正规储蓄在一定程度上增加了女性群体使用储蓄服务的可能性；表示收入水平的虚拟变量对非正规和正规储蓄变量的影响系数均显著为负，且收入水平越低，负向影响强度越大，即与正规储蓄类似，非正规储蓄对低收入群体也表现为较为明显的排斥。进一步分析发现，低收入群体在非正规储蓄方面受到排斥的程度远低于正规储蓄，因此，我们认为非正规储蓄能够在一定程度上增加低收入群体使用储蓄服务的可能性。

其他群体特征对非正规和正规储蓄变量的影响基本一致。具体而言，表示青年的虚拟变量对非正规和正规储蓄变量的影响系数均显著为正，表示老年的虚拟变量对非正规和正规储蓄变量的影响均不显著，即非正规储蓄增加了青年群体使用储蓄服务的可能性，但是并未改善老年群体使用储蓄服务的现状；表示受教育程度、就业状况的虚拟变量对非正规和正规储蓄变量的影响系数均显著为正，且受教育程度越高，正向影响强度越大，即受教育程度较高的群体、有工作的群体对非正规和正规储蓄服务均有较高的使用可能。

上述分析表明，作为对正规储蓄的补充，非正规储蓄在一定程度上增加了女性和低收入群体使用储蓄服务的可能性，但是并未显著改善老年群体使用储蓄服务的现状；对于青年、受教育程度较高和有工作的群体而言，非正规储蓄与正规储蓄之间主要表现为竞争关系。

2. 不同群体对非正规和正规信贷服务使用情况的差异性分析

不同群体对非正规和正规信贷服务使用情况的差异主要表现在性别、收入和受教育特征方面。具体而言，表示女性的虚拟变量对非正规信贷变量的影响并不显著，而对正规信贷变量的影响系数显著为负，这说明非正规信贷在一定程度上增加了女性群体使用信贷服务的可能性；低收入、中等偏下收入和中等收入三个虚拟变量对非正规信贷变量的影响系数均显著为正，且收入水平越低，正向影响强度越大，即低收入群体使用非正规信贷服务的可能性较高，这也正是造成表示收入水平的虚拟变量对正规信贷变量的影响不显著的主要原因；表示受教育程度的虚拟变量对非正规信贷变量的影响系数显著为负，而对正规信贷变量的影响系数显著为正，即受教育程度较高的群体对正规信贷服务的依赖性较强，而对非正规信贷服务则较为排斥。

其他群体特征对非正规和正规信贷变量的影响基本一致。从年龄特征上看，表示青年的虚拟变量对非正规和正规信贷变量的影响均不显著，即青年群体使用非正规和正规信贷服务的可能性均与中年群体类似；表示老年的虚拟变量对非正规和正规信贷变量的影响系数均显著为负，且对非正规信贷变量的负向影响强度相对更大，即非正规信贷并未改善老年群体使用信贷服务的现状，甚至对老年群体表现出更加严重的排斥。从就业特征上看，表示就业状况的虚拟变量对非正规和正规信贷变量的影响系数均显著为正，即有工作的群体使用非正规和正规信贷服务的可能性均高于无工作群体。

上述分析表明，作为对正规信贷的补充，非正规信贷成为我国低收入群体的主要信贷来源，且能够在一定程度上增加女性群体使用信贷服务的可能性，但并未改善老年群体使用信贷服务的现状；与非正规信贷相比，受教育程度较高的群体更倾向于使用正规信贷服务；对于青年和有工作群体而言，非正规信贷与正规信贷之间主要表现为竞争关系。

3. 边际效应强度分析

从边际效应的大小来看，青年群体使用非正规储蓄服务的可能性比中年群体高 1.79%，老年群体使用非正规信贷服务的可能性比中年群体低 13.23%；低收入群体使用非正规储蓄服务的可能性比高收入群体低 2.82%，而使用非正规信贷服务的可能性比高收入群体高 21.61%；高等教育群体使用非正规储蓄服务的可能性比初级教育群体高 2.87%，而使用非正规信贷服务的可能性比初级教育群体低 11.03%；有工作群体使用非正规储蓄和非正规信贷服务的可能性分别比无工作群体高 1.45% 和 7.16%。可见，与性别和就业状况相比，年龄、收入水平和受教育程度是决定居民是否使用非正规金融服务的关键因素。

综上，对于不同目标群体而言，非正规金融与正规金融之间的关系存在显著差异。对于女性和低收入群体而言，非正规金融更多地表现为对正规金融的补充，即非正规金融增加了女性和低收入群体使用金融服务的可能性；对于青年和有工作群体而言，非正规金融更多地表现为对正规金融的竞争；对于老年群体而言，非正规金融并未显著改善其使用金融服务的现状。因此，从长期来看，增加对女性和低收入群体的关注，同时吸引更多的青年和有工作群体从非正规金融转向正规金融，是我国正规金融实现普惠性发展的关键。

### （四）群体特征对数字金融服务使用情况影响的估计结果分析

无论是从规模还是从速度上看，中国数字金融发展均已走在世界前列，但是快速发展的数字金融是否能够切实满足不同目标群体的金融服务需求，仍然需要进一步研究。对此，本文利用 Probit 模型分析中国范围内不同目标群体对数字金融服务的使用情况，并以世界范围内的基本情况作为参照，回归估计结果如表 6 所示。

表 6　群体特征对数字金融服务使用情况影响的估计结果

| | 中国 | 世界 |
|---|---|---|
| 青年 | 0.2739\*\*\* | − 0.0000 |
| | (0.0154) | (0.0001) |
| 老年 | − 0.2058\*\*\* | − 0.1014\*\*\* |
| | (0.0287) | (0.0059) |
| 女性 | − 0.0017 | − 0.0067\*\* |
| | (0.0171) | (0.0032) |
| 低收入 | − 0.1964\*\*\* | − 0.0300\*\*\* |
| | (0.0282) | (0.0054) |
| 中等偏下收入 | − 0.1880\*\*\* | − 0.0165\*\*\* |
| | (0.0275) | (0.0050) |
| 中等收入 | − 0.0930\*\*\* | − 0.0108\*\* |
| | (0.0248) | (0.0047) |
| 中等偏上收入 | − 0.0418\* | − 0.0045 |
| | (0.0233) | (0.0044) |
| 中等教育 | 0.1326\*\*\* | 0.2489\*\*\* |
| | (0.0171) | (0.0046) |
| 高等教育 | 0.2158\*\*\* | 0.4127\*\*\* |
| | (0.0420) | (0.0048) |
| 有工作 | 0.0551\*\*\* | 0.0851\*\*\* |
| | (0.0201) | (0.0039) |
| 样本量 | 2210 | 82889 |
| 虚拟判定系数 | 0.3309 | 0.0901 |
| 对数似然值 | − 1013 | − 50284 |
| 预测准确率 | 78.42% | 66.17% |

注：括号内为标准差，\*\*\*、\*\*、\*分别表示在1%、5%、10%的水平下显著。

1. 内在特征分析

从年龄特征上看，在中国范围内，表示青年的虚拟变量对数字金融变量的影响系数显著为正，而表示老年的虚拟变量对数字金融变量的影响系数显著为负，即中国青年群体使用数字金融服务的可能性最高，其次是中年群体，老年群体使用数字金融服务的可能性最低。在世界范围内，青年群体和中年群体使用数字金融服务的可能性相似，且均高于老年群体。进一步与世界范围内的平均水平对比发现，中国老年群体在使用数字金融服务的可能性上与中年群体之间的差距相对更大。因此，我们认为中国数字金融发展显著提高了青年群体使用金融服务的可能性，但是对老年群体表现出较为明显的排斥。

从性别特征上看，在中国范围内，表示女性的虚拟变量对数字金融变量的影响并不显著，即女性群体使用数字金融服务的可能性与男性群体相似；而在世界范围内，表示女性的虚拟变量对数字金融变量的影响系数显著为负，即数字金融对女性群体的排斥现象在世界范围内普遍存在。以上对比分析表明，与世界范围内的基本情况相比，我国数字金融发展在一定程度上增加了女性群体使用金融服务的可能性。

2. 外在特征分析

从收入特征上看，在中国和在世界范围内，表示收入水平的虚拟变量对数字金融变量的影响系数均显著为负，且收入水平越低，负向影响强度越大，即数字金融对低收入群体的排斥现象在世界范围内普遍存在。进一步分析发现，中国低收入群体受到数字金融排斥的程度远高于世界平均水平。这说明，尽管中国数字金融发展在世界范围内处于领先水平，但是并未显著提高低收入群体使用金融服务的可能性。

从受教育和就业特征上看，在中国和在世界范围内，表示受教育程度和就业状况的虚拟变量对数字金融变量的影响系数均显著为正，且受教育程度越高，正向影响强度越大，即受教育程度和就业水平的提升均能够增加居民使用数字金融服务的可能性。进一步分析发现，在中国范围内，表示受教育程度和就业状况的虚拟变量对数字金融变量的影响强度均低于世界平均水平，即我国数字金融对受教育程度较高和有工作群体的服务水平仍有待提升。

3. 边际效应强度分析

从边际效应的大小来看，中国青年群体使用数字金融服务的可能性比中年群体高 27.39%，老年群体使用数字金融服务的可能性比中年群体低 20.58%；低收入群体使用数字金融服务的可能性比高收入群体低 19.64%；高等教育群体使用数字金融服务的可能性比初级教育群体高 21.58%；有工作群体使用数字金融服务的可能性比无工作群体高 5.51%。可见，与性别和就业状况相比，年龄、收入水平和受教育程度是决定我国居民是否使用数字金融服务的关键性因素。

综上，我国数字金融的快速发展，增加了青年和女性群体使用金融服务的可能性，但是对老年和低收入群体表现出较为明显的排斥；尽管受教育程度和就业水平的提升均能够增加居民使用数字金融服务的可能性，但是这种促进作用低于世界平均水平。值得注意的是，除了收入水平和受教育程度两个外在特征，内在特征中的年龄也是影响我国居民使用数字金融服务的关键因素。因此，充分利用数字金融的优势，为不同群体尤其是老年、收入水平或受教育程度较低的弱势群体提供更有针对性的金融产品和服务，是通过数字金融手段实现普惠金融高效率发展的关键。

# 五　结论与政策启示

尽管非正规金融和数字金融均能够以其自身优势增加居民使用金融服务的可能性，但是从长期来看，对非正规金融的过度依赖将不利于金融体系的稳定和经济的可持续发展。因此，在我国当前普惠金融发展过程中，准确识别不同目标群体对正规和非正规金融服务、数字金融服务的使用情况，对于实现我国普惠金融的高水平和可持续发展具有重要而深远的意义。本文利用世界银行最新公布的 2017 年全球普惠金融数据库，从正规和非正规金融、数字金融三个角度，对比分析了中国和世界范围内普惠金融的整体发展状况，结果发现：一方面，从正规账户持有情况、正规储蓄和数字金融服务的使用情况来看，中国普惠金融发展优于世界平均水平；另一方面，居民对正规信贷的依赖程度较低，而对非正规信贷的依赖程度过高，这已成为我国当前普惠金融发展进程中亟待解决的问题。

进一步，在对各项金融服务使用情况的群体分布进行直观分析的基础上，将群体特征划分为内在特征（年龄、性别）和外在特征（收入水平、受教育程度、就业状况）两类，采用 Probit 模型研究了群体特征对正规和非正规金融服务、数字金融服务使用情况的影响，结果如下。首先，从内在特征上看，我国正规金融对青年和女性群体的包容程度相对有限，而非正规金融和数字金融均在一定程度上增加了这两类群体使用金融服务的可能性；老年群体因其较为保守的金融意识以及对新兴金融服务较低的接受度等，导致其通过非正规金融和数字金融途径获取金融服务的可能性较低。其次，从外在特征上看，较低的收入水平是阻碍我国居民获取正规金融服务和数字金融服务的主要障碍，因而非正规金融成为低收入群体获取金融服务的重要渠道；受教育程度和就业水平的提升均能够增加居民获取正规金融服务和数字金融服务的可能性，进而促进普惠金融发展，但与世界平均水平相比，这种促进作用有待进一步提高。最后，除了收入水平和受教育程度两个外在特征，内在特征中的年龄也是影响我国居民使用非正规金融服务和数字金融服务的关键因素，因此在发展普惠金融过程中，除了从外在特征角度提升收入水平和受教育程度以刺激居民的金融服务需求外，还应对不同年龄段的群体尤其是老年群体给予更多的关注。

针对上述结论，本文认为在制定与发展普惠金融相关的政策时，应充分识别不同目标群体对金融服务的使用情况，从而为其提供更有针对性的金融产品和服务。

第一，正规金融机构往往将具有坚实经济基础的中年群体作为主要服务对象，忽视了对青年群体和老年群体的服务。然而，当前中国正在逐渐进入老龄化社会，老年群体对金融服务的需求已不容忽视；青年群体尚处于财富积累阶段，经济基础相对薄弱，对金融服务具有较为旺盛的需求。对此，首先，正规金融机构应准确调整自身定位，深入居民社区、大学校园等，积极推广正规金融服务，通过鼓励这些群体在银行中存入奖学金、助学金、工资以及政府对家庭的拨款等，促使其在银行开户，进而从根本上提升其获取正规金融服务的可能性；其次，在我国居民受教育程度普遍提升的背景下，正规金融机构应深入基层开展专门的金融知识讲座，通过相关案例讲解，促使居民增加对非法的校园贷、养老理财等金融陷阱的防范意识；最后，针对老年群体对新兴金融服务接受度较低的问题，正规金融机构应加强对手机银行、网上银行等数字金融服务使用技能和风险防范的培训。

第二，由于受到社会文化、经济特征等多种因素的影响，女性的劳动参与率较低，并且女性在就业时无法获得与男性平等的待遇，这些问题直接加剧了女性的贫困，从而导致女性受到较为严重的金融排斥。数字金融为女性群体获取金融服务提供了有效途径，因此，扩大女性群体对金融服务的需求更为迫切。首先，应加快促进女性群体思想观念和家庭地位的转变，增强女性的权利平等意识和个人独立意识；其次，通过多渠道的教育途径提升女性群体的金融素养，增加其对正规金融的参与意识；最后，积极开展针对女性群体的职业技能培训，对有就业创业需求和能力的女性群体进行鼓励和扶持，并通过必要的政策和措施切实保障女性群体的就业创业权利，从而提高女性群体的劳动参与率和收入水平。

第三，加强金融产品和服务创新，满足不同目标群体的差异性需求。例如，考虑到老年群体和青年群体在使用金融服务过程中存在的问题，正规金融机构可在政策允许的情况下拓宽业务范围，如开发多样化的养老金融产品、进军校园信贷领域等；女性群体在消费和理财方面具有较大的金融需求，正规金融机构可以在对女性的金融需求进行细分的基础上，有针对性地开发新业务和新产品，如能够降低女性群体获取金融服务成本的流动银行、能够体现新时代女性独特个性的女性专属信用卡等。针对不同特征的目标群体，不断优化金融产品和服务的供给，提升普惠金融服务的精准度，进而将更多的群体纳入正规金融体系，逐步实现普惠金融的发展目标。

## 参考文献

［1］何德旭、苗文龙：《金融排斥、金融包容与中国普惠金融制度的构建》，《财贸经济》2015 年第 3 期。

［2］连耀山：《互联网环境下普惠金融发展研究——以中国邮政储蓄银行金融实践为例》，《中国农业资源与区划》2015 年第 3 期。

［3］刘丹：《农户异质性视角下正规金融与非正规金融的关系——基于江苏省 1202 户农户的调研数据》，《南京农业大学学报（社会科学版）》2017 年第 6 期。

［4］刘民权、徐忠、俞建拖：《信贷市场中的非正规金融》，《世界经济》2003 年第7 期。

［5］许圣道、田霖：《我国农村地区金融排斥研究》，《金融研究》2008 年第 7 期。

［6］Abel, S., Mutandwa, L., and Rouxp, L., "A Review of Determinants of Financial Inclusion", *International Journal of Economics and Financial Issues*, 8（3）, 2018：1 – 8.

［7］Allen, F., Demirguc-Kunt, A., Klapper, L., and Peria, M. S., "The Foundations of Financial Inclusion：Understanding Ownership and Use of Formal Accounts", *Journal of Financial Intermediation*, 27, 2016：1 – 30.

［8］Dasgupta, B., "Capital Accumulation in the Presence of Informal Credit Contract：Does Incentive Mechanism Work Better than Credit Rationing Under Asymmetric Information", Economics Working Paper, No. 32, 2004.

［9］Demirgüç-Kunt, A., and Klapper, L., "Financial Inclusion in Africa：An Overview", Policy Research Working Paper, No. 6088, 2012.

［10］Demirgüç-Kunt, A., and Klapper, L., "Measuring Financial Inclusion：Explaining Variation in Use of Financial Services Across and Within Countries", *Brookings Papers on Economic Activity*, 46（1）, 2013：279 – 321.

［11］Demirgüç-Kunt, A., Klapper, L., and Singer, D., "Financial Inclusion and Legal Discrimination Against Women：Evidence from Developing Countries", Policy Research Working Paper, No. 6416, 2013.

［12］Demirgüç-Kunt, A., Klapper, L., Singer, D., and Oudheusden, P. V., "The Global Findex Database 2014：Measuring Financial Inclusion Around the World", Policy Research Working Paper, No. 7255, 2015.

［13］Duncombe, R., and Boateng, R., "Mobile Phones and Financial Services in Developing Countries：A Review of Concepts, Methods, Issues, Evidence and Future Research Directions", *Third World Quarterly*, 30（7）, 2009：1237 – 1258.

［14］Fungáčová, Z., and Weill, L., "Understanding Financial Inclusion in China", *China Economic Review*, 34, 2015：196 – 206.

［15］Germidis, D. A., Kessler, D., and Meghir, R., "Financial Systems and Development：What Role for the Formal and Informal Financial Sectors", *Petrology*, 22（2）, 1991：184 – 204.

［16］Han, R., and Melecky, M., "Financial Inclusion for Financial Stability：Access to Bank Deposits and the Growth of Deposits in the Global Financial Crisis", Policy Research Working Paper, No. 6577, 2013.

[17] Hannig, A. , and Jansen, S. , "Financial Inclusion and Financial Stability: Current Policy Issues", ADBI Working Paper, No. 259, 2010.

[18] Koker, L. D. , and Jentzsch, N. , "Financial Inclusion and Financial Integrity: Aligned Incentives", *World Development*, 44 (3), 2013: 267 – 280.

[19] Musa, A. , Abdullahi, B. , Idi, A. , and Tasiu, M. , "Drivers of Financial Inclusion and Gender Gap in Nigeria", *The Empirical Econometrics and Quantitative Economics Letters*, 4 (4), 2015: 186 – 199.

[20] Sarma, M. , and Pais, J. , "Financial Inclusion and Development", *Journal of International Development*, 23 (5), 2011: 613 – 628.

[21] Soumaré, I. , Tchana, F. T. , and Kengne, T. M. , "Analysis of the Determinants of Financial Inclusion in Central and West Africa", *Transnational Corporations Review*, 8 (4), 2016: 231 – 249.

[22] Tita, A. F. , and Aziakpono, M. J. , "The Relationship between Financial Inclusion and Income Inequality in Sub-Saharan Africa: Evidence from Disaggregated Data", *African Review of Economics and Finance*, 9 (2), 2017: 30 – 65.

[23] Wei, S. J. , and Zhang, X. , "The Competitive Saving Motive: Evidence from Rising Sex Ratios and Savings Rates in China", *Journal of Political Economy*, 119 (3), 2011: 11 – 564.

[24] Zins, A. , and Weill, L. , "The Determinants of Financial Inclusion in Africa", *Review of Development Finance*, 6 (1), 2016: 46 – 57.

**图书在版编目（CIP）数据**

中国金融理论前沿. 8 / 何德旭，汪红驹主编. --
北京：社会科学文献出版社，2021.7
（中国经济科学前沿丛书）
ISBN 978 - 7 - 5201 - 8125 - 9

Ⅰ.①中…　Ⅱ.①何…②汪…　Ⅲ.①金融－经济理
论－研究－中国　Ⅳ.①F832

中国版本图书馆 CIP 数据核字（2021）第 051001 号

·中国经济科学前沿丛书·

## 中国金融理论前沿（8）

主　　编 / 何德旭　汪红驹
副 主 编 / 王振霞　冯　明

出 版 人 / 王利民
责任编辑 / 史晓琳

出　　版 / 社会科学文献出版社·国际出版分社（010）59367142
　　　　　地址：北京市北三环中路甲 29 号院华龙大厦　邮编：100029
　　　　　网址：www.ssap.com.cn
发　　行 / 市场营销中心（010）59367081　59367083
印　　装 / 三河市尚艺印装有限公司

规　　格 / 开　本：787mm × 1092mm　1/16
　　　　　印　张：24　字　数：390 千字
版　　次 / 2021 年 7 月第 1 版　2021 年 7 月第 1 次印刷
书　　号 / ISBN 978 - 7 - 5201 - 8125 - 9
定　　价 / 129.00 元